규제개혁 정책의 이해

UNDERSTANDING
THE REGULATORY REFORM POLICY

임택진 정병규 이헌우 류준호

興一利不若除一害*

(·흥일리불약제일해·)

(한가지 새로운 일을 시작하는 것은
한가지 해로운 일을 제거하는 것만 못하다.)

* 출처: 사기 야율초재전

: 진정으로 국민을 위한다면 새로운 법과 제도(정책)를 입안하는 것보다 원래 있는 법과 제도(정책) 가운데서 국민에게 해로운 것을 골라내 없애는 것이 국민의 삶을 가장 위하는 길이다.

규제개혁 정책의 이해
(Understanding the Regulatory Reform Policy)

저자 서문

"지금 대한민국 정부는 규제개혁 자체에 대한 강도 높은 혁신,
즉 '혁신을 혁신해야 하는' 새로운 노력이 필요한 시점"

　대한민국 정부는 30년 넘게 '규제개혁'에 많은 노력을 기울여 왔다. 특히, 1997년 제정된 '행정규제기본법'을 계기로 해당 법이 시행된 1998년 이후에는 20년 이상 역대 정부마다 최우선 국정과제의 하나로 정하고 규제개혁을 본격적으로 추진하여 왔다. 규제개혁은 그동안 '더 나은 우리 대한민국의 미래와 대한국민의 삶'을 만들어가는 정책의 고비고비마다 '걸림돌은 치우고 디딤돌을 놓는' 중요한 역할을 감당하여 왔음을 확신한다. 최근 규제개혁 정책은 그동안의 공과(功過)에 대한 객관적이고 종합적인 평가와 더불어 한단계 높은 발전적 도약을 요구받고 있다. 규제개혁 자체에 대한 강도 높은 혁신, 즉 그동안의 '혁신을 혁신해야 하는' 새로운 노력이 필요한 시점인 것이다. 앞으로도 우리 정부는 규제개혁 추진과정에서의 그간의 성공과 실패의 경험 위에 규제개혁 정책의 방향에 대한 철저하면서도 지속적인 성찰이 중요하다. 이를 바탕으로 확고한 규제개혁 방향성 재정립과 함께 지금까지 형성된 개혁의 공감대 확산에도 더 많은 노력을 경주할 필요가 있다고 하겠다.

　정부에서 15년 이상 규제개혁 현장에서 일해 온 저자로서는 업무수행 과정에서 규제개혁 실무에서 필요한 최소한의 정책적·법적 지식 등을 종합적으로 망라한 실무론에 해당하는 자료가 없음이 늘 안타까웠다. 이러한 문제의식을 필두로 이 책은 당초 행정규제기본법 시행 20주년을 맞은 2018년에 처음 기획되었으며, 그 후 국무총리실 '규제정책연구회'

중심으로 현직 실무자들의 모여 2년간의 연구와 토론을 거쳐 세상의 빛 아래로 나오게 되었음을 밝혀둔다. 그런 의미에서 이 책은 가까운 장래에 대한민국의 '더 나은 규제개혁 정책'을 기대하면서 집필진들의 개인적 바램을 담아 하늘을 향해 아득히 날리는 소박한 풍등(風燈)과 같다고도 할 수 있다.

"이 책은 총 4부로 구성. 「총론」, 신설·강화 규제대상 「규제심사론」,
기존 규제대상 「규제정비론」, 신기술·신산업분야 「규제혁신론」"

이 책은 행정규제기본법의 구성과 그간 대한민국 정부의 규제개혁 전개 활동을 토대로 아래와 같이 총 4부로 구성되어 있다.

제1부에서는 규제개혁에 대한 '총론'을 다룬다. 행정규제의 개념에서부터 바람직한 규제의 기준, 역대 정부에서 추진되었던 다양한 규제개혁 접근방식을 다룬다. 규제개혁을 정책 과정으로 이해하고 풀어보는 시도도 포함하였다.

제2부에서는 신설·강화 규제대상 '규제심사론'을 논의한다. 규제심사 절차와 규제영향분석, 규제일몰제 등을 중심으로 이해할 수 있도록 하였다. 거기에 현행 규제심사의 제도적 한계와 개선방안 등에 대해서도 나름대로 덧붙였다.

제3부에서는 기존 규제대상 '규제정비론'을 다룬다. 규제정비 차원에서 논의된 주요 정책적 전략을 설명하고, 공무원의 행태적 규제에 대한 대응과 실제 규제개혁 과정으로서의 정책조정도 설명하였다. 그리고 그간 지적된 규제정비 과정에서의 제도적 한계도 정리하였다.

제4부에서는 신기술·신산업분야에서의 '규제혁신론'을 설명한다. 4차 산업혁명 시대의 기술혁신을 위한 규제혁신 정책을 중심으로 논의하고, 규제혁신 방법론으로 최근 많은 관심과 주목을 받고 있는 '규제샌드박스'와 '네거티브 규제전환' 등에 대한 내용을 포함시켰다.

"정책현장의 생생한 경험을 바탕으로 한
규제개혁 「실무지침서」이며, 「핵심전략 소개서」"

이 책은 학술적이거나 이론적인 부분은 가능한 최소화하고, 규제정책을 기획하거나 집행해야 하는 입장에서 실제 업무에서 바로 참고가 될 수 있는 내용을 중심으로 하였다. 규제개혁을 추진해야 하는 정부, 기관뿐만 아니라 기업과 일반인에게는 규제개혁 전반에 대한 정확한 이해를 전달할 수 있는 정책소개서로써 의미가 있다. 더불어 생생한 일선 경험을 최대한 담도록 하여 규제개혁 지침서로써의 역할에도 충실하고자 하였다. 지금 이 순간에도 올바른 정책과 그 집행을 통한 더 나은 '대한민국을 위하여'[1] 각자 현장의 자리에서 묵묵히 힘쓰고 있는 우리나라 수많은 공직자와 연구자들 앞에 무한한 경의를 보내드리면서 이 책을 바친다.

아울러, 이 책이 나오는 과정에서 도움을 주신 많은 분들에게 감사드린다. 우선 존경하는 은사님들의 지도와 격려에 힘입은 바가 크다. 서울대 최병선, 김동욱 교수님과 카이스트 이광형, 서용석 교수님께 특별한 감사함을 표한다. 정부의 규제개혁을 추진하는 과정에서 부족한 본인에게 지지와 응원을 아끼지 않으셨던 국무총리실 강은봉, 강영철, 이련주, 이정원 규제조정실장님께 머리 숙여 감사드린다. 그리고 어려움 속에서도 이 책의 출판을 기꺼이 맡아 주신 경성문화사 박진태 대표님과 김영진 부장님께도 이 자리를 빌려 깊은 감사의 마음을 남겨둔다. 또한 집필진을 대신하여 평소 연구회를 지원해준 국무총리실에 심심한 고마움을 표한다. 마지막으로 언제나 변함없는 애정으로 나를 도와준 아내와 가족들에게 사랑과 고마움을 전한다. 특히, 늘 자식 걱정으로 기도를 멈추지 않으셨던, 지금은 하늘에 계신 어머니에게도 깊은 그리움을 전한다.

---

[1] 국가 발전과 과학기술 혁신을 위해서는 '규제개혁'이 가장 중요하다고 쓴 말을 아끼지 않으셨던 카이스트 故 이민화 교수님의 마지막 책 제목이기도 하다.

"우리 사회는 이상주의자가 흘린 눈물과 좌절만큼 발전해 간다."

기도한다. 규제개혁 분야의 정책혁신가(Policy Entrepreneur)로서의 작은 소명(召命)을 품고 국민들 곁에서 '더 뜨겁게', '더 낮은' 현장에서 언제까지나 걸어갈 수 있기를. 그리고 믿는다. 우리가 누리고 있는 이 세상에 대부분이 더 나은 세상을 꿈꾼 이상주의자들이 흘린 눈물과 좌절로 이루어진 것이며, 우리 사회는 그 눈물과 좌절만큼 발전해 간다는 것을.

2022년 5월
정부세종청사 국무총리실에서
대표저자 임 택 진

We can make our plans, but the LORD determines our steps.
(Proverbs 16:9)

차 례

|제1부| 총 론 ·· 1

제1장 규제 개념과 분류 ·· 3

1.1 '규제'의 일반적 정의 ··· 3
1.2 행정규제기본법에 의한 실정법상의 '규제' 정의 ··············· 4
1.3 규제의 실증적 개념(규제의 양태) ······································ 4
   (1) 규제의 주체 및 객체 ·· 4
   (2) 규제의 목적과 내용 ·· 5
   (3) 규제의 법적 형식 ·· 6
1.4 그 밖에 규제에 관련된 개념 ··· 7
   (1) 서랍 속 규제 ·· 7
   (2) 그림자 규제(shadow regulation) ···································· 7
1.5 규제의 유형 ··· 9

제2장 규제개혁의 지향점 및 규제개혁정책의 발전적 단계론 ········ 12

2.1 규제개혁의 발전적 지향점 ·· 12
   (1) 규제개혁에서의 효율성과 형평성 ································ 12
   (2) 규제개혁의 공공성 ·· 14
2.2 규제개혁정책의 발전적 3단계론 ······································ 16
   (1) 「규제완화」 단계 ·· 16
   (2) 「규제품질관리」 단계 ·· 17
   (3) 「규제관리」 단계 ·· 17
2.3 규제개혁의 진정한 의미 ·· 18

제3장 합리적 규제의 기준 ·· 20

3.1 합리적 규제의 형식적 원칙: 규제법정주의 ···················· 20
3.2 합리적 규제의 내용적 원칙 ·· 21
3.3 『행정규제기본법』 규제원칙 ·· 23

(1) 형식상의 규제원칙: 규제법정주의 및 네거티브 규제방식 ········· 24
(2) 내용상의 규제원칙: 비례의 원칙과 사회적 규제의 합리화 ········· 25
3.4 우리나라 법체계 상에서 유도되는 규제의 기준 ········· 25
(1) 『헌법』의 기본원리 ········· 26
(2) 『행정기본법』 행정의 기본원칙 ········· 30
(3) 『지방자치법』 규제원칙 ········· 33

제4장 역대 정부의 규제개혁 ········· 35

4.1 국제적 흐름으로서의 규제개혁 ········· 35
4.2 행정개혁 차원의 규제개혁 (1977년~1992년) ········· 36
4.3 규제개혁의 제도적기반 구축(1993년~1997년) ········· 37
  (1) 김영삼 정부 ········· 37
4.4 규제개혁의 본격화(1998년~현재) ········· 39
  (1) 김대중 정부 ········· 40
  (2) 노무현 정부 ········· 41
  (3) 이명박 정부 ········· 41
  (4) 박근혜 정부 ········· 42
  (5) 문재인 정부 ········· 43
4.5 역대 정부의 규제개혁정책에 대한 비판적 지적 ········· 44
  (1) 규제개혁의 궁극 목표의 혼란과 오해 ········· 44
  (2) '돈 안드는 정책'이라는 잘못된 인식 ········· 45

제5장 규제개혁정책의 접근방식 ········· 46

5.1 개요 ········· 46
5.2 신설·강화규제 심사 및 기존규제 정비 ········· 46
5.3 사전(Ex-Ante) 규제영향분석제도와 사후(Ex-Post) 규제영향평가제도 ········· 49
  (1) 사전 규제영향분석제도 ········· 49
  (2) 사후 규제영향평가제도 ········· 50
5.4 규제저량(貯量, Stock) 관리 및 규제유량(流量, Flow) 관리 ········· 51
  (1) 규제등록제 ········· 51
  (2) 규제비용관리제 ········· 52
5.5 기타의 접근방식 ········· 54
  (1) 법·제도적 접근과 구체적 사례(상향식·하향식) 접근 ········· 54
  (2) 상시적 접근 및 비상시적 접근 ········· 55

제6장 '규제개혁 정책과정' 및 '규제의 절차' ········· 58

6.1 규제개혁 정책과정 ········· 58
(1) 〈제1단계〉 규제개혁정책 기획단계(Planning) ········· 59
(2) 〈제2단계〉 규제개혁정책 집행단계(Implementation) ········· 60
(3) 〈제3단계〉 규제개혁정책 환류단계(Feedback) ········· 61

6.2 규제의 절차(규제정책 관점) ········· 61
(1) '규제의 절차' 의미 ········· 61
(2) 규제의 절차 개관 ········· 62

제7장 규제개혁 추진체계와 개선방향 ········· 65

7.1 핵심 쟁점 ········· 66
7.2 효율적 규제개혁 추진체계 고려요인 ········· 68
7.3 규제정책과 규제거버넌스에 관련 OECD 권고 ········· 70

|제 2 부| 신설·강화규제 심사론 ········· 71

제1장 개요 ········· 73

1.1 규제심사 제도의 의의 ········· 73
1.2 규제 심사제도 도입 경위 ········· 74
1.3 해외 사례 ········· 75
(1) 미국 ········· 75
(2) 영국 ········· 76

제2장 신설·강화 규제 심사 ········· 77

2.1 규제심사의 대상 ········· 77
(1) 규제의 주체 ········· 77
(2) 규제의 객체 ········· 77
(3) 규제의 형식 ········· 78
(4) 규제의 내용 ········· 79

2.2 규제심사 절차 ········· 81
(1) 규제 법령 입안 ········· 81
(2) 규제영향분석 및 규제영향 평가 ········· 81

(3) 입법예고 및 이해관계자 의견수렴 ·· 82
(4) 규제영향분석서 검증 ·· 82
(5) 규제영향분석서 수정 및 부처 자체 규제심사 ······················ 84
(6) 규제개혁위원회 규제심사 ·· 84

2.3 규제영향분석 ··· 87
(1) 의의와 절차 ··· 87
(2) 규제영향분석의 주요 내용 ·· 88

2.4 각종 영향평가 ··· 91
(1) 경쟁영향 평가 ··· 91
(2) 기술영향 평가 ··· 92
(3) 중소기업 영향평가 ··· 92

2.5 규제개혁위원회의 규제 심사 ··· 93
(1) 규제개혁위원회 개요 ·· 93
(2) 예비심사 ··· 95
(3) 본심사 ··· 96

제3장 규제비용 관리제 ·· 97

3.1 제도의 의의 ··· 97
3.2 제도 운영체계 ··· 97
(1) 적용대상 ··· 97
(2) 규제 비용과 편익의 측정 ·· 98
(3) 운영 절차 ··· 98

3.3 개선 과제 ··· 99

제4장 규제일몰제 ·· 100

4.1 제도의 의의 ··· 100
4.2 제도 운영체계 ··· 100
(1) 일몰 설정 ··· 100
(2) 일몰 유형 ··· 101
(3) 일몰 규제의 재검토 절차 ·· 102

4.3 한계와 개선과제 ··· 102

제5장 규제심사 제도의 한계 및 제언 ·· 104

5.1 규제심사의 예외 영역 ·· 104
      (1) 의원입법을 통한 규제 신설 ··· 104
      (2) 규제관리의 예외 영역 ··· 105
      (3) 권리·의무 사항이 아닌 규제 ··· 106
   5.2 규제영향분석의 품질과 활용 ·· 107
      (1) 규제영향분석의 품질 ··· 107
      (2) 규제영향분석의 활용 ··· 109
   5.3 규제심사 거버넌스 ·· 111
      (1) 중앙집중식 외부 통제 ··· 111
      (2) 컨트롤 타워의 구성과 운영 ··· 113
   5.4 기존 규제 정비와 연계 ·· 114

|제3부| 기존규제 정비론 ·· 117

제1장 개요 ·· 119

제2장 기존규제 정비의 주요 전략 ··· 121
   2.1 규제유예형 전략 ·· 121
      (1) 기업규제완화특별조치법 ··· 121
      (2) 한시적 규제유예 ··· 121
      (3) 규제형평제도 ··· 122
      (4) 규제샌드박스 ··· 123
   2.2 규제수요자 참여형 전략 ·· 124
      (1) 민관합동 규제개혁조직(규제개혁기획단·규제개혁추진단·규제개선추진단) ···· 124
      (2) 규제정비 국민요청제(규제개혁신문고) ······································· 124
   2.3 기타 전략 ·· 124
      (1) 규제기요틴 ··· 124
      (2) 규제일몰제 ··· 125
      (3) 네거티브 규제전환 ··· 126

제3장 규제의 해석과 공무원의 행태 ·· 128
   3.1 규제의 해석 ·· 128

3.2 규제개혁 과정에서 법령해석 지원제도 ·· 131
   (1) 법령유권해석 ·· 131
   (2) 법령 의견제시 제도 ·· 133
   (3) 자치입법 검토지원 제도 ·· 134
   (4) 자치법규 의견제시 제도 ·· 134

3.3 공무원 행태규제의 개혁 ·· 139
   (1) 적극행정 ·· 139
   (2) 인·허가 간주제 및 신고제도 합리화 ·· 141

제4장 규제개혁과정에서의 '정책조정' ·· 142

4.1 정책조정의 개념과 조정체계 ·· 143

4.2 정책조정의 구분 ··· 143
   (1) 수직적·강제적 정책조정 ·· 144
   (2) 수평적·자발적 정책조정 ·· 145

4.3 조정과제의 발굴 및 예비분석 ·· 148
   (1) 정책조정 과제 발굴 ·· 148
   (2) 조정과정 예비분석 ·· 148

4.4 기타 정책조정단계별 체크리스트 ·· 149

제5장 향후 과제와 개선방안 ·· 154

5.1 규제개혁위원회 실효성 제고 중심으로 ·· 154

5.2 행정규제기본법 법제 개선 중심으로 ·· 157
   (1) '행정규제기본법 적용제외' 범위 재검토 ··· 157
   (2) '규제법정주의' 실질적 구현 추진 ·· 158

5.3 규제개혁정책 품질관리 지향을 중심으로 ·· 159

5.4 규제개혁 현장 중심으로 ·· 160
   (1) 유사규제 등 규제개혁 사각지대 해소 ·· 160
   (2) 지역밀착형 지방규제 개선을 위한 지방자치단체의 역할 강화 ············ 163
   (3) 자치법규 규제정비 집중 ·· 163
   (4) 규제개혁 성과의 현장 이행점검 강화 ·· 164

5.5 4차 산업혁명 시대의 기술혁신을 위한 규제혁신을 중심으로 ··········· 165

|제4부| 신기술·신산업 규제혁신론 ·········· 167

제1장 신산업과 규제혁신 ·········· 169
1.1 신산업의 정의와 범주 ·········· 169
1.2 신산업과 규제 ·········· 173
(1) 신산업 발전과 규제와의 관계 ·········· 173
(2) 신산업 분야의 규제지체 현상 ·········· 174
(3) 규제혁신의 지체 ·········· 176
1.3 역대 정부의 신산업 규제혁신 ·········· 179
(1) 이명박 정부 ·········· 179
(2) 박근혜 정부 ·········· 180
(3) 문재인 정부 ·········· 183

제2장 신산업 규제혁신 방법론 ·········· 187
2.1 기본방향 ·········· 187
(1) 접근방식 개관 ·········· 187
(2) 신산업 규제정비 기본계획 ·········· 190
2.2 주요 신산업 규제혁신 제도 ·········· 194
(1) 규제샌드박스 ·········· 194
(2) 네거티브 규제 시스템 전환 ·········· 201
(3) 신산업 규제혁신 로드맵 ·········· 205

제3장 신산업 규제혁신 추진사례 ·········· 208
3.1 개요 ·········· 208
3.2 규제샌드박스 ·········· 209
(1) 규제샌드박스 개념과 도입 ·········· 209
(2) 규제샌드박스 제도 ·········· 209
(3) 규제샌드박스 성과 ·········· 215
3.3 선제적 규제혁신 로드맵 ·········· 217
(1) 로드맵의 개념 및 필요성 ·········· 217
(2) 로드맵 방법론 ·········· 218
(3) 로드맵별 주요내용 ·········· 218

3.4 네거티브 규제시스템 전환 ·· 228
   (1) 네거티브와 포괄적 네거티브 ··· 228
   (2) 포괄적 네거티브 규제 방식의 종류 ·· 231
   (3) 문재인 정부의 포괄적 네거티브 전환 ·· 233
3.5 신산업 현장애로 규제혁신 ·· 236

제4장 향후 과제 ·· 237

4.1 신산업 규제혁신 제도의 고도화 ··· 237
   (1) 규제샌드박스 ·· 237
   (2) 신산업 규제혁신 로드맵 ·· 238
   (3) 네거티브 규제시스템 전환 ·· 239
   (4) 신산업 규제혁신 제도간 연계 강화 ·· 240
4.2 신산업과 갈등관리 ·· 240
   (1) 갈등관리의 중요성 ·· 240
   (2) 신산업 분야 갈등의 특성 ·· 241
   (3) 신산업 분야 갈등관리 방향 ·· 242

부 록: 행정규제기본법령 ·· 245

제1부 총론

| 임택진 |

제1장 규제 개념과 분류

1.1 '규제'의 일반적 정의

행정규제(Administrative Regulation) 또는 정부규제(Government Regulation)란 일반적으로 "바람직한 경제사회질서의 구현을 위해 정부가 시장에 개입하여 기업과 개인의 행위를 제약하는 것" 또는 "국가나 지방자치단체가 기업, 국민의 활동에 대해서 특정의 정책목적을 위하여 관여·개입하는 것" 등으로 학자들 간에 이해되어 왔다.

규제개혁 연구자들은 규제를 흔히 '감추어진 조세'(hidden tax)[2]라고도 말한다. 이는 규제가 피규제자에게 마치 조세와 같은 부담을 부과하여 유형·무형의 이행비용을 발생시키기 때문이다. 규제의 이러한 속성은 규제의 주체인 정부가 그 대상인 민간부문, 특히 시장 경제에 대하여 간섭을 가하는 결과를 초래한다. 본질적으로 규제란 개인과 기업의 자유 선택과 경쟁에 맡겨왔던 영역이 정부의 간섭과 통제 아래 놓이게 되는 것을 말한다.

규제의 사전적 의미는 '개인 또는 사회적 행위를 규칙이나 금지로써 통제하는 것'이다. 행정법학에서는 규제를 민간 영역에 대한 국가의 통제, 즉 '국민의 일상생활이나 기업의 경영에 영향을 미치는 국가의 작용'으로 넓게 본다. 그러나 법규범(norm)이 모두 규제는 아니다. 인간의 존엄과 기본권, 법의 지배, 신의 성실의 원칙 또는 사회 상규와 같이 그 자체로서 척도가 되는 기본 규범으로서의 법규범은 이를 뒷받침하려는 국가의 통제, 즉 '규제'보다 상위의 규범이다.

대체로 대륙법 체계에서는 규제를 입법과 통치 및 사회통제라는 국가의 작용과 동일시하는 경향이 있다. 따라서 규제의 연구도 법학·정치학·경제학·사회학·행정학 등 여러 분야의 연구와 연관된다. 반면 미국과 영국에서는 규제를 공공정책과 행정 체제의 틀 속에서 '행정작용의 구체적이고 독자적인 영역'으로 이해하는 이론적 전통을 형성해 왔다. 예컨대 미국에서의 규제의 개념은 "권리 제한 또는 의무 부과를 수반하는 행정입법으로서, 의회가 제정하는 1차 입법(primary law)이나 법원의 판례법(judge-made law)과 구분되는 것"이다.

규제개혁 정책을 직접 다루는 기관들이 상정하고 있는 규제의 개념 정의도 다양하다. OECD에서는 규제를 "정부 또는 정부가 권한을 위임한 기관이 특정 사회문제를 해결하기 위하여 기업, 국민, 정부, 지자체 등 피규제자에 대해 최소한의 부담을 부과하여 정책 목표를 달성하려는 정책수단"으로 정의한다. 또, 미국 연방정부의 규제개혁 총괄기관인 관리예산처(Office of Management and Budget, OMB)는 "규제란 정부기관에서 법령을 집행하거나 기관의 목적을 수행하는데 사용하는 주요 수단으로서 개인이나 사업자 또는 다른 기관

---

[2] Richard A. Posner*, Taxation by Regulation, *Bell Journal of Economics and Management Science*, Vol. 2, 1971
  : "규제는 사회적 목적 달성을 위해 특정집단(기업)에 경제적 부담을 지우고, 그 부담은 다시 상품 및 서비스 가격의 상승으로 이어져 궁극적으로는 국민 부담으로 귀결된다는 관점에서 숨겨진 조세"
  * 시카고 법대 교수이자 법경제학자

들이 할 수 있는 일과 할 수 없는 일을 정하는 특정한 기준과 명령"으로 정의하고 있다.

> ▶ 「규제」 개념의 일반론
> ○ 협의(狹義)의 규제: 명령의 구체적인 집합제로서 정부조직에 의해 적용되는 법, 명령, 규칙 등
> ○ 광의(廣義)의 규제: 공공의 목적을 실현하거나 이를 유도하기 위해 설계된 사적 영역에 대한 국가개입 활동
> ○ 최광의(最廣義)의 규제: 사회 통제 또는 영향력의 모든 형태

1.2 행정규제기본법에 의한 실정법상의 '규제' 정의

행정규제기본법은 행정규제를 "국가나 지방자치단체가 특정한 행정 목적을 실현하기 위하여 국민의 권리를 제한하거나 의무를 부과하는 것으로 법령 등이나 조례·규칙에 규정되는 사항"으로 정의하고 있다.

> ▶ 행정규제기본법과 동법 시행령까지를 포함한 실정법상의 규제의 개념을 정리하면 다음과 같이 정리할 수 있다.
> ① **규제 주체** : 국가 또는 지방자치단체
> ② **규제 객체** : 국민(국내법을 적용받는 외국인을 포함)
> ③ **규제 내용** : 국민의 권리 제한 또는 의무 부과
> ④ **규제 근거** : 법률·대통령령·총리령·부령과 그 위임에 의하여 정하여진 고시 등(훈령·예규·고시·공고) 또는 조례·규칙

1.3 규제의 실증적 개념(규제의 양태)

위에서 살펴본 것처럼 법률상의 규제의 정의를 포함하여 규제를 바라보는 시각이나 영역에 따라 다양한 개념 정의가 가능하기 때문에 규제의 개념을 보다 실증적으로 파악하기 위해서는 이를 규제의 주체와 객체, 목적과 내용 그리고 법적 형식 등으로 나누어 살펴볼 필요가 있다.

(1) 규제의 주체 및 객체

규제의 주체는 정부나 지자체 등 공공부문이며 규제의 객체는 공공 부문 밖에 존재하는 개인이나 기업 등의 민간부문이다. 우리나라를 비롯한 각국의 규제관련 법제는 대체로 규제의 주체가 되는 '공공부문'을 행정부(Administration)로 국한하는 입장을 취한다. 즉, 입법부와 사법부의 민간부문에 대한 통제 작용은 규제의 범주에서 제외하고 있는 것이다. 규제의 주체가 되는 '정부'(헌법 제4장, 행정학적 용어로는 '행정부')의 범위에 행정기관이 아닌 공공기관이나 공기업이 포함되는가 하는 점에 대하여는 검토의 여지가 있다. 우리 정부조직법은 정부의 구성 요소를 '행정기관'으로 규정하면서 각 부처·청 등 중앙행정기관과 특별지방행정기관(제3조) 및 그 부속기관(제4조), 합의제행정기관(제5조) 등으로 그 종류를 열거하

고 있다. 또한 행정기관의 사무를 지방자치단체에 위임할 수 있도록 규정하고 있다. 그 이외의 법인·단체 또는 기관·개인에게 위임할 경우에는 국민의 권리·의무와 직접 관련되지 아니한 사무로 제한(제6조 제3항)하고 있다. 이처럼 정부조직법은 규제의 본질이 민간부문에 대한 정부의 통제작용이라는 점을 고려하여 통제의 주체가 되는 정부의 범위를 '행정기관'으로 엄격하게 제한한다고 볼 수 있다. 따라서 공공기관이나 공기업, 또는 개인이나 민간단체가 행정기관의 위임을 받아 규제적 성격의 사무를 집행하는 경우에도 국민의 권리·의무에 직접 영향을 주는 본질적인 사항은 위임될 수 없다.

규제의 객체에 대한 논점은 비교적 단순하다 OECD는 규제의 객체에 '정부자체'를 포함시키고 있으며, 관리예산처(OMB)도 '다른 행정기관'을 개인·기업·단체 등과 함께 규제의 객체에 포함시키고 있다. 그동안 우리 정부가 추진해온 규제개혁 과정을 살펴보면 지방자치단체, 공기관, 공기업 등 공공부문을 대상으로 하는 중앙정부의 다양한 통제수단 즉, 규제가 존재한다. 재정분야, 공공계약, 공공조달 등이 대표적이다. 지속적으로 지방자치 분권 강화 등이 추구되고 있는 상황에서 지방자치단체 등의 건의를 바탕으로 중앙부처의 해당규제 합리화가 역대정부에 걸쳐 지속적으로 추진되어 왔다고 볼 수 있다. 이는 역대 정부의 현장중심의 규제개혁 세부과제 중에 다수 포함되어 있음을 통해 확인할 수 있다. 이를 통해 지방자치단체 등 공공부문도 규제의 객체로 볼 수 있음을 방증한다고 볼 수 있다. 하지만, 우리나라에서는 아직까지도 언론 등을 통해서는 일반적으로 규제의 객체(대상)를 '민간부문'에 국한하여 보려는 경향이 강하다는 것을 부언해 둔다.

(2) 규제의 목적과 내용

다양한 규제의 개념 정의를 종합해보면 규제의 목적은 대체로 '사회적으로 바람직한 활동'이나 '공익의 실현', '특정 사회문제의 해결' '바람직한 경제·사회질서의 구현'으로 요약될 수 있다. 이러한 규제의 목적이 어떻게 정당화될 수 있는가 하는 점에 대한 가장 일반적인 설명은 시장의 실패(market failure) 이론이다. 시장이 효율적으로 작동하지 못할 경우 시장에서 부족한 자원을 효율적으로 분배하여 최상의 상태로 이용하도록 하기 위해서는 정부에 의한 규제가 효과적인 수단이 된다는 것이다. 후생경제학자들은 시장의 실패를 다음 4가지 유형으로 설명한다. 첫째는 외부효과(externality)의 존재이다. 일방의 행위가 보상 없이 다른 당사자에게 비용이나 이익을 부과하는 경우, 그 비용이나 이익에 상응하는 자원은 제대로 분배되지 않게 된다. 둘째는 이용자들의 사용을 금지할 수 없는 공공재(public goods)의 존재이다 공공재는 정부의 개입이 없을 경우 과도하게 소비되거나 과소하게 제공되는 경향이 있다. 셋째는 독점(monopoly)의 존재이다. 독점권을 가진 행위자는 시장에서 가격과 수량을 통제할 수 있는 능력을 갖는다. 넷째는 잘못된 정보(inadequate information)이다. 이 경우에도 시장에서의 자원분배가 비효율적으로 될 수 있다. 실제로 1930년대 경제공황의 극복이나 제2차 세계대전 이후 각국의 경제발전 과정에서 광범위하게 도입된 규제들은 정부가 시장에 개입함으로써 시장의 실패를 극복할 수 있다는 관점에 기초해있다. 그러나 이는 정부가 과연 이상적인 자원의 분배를 이루어낼 수 있는가, 또 어떻게 그런 능력을 가질 수 있는가 하는 점 등에 대해 설명하기 어렵다. 이를 보완하려는 것이 미국의 경제학자 스티글러(George Stigler)가 주장한 '규제의 경제적 이론'(economic theory of regulation)과 이를 발전시킨 펠츠만(Sam Peltzman)의 규제 이론, 뷰캐넌(James Buchanan)의 공공선택론(Public Choice) 등이다. 즉, 규제란 부를 재분배 하는 하나의 수단이며 여러 이해집단이 규제의 제정, 특히 입법 과정을 통해 재분배의 과정에 참여하여 상호 경쟁하는 것으로 보는 것이다. 설사 정부가 공익을 위해 '가장 효율적인 대안'을 내놓을 능력이 없다고 하더라도 각 이해집단 간의 정치·경제적 상호 경쟁을 통해 국가 전체적으로는 균형에 도달하는 재분배가 이루어진다는 주장이다. 이러한 논의를 종합하면 규제의 주요 내용은 '정부가 시장 경제에 개입하는 것'이며, 여기에는 금지나 제한 등의 통제 작용뿐만 아니라 경우에 따라서는 보호·지원 등의 조장 작용도 포함되는 것이라고 정의할 수 있다.

이러한 관점에서, 일부 학자들은 행정규제기본법의 규제의 내용에 대한 정의가 지나치게 추상적이라는 비판을 제기한다. 우리 행정규제기본법은 규제의 목적을 "특정한 행정 목적을 실현하기 위하여"라고 규정하면서 그 내용을 "국민의 권리를 제한하거나 의무를 부과하는 것"이라고 정의하고 있는데, 이처럼 규제를 '모든 침익적(侵益的) 행정작용'으로 단순화하면 이 법의 적용 대상이 지나치게 확장될 가능성이 있다는 것이다. 아울러 과도하게 추상화된 개념 정의는 이 법이 구체적으로 추구해야 할 규제개혁을 자칫 추상적·상징적 구호에 그치게 만들 수 있다는 우려도 제기되고 있다.

(3) 규제의 법적 형식

규제는 피규제자의 자유로운 의사결정을 제한할 뿐 아니라 경제적·행정적 부담을 부과하므로 반드시 법적 근거를 가져야 하며 명시적인 법규의 형식으로 표시되어야 한다. 이것이 바로 '규제법정주의' 원칙이다. 규제의 일반적인 법원(法源)으로는 헌법, 법률 등의 성문법과 법원의 판례, 사회적 통념과 관습 등의 불문법을 들 수 있겠으나 국민의 권리 및 의무사항과 직결되는 규제를 제정하기 위해서는 이러한 법원에 근거함은 물론 그 형식도 구체적이고 명시적인 '법규의 형식'을 갖추어야 한다. 가장 전형적인 규제의 형식은 법률이다. 그러나 실제 행정기관이 규제를 구체적으로 제정하고 운용함에 있어서는 법률 이외에 다양한 형식의 행정입법을 현장에서는 활용되고 있다. 행정입법이란 '행정기관이 법조의 형식으로 일반·추상적인 규정을 정립하는 작용 또는 그에 따라 정립된 규범'이다. 이는 행정의 영역이 확대되어 가면서 법률이 구체적인 행정적 사안에 대해 직접 규정하지 않고 행정부가 정하도록 위임하는 이른바 행정입법 위임에 근거한다 행정기관의 입장에서 보면 개별 사안을 일회적으로 규율하는 행정 행위보다 동종의 사안들을 한꺼번에 규율하는 일반·추상적인 규율로서 행정입법의 중요성이 크기 때문에 행정 입법의 제정과 활용도가 갈수록 높아지고 있다. 우리 헌법은 대통령에게 '법률에서 구체적으로 범위를 정하여 위임받은 사항과 법률을 집행하기 위하여 필요한 사항에 관하여' 대통령령을 발할 수 있도록(제75조) 하고 있다. 또한 국무총리와 행정 각부의 장에게도 '소관 사무에 관하여 법률이나 대통령령의 위임 또는 직권으로' 총리령과 부령을 발할 수 있도록 하였다. 아울러 지방자치단체에 대해서는 '법령의 범위 안에서 자치에 관한 규정', 즉 조례나 규칙을 제정할 수 있도록(제17조) 하고 있다. 행정법학에서는 헌법이 법률의 위임형식으로 명시하고 있는 대통령령, 총리령, 부령과 지방자치단체의 조례·규칙 등의 행정입법을 '법규명령'이라고 정의하고 그 이외의 것들을 '행정규칙'이라고 정의하여 구별한다. 행정기관이 발하는 고시, 훈령, 예규, 공고 등은 행정규칙에 속한다.

1.4. 그 밖에 규제에 관련된 개념

(1) 서랍 속 규제

'서랍 속 규제'는 법정 또는 행정용어는 아니지만 공무원 등이 서랍 속에 임의적으로 꺼내거나 닫는 방식의 자의적 규제 또는 자의적인 집행이라는 의미로 사용되어 지고 있다. 특히 인·허가 등을 담당하고 있는 지방자치단체의 공무원의 행태에서 비롯된 자의적이고, 불합리한 규제집행 행태를 지적하면서 정치인이나 언론 등을 통해 언급되어 지곤 한다. 2014년 새누리당 서울시장 후보 경선과정에서 당시 김황식 후보자가 '서랍 속 규제혁파'를 공약으로 제시하면서 서울시의 규제를 '서랍 속 규제'에 비유한 바 있으며, 2021년 국민의 힘 서울시장 후보로 선출된 오세훈 시장이 구체적인 부동산 공급 공약을 밝히면서 시장으로 선출되면 100일 내 '서랍 속 규제' 폐지를 통한 부동산 공급 속도전 전개를 주장하기도 하였다.

상위 법령이나 지방 조례·규칙 등의 형태의 규제를 불문하고 모든 규제의 집행기관은 대부분 지방자치단체인 게 사실이다. 일반 국민이나 기업 등의 입장에서는 규제를 집행하는 기관, 즉 지방자치단체의 공무원들의 규제를 체감하는 접점(接點)일 수밖에 없으며, 규제를 체감하는 일선 행정 현장에서는 이러한 일선 공무원 행태에 의한 '서랍 속 규제'가 규제개혁 체감도를 상대적으로 낮게 평가되게 하는 중요한 원인으로 지적되기도 한다.

(2) 그림자 규제(shadow regulation)

그림자 금융규제(shadow financial regulation)가 대표적인 예이다. 그림자 금융규제란 법령 또는 규정에 의한 규제는 아니지만, 규제를 받는 사람들에게는 규제로 인식되는 금융감독당국의 일체의 행정행위를 말한다. 그림자 금융규제의 대표적인 예는 행정지도(window guide)이다. 모범규준은 법령에 근거하지 않으면서도 법령에 근거한 규제와 같은 실질적인 효력을 갖는 경우가 많다. 구두에 의한 금융상품 가격 결정에 대한 개입 등 통상 과거에 언론 등을 통해 관치금융이라고 알려진 많은 금융감독 당국의 행위들이 그림자금융규제에 해당한다고 볼 수 있다.

이러한 그림자 금융규제의 대표적인 모습이 금융감독당국의 행정지도이다. 금융권을 대상으로 하는 행정지도는 구두 또는 공문에 의한 지시, 모범규준 등으로 구분할 수 있다. 지시, 지도, 협조, 권고 등 여러 단어로 표현되기는 하지만 본질적인 차이는 없어 '행정지도'로 통칭할 수 있다. 금융회사들은 법이나 규정 개정으로 해결이 안되는 '보이지 않는 규제

(그림자규제)'가 더 무섭다고 한다. 행정지도는 행정절차법에 따르면 '행정기관이 그 소관 사무의 범위에서 일정 행정목적을 실현하기 위하여 특정인에게 일정한 행위를 하거나 하지 아니하도록 하는 지도, 권고, 조언 등을 하는 행정작용을 말한다. 행정지도의 정의에 대한 학자들의 의견은 다양하지만, 행정기관이 비권력적인 수단으로 임의적인 협력을 구하여 행정목적을 달성하려는 행정작용이라고 정의해 볼 수 있다. 행정지도는 비권력성과 비공식성의 성격을 가지고 있다는 것이 일반적이다. 행정지도를 위해서는 법적 근거가 필요한가에 대해서는 불요설, 필요설, 조직법상 근거 필요설로 학설은 갈리나, 판례는 근거 불요설의 입장을 취하고 있다. 행정지도는 비권력적·비강제적 행정작용이기 때문이라는 것이 불요설의 주요 논거이다. 학문적으로는 행정지도를 규제적 행정지도, 조성적 행정지도, 조정적 행정지도로 분류한다. 특히, 규제적 행정지도는 권고라는 형식으로 국민들의 자발적인 협력을 구하는 행정지도를 말한다. 또한 이들 행정지도는 법령에 근거한 행정지도, 법령에 근거하지 않는 행정지도로 분류해 볼 수도 있다.

규제측면에서 논란이 되었거나 여전히 논란이 있는 대표적인 행정지도에 의한 규제사례를 들어보자. 먼저, 전화를 통한 금융상품 판매금지 규제이다. 2014년 초 신용카드사의 고객정보 유출 사건으로 우리사회는 한바탕 홍역을 치룬 적이 있다. 고객정보 유출이 큰 사회적인 문제로 부각되자 금융당국은 전화를 이용하여 금융상품과 보험상품을 판매하는 것을 금지하는 행정지도를 하였다. 통상적인 행정지도와는 달리 사안의 중대성을 고려하여 금융위원회는 위원회 전체 회의를 개최하여 행정지도안을 의결하였다. 과거 묵시적 또는 실무적인 선에서 이루어져 왔던 행정지도와 달리 나름대로 매우 투명한 절차를 통해 결정하였다. 바로 무슨 법적 근거로 텔레마케터들의 직업을 빼앗느냐는 불만이 바로 터져 나왔다. 통신판매에 많이 의존하던 외국계 보험회사들은 국제적인 송사까지 불사하겠다는 강경한 주장을 내세웠다. 텔레마케터의 생존권과 결부되면서 탁상행정이라는 불만이 제기되었으며 결국 여론의 뭇매를 맞고 행정지도에 의해 시행되었던 전화를 통한 금융상품 판매금지 규제는 번복되기에 이른다. 다음으로 대표적인 부동산 주택대출 규제인 LTV(Loan to Value)와 DTI(Debt to Income)도 행정지도에 의한 규제이다. LTV란 자산가치대비 부채비율을 말하며, DTI란 소득대비 부채비율을 말한다. 2008년 세계적인 금융위기 시에도 우리나라는 이러한 규제덕분에 미국 등 선진국에 비하여 그 충격을 최소화할 수 있었다는 평가가 지배적이다. 부동산 가치가 하락하더라도 은행은 담보가치에 비해 일정비율의 여유가 있었기 때문에 경매처분을 곧바로 할 여력이 되었다. 급격한 부동산 가격하락에 따른 담보가치 하락과 이에 따른 주택 등의 경매처분 주거 불안정의 연쇄적인 파급효과를 상당히 예방할 수 있었다는 평가를 받았다. 부동산 정책은 우리나라에서 가장 이슈화되고 있는 정책이다. 지금까지도 그래왔고 앞으로도 그럴 가능성이 높다. 더불어 국민의 삶과 권익에 직결되는 정책이다. 이러한 정책의 핵심적인 규제가 명확한 법령에 근거도 없이 행정지도로 이루어지고 있다는 것은 규제개혁 정책 측면에서 시사하는 바가 크다. 국내외적으로 그 필요성과 효과성이 입증된 LTV, DTI 규제는 행정지도와 같은 그림자규제가 아닌 원칙적으로 법령의 근거를 가지고 금융회사 대상으로 영업행위를 제한하고, 개인의 대출받을 권리를 제한하는 규제를 가지고 갈 필요가 있다. 규제법정주의 측면에서의 행정지도의 문제점은 행정지도를 비판하면서도 동시에 행정지도를 요구하는 정치권과 언론 등의 이중적인 자세에 기인하는 바도 크다고 할 수 있다.

1.5 규제의 유형

규제개혁위원회의 행정규제분류체계는 중앙부처들이 규제 등록 시 준수하는 방식이며, 이는 부처별, 유형별, 성격별로 분류되어 있다. 정부 규제는 다양한 분야에 걸쳐 존재하며, 새로운 규제가 계속해서 생성되고 있으므로 이를 범주화, 유형화하는 방식도 계속해서 논의되고 있다. 전통적인 규제 분류 방식은 규제의 법적 성격에 따른 분류, 산업부문별 분류, 기업활동 단계별 분류, 규제기관별 분류, 규제대상 집단별 분류, 규제형식에 따른 분류, 수익·부담적 성격에 따른 분류, 규제의 목적에 따른 분류, 규제방식에 따른 분류(사전-사후, 제품-공정, 구조-행위), 규제대상에 따른 분류, 규제의 개입단계별 분류 등이다. 그러나 각 방식에 따라 규제를 분류할 경우 유용한 부분도 있지만, 한계가 있어 목적과 용도에 따라 그 효용성이 달라지게 된다. 전통적이고 가장 일반화된 규제유형 분류 방식을 정리하면 아래 〈표〉와 같다.

〈표〉 규제유형 분류방식

분류기준		규제유형	
규제 설정	규제목적	정책적 규제	
		개별 규제목적에 따른 규제	
	규제기관	관련행정기관(중앙정부 또는 지방자치단체)별 규제	
	규제형식	인가, 허가, 등록, 신고, 지정, 협의, 승인, 지도감독, 단속 등	
	규제자와 피규제자간의 관계	전통적 규제(공공→민간), 행정내부규제(공공→공공), 민간자율규제(민간→민간), 포획(민간→공공)	
규제 방식	국가개입단계	사전규제	예방(prevention)단계
		사후규제	행위발생(act)단계
			피해발생(harm)단계
	생산물 對 생산과정	제품규제(product regulation)	
		공정규제(process regulation)	
	규제대상의 형태와 행위	구조규제(structural regulation)	
		행위규제(conduct regulation)	
	입법화 수준	법령근거규제	
		법령미근거규제	
	규제수단의 성격	시장유인적 규제	
		강제적(명령지시적) 규제	
규제 대상	규제영역	경제적 규제(economic regulation)	
		사회적 규제(social regulation)	
		행정적 규제(administrative regulation)	
	피규제집단	대기업과 중소기업, 독과점 산업, 공익서비스산업, 공해산업과	

분류기준	규제유형
이익여부	비공해산업 등
	여성, 청소년, 장애자, 국가유공자, 생활보호대상자 등
	수익적 규제
	부담적 규제
산업별	1차산업, 2차산업, 3차산업 등 전체 사업군 규제
	전력, 가스, 반도체, 관광산업 등 개별 산업 규제
기업활동단계	입지, 건축, 설립, 자금과 인력조달, 생산, 판매, 유통, 소비 등

반면, OECD의 정부 규제 유형 분류 방식은 정부의 개입(intervention) 수준과 선택(choice)을 기준으로 △경제적 규제 △사회적 규제 △행정적 규제로 구분하고 있다. 정부가 사회문제에 직면해서 시장 및 국민의 생활에 직접적으로 개입할 것인지 여부를 결정하게 되는데, 만약 일단 개입을 결정하였다면 초법적인 방식을 통해 개입할 것인지, 아니면 법적인 방식을 통해 개입할 지 여부를 선택하게 된다. 그리고 법적인 방식을 통해 개입하기로 하였을 경우 다양한 개입 수단이 존재하는데 그 대표적인 수단이 바로 예산 지원, 조세 감면과 같은 재정적 수단과 정부규제이다. 마지막으로, 정부규제 방식을 택한 경우에는 구체적으로 경제적 규제, 사회적 규제, 행정적 규제로 구분되는 것이다.

▶ 규제정비 과정에서의 고려사항: 「규제개혁의 목적」과 「규제의 판단」

○ 위에서 설명한 '규제'의 목적에 대한 이해와 대비하여 '규제개혁'의 목적에 대한 상호보완적 이해가 필수적이다. 규제의 목적이 「시장의 실패」에서 시작되었다면, 규제개혁의 목적은 「정부의 실패」, 더 나아가 「규제의 실패」에서 비롯되었다고 볼 수 있다.

○ 행정규제라 함은 행정규제기본법 제2조 제1항 제1호에 의거하여, 국가 또는 지방자치단체가 특정한 행정목적을 실현하기 위하여 국민의 권리를 제한하거나 의무를 부과하는 것으로서 법령 등 또는 조례·규칙에 규정되는 사항이다. 이는 국민에게 "부담적이나 수익적 규정이냐"가 기준이 아니고, 국민의 "권리를 제한하거나 의무를 부과하는 규정이냐" 기준인 것이다.

○ 즉, 규제를 판단할 때 기본 원칙으로는 행정규제는 행정주체가 행정객체(피규제자)의 권리를 제한하거나 의무를 부여하느냐 등에 따라 판단하여야 하며 국민에게 "부담적이냐", "편익적·수혜적이냐"를 기준으로 규제여부를 판단하여서는 안 된다는 점이다. 대부분의 국민에게 이익이 되는 규제(환경보전등)는 편익이 비용보다 크기 때문에 규제의 타당성이 높다는 것이지 행정규제 자체가 아닌 것으로 판단해서는 안 된다. 법령 등의 규정상 권리제한, 의무부여의 대상이 "국민이냐 행정기관이냐"는 규정상의 형식만으로 판단하지 않고 의무나 권리제한이 최종적으로 국민(행정객체)에게 주어지느냐의 여부로 규제를 판단해야 한다. 즉, 행정기관에 대한 의무부과 형식의 규정이라도(내부규제형태) 종국적으로 행정기관이 의무수행을 위해 피규제자의 권리제한이나 또 다른 의무를 부여하게 된다면 규제가 된다. 법령상의 규정이 강제적이냐, 임의적이냐에 따라 규제여부를 판단하는 것이 아니라 실질적인 권리제한, 의무부여 여부로 판단하여야 하며, 임의적 규정이라도 하위규정이나 혜택의 정도에 따라 사실상 의무화 또는 강제가 되는 경우는 규제가 되며, 강제적인 규정이라도 하위규정 등 집행을 위한 구체적인 규정이 없고 단순한 사회 규범적 성격의 선언적 규정은 규제에 해당되지 않는다. 최초 선택(가입 등)은 임의적이라도 선택한 이후에는 상당한 의무준수가 요구된다면 원칙적으로 별도의 규제이다. 개별 행정법령에 규정된 규제가 민법, 상법에서 규정하는 것과 동일한 수준인 경우에는 행정규제로 판단하지 않는 것과 같이 법령의 규정형식만이 아니라 실제 규제 여부로 판단해야 한다.

▶ 규제정비 과정에서의 「규제분류」

○ 규제분류체계는 과거 행정사무 분류방식에서 파생되어 분류체계의 총망라성과 상호배제성의 부족 등으로 규제 담당 공무원의 혼란과 잘못된 등록을 야기하는 악순환이 있다는 지적이 있었음을 밝혀둔다. 종래 행정규제기본법에 규제등록지침에 따르면 행정규제를 '유형별'과 '성격별'로 분류하여 등록하도록 되어 있는데, 이러한 분류체계와 방식은 일관성과 합리성을 결여하여 체계적이지 못하다는 지적인 것이다.

○ 사실 대표적인 규제분류인 경제규제와 사회규제인 경우에도 보는 관점에 따라 그 구분이 명확하지 않은 경우가 현장에서는 존재한다. 실제에서는 일정 한계가 있음에도 불구하고 해당 규제를 소관하는 부처가 경제부처인지, 사회부처인지에 따라 단순하게 분류하기도 한다. 이와 함께 규제분류체계의 모호성과 비현실성을 개선하기 위해서는 법률의 제정 및 행정부에 대한 견제기능을 수행하고 있는 입법부가 어떠한 체계를 통하여 행정부가 발의한 정부입법안을 심의하고 있는지에 따라 분류할 필요가 있다는 주장도 현실적으로 유의미하다고 보인다.(예시적으로, 상임위원회 또는 특별위원회 등을 기준으로 분류)

제2장 규제개혁의 지향점 및 규제개혁정책의 발전적 단계론

2.1 규제개혁의 발전적 지향점

규제개혁 추진하는 과정에서 궁극적으로 우리가 지향하거나 그 발전적 방향을 고민하면서 고려해야 할 '정책적 지향점'은 무엇이어야 하는지를 고민해야 한다. 규제개혁의 목적도 단지 기존에 주로 규제개혁 추진목표로 정한 기업환경 개선이나 국민불편 해소 등의 범위를 초월하여 그보다 상위차원에서 고민해야 할 필요가 있다. 이러한 기존의 경제적 개념에 입각한 가치에 그치는 것이 아닌 정책관점에서의 규제개혁의 효율성과 형평성을 포괄하면서도, 궁극적으로 규제개혁의 공공성을 실현할 수 있어야 한다. 이러한 맥락에서 규제개혁의 방법도 그동안 과도한 규제완화의 일변도에 따른 부작용을 극복할 수 있도록 필요한 규제는 강화하는 규제개혁 추진 방향이나 과제의 발굴, 개선하는 정책적 노력이 요구된다고 하겠다. 물론 그간 이러한 노력이 전혀 없었던 것은 아니지만 여기서 효율성과 형평성 그리고 공공성의 원론적 개념을 살펴보고자 한다. 아울러, 발전적인 규제정책을 제시하는 과정에서 참고할 수 있는 OECD의 규제의 발전적 단계론을 자세히 살펴보고자 한다.

(1) 규제개혁에서의 효율성과 형평성

(가) 규제개혁과 효율성

규제개혁의 추진 배경은 기업에 대한 과중한 부담을 최소화하여 기업의 적극적인 경제활동을 지원하고, 나아가 시장의 효율성을 제고하기 위한 방안으로 재정 지출의 확대에 따른 정부 부담이 가중되지 않으면서도 경제를 회생시킬 수 있는 효과적인 방안으로 인식되었다. 즉, 효율성을 제고하기 위해 규제 완화가 규제개혁의 주요 내용으로 자리잡게 된 것이다.

지금까지 규제개혁과 관련된 논의는 형평성보다는 주로 효율성에 초점을 맞추어 전개되어 왔고, 이는 정부 개입의 축소, 시장 자율성 확대를 강조하는 신고전주의 경제학파의 주장이 규제 완화 및 규제개혁 논의가 전개된 배경이라는 점을 감안하면 지극히 당연한 결과일지도 모른다. 즉, 규제개혁에서 규제완화의 논리는 바로 효율성이다. 그리고 다소 모순적으로 들리지만, 규제의 필요성에 대한 근거를 제공하는 논리 역시 효율성이다. 정부 규제의 정당성을 제공하는 이론적 배경은 바로 후생경제학 입장으로 정부의 개입으로 시장 실패를 치유한다는 것이다. 이에 따르면 외부성, 정보의 비대칭, 경쟁 부족 등으로 인해 시장은 실패하기 때문에 정부가 시장을 규제할 필요가 있으며 이를 위해 규제를 생성한다는 논리이다. 그러나 법경제학 입장에서는 시장 실패는 규제가 필요한 상황적 배경에 불과하다. 경쟁이 기업의 능률과 역량을 제고시키기 때문에 시장은 잠재적 실패를 해결하는데 있어 뛰어난 능력을 지니게 되는 한편, 계약은 법원에 의해 집행되므로 대부분의 외부성이 해결된다는 것이다.

즉, 시장실패는 규제도입의 정당성을 제공해주지 못하는 것이다. 최근 이러한 후생경제학과 법경제학적 입장이 재조명되고 있다.

(나) 규제개혁과 형평성

사실, 규제는 특정 집단에 비용을 발생시키거나 이익을 제공하기 때문에 형평성에 대해 논의하지 않을 수 없고, 이는 지금까지도 많은 학자들에 의해 다양한 관점에서 논의되어 온 사안이다. 규제에는 형평성의 문제가 태생적으로 내재되어 있다고 할 수 있다. 규제를 포함한 정부 개입의 근거가 시장실패에 따른 효율성을 보완하는 측면도 있지만, 동시에 시장 기제를 통해 달성할 수 없는 형평성도 고려해야 한다는 것은 지극히 당연한 현상이라고 할 수 있다. 정책결정 과정에서 정책의 우선순위를 고려하고 결정하는 것이 정책의 형평성 기준이 고려되는 방식이라고 할 수 있다. 규제의 형평성은 사회적 자원의 분배의 관점에서 사회적 형평성 제고를 위한 중요한 수단으로서 작용하며, 형평성의 기준은 정부 규제에 대한 정당성의 논거로 제시할 수 있다. 다시 말하면, 공공 정책의 논의에 있어 형평성의 개념은 본질적 가치로서 공익이나 공공성의 가치와 비교할 때, 하위 수준의 가치로 이해되어야 한다. 정책결정 과정에서 정책의 우선순위를 고려하고 결정하는 것이 정책의 형평성 기준이 고려되는 방식이다. 사회적 형평성을 개별 사회 구성원들의 후생 수준을 제고하여 사회적 정의를 실현하는 것이라고 이해한다면, 각 구성원들의 후생 수준에 영향을 미치는 자원 배분을 결정하는 정책의 형평성은 이러한 사회적 형평성 제고를 위한 수단적 개념이다.

정책의 형평성과 관련한 두 가지 원칙을 제시할 수 있다. 첫째는「동일범주 동일대우의 원칙3)」이며, 이는 동일한 범주의 대상을 동일하게 대우하는 것과 함께 동일하지 않은 것들에 대해서는 차등의 가능성을 의미하는 부분이다. 둘째는「분배기준 조절의 원칙」으로 분배의 기준이 상황에 적합하게 선택되거나 조합되어야 한다는 것이다. 예컨대, 동일한 수준의 과실을 범했다하더라도 과실의 이유가 서로 상이할 수 있기 때문에 모든 대상에 대해 기계적으로 동일한 책임을 물을 수는 없다는 것이다. 이러한 논리를 통해 우리는 규제정책과 관련한 또 다른 측면의 형평성 개념을 고려할 수 있고, 이는 앞서 규제의 본질적 내용이나 자원 배분의 결과가 아닌 과정적이고 절차적 측면에 대한 부분일 것이다.

한편, 기존에는 규제의 도입을 통해 형평성의 기준을 충족시키고 사회적 약자의 가치를 보호할 수 있다고 생각했으나, 최근에는 규제개혁의 일환으로 규제를 도입하더라도 사회적 약자에 대한 과중한 비용부담을 최소화하는 차원에서 형평성의 가치를 달성해야 한다는 차원에서 주로 논의되고 있다. 전통적인 규제정책 과정에서 형평성 기준의 적용이 규제의 도입을 통한 적극적인 방식으로 분류한다면, 최근의 규제개혁과정에서 형평성 기준의 적용은 규제 도입의 자제나 완화를 통한 소극적 방식으로 차별화될 수 있을 것이다.

이와 같이 규제개혁의 격랑 속에 규제의 효율성이라는 기준에 밀려 축소되었던 규제 형평성의 기준이 다시 논의의 대상이 되고 있다. 사회적 형평성에 대한 새로운 관심과 인식의

---

3) 정책과정에서 '같은 범주의 대상은 동일하게, 다른 범주의 대상을 다르게' 적용하는 것을 말한다.

전환은 사회적 형평성의 달성을 위한 규제 정책의 형평성 제고를 위한 측면에서도 충분한 논의의 필요성을 제기한다. 문제는 이러한 형평성에 따른 배분 원칙에도 불구하고 실제 적용 과정에서 상당한 어려움과 의도적 왜곡, 그리고 그에 따른 부작용이 발생할 수 있다는 점이다. 동일 범주에 대해 동일한 대우를 적용한다고 해도 어떠한 수준까지를 동일하다고 판정할 수 있는지에 대해서는 명확한 답을 내릴 수 없다. 또한 서로 상이한 상황에 대해 다양한 기준을 적용하여 배분을 할 경우에도 어떠한 기준을 취사선택하고 조합할 것인지에 대해서는 여전히 모호한 부분이 존재한다. 이러한 부분은 실제 제도 설계 과정에서 구체적인 제도의 내용과 그 기대 효과, 부작용 등에 대한 구체적인 검토를 통해 논의가 이루어져야 할 부분일 것이다.

(다) 규제 형평성 논리의 적용 사례

중소기업 규제영향평가와 한시적 규제유예의 제도적 사례는 이러한 대상의 규모적 특성과 함께 시기적 특성에 따른 '동일범주 동일대우의 원칙'이 적용된 것으로 이해할 수 있다. 한편 '분배기준 조절의 원칙'과 관련해서는 다양한 상황에 맞추어 신축적인 규제 적용의 가능성을 지적하고 있다는 점에서, 이명박 정부의 규제형평위원회를 중심으로 한 규제형평제도 도입에 대한 사례와 연결될 수 있다. 과거 2008년 8월의 국가경쟁력강화위원회의 중소기업 제도 개혁방안 보고에서는 중소기업관련 규제를 체계적으로 정비하기 위해 미국의 '규제유연성법'(RFA: Regulation Flexibility Act)을 모델로 중소기업 규제영향평가의 도입을 결정하였다. 그리고 이후 행정규제기본법에 따른 규제영향분석서 작성지침 개정의 방식을 통해 기존의 규제영향분석의 일환으로서 중소기업 규제영향평가의 도입이 이루어졌다. 그 밖에도 역대 정부에서 도입되거나 시도된 한시적 규제유예, 규제형평제도와 같은 정책들만 보더라도 최근 정부가 규제 형평성을 위해 노력하고 있다는 것을 확인할 수 있다.

(2) 규제개혁의 공공성

국가와 사회의 공공선을 추구하는 모든 공공정책에서 최고로 지향되는 가치는 '공익(public interest)'이다. 이러한 견지에서 공익은 공공성의 규범적 본질이다. 공익은 '공공의 이익' 또는 '공동체의 이익'을 의미한다. 어떤 사회공동체의 일반적 또는 집합적 이익(general or collective interest), 즉 사회공동체 전체를 위해 이로운 것을 의미한다. 개인의 사익 추구가 결과적으로 공동체 전체의 이익의 극대화로 귀결된다면 공익을 별도로 규정하고 고려할 필요가 없을 것이다. 그러나 개인들의 사익 추구만으로 사회 전체의 행복이 보장되지 않거나 국가나 사회의 공공의 문제가 제대로 해결되지 않는다는 것을 전제로 공익개념이 중요한 의미가 가지게 된다. 공공성은 특정한 개인이나 단체가 아닌 국가 또는 사회 구성원 전체와 관련되는 성질을 의미한다. 이러한 현상을 그대로 기술하는 형식적 개념정의 관점에서 공공성을 구성하는 특성은 다음과 같다. 먼저 '공유성'이다. 다수의 사회의 다수 구성원들이 공동으로 소유하거나 사용하는 것을 말한다. 둘째는 '공개성'이다. 다수의 구성원들에게 보편적 접근이 가능하도록 개방되어 있어야 한다. 셋째는 '공중성'으로 다수의 구성원들에게 두루 영향을 미쳐야 하며, 마지막으로 '정부관련성'으로 중앙·지방정부나 공공기관이 주관하는 것을 의미할 수 있다. 일반적으로 공공성을 지향하는 정책을 통한 정부 개입의 근거는 두가지 논점으로 도출된다. 민간 영역에서의 시장실패 또는 민간실패 상황이 하나이고, 다른 하나는 이러한 시장실패 도는 민간실패 문제를 국민을 섬기는 공복인 정부가 국민의 행복(공공이익)을 위해서 나서서 해결해야 하는 국가의 기본적 책무에서 찾는 것이다. 규제개혁 정책은 잘못 설계되거나 집행되는 국가개입(규제정책)이 공공이익 최대화에 걸림돌로 작용하는 경우, 즉 이러한 정부실패(규제실패)를 치유하는 역할을 수행함으로써 공공정책의 정상화를 위한, 바람직한 정책으로의 전환을 위해 정책을 대상으로 시행되는 또 다른 정책이라고 할 수도 있겠다.

규제개혁 정책의 목표는 단기적이고 대중적인 경제활성화 등을 위한 정책 수단으로서 형식적인 운영에서 탈피해야 할 필요가 있다. 즉 기존의 규제 개혁 절차 개선, 진입 장벽 개선 등 규제집행의 문제, 기준 규제의 문제, 배분에 대한 규제로의 역량 강화가 요구되고 있다. 만약 사회문제를 해결하기 위해 제공하는 진단과 처방에 현실 적합성이 결여되어 있다면 규제개혁의 적실성 문제는 필요한 규제에 대한 적절한 제공이 이루어지지 않았을 경우 발생하게 된다. 규제개혁은 복잡한 규제집단과 피규제 집단 간 이해관계의 충돌로 그 복잡성과 정치적 해결과정에서의 비합리성 등으로 규제개혁의 성과를 개선하는데 많은 어려움이 있다. 특히, 복합적인 규제대상과 전문적인 규제심사과정에 적절한 판단기준을 제시하거나 해석을 하지 못하는 경우, 많은 규제개혁 시도가 좌절되거나 오히려 사회발전의 장애물로 인식되는 경향이 없지 않다. 구체적으로 규제의 효율성과 형평성간의 가치 판단 문제와 이에 대한 피규제 집단 간의 규제 형량의 문제는 상당히 전문적이고 때로는 정치적인 해결과정을 필요로 하는 경우가 많다. 이러한 경우 단지 선형적인 규제 및 규제개혁의 논리는 복잡한 이해관계에 놓여 있는 문제해결 과정에 규제가 실질적인 도움을 주지 못하기도 한다. 이렇듯, 기존의 단편적인 규제 및 규제개혁에 대한 접근에서 벗어나 규제개혁의 특정한 개인이나 집단에 한정되지 않는 보편적인 속성으로서 공적 영역의 속성으로 이해한다는 의미가 있다.

그렇다면, 바람직한 규제개혁 위한 공공성은 무엇인가? 규제개혁의 공공성은 종래의 규제완화단계에서 향후 선진화된 규제품질관리 및 규제관리 단계로의 도약을 위해 상대적으로 미흡한 규제를 보완·강화하는 논거이다.

우선 규제개혁의 공공성은 단지 규제개혁의 경제적 효율성이나 형평성의 제고를 위한 도구적이거나 수단적 개념이 아님은 물론, 효율성과 형평성을 포괄하는 개념이다. 더 나아가 기존의 단편적인 규제 및 규제개혁에 대한 접근에서 벗어나 규제개혁의 특정한 개인이나 집단에 한정되지 않는 보편적인 속성으로서 공적 영역의 속성으로 규제개혁을 이해해야 한다. 규제개혁의 공공성 구성하는 중요한 요소를 아래와 같이 세 가지 정도로 정리해볼 수 있다.

① '수요와 공급' 측면
규제개혁의 수요와 공급에 대한 고려로서, 규제 개혁이 과연 규제에 대한 수요와 공급의

논리를 충족시키는가에 대한 평가가 필요하다.4) 만약 규제가 불필요한 영역임에도 불구하고 지나치게 많은 규제가 신설되어 있거나, 규제 강도가 필요 이상으로 강력하다면 이는 제대로 된 규제라고 볼 수 없다. 이는 시대적 흐름 및 상황에 따라 강화되어야 하는 혹은 약화되어야 하는 규제에 대해 과연 적절한 조치가 이루어졌는지에 대한 평가도 이루어져야 할 것이다. 기능적 측면에서 정책 우선순위 및 집행에 대한 평가까지 포괄할 수 있는 체제가 갖추어져 있어야 하며, 무엇보다도 규제 개혁 수단 선택의 적합성 확보가 중요하고, 절차적 측면에서는 관료들의 기업·국민들과의 광범위한 파트너쉽 형성, 정책 우선순위에 입각하여 집행할 수 있는 제도적 절차 마련, 규제영향 분석이 필요하다.

② 규제개혁 '추진체계' 측면

바람직한 규제개혁이 이루어 질 수 있는 의사결정 과정 및 집행 구조를 갖춘 규제개혁 추진체계가 구축되어야 하며, 특히 규제개혁을 담당하는 조직 및 기관의 사업목표, 정책결정 구조, 집행체계를 분석한다. 성공적인 규제개혁의 추진체계를 설계하기 위해서는 먼저, 구조적 측면에서 범정부적 규제개혁 추진체계 구조를 확립하고, 민·관 파트너쉽을 형성함과 동시에, 정치적 이해관계로부터 자유로울 수 있는 집행구조 체계를 마련하는 것이 중요하다.

③ 규제개혁 추진 '내용과 성과' 측면

실제로 규제개혁의 내용과 성과가 당초 의도한 규제개혁의 목적을 달성하였는지에 대한 내용 검토와 성과를 평가한다. 추진되는 규제개혁 내용과 집행과정이 역동적인 시대적 상황을 반영할 수 있도록 규제개혁의 과정의 환류과정을 통하여 규제개혁의 역동성을 보장하는 것이다.

결론적으로, 모든 정책에서도 유사하게 적용 가능하겠지만 규제개혁정책의 향후 발전적 모습을 고민하는 과정에서 정책전개 과정에서의 공공성의 확대가 그 지향점이자 목표가 되어야 한다. 따라서 「효율성」과 「형평성」 그리고 이를 포괄하는 「공공성」에 대한 정책분석 또는 정책평가의 틀(프레임, Frame)을 가지고 향후 진전된 규제개혁 정책의 구상을 전개해 나갈 수 있다고 생각한다.

2.2 규제개혁정책의 발전적 3단계론

OECD에서는 규제개혁 및 관리를 발전단계별로 규제완화, 규제품질관리, 규제관리의 세 단계로 구분하고 있다. 따라서 각 단계별로 목적 및 내용을 살펴보면 다음과 같다. 아래의 단계는 규제관련 정책, 즉 규제개혁정책과 규제정책 모두에서 현실상황 분석(As-Is)과 지향하는 발전적 목표(To-Be)를 설정하는 입장에서는 참조할만 하다.

(1) 「규제완화」 단계

'규제완화'(deregulation)단계는 절차와 구비서류의 간소화, 규제순응 비용의 감소 및 규

---

4) 예를 들면, 규제개혁 체감도나 만족도 조사 등에서 간접적으로 확인할 수 있을 것이다.

제 폐지를 통한 규제 총량의 감소 등을 추진하는 단계이다. 이는 과다한 정부규제에 따른 엄청난 비용의 발생, 산업구조의 왜곡, 행정 부조리 등의 문제점을 해결하기 위한 것이다. 우리나라의 경우 이런 규제 완화를 위한 정부의 노력은 1990년대 규제관리에 대한 관심이 있어 온 이래 지속적으로 이루어져 왔지만, 그 중 대표적인 것이 김대중 정부 초기에 있었던 규제총량을 50% 감소시킨 사례가 대표적이다.

(2) 「규제품질관리」 단계

규제개혁의 두 번째 단계는 '규제의 품질관리'(regulatory quality management)단계로 규제완화를 통해 어느 정도의 총량적 규제관리가 이루어진 뒤에 개별규제의 질적 관리에 초점을 두는 단계라고 할 수 있다. 보다 유연하고 단순한 규제수단 및 비규제수단의 모색, 신설강화 된 규제에 대한 규제영향분석이 주로 이루어지는 단계로, 규제기획제도를 통한 규제품질의 관리가 대표적인 예라고 할 수 있다. 규제 완화와 규제품질 관리 단계를 거쳐, 규제관리 단계로 순조롭게 나아가기 위해서는 규제품질의 개선이 선행되어야 하기 때문에 규제품질 관리가 매우 중요하다.

사실 규제개혁의 시작은 각종 절차와 구비서류의 간소화, 규제순응비용의 감소 및 규제폐지를 통한 규제총량의 감소와 같은 양적 측면에서 이루어진다. 그러나 이러한 것들이 정비되어 규제의 총량적 관리가 이루어지면, 개별 규제수단의 적절성, 효율성 등을 검토하며 보다 유연하고 단순한 규제수단 혹은 비규제 수단은 없는지 등에 대해 관심이 집중되게 된다. 우리나라에서는 규제영향분석을 통해 규제품질 관리를 구체화하고 있다. 현재의 제도를 보면 규제를 신설 혹은 강화하려는 부처는 규제영향분석을 통해 해당 규제의 정당성을 입증해야 하는데, 그 세부항목을 보면 투입규제보다는 성과기준 규제의 도입, 보조금이나 정책홍보와 같은 비규제 대안의 검토, 중소기업에 대한 규제효과의 분석, 규제의 존속기간의 설정, 규제의 확대재생산과 같은 규제 피라미드의 가능성 검토와 같은 개별규제의 품질관리를 위한 다양한 체크포인트를 제시하고 있음을 확인할 수 있다.

(3) 「규제관리」 단계

최종 단계인 세 번째 단계는 종합적인 '규제관리'(regulatory management)단계로 규제개혁이 규제의 총량이나 개별 규제의 품질 문제에만 국한되지 않고, 전반적인 규제체계에 관심을 갖는 것을 목적으로 한다. 즉, 규제완화 및 품질관리단계를 통해 총량뿐만 아니라 질적인 측면에서 규제관리가 이루어진 뒤 하나의 규제가 아니라 규제간의 상호관계와 전체 국가규제체계와의 정합성 등과 같은 거시적인 문제에 초점을 두는 것이다. 규제관리는 국가의 전반적인 규제체계의 조화나 규제체제의 효율성에 집중하는 단계로 규제에 대한 적정한 품질관리가 담보되지 않으면 불가능하며, 규제 관리 단계에서는 규제체계의 정합성 여부를 중요하게 다루고 있다. 규제개혁에 있어서 보다 중요한 것은 과연 전반적인 규제체제가 원래 의도한 사회경제적 목표를 달성하고 있는가의 여부이다.

불합리한 규제로 인해 정책 행위 대상자에게 부정적 영향을 미치는 것을 사전에 예방하고, 기존의 불합리한 규제를 개선하여 민간의 자율성과 시장 기능을 강화하는 측면에서 규제관리의 필요성이 강조되는 것은 당연하다. 규제의 도입으로 인한 효용 및 성과를 극대화하기 위해서는 규제 관리가 제대로 시행되어야 함에도 불구하고 우리나라의 규제관리 성과는 아직 개선해야 할 점이 많은 것으로 지적된다. 우리나라의 규제관리체계는 제도적으로는 규제의 품질관리를 위한 수단이 부분적으로는 도입되어 있다는 평가도 이루어지고 있다. 김대중 정부시기에 이미 규제심사를 도입하면서 함께 도입된 규제영향분석을 위한 평가항목에 보다 나은 규제방식의 설계를 위한 기준이 명백하게 제시되고 있고, 이를 규제의 신설·강화 과정에 검토하도록 되어 있기 때문이다. 뿐만 아니라 이미 역대정부에서 규제등록제도와 규제맵(regulatory map) 작성을 추진한 적도 있다. 이는 품질관리 단계로 도약하고 있다는 평가도 존재한다. 특히, 최근 급증하고 있는 의원입법에 대한 규제심사 시스템의 결여, 형식적 규제영향평가, 행정비용 측정과 감축을 위한 노력의 미비하다는 외부지적이 대표적이다. 이와 함께, 우리나라 규제개혁 수준에 대해서는 논란이 있으며, 양적 완화 차원에서도 미흡하다는 지적도 여전히 일부 남아 있음을 밝혀둔다. 이는 여전히 기존규제 정비가 상당히 의미 있는 시대적 과제이며, 이러한 일련의 규제개혁 발전론은 궁극적으로 국민의 삶의 질 제고와 국가경쟁력 강화에 있기 때문에 단선적인 규제개혁 발전론에 얽매일 것이 아니라 실질적으로 규제관리의 선진화를 이룰 수 있는 규제개혁의 전략적 '선택과 집중' 무엇보다도 중요하다고 본다.

2.3 규제개혁의 진정한 의미

'올바른 규제개혁'은 획일적인 규제철폐 내지 규제 완화가 아님을 분명히 할 필요가 있다. 단순계량적인 양적 목표에 맞춘 규제조정도 더욱이 아니다. 규제기관, 규제수단, 규제절차, 규제쟁송의 차원까지도 포함하는 '규제품질'의 개선이어야 한다. 규제품질을 목표로 규제개혁을 추진하는 과정에서는 항상 아래와 같은 문제에 대해 집중해야 한다. ① '무엇을 위한 규제인가'라는 규제목적의 정당성, ② 규제수단의 필요성 및 그 부작용, ③ 규제의 추진 주체의 정비, ④ 합리성과 정합성의 원칙 실현 ④ 그 결정과 집행과정에서의 민주성과 투명성 등의 원칙이 병행되어야 한다. 또 다른 한편으로는 규제는 법률에 의한 행정의 원리로서의 '법치주의 실현'과 정당한 공익 목적을 위한 필요한 범위 내에서의 '기본권 제한'(헌법 제37조 제2항)의 문제이다. 더욱이 규제는 대부분 법(법률·법령)의 모습에 근거하거나 그 형태를 갖는다. 따라서 향후 규제개혁 정책을 돌아보고 개선방안을 모색하는 하나의 주요한 과정에서 규제개혁에 대한 법이론적 관점에서 종합적으로 정리해 나갈 필요가 있다. 이런 의미에서 규제 정책이나 규제개혁 정책에 있어서도 규제법 일반이론적 접근과 모색이 중요하다. 이러한 결과를 토대로 규제정책과 규제개혁정책에 적용가능한 일반적인 원칙들5)을 일목요연하게 체계적으로 포함하고, 규제와 규제개혁의 통일적인 리더십도 강화할 수 있는 추진체계까지도 담을 필요가 있다고 생각한다. 현행 행정규제기본법의 전면 개정 수준에서보다 발전된 법제 개선 방안을 마련하고, 개선을 추진해 나갈 필요가 있다.

---

5) 제3장에서 합리적인 규제의 기준과 원칙에 대하여 자세히 기술하였다.

더불어서 그 동안 역대 정부의 규제개혁이 성공적이었다는 평가를 받지 못하는 이유는 무엇일까? 진정한 규제개혁의 의미를 찾는 과정에서 이 질문의 대답과도 관련이 있다.

정부마다 대통령은 국정과제의 최우선 과제 중 하나로 규제개혁을 추진해왔고, 대통령 앞에서는 각 부처 장관 등이 규제개혁에 과감하게 나설 것을 약속하거나 맹세하는 장면이 연출되곤 하였다. 그리고 국민이나 기업 등은 현장에서 체감할 정도의 규제개혁을 기대하곤 하지만 매번 정부 말기가 되어 해당정부의 규제개혁에 대한 현장의 평가와 점수는 그리 후한 적이 거의 없었다. 그럼 우리나라는 입으로만 규제개혁을 외치는 '거짓말'하는 대통령만 존재해온 불행한 나라인가? 총론 수준에서 규제개혁에 반대하는 부처나 공무원 등은 거의 없는데, 왜 각론에서는 규제개혁이 어려울까? 필자는 그 이유의 하나로 규제개혁에 대한 잘못된 인식에 주요한 원인이 있다고 생각한다. 역대 정부 규제개혁 추진과정에서 우리는 '불합리하거나 나쁜 규제'의 존재를 미리 전제하고, 과감한 해당 규제의 철폐나 개선을 외쳐왔다. 동일한 규제에 대해서도 해당 규제를 바라보는 입장은 상대적이어서 절대적으로 '불합리하거나 나쁜 규제'에 대한 통일된 인식을 공유하기가 어렵다. 예를 들어 특정 환경규제를 생각해보자. 그 규제를 따르면서 투자를 유치하고 공장을 짓는 등 경제활동을 하는 기업에게는 과중한 부담을 넘어 불합리한 규제로 규제완화 필요성이 지적되지만, 주변 주민이나 환경단체 입장에서는 반드시 필요한 규제이며 더 강화되어야 하는 규제일 수 있는 것이다. 우리가 규제개혁의 대상으로 삼는 규제개선 과제들이 규제를 운영하는 대부분의 각 부처 등을 상대로 비슷한 상황에 마주하게 되며, 개혁에 대한 저항에 부딪히게 된다. 해당 규제가 불합리하거나 나쁜 규제임을 증명하는 것도 그리 녹록치 않은 경우가 대부분이다. 그렇다면 규제개혁을 '불합리하거나 나쁜 규제'에 대한 전제에 대해서 조금은 자유로워져야 할 필요가 있다. 비록 최소한 필요한 규제이더라도 우리가 처한 시급하고 중요한 최우선적 국정목표(일자리 등 경제 활성화나 민생안정 등)를 위해 국정의 우선순위를 조금 뒤로 두고 제 목표를 이룰 수 있는 다른 대체수단을 적극적으로 찾아 적용하려는 노력 등이 규제개혁이라고 생각할 수도 있는 것이다.

결론적으로 진정한 규제개혁의 의미를 단순한 규제철폐나 완화가 아닌 '규제품질관리'나 '정책 우선순위의 재조정 과정'으로 이해할 필요가 있다.

제3장 합리적 규제의 기준

앞에서 정부 규제에 대해서 일반적 개념과 행정규제기본법상의 개념을 바탕으로 그 본질적 의미를 살펴보았다. 그리고 규제개혁의 진정한 의미에 대하여서도 언급하였다. 규제개혁 과정에서 일단 정부규제라는 판단이 되면, 규제개혁을 위한 일차적이면서 신설 또는 강화되는 규제인 경우 잠재적인 규제심사 혹은 기존규제인 경우 규제정비 대상에 포함되는 것이다. 규제개혁을 추진해야 하는 입장에서는 그 다음으로 해당 규제가 실제적인 규제개혁 조치가 필요한 '나쁜 규제(Bad regulation)'인지, 아니면 신설이나 존치가 필요한 '좋은 규제(Good regulation)'인지에 대한 판단, 즉 이차적이면서 최종적인 규제개혁 대상여부를 판단하여야 한다. 여기 제3장에서는 규제개혁정책이 추구하는 '합리적 규제의 기준'이 무엇인지에 대한 원칙적인 기준들을 짚어봄으로써 궁극적으로 신설·강화규제의 심사 혹은 기존규제의 정비단계에서 규제개혁의 대상여부 판단 시점에서 고려되어야 할 그 기준과 법적 논리를 살펴보고자 한다.

3.1 합리적 규제의 형식적 원칙: 규제법정주의

바람직한 규제의 원칙은 법규적 형식의 원칙과 내용상의 원칙으로 나누어볼 수 있다. 규제를 제정할 때 가장 우선적으로 고려해야 할 형식상의 기본원칙이 바로 '규제법정주의'이다 규제법정주의는 규제를 제정하려면 분명한 법적 권원(權源)이 존재해야 하며 반드시 법률에 의하거나 또는 그 위임을 받은 행정입법 등 일정한 법규적 형식에 의해야 함을 요구한다. 이러한 규제법정 주의는 대헌장(Magna Carta)에서 기원한 법치국가의 원리 및 적법절차의 원리에 근거를 두고 있다. 규제는 국민의 권리나 의무와 직결되기 때문에 국민과 의회 및 정부에 대한 규제기관의 책임성(accountability)이 요구되며, 규제법정주의는 이를 담보하기 위한 형식적 요건으로서 대부분의 국가가 이를 기본원칙으로 채택하고 있다. 미국의 경우는 20세기 초까지 이른바 '불위임의 원칙'(non-delegation doctrine)이라는 연방대법원의 헌법 해석에 의해 행정부에 대한 입법권의 위임 자체가 엄격히 제한되었다. 그러나 1928년 연방대법원이 다시 '명확성의 원칙'(intelligible principle)을 새로운 판례로 정립하여 불위임의 원칙을 완화함으로써 행정입법에의 통로를 열어주었다. 이어 연방의회는 1946년 행정절차법(Administrative Procedure Act)을 제정하여 행정기관이 법률의 위임에 따라 행정규제 등의 행정입법을 제정·집행할 수 있도록 허용하였다. 이후 연방법원도 행정기관이 행정절차법의 원칙과 절차를 따르는 한 행정규제를 제정하고 집행할 권한이 있다고 판시하였다.

우리 행정규제기본법도 "규제는 법률에 근거해야 하며 그 내용은 알기 쉬운 용어로 구체적이고 명확하게 규정되어야한다"고 규정(제4조 제1항)하면서, "행정기관은 법률에 근거하지 아니한 규제로 국민의 권리를 제한하거나 의무를 부과할 수 없다"라는 규제법정주의 원칙

(제4조 제3항)을 명시하고 있다. 동시에 "규제는 법률에 직접 규정하되, 규제의 세부적인 내용은 법률 또는 상위법령에서 구체적으로 범위를 정하여 위임한 바에 따라 대통령령·총리령·부령 또는 조례·규칙으로 정할 수 있다"라고 하여(제4조 제2항), 규제 제정의 법적 형식은 반드시 법률 또는 그 위임을 받은 법규명령이어야 함을 규정하고 있다. 그러나 실제로는 많은 규제가 행정규칙의 형태로 제정되어 논란을 일으키고 있으며, 일부는 명문화된 규정의 형태가 아닌 행정지도 등의 형태로 규제가 이루어지고 있다. 이와 관련 특히 상당수 헌법학자들은 '행정규칙에 의한 규제 제정' 자체를 위헌이라고 보고, 규제법정주의를 실질적으로 구현하기 위한 행정규제기본법의 개정 등 근본적인 법제 정비의 필요함을 강조하고 있다.

> ▶ **규제정비 과정에서의 고려사항: 행정규칙 형식을 취하는 규제**
>
> 훈령·예규나 고시·공고와 같은 행정규칙은 행정기관 내부의 규정에 지나지 않는 것이어서 법규성이 없으나, 법령에 따라서는 법규사항을 행정규칙에 위임(수권)하는 경우가 있다. 소위 행정규칙의 형식을 취하는 법규명령(법령 보충적 행정규칙)의 문제인데, 대법원과 헌법재판소는 이러한 행정규칙에 대해 법규로서의 효력을 일정부분 인정하고 있다.(헌재 2001.10.28. 헌99헌바91 등) 하지만 이러한 형식의 법규명령은 헌법이 명시적으로 열거하고 있는 형식이 아닐 뿐만 아니라, 행정규제기본법상의 규제법정주의에도 위배된다. 아울러 규제개혁위원회의 사전심사대상에도 포함되지 않는다. 따라서 규제에 해당하는 사항으로 법규 사항임에도 불구하고 행정규칙에 위임하는 것은 내용이 지나치게 전문적이거나 순전히 기술적인 사항으로서 수시로 개정이 필요가 있는 경우 등을 속하는 것으로 총리령·부령 등으로 정하는 것조차 적절하지 않다고 인정되는 경우에만 극히 예외적으로 허용되어야 할 것이다.

3.2 합리적 규제의 내용적 원칙

OECD는 1995년 보고서에서 '바람직한 규제(good regulation)'가 갖추어야 할 8가지 기준을 제시하였다. 첫째 정책목표를 분명히 할 것, 둘째 실질적인 법적·경험적 근거를 가질 것, 셋째 규제 비용을 정당화 할 편익을 창출할 것, 넷째 규제비용과 시장 왜곡을 최소화할 것, 다섯째 혁신을 촉진할 것, 여섯째 명료·단순·실질적일 것, 일곱째 다른 규제 및 정책과 일관성을 유지할 것, 여덟째 가급적 경쟁 체제와 양립할 수 있을 것 등이 그것이다. 이후 OECD는 2003년 보고서에서는 과도한 정부규제(red tape)는 기업과 시민에게 불만을 초래하고 혁신을 방해하고 자유무역에 장애를 초래할 뿐만 아니라 규제의 정당성과 법의 지배원칙을 해친다고 경고한다. 그래서 정보기술을 활용한 기업부담의 경감, 시민과 기업을 위한 창구단일화, 허가절차의 단순화, 행정부담의 측정과 정책결정시간의 제한 등 영리한 규제(smarter tape)로의 전환을 촉구하기도 한다.

한편, 영국정부는 1997년 '더 나은 규제(Better Regulation)'를 모토로 내세우며 범정부적인 규제개혁에 착수하고 1998년'바람직한 규제의 5대 원칙'(Five Principles of Good

Regulation)을 제시하였다. 규제의 ①책임성, ②비례성, ③일관성, ④투명성, ⑤집중성 5대 원칙은 영국 총리실 규제선진화 태스크포스(Better Regulation Task Force, BRTF)의 2000년 보고서 및 기업·규제개혁부(Department of Business, Enterprise and Regulatory Reform, BERR)의 2005년 보고서, 그리고 2006년의 입법·규제개혁법(Legislation and Regulatory Reform Act) 등에 의해 확립되었다. 이 원칙들은 OECD 사무국과 대다수의 회원국, 그리고 많은 학자들에 의해 인용되고 있으며, 규제개혁정책 전개 과정에서 현시점에서의 우리에게도 여전히 유효하다고 판단된다. 이를 정리하면 아래와 같다.

〈 표 〉 바람직한 규제의 5대 원칙(영국)

원 칙	내 용
①책임성 (accountability)	▪ 규제기관은 정부, 의회, 국민대상 책임이 존재 ▪ 규제는 효율적이고, 공정하게 집행 가능
②비례성 (proportionality)	▪ 규제의 강도가 해결해야할 문제의 위험도와 비례 ▪ 피규제자가 이행할 수 있는 규제
③일관성 (consistency)	▪ 기존 규제정책과의 일관성 유지 ▪ 다른 규제 및 규제기관과 일관되어야 하며, 중복적인 규제는 지양
④투명성 (transparency)	▪ 목표와 내용이 명확해야 하며, 누구나 이해하기 용이 ▪ 공개 및 절차의 표준화와 국민의 참여가 보장
⑤집중성 (targeted)	▪ 규제의 범위는 해결해야할 문제에 국한(규제목표에 부합하는 규제범위) ▪ 규제기관이 규제를 탄력적으로 운영 가능

첫째, 책임성의 원칙은 규제기관이 정부와 의회, 궁극적으로는 국민에 대하여 규제의 제정과 집행상의 책임을 져야 한다는 것이며 규제법정주의는 이러한 책임성의 원칙을 담보하는 기본 전제가 된다. 규제는 모든 피규제자에 대하여 효율적이고 공정하게 집행될 수 있도록 설계 되어야 한다. 또한 피규제자의 정당한 요구에 대하여 반응할 수 있는 적절한 고충처리 절차를 갖추어야 한다.

둘째, 비례성의 원칙이란 규제의 목적을 실현하기 위해 필요한 최소의 범위 내에서 가장 효과적인 방법을 강구하여 규제를 설정해야 함을 말한다. 즉, 규제의 사회경제적 비용을 최소화하면서 최대의 효과를 거둘 수 있도록 규제의 대상과 수단을 정해야 한다는 것이다. 규제의 강도는 규제대상의 위험도에 비례해야 하며, 벌칙도 예상되는 피해의 정도에 비례해야 한다. 피규제자가 이행할 수 없는 규제도 비례성에 어긋난다. 규제를 심사하는 과정에서 적용되는 규제영향분석(Regulatory Impact Analysis, RIA)은 이러한 비례성의 원칙에 기초하여 사회적 총비용과 순편익을 분석하여 비교하는데 초점을 둔다.

셋째, 투명성의 원칙은 규제가 명확성과 공개성을 갖춰야함을 요구하는 것으로서 오늘날 모든 행정기관의 행정행위에 대하여 공통적으로 요구되고 있다. 규제는 피규제자가 그 내용을 정확히 파악할 수 있도록 구체적이고 명료하게 규정되어야 한다. 내용도 가급적 단순한 것이 바람직하다. 또한 제정을 추진하는 과정에서 피규제자에게 그 추진 사실과 내용을 공시해야 하며, 논의의 과정을 공개하여 피규제자와 이해관계인의 참여를 보장해야 한다. 이를 위하여 규제 제정의 절차를 표준화하고 공청회나 청문회 등 공공협의(public consultation)의 절차를 보장하는 등의 조치가 요구된다.

넷째, 일관성의 원칙은 규제가 자의적이거나 변덕스럽지 않아야 함을 말한다. 또한 새로운 규제는 기존의 정책과 일관성을 유지해야 하며, 규제의 집행도 일관성을 가짐으로써 예측 가능하여야 한다. 각 규제기관이 서로 상반된 규제를 제정하거나 규제기관들이 동일한 대상에 대하여 중복적으로 규제를 가하는 것도 일관성의 원칙에 어긋난다.

다섯째, 집중성의 원칙은 규제가 해결해야 할 문제에 국한하여 이루어져야 함을 말한다. 규제의 대상을 불필요하게 확장하여 불특정 다수의 피규제자를 양산하는 것은 집중성을 결여한 규제이다. 이른바 '맞춤형 규제'가 바람직하다는 의미이다. 또한 규제기관으로 하여금 규제의 범위 내에서 여건의 변화에 탄력적으로 대응할 수 있도록 재량권을 부여하는 것이 바람직하다. 재량권이 없는 규제기관은 여건의 변화를 우려하여 규제의 대상 범위를 필요 이상으로 넓혀 놓으려는 경향을 보이기 때문이다. 규제기관에게 일정한 재량권을 부여하되 감독기관이 규제의 효과성과 필요성을 수시로 점검하여 여건에 맞지 않는 규제는 보완하거나 폐지하도록 유도해야 한다.

우리 행정규제기본법도 이러한 원칙을 반영하고 있다. 제5조 제1항에서 "국가나 지방자치단체는 국민의 자유와 창의를 존중하여야 하며 규제를 정하는 경우에도 그 본질적 내용을 침해하지 아니하도록 하여야 한다"고 하여 규제의 책임성을 강조하였다. 아울러 같은 조 제3항에서는 "규제의 대상과 수단은 규제의 목적 실현에 필요한 최소한의범위에서 가장 효과적인 방법으로 객관성·투명성 및 공정성이 확보되도록 설정되어야 한다"는 규정을 두고 있다. 이러한 '최소 규제의 원칙' 및 '객관성·투명성·공정성의 원칙'은 비례성·일관성·투명성·집중성의 원칙과 그 맥을 같이 한다.

3.3 『행정규제기본법』 규제원칙

규제의 기본 원칙은 크게, 규제 법정주의, 규제의 시의성 및 불가피성, 규제수준의 적정성(비례의 원칙) 및 규제순응의 실효성 등이다. 첫째, 규제법정주의는 국민의 권리를 제한하고 의무를 부과하는 규제는 반드시 법률에 근거하여야 한다는 원칙으로 국민의 모든 자유와 권리는 국가안전보장·질서유지 또는 공공복리를 위하여 필요한 경우에 한하여 법률로 제한할 수 있다. 그리고 규제는 법률에 근거하여야 하며, 그 내용은 알기 쉬운 용어로 구체적이고 명확하게 규정되어야 한다(행정규제기본법 제4조 제1항). 둘째, 규제의 시의성 및 불가피성으로 규제를 통해 해결해야 할 만큼 현상의 문제점이 중대하고 문제해결을 위해 동 규제가 시급하게 필요하여야 한다. 그래서 규제 도입 시 기존규제의 활용가능성 또는 타 법령의 유사규제 여부를 확인하여 규제대안을 충분히 검토하여야 하며, 불가피하게 미래에 발생할 문제점을 예견한 규제를 도입 시에는 그 필요성에 대해 보다 면밀한 검토가 필요하다. 셋째,

규제수준의 적정성(비례의 원칙)으로 규제의 대상과 수단은 규제의 목적을 실현하는데 필요한 최소한의 범위 내에서 규정되어야 한다. 즉, 일부에 국한된 문제해결을 위해 전 국민에게 의무를 부과하는 등 규제대상 범위를 불필요하게 확대해서는 안 된다. 행정 편의주의적 시각에서 규제목적에 직접적 관련이 없는 과도한 내용을 규제하여서는 안 된다. 마지막으로, 규제순응의 실효성으로 규제는 일반국민들이 현실적으로 준수를 할 수 있어야 한다. 일반국민들이 현실적으로 준수할 수 없는 규제는 법규위반자를 대량으로 양산하거나 사문화될 가능성이 높다. 그리고 사회적·기술적 여건, 규제집행 일선공무원의 현실, 우리나라 실태 등이 충분히 고려되어야 한다.

(1) 형식상의 규제원칙: 규제법정주의 및 네거티브 규제방식

> **제4조(규제 법정주의)** ① 규제는 법률에 근거하여야 하며, 그 내용은 알기 쉬운 용어로 구체적이고 명확하게 규정되어야 한다.
> ② 규제는 법률에 직접 규정하되, 규제의 세부적인 내용은 법률 또는 상위법령(上位法令)에서 구체적으로 범위를 정하여 위임한 바에 따라 대통령령·총리령·부령 또는 조례·규칙으로 정할 수 있다. 다만, 법령에서 전문적·기술적 사항이나 경미한 사항으로서 업무의 성질상 위임이 불가피한 사항에 관하여 구체적으로 범위를 정하여 위임한 경우에는 고시 등으로 정할 수 있다.
> ③ 행정기관은 법률에 근거하지 아니한 규제로 국민의 권리를 제한하거나 의무를 부과할 수 없다.

> **제5조의2(우선허용·사후규제 원칙)** ① 국가나 지방자치단체가 신기술을 활용한 새로운 서비스 또는 제품(이하 "신기술 서비스·제품"이라 한다)과 관련된 규제를 법령등이나 조례·규칙에 규정할 때에는 다음 각 호의 어느 하나의 규정 방식을 우선적으로 고려하여야 한다.
> 1. 규제로 인하여 제한되는 권리나 부과되는 의무는 한정적으로 열거하고 그 밖의 사항은 원칙적으로 허용하는 규정 방식
> 2. 서비스와 제품의 인정 요건·개념 등을 장래의 신기술 발전에 따른 새로운 서비스와 제품도 포섭될 수 있도록 하는 규정 방식
> 3. 서비스와 제품에 관한 분류기준을 장래의 신기술 발전에 따른 서비스와 제품도 포섭될 수 있도록 유연하게 정하는 규정 방식
> 4. 그 밖에 신기술 서비스·제품과 관련하여 출시 전에 권리를 제한하거나 의무를 부과하지 아니하고 필요에 따라 출시 후에 권리를 제한하거나 의무를 부과하는 규정 방식
> ② 국가와 지방자치단체는 신기술 서비스·제품과 관련된 규제를 점검하여 해당 규제를 제1항에 따른 규정 방식으로 개선하는 방안을 강구하여야 한다.

행정규제기본법에서는 제정 당시부터 규제를 제정하는 법규적 형식의 원칙으로 규제법정주의를 명시하고 있다. 하지만 예외적인 경우로서 '기술적·부수적인' 규제를 '고시 등'에 의해 제정할 수 있도록 하고 있다. 하지만 동 기본법 제정당시 국회 전문위원 검토보고서는 "사실 행위로서의 행정지도가 법령에 근거 없이 여러 가지 유형으로 국민의 권리행사에 부담을 주는 경우가 있음"을 상기하면서 "법령이 아닌 고시 등으로 규제를 정할 수 있도록 한 것은 규제법정주의에 부합하지 않는다."고 적시하고 있다.

2019년 개정 행정규제기본법에서는 네거티브 규제방식의 규제원칙을 명문화하였다. 네거티브 규제방식이란 금지되는 사항을 법령상 열거하고, 열거되지 않는 사항은 원칙적으로 허

용하거나 인정해주는 법령 등의 서술 방식을 말한다. '원칙허용·예외금지'또는 '우선허용·사후규제' 방식으로 표현되기도 한다. 포지티브 방식의 규제, 즉 사전적으로 허용되는 행위를 하나하나 열거해 두는 규제방식으로는 그런 규제가 인정하지 않은 새로운 아이디어와 도전이 불가능해진다. 이러한 포지티브 방식(원칙금지·예외허용)의 네거티브 방식(원칙허용·예외금지)으로의 전환은 국민이나 기업의 창의적 활동을 허용함으로써 영업의 자유 등 국민의 기본권을 극대화하는 한편 기업의 자율적 경제활동을 보장하고, 제4차 산업혁명 도래 등 시대적 흐름을 반영한 과학기술의 빠른 변화에 대한 기민한 대응으로 연결될 수 있다는 판단이 전제되었다.

더불어 네거티브 규제체계를 법형식(규제 '정의' 방식)에 국한되어 인식할 수도 있지만 규제개혁 성과창출을 위해서는 규제 '집행' 방식과 규제 '관리' 방식을 포괄적으로 의미하는 것으로 이해할 필요가 있다는 주장이 대두되었으며, 이러한 문제 제기를 기반으로 규제샌드박스를 비롯하여 신산업 분야를 중심으로 '포괄적 네거티브 규제체계'를 목표적 지향점으로 하는 규제개혁정책도 본격화되고 있다.

(2) 내용상의 규제원칙: 비례의 원칙과 사회적 규제의 합리화

> **제5조(규제의 원칙)** ① 국가나 지방자치단체는 국민의 자유와 창의를 존중하여야 하며, 규제를 정하는 경우에도 그 본질적 내용을 침해하지 아니하도록 하여야 한다.
> ② 국가나 지방자치단체가 규제를 정할 때에는 국민의 생명·인권·보건 및 환경 등의 보호와 식품·의약품의 안전을 위한 실효성이 있는 규제가 되도록 하여야 한다.
> ③ 규제의 대상과 수단은 규제의 목적 실현에 필요한 최소한의 범위에서 가장 효과적인 방법으로 객관성·투명성 및 공정성이 확보되도록 설정되어야 한다.

헌법이 부과한 기본권 제한의 한계인 본질적 내용의 불가침 원칙과 비례의 원칙을 명시하고 있다. 비례의 원칙은 앞에서 설명한 헌법의 기본원리와 행정기본법의 기본원칙과 같은 맥락에서 이해되어야 한다. 비례의 원칙은 규제개혁 과정뿐만 아니라 일반적인 법령정비 과정에서도 가장 폭넓게 적용되고 있는 기준 중 하나이다.

아울러 사회적 규제(social regulation)를 행해야 할 국가와 지방자치단체의 책무를 규정하고 있다.

3.4 우리나라 법체계 상에서 유도되는 규제의 기준

- 「헌법」, 「행정기본법」, 「지방자치법」을 중심으로 -

헌법은 국가의 법적 기본질서, 즉 기본법을 의미한다. 헌법은 모든 법의 기초로서 모든 법의 효력을 통제할 수 있는 최고법이다. 그리고 헌법 아래 존재하는 국가법령의 90%를 차지하는 행정법령이다. 행정법령은 국가 활동의 근간이 되고 국민 생활과 기업 활동에 중요한 영향을 미친다. 또한 이러한 행정법령의 80%이상은 규제와 관련된 법령으로 알려져 있다.

기본적인 법체계 아래에서 올바른 규제원리를 이해하기 위해서는 헌법 및 행정기본법의 기본원리 그리고 행정규제기본법의 바람직한 규제원칙을 이해할 필요가 있다. 헌법과 행정기본법의 모든 기본원리와 원칙들은 법령과 자치법규(지방자치단체의 조례 및 규칙) 형식의 모든 규제를 포섭하고 이에 적용된다고 할 수 있다.

그 중에서도 특히 '바람직한 규제' 고민하는 과정에서, 실제의 규제개혁관련 정책조정 과정에서 '빈번하게 자주' 등장하는 기본원리와 기본원칙을 중심으로 살펴보고자 한다.

규제를 포함하고 있는 우리의 법체계는 헌법까지 포함해서 본다면 헌법-법률-대통령령-총리령·부령의 위계질서를 형성하고 있다. 위계를 형성하고 있는 이상, 하위에 위치하고 있는 것이 상위의 것에 위반되어서는 안 될 것이므로, 법률은 헌법에 위반되어서는 안되고, 대통령령은 헌법과 법률에, 총리령·부령은 헌법·법률·대통령령에 위반되어서는 안 된다. 부처, 지자체 등 규제당국의 입장에서 보면 규제의 제정은 일정한 정책에 대한 근거를 마련하는 동시에 해당 정책을 실현하는 데에도 필요한 수단을 확보하는 과정이기도 하다. 따라서 제정되는 규제가 정책목적을 충분히 잘 반영하고 효율적으로 설계되어야 하며, 더불어서 규제의 취지대로 현장에서 집행되기 위해서는 다른 규제들간의 조화 등 집행단계에서의 원활한 집행이 가능하여야만 한다. 따라서 규제를 제정 및 사후 정비 단계에서 규제의 형식인 법령 등이 헌법 등 상위 법령을 위반하는지와 다른 규제들과의 조화가 가능하여 법체계상 모순이 발생하지 않도록 해야 한다. 아울러 규제의 집행현장에서 충분히 국민, 기업 등 피규제자들이 순응할 수 있으며, 효율적인 규제집행이 가능한지를 살피는 것이 중요하다.

(1) 『헌법』의 기본원리

(가) 헌법의 기본원리로서의 「법치주의」와 바람직한 규제

헌법의 기본원리로서 민주주의 원리, 법치주의 원리, 사회주의 원리를 일반적으로 이야기 한다. 입헌주의적 헌법은 국민의 기본권 보장을 그 이념으로 하고 그것을 위한 권력분립과 법치주의를 그 수단으로 하기 때문에 국가권력은 언제나 헌법의 테두리 안에서 헌법에 규정된 절차에 따라 발동되지 않으면 안된다. 따라서 우리 헌법은 국가권력의 남용으로부터 국민의 기본권을 보호하려는 법치국가의 실현을 기본이념으로 하고 있고 기본권 보장의 이념과 그 수단으로서의 법치주의를 이해하여야 한다. 이런 맥락에서 헌법의 기본원리와 원칙들은 특히, 법치주의 원리는 바람직한 규제의 원리를 이해하는데 가장 우선적 비중을 둘 필요가 있다. 법치주의 원리로서 법치국가는 인치국가와 구별된다. 인치국가는 사람이 통치하는 국가를 말하지만 법치국가란 사람이 아니라 법에 의한 통치의 원리를 말한다. 법에 의한 통치가 항상 개인의 자유와 권리를 보호해 주는 것이 아니다. 법의 내용이야 어떻든 일단 성립된 법은 악법이라도 모두 법이라고 한다면, 그와 같은 법은 오히려 국민의 자유와 권리를 침해하고 말살할 수 있는 무서운 수단이 될 수도 있는 것이다. 따라서 법치국가에서는 법의 형식적 합법성만 갖춘 법이 아니라 법다운 법, 올바른 법이어야 한다. 형식적 합법성만이 아니라 실질적 정의를 갖춘 법이어야 한다. 즉 형식적 법치국가가 아니라 실질적 법치국가만이 개인의 자유와 권리를 보호할 수 있다.[6]

'법의 지배' 문제는 국가를 둘러싼 문제와 깊은 관련을 맺고 있다. '법의 지배'(法治)는 "전제권력에 의한 지배를 배제하고 기본권을 보장하는 법에 의한 지배를 천명"하는 것이기 때문이다. '인의 지배'(人治)에서는 전제권력자인 1인의 지배, 또는 집단의 지배를 당연시하고, 그들에게 특권을 부여한다. 그런 국가는 중세까지는 보편적인 국가의 형태였지만, 현대에서는 매우 특수하게 발견되는 형태. 법치주의의 미명 하에 형식적 절차만 중시하여 법치주의를 실현하고 있다고 강변하게 되거나 독재를 합법화하는 수단으로 작동하는 부작용을 본 뒤에 등장한 것이 실질적 법치주의 이론인 것이다. 이에 따라 법의 형식적 절차만이 아니라 법의 내용과 목적까지도 인간의 존엄성과 자유 보장이라는 국가의 의무에 부합되어야 하고, 그런 법에 의한 지배라야 법의 지배 이념에 맞는다는 법 논리가 등장하게 된 것이다. 법 지배 원리(the Rule of Law)는 헌법의 핵심인 자유민주주의와 시장경제질서 작동의 토대라는 것을 강조한다. 법의 지배 시대에서는 통치자이든, 피통치자이든 헌법과 법률 앞에서 평등해야 하고(법 앞의 평등), 자의적인 전제권력은 부정된다. 법의 절대적 우위 앞에 국가의 모든 구성원은 복종해야 한다. 이에 따라 현대의 거의 모든 국가들은 헌법에 기본권을 선언하고, 행정권력만이 아니라 입법권력도 사법권력도 헌법에 구속당한다.

(나) 헌법상 구현된 「법치국가의 원리」

☐ 법치행정의 보장

법치행정이란 행정이 법률에 근거하여 그리고 법률에 규정된 절차에 따라 행해져야 한다는 것을 말한다. 법치행정의 내용은 ①법률우위의 원칙, ②법률유보의 원칙, ③포괄적 위임입법금지의 원칙으로 나누어 볼 수 있다.

① 법률우위의 원칙

법률우위의 원칙이란 법률의 형식으로 행해지는 국가행위는 그 밖의 다른 국가행위에 대하여 우선한다는 원칙이다. 따라서 모든 행정작용은 법률에 위반되어서는 안된다.

② 법률유보의 원칙

법률유보의 원칙이란 행정작용은 법률에 근거해서만 발동될 수 있다는 원칙으로서 행정작용에 대해 적극적으로 법적 근거가 있을 것을 요구한다.

③ 포괄적 위임입법금지

포괄적 위임입법금지의 원칙이란 법률에 의하여 행정입법에 불가피하게 위임을 하는 경우라고 하더라도 구체적인 범위를 정하지 않고 포괄적으로 행정입법에 위임해선는 안된다는 원칙이다. 따라서 구체적으로 범위를 정하지 않고 포괄적으로 대통령령 등 하위법령에 위임

---

6) 이런 맥락에서 「법의 지배(rule of law)」는 「법에 의한 지배(rule by law)」와는 전혀 다르다. '법의 지배'가 통치자 역시 법에 복속하는 민주적 통치를 의미한다면, '법에 의한 지배'는 통치자가 법을 통치의 수단으로 삼는 경우를 말한다.

법에 의한 지배(rule by law)【형식적 법치주의】	▪ 법을 통치자의 의사를 실현하는 수단으로 간주
법의 지배(rule of law)【실질적 법치주의】	▪ 진정한 법치주의를 의미 ▪ 통치자를 비롯한 모든 사람이 법에 종속

한 한 법률조항은 포괄적 위임입법원칙에 위배되는 것으로 위헌이 된다.

□ 법적 안전성

법적 안정성은 법치국가원리의 본질적인 요소이다. 법적 안정성을 보장하기 위해서 헌법은 ① 신뢰보호원칙, ② 소급효금지원칙, ③ 명확성원칙을 보장하고 있다.

① 신뢰보호원칙

국민이 행위할 당시에 있는 법률을 신뢰하고 결정하였다면 그러한 신뢰를 보호할 만한 가치가 있는 한 입법자는 이를 함부로 박탈하면 안된다는 원칙이다. 국민이 법을 믿고 행위를 한 것을 보호하지 않는다면 법치주의 목적인 법적 안정성을 심각하게 훼손될 수 있고 국민들은 법을 불신하게 될 수 있기 때문이다. 법령 등의 형식을 가지는 규제정책측면에서도 동일하게 적용된다고 볼 수 있다.

② 소급효금지원칙

이미 과거에 완성된 사실에 대하여 사후에 그 전과 다른 법적 효과를 발생하게 하는 소급효는 원칙적으로 금지된다는 원칙이다. 기존의 법률관계 속에 살아가고 있던 국민이 그 동안 가지고 있던 권리를 새로 만든 법률이 소급하여 박탈한다면 법적 안정성이 침해될 것이기 때문이다.

③ 명확성원칙

명확성의 원칙은 법의 내용은 개인이 그 내용을 예상해서 거기에 맞게 행동할 수 있도록 명확하게 규정되어야 한다는 원칙이다. 법의 내용이 명확하게 규정되지 않는다면 행정부가 자의적으로 법을 집행할 수 있고 그렇게 되면 법적 안정성을 해칠 수 있기 때문이다. 규제개혁과정에서 법령 등의 자체 조항이 정책 집행 현장마다 다르게 해석할 여지가 있는 경우나 이로 인해 일선 현장에서 혼란이 야기되는 경우 법령 개정 등을 추진하기도 하며, 법령 등의 개정이 다른 이유로 어려울 경우는 명확한 규제당국의 법해석을 통해 이를 규제의 명확성을 추진하기도 한다.

□ 비례의 원칙(과잉금지의 원칙)

> 헌법 제37조 제2항
> 국민의 모든 자유와 권리는 국가안전보장질서 유지 또는 공공복리를 위하여 필요한 경우에 한하여 법률로써 제한할 수 있으며, 제한하는 경우에도 자유와 권리의 본질적인 내용을 침해할 수 없다.

기본권을 제한하는 입법의 수권규정이나 한계 규정으로서 기본권의 유형에 관계없이 국가가 규제 등의 형태로 국민의 기본권을 제한하는 내용의 활동을 할 때에 지켜야할 가장 큰 원칙적 규범이다. 여기서 비례의 원칙(과잉금지의 원칙)이 도출된다. 이는 국가가 과도하게 권력을 행사하면 안되고 비례에 맞게 권력을 행사해야 한다는 원리이다. 국가가 행위를 할 때 공익을 실현하는 정도에 맞는 수단을 사용해야 하며, 공익을 실현하는 정도를 넘는 과도한 수단을 사용해서는 안된다는 헌법적 요청이다. 우리 헌법은 기본권을 제한하는 법률에 대하여 과잉금지원칙에 따를 것을 요청하고 있다. 규제법은 대표적인 기본권 제한 법률이라고 할 수 있다. 바람직한 규제를 고민하는 시점에서 가장 많이 고려되는 법치주의 원리에 기반한 원칙이며 행정규제기본법에서도 가장 중요하게 명문화되어 있다.

(다) 헌법상 구현된 「사회국가원리」와 규제의 필요성

사회국가원리는 프랑스혁명의 이념(자유, 평등, 박애) 중 하나인 박애정신의 실현을 그 기초로 하고 있다. 사회국가원리는 사회정의의 이념을 헌법에 수용한 국가를 말한다. 헌법재판소는 사회국가란 "사회정의의 이념을 헌법에 수용한 국가로서 사회현상에 대하여 방관적인 국가가 아니라 경제사회문화의 모든 영역에서 정의로운 사회질서의 형성을 위하여 사회현상에 관여하고 간섭하고 분배하고 조정하는 국가이며, 궁극적으로는 국민 각자가 실제로 자유를 행사할 수 있는 실질적 조건을 마련해 줄 의무가 있는 국가"로 정의하고 있다.

절대군주제를 무너뜨리고 성립된 자유민주국가에서는 국민의 자유를 최대한 보장하기 위해서는 국가권력을 최소화하였고, 모든 분야에서 자유방임을 원칙으로 삼았다. 소위 아담스미스가 말하는 '보이지 않는 손'에 의해 시장이 자율적으로 조정되고 조화를 이루게 된다고 본 것이다. 하지만 자유시장경제는 조화 대신에 많은 문제와 모순을 드러내기도 하였다. 산업화가 고도로 진전되면서 더 많은 사회문제도 야기되었던 것이다. 특히 소수의 독점자본가들의 더 많은 부를 축적하는 반면에 다수의 노동자였던 대중의 생활은 더욱 비참하게 되기도 하였다. 이러한 부익부빈익빈 현상은 단순의 경제적 문제로 끝나는 것이 아니라 더 큰 사회적 문제로 발전하게 되었다. 사회적 약자를 보호하고 공공복리를 확보하며 정의를 실현하기 위해서는 국가가 개인의 생활영역에 적극적으로 개입하는 것이 불가피하게 되었다. 이러한 산업사회의 모순과 문제를 해결하고 공정한 분배를 통해 평등한 사회를 건설하려는 데서 사회국가원리가 등장하게 되었다. 사회국가원리를 헌법적으로 구현하는 방법은 국가마다 다양하다. 사회국가조항을 명시적으로 둘 수도 있고, 사회적 기본권만을 두는 방법도 있다. 우리 헌법은 제헌헌법 이래 현행 헌법에 이르기 가지 사회국가조항을 명문으로 규정하고 있지는 않지만, 헌법 전문, 사회적 기본권의 보장(헌법 제31조 내지 제36조), 경제영역에서 적극적으로 계획하고 유도하고 재분배하여할 국가의 의무를 규정하는 '경제에 관한 규제와 조정'(헌법 제119조 제2항 이하) 등과 같이 사회국가원리의 구체화된 여러 표현을 통하여 사회국가원리(사회적 자유·사회적 평등·사회적 안전)를 수용하고 있다는 게 일반적인 판단이다.

아울러 제123조 제2항과 제3항에 따라 국가는 지역간의 균형있는 발전을 위하여 지역경제를 육성할 의무을 지며, 중소기업을 보호·육성하여야 한다. 이러한 헌법에 근거한 다양한 진흥목적의 정책들의 수단으로 규제라는 모습으로 정부의 시장 개입 등이 이루어지며 시장의 불만과 불신을 낳은 경우도 많다. 예를 들어, 재래시장 등 골목상권으로 통칭되는 중·소 유통사업자들을 보호하기 위해 취해지고 있는 백화점 등 대형유통기업에 대한 규제들은 그 효과성과 국민생활의 편익 등의 측면에서 많은 비판적 시각들이 존재하고 있는 것도 사실이다.

다시 말해, 헌법의 사회국가원리는 대부분 규제라는 형태로 존재하는 정부의 개입의 이유와 논거를 설명한다고 볼 수 있다. 이런 맥락에서 규제는 무조건 나쁘고, 비규제는 좋다는 이분법적이고 단선화된 시각은 위험하며, 규제의 불가피한 측면에 대한 이해를 전제로 '더 나은 규제(Better Regulation)'를 위한 규제품질관리에 방점을 둔 규제개혁정책을 지향할 필요가 있다.

(2) 『행정기본법』 행정의 기본원칙

(가) 법치행정의 원칙 (제8조)

> 제8조(법치행정의 원칙) 행정작용은 법률에 위반되어서는 아니 되며, 국민의 권리를 제한하거나 의무를 부과하는 경우와 그 밖에 국민생활에 중요한 영향을 미치는 경우에는 법률에 근거하여야 한다.

법치주의 원칙의 요소인 법치행정의 원칙을 명문화되어 있으며, 행정담당자 및 국민으로 하여금 행정 영역도 법치주의 적용 대상임을 명시적으로 인식할 수 있도록 하고 있다.

① 법률우위의 원칙

제8조 전단은 행정작용이 법률을 준수해야 한다는 것을 명시적으로 규율하고 있다. 이는 법치행정의 원칙의 요소 중 하나인 법률 우위의 원칙을 명문화한 것이다. 따라서 행정은 법률이 정하고 있는 사항을 위반해서는 안 된다. 여기서 법률은 실질적 의미의 법률로서 법규성을 가진 하위명령이 포함된다.

② 법률유보의 원칙

제8조 후단은 국민의 권리를 제한하거나 의무를 부과하는 경우와 그 밖에 국민생활에 중요한 영향을 미치는 경우에는 법률에 근거하여야 한다고 규정하고 있다. 이는 법률유보의 원칙을 명문화한 것이다. "국민의 권리를 제한하거나 의무를 부과하는 경우에는 법률에 근거하여야 한다"고 규정한 부분은 전통적 침해유보설을 명문화한 부분이다. "그밖에 국민생활에 중요한 영향을 미치는 경우에는 법률에 근거하여야 한다"고 규정한 부분은 헌법재판소에서 수용(98헌바70, 2009헌바128)한 본질성설을 명문화한 부분이다.

(나) 평등의 원칙 (제9조)

> 제9조(평등의 원칙) 행정청은 합리적 이유 없이 국민을 차별해서는 아니 된다.

헌법상 기본원칙인 평등의 원칙을 이 법에서 명시적으로 규율하고 있다. 이처럼 헌법적 차원의 원칙을 법률로 다시 한번 확인하는 형태의 규율을 도입한 이유는 행정실무 담당자 및 행정의 상대방인 당사자로 하여금 평등의 원칙에 대한 인식을 제고시키기 위해서다.

평등의 원칙이란 행정작용과 관련하여 특별히 다르게 다루어야 할 근거가 없는 이상, 행정작용의 상대방을 다르게 취급하면 안 된다는 원칙이다. 이를 다른 방식으로 접근하면, 특별히 다르게 다루어야 할 합당한 사유가 있는 경우에는 다르게 취급하는 것이 정당하다는 것을 의미한다.

평등의 원칙은 행정담당자의 자의를 제한하는 역할을 수행한다는 점에서 중요하다. 또한, 다르게 취급하는 경우 다르게 취급되는 이유가 무엇인지 해당 당사자에게 합리적인 사유를 명시적으로 설명해야 한다. 평등의 원칙은 '행정의 자기구속'과 관련하여 설명되기도 한다. 행정의 자기구속은 평등의 원칙으로부터 도출되는 행정작용법적 법리로서, 행정기관이 동종 사안과 관련하여 과거에 제3자에게 행한 결정과 동일한 결정을 하도록 구속당하는 원칙을 의미한다. 행정의 자기구속 법리가 적용되기 위해서는, 재량행위와 관련하여 ①행정관행의 존재, ②해당 관행과 동일한 사안, ③해당 관행이 위법하지 않을 것이 요청된다. 특히, ③의 요건에서 볼 수 있듯이, 불법의 평등은 인정되지 않는다. 따라서 위법한 선행 행정행위들에 대한 행정의 자기구속은 인정되지 않는다는 점에 유의해야 한다. 재량권 행사의 방향과 기준을 제시하는 재량준칙 등의 행정규칙은 행정부 내부에서만 효력이 있으므로 원칙적으로는 사법심사의 기준이 되지 않는다. 하지만 행정의 자기구속 법리를 매개로 사법심사의 기준으로서 활용될 수 있다. 따라서 재량준칙에 따라 내리던 처분을 특정인에게만 다르게 처분하는 경우 행정의 자기구속에 반하게 되어 위법한 처분으로 될 수 있다. 즉, 평등원칙을 근거로 해당 재량준칙이 법원의 사법심사 기준으로 활용될 수 있다는 점에 유의해야 한다.

(다) 비례의 원칙 (제10조)

> 제10조(비례의 원칙) 행정작용은 다음 각 호의 원칙에 따라야 한다.
> 1. 행정목적을 달성하는 데 유효하고 적절할 것
> 2. 행정목적을 달성하는 데 필요한 최소한도에 그칠 것
> 3. 행정작용으로 인한 국민의 이익 침해가 그 행정작용이 의도하는 공익보다 크지 아니할 것

헌법 원리로서 판례와 학설을 통해 인정되고 있는 비례의 원칙을 이 법에 명시함으로써 비례의 원칙에 대한 행정실무 담당자와 행정의 상대방인 국민이 비례의 원칙의 내용을 인지할 수 있도록 한다. 또한, 모든 행정 영역에 비례의 원칙이 적용된다는 것을 명시적으로 선언하고, 궁극적으로는 국민의 권익 향상에 이바지하는 것이 이 조의 목적이다.

제10조의 각 호는 판례와 학설을 통해 인정되고 있는 비례 원칙의 주요 판단 요건을 규정하고 있는데, 다음과 같다.

  ① 행정작용은 달성하고자 하는 행정목적을 위해 적합해야 한다.
  ② 목적 달성을 위해 적합한 행정작용의 강도는 최소한도에 그쳐야 한다.
  ③ 목적 달성에 적합하고 다양한 가능성 중 최소한의 강도를 갖고 있는 행정작용이라 하더라도 달성하려는 공익이 침해되는 사인의 이익보다 커야 한다.

제10조 각 호의 내용은 각각 따로 의미를 갖는 것이 아니다. 특정 행정작용이 비례의 원칙에 부합하는지 판단할 때에는, 해당 행정작용을 제1호의 판단 기준에 따라 평가하고, 이를 통과하면 제2호의 판단 기준으로 판단하게 된다. 그리고 제2호의 판단 기준을 통과하면 최종적으로 제3호의 판단 기준을 통과해야 한다. 즉, 각 호는 순차적으로 적용되는 판단 기준이다. 따라서 각 호의 하나에만 부합한다고 하여 비례의 원칙에 부합하는 행정작용이 되는 것이 아님에 유의해야 한다. 오히려 하나라도 위반하면 위헌·위법이다. 이와 같은 심사 방식은 헌법재판소 및 대법원 판례에서도 확립된 심사구조이다.

(라) 성실의무 및 권한남용금지의 원칙 (제11조)

> 제11조(성실의무 및 권한남용금지의 원칙) ① 행정청은 법령등에 따른 의무를 성실히 수행하여야 한다.
> ② 행정청은 행정권한을 남용하거나 그 권한의 범위를 넘어서는 아니 된다.

 행정업무를 수행할 때 준수해야 할 원칙으로서 성실의무와 권한남용금지를 명시하는 것을 목적으로 한다. 특히, 권한남용금지의 원칙을 명문화한 것은 행정권 남용 금지와관련된 국민과 공무원의 인식을 높이고 행정의 적법성 및 합법성을 확보하는 한편, 법치주의 확립에 기여하는 것을 목적으로 한다.

① 성실의무의 원칙

 신의성실의 원칙은 모든 사회적 주체가 사회공동체의 일원으로 상대방의 신뢰에 반하지 않도록 성실하게 행동할 것을 요구하는 법 원칙이다. 다만, '신의성실의 원칙'은 사법상 원칙으로 오해될 수 있는 소지가 있으므로 '성실의무의 원칙'으로 용어를 변경하여 제1항에 도입하였다.

② 권한남용 금지의 원칙

 제11조제2항의 권한남용금지의 원칙은 행정권한 행사 시 법령을 통해 규정된 공익목적에 반하여 행정권한을 행사하는 것을 금지한다는 원칙이다. 예를 들어, 사적 목적을 실현하기 위해 행정권한을 행사한 경우나 특별한 정치적 목적을 갖고 행정권한을 행사한 경우는 권한남용금지의 원칙에 위배된다. 다만, 공익 달성을 이유로 법령에서 의도한 목적 이외의 목적으로 권한을 행사하는 경우는 권한 남용에 해당하는지 여부를 구체적 상황을 고려하여 판단할 필요가 있다.

(마) 신뢰보호의 원칙 (제12조)

> 제12조(신뢰보호의 원칙) ① 행정청은 공익 또는 제3자의 이익을 현저히 해칠 우려가 있는 경우를 제외하고는 행정에 대한 국민의 정당하고 합리적인 신뢰를 보호하여야 한다.
> ② 행정청은 권한 행사의 기회가 있음에도 불구하고 장기간 권한을 행사하지 아니하여 국민이 그 권한이 행사되지 아니할 것으로 믿을 만한 정당한 사유가 있는 경우에는 그 권한을 행사해서는 아니 된다. 다만, 공익 또는 제3자의 이익을 현저히 해칠 우려가 있는 경우는 예외로 한다.

 신뢰보호의 원칙은 법치주의 원칙으로부터 파생하여 학설과 판례를 통해 인정된 행정법의 일반원칙 중 하나이다. 제12조는 국민이 행정에 대해 갖고 있는 신뢰를 보호해야 한다는 신뢰보호의 원칙을 명시적으로 규정하고, 이와 같은 원칙이 모든 행정영역에 적용되는 원칙임을 밝히고 있다.

 제12조제1항은 행정에 대한 국민의 정당하고 합리적인 신뢰를 보호한다고 규정하고 있다. 이는 행정기관의 적극적 행위 또는 소극적 행위의 상대방인 국민이 이러한 행위가 정당하고 존속할 것이라고 신뢰한 경우 이를 보호해주는 원칙을 명문화한 것이다. 이조 제1항에 따라 보호되는 행정에 대한 국민의 정당하고 합리적인 신뢰는 통상적으로 다음과 같은 요건을 통해 인정된다.

① 행정기관의 일정한 선행행위가 있을 것

② 행정기관의 선행행위에 근거한 상대방의 법적 행위가 있을 것
③ 선행행위에 대한 신뢰와 상대방의 처분 사이에 인과관계가 있을 것
④ 상대방의 신뢰가 보호할만한 가치가 있을 것: 즉, 행정의 상대방에게 거짓이나 속임수 등 귀책사유가 없을 것
⑤ 선행행위에 반하는 행정기관의 행위가 있을 것

다만, 정당하고 합리적인 국민의 신뢰라고 하더라도 그 한계는 존재한다. 이러한 한계를 제1항에서 명시하고 있다. 즉, 공익 또는 제3자의 이익을 현저히 해칠 우려가 있는경우에는 신뢰보호의 한계가 발생한다. 따라서 신뢰보호의 원칙에 따른 신뢰보호가 인정되기 위해서는 보호받아야 할 신뢰와 공익 또는 제3자의 이익 사이의 형량이 이루어진 후 전자가 후자보다 크다는 판단이 있어야 한다.

(바) 부당결부금지의 원칙 (제13조)

> 제13조(부당결부금지의 원칙) 행정청은 행정작용을 할 때 상대방에게 해당 행정작용과 실질적인 관련이 없는 의무를 부과해서는 아니 된다.

부당결부금지 원칙은 행정주체가 행정작용을 할 때 해당 행정작용과 실질적으로 상관없는 의무를 상대방에게 부과하거나 이를 강제해서는 안 된다는 것을 내용으로 한다.

학설과 판례에서는 부당결부금지의 원칙은 주로 수익적 행정행위에 대한 조건 등 부관과 관련하여 논의되었다. 하지만 제13조의 부당결부금지의 원칙은 처분과 부관의 관계에서 뿐만 아니라 공법상 계약의 영역 등 모든 행정작용에서 적용된다.

(3) 『지방자치법』 규제원칙

> 제22조(조례) 지방자치단체는 법령의 범위 안에서 그 사무에 관하여 조례를 제정할 수 있다. 다만, 주민의 권리 제한 또는 의무 부과에 관한 사항이나 벌칙을 정할 때에는 법률의 위임이 있어야 한다.
> 제23조(규칙) 지방자치단체의 장은 법령이나 조례가 위임한 범위에서 그 권한에 속하는 사무에 관하여 규칙을 제정할 수 있다.

지방자치법에서는 자치법규(조례, 조례규칙 등) 제정 및 운영 시에 규제법정주의를 지켜야 하며, 위임 일탈을 할 수 없음을 명백히 하고 있다.

▶ 규제정비 과정에서의 규제원칙으로서의「비례의 원칙」

비례의 원칙(과잉금지의 원칙)에서 기본권을 제한하는 법률이 정당화되려면 일반적으로 다음 네가지를 모두 갖추어야 한다. 이는 신설·강화 규제 심사 또는 기존 규제 정비과정에서도 동일하게 적용될 수 있다.

① 입법목적의 정당성
기본권 제한 입법의 목적은 헌법 및 법률의 체계성 그 정당성이 인정되어야 한다는 원칙으로서 입법으로서 규율하려는 사항이 헌법 제37조 제2항의 국가안전보장, 공공복리 또는 질서유지에 해당되는 사항이어야 한다는 것을 의미한다.

② 방법의 적정성
기본권 제한입법의 목적 달성을 위한 방법은 효과적이고 적절해야 한다는 것을 의미한다.

③ 피해의 최소화
기본권 제한의 조치가 입법목적 달성을 위해 적절한 것이라도 보다 완화된 다른 수단이나 방법(규제대안)이 없는지를 모색함으로써 그 제한이 필요 최소한의 것이 되도록 해야 한다는 것을 의미한다.

④ 법익의 균형성
규제 등을 통하여 보호하려는 공익과 침해되는 사익(私益)을 비교형량할 때 보호되는 공익이 더 크거나 적어도 양자 간 균형이 유지되어야 한다는 것을 의한다.

상기의 비례의 원칙에 기반한 네가지 조건을 갖추진 못한 규제는 우선적으로 규제 정비의 대상이 된다고 판단할 수 있다.

▶ 규제정비 과정에서의 고려사항: 정책학 관점에서 바라보는「규제의 합리성」

○ 하나의 규제정책을 행정기관(부처, 지자체 등)을 결정함에 있어서 '합리적 규제'라는 것은 해당규제 결정(선택)의 '정당성'의 근거가 되는 것이다. 반대로 우리는 보통 규제개혁의 대상은 일반적으로 '불합리한 또는 비합리적인' 규제를 대상으로 한다고 이야기하기 때문이다. 정책학에서 합리성은 실현하고자 하는 정책 목표를 가장 잘 달성 할 수 있는 수단의 선택, 즉 도구적 차원의 개념을 주로 포함하는 개념으로 사용된다. 이러한 개념을 '내용적(실질) 합리성(substantive rationality)'이라고 한다. 하지만 실제 정책의 일반적 과정(결정-집행-평가)에서 내용적 합리성을 갖는 정책이라 함은 정책결정 과정에서 정책의 가설에 기대에 결정할 수 밖에 없다. 다시말해, 그 결정이 시행된 이후에만 확인이 가능하기 때문이다.

○ 내용적 합리성 여부를 사전에 확인하는 것에 대한 일정한 구조적 한계에 대해 대안적으로 제시된 개념이 '절차적 합리성(procedural rationality)'이다. 선택의 내용뿐만 아니라 선택하게 된 절차와 과정에 중심을 둔 개념이다. 절차적 합리성이 내용적 합리성을 담보할 수는 없다. 절차적 합리성이 내용적 합리성이 확보되리하고 기대하기 위한 절차적 합리성의 조건으로는 △비판의 제도화 △절차의 공개성 △절차의 공평성 △절차의 적절성 등이 제시된다.

○ 앞에서 언급한 '바람직한 규제의 기준' 중 내용적 원칙은 내용적 합리성과 형식적 원칙은 절차적 합리성과 연결하여 생각해 볼 수 있다. 규제법정주의라 함은 다시 말해 규제의 법형식인 법령(법률, 대통령령, 총리령 및 부령) 등의 입안·심사기준에 따라 입법절차를 따르는 과정에서 상당부분 충족될 수 있다고 본다. '입법절차'란 법령을 제정·개정·폐지하려면 법령안의 입안, 관계기관과의 협의, 입법예고, 법제 및 규제심사, 국무회의, 국회의결(법률) 및 공포 등 거치게 되는 일련의 절차를 말한다. 입법절차 과정에서 절차의 합리성의 조건으로 제시된 조건을 충족할 수 있도록 최소한의 과정을 거침을 말한다.

제4장 역대 정부의 규제개혁

여기서는 그 간 우리 정부가 전개해온 규제개혁 정책의 개관을 추진체계 등을 중심으로 정리해보고자 한다. 현재의 우리 정부의 규제개혁추진체계는 역대 정부의 규제개혁추진체계와 관계없이 독창적으로 고안·설계·설립이 이루어진 것이 아니다. 현행 규제개혁추진체계는 역대 정부들의 규제개혁의 과정에서 발생한 규제개혁 추진체계들의 연장선상에서 진화해온 것으로 파악하여야 한다. 따라서 역대 행정부들의 규제개혁추진체계와 규제개혁 추진실적에 대한 개황은 현행 규제개혁추진체계를 이해하고, 그 문제점을 도출하는 데 중요한 정보를 제공한다고 할 수 있다. 지난 1980년대 이래의 역대 정부의 규제개혁과정과 추진체계의 변화추이를 살펴볼 필요가 있다. 역대 정부가 처해있던 시대적 상황과 역대 정부의 국정 철학과 방향 등을 규제개혁에 반영하고 있다는 사실도 간과해서는 안된다. 어떠한 맥락 하에서 규제개혁이 정부 내에서 우선적으로 고려되고, 추진되어왔는지를 살피는 것도 규제개혁 정책을 이해하는 관점에서 의미가 있다고 할 수 있다.

우리나라의 규제개혁 정책은 '행정규제기본법'의 제정·시행되면서 그 체계가 구체적인 모습을 갖추었다고 할 수 있다. 하지만 그 이전에도 행정쇄신 또는 행정개혁의 일환으로 규제개혁이 이루어졌다. 행정기본법 제정 전·후로 크게 나누고, 「행정규제기본법」이 시행된 이후는 주요 정부별 규제개혁 추진내용을 간략히 살펴보기로 한다.

4.1 국제적 흐름으로서의 규제개혁

미국에서 비롯된 규제개혁의 물결은 이후 40여 년간 전 세계로 오늘날 대다수의 국가에서 주요한 국정 과제로서의 지위를 차지하게 되었다. 미국의 보겔(Steven Vogel) 교수는 규제개혁이 세계적 이슈로 전파되어 자리 잡게 된 배경을 다음의 세 가지로 분석하기도 하였다. 첫째는 기술의 발전으로 인한 시장의 변화이다. 시장은 그 규모와 영역 이 확대되면서 스스로의 자율성을 신장시켰고, 기술의 발전이 이러한 시장의 변화를 더욱 촉진 시켰으며 시장의 개방화·세계화가 진전되면서 시장에 대한 국가의 통제도 어렵게 되었다. 둘째는 규제완화 이데올로기의 확산이다. 세계 많은 나라에 전파된 규제개혁의 이론과 철학은 미국의 정치적·경제적 영향력과 후원에 힘입은 바 크다. 미국 정부나 다국적 기업들이 다른 나라에 대하여 특정 분야의 규제를 개혁하라는 압력을 행사하는 경우까지도 있었다. 셋째는 경제 회복을 위한 수단으로서의 활용이다. 규제개혁은 1970년대 오일쇼크로 어려움에 빠졌던 각국의 정부에게 추가적인 재정지출 없이도 투자와 고용창출 등의 성과를 거둘 수 있는 매력적 수단이 될 수 있었다. 이후 규제개혁은 대다수 국가에서 미덕으로 인식되기에 이르렀다. OECD 사무국은 1990년대 초부터 규제개혁의 논의와 연구에 착수하였다 2000년대에 들어서면서 OECD는 규제개혁의 국제규범화를 주도하는 구심점으로 자리 잡았으며, 지금은 매년 회원국들의 규제개혁 실태와 성과를 분석·평가하여 공표하는 등 규제개혁 정책의

체계의 정착과 확산에 주력하고 있다. 오늘날 규제개혁의 추진은 OECD 회원국들의 의무적 사항으로 인식되고 있으며, 보편적인 국제규범이자 중요한 국제협력의 분야로 자리매김되고 있다.

우리나라의 규제개혁도 역시 세계적인 흐름에 발맞추어 진행되어 왔다. 규제개혁은 정부 주도의 경제 체제가 아닌 민간 창의성과 경쟁을 바탕으로 하는 시장경제 및 개방경제의 발전적 성숙단계에서 그 필요성이 부각되는게 당연하다고 보인다.

4.2 행정개혁 차원의 규제개혁 (1977년~1992년)

> 1980년초 경제불황을 극복하기 위해 '성장발전 저해요인 개선위원회(1982-186)을 설치하여 불합리한 제도의 개선을 추진하였다. 해당 위원회는 국무총리를 위원장으로 관계부처 장관 및 민간전문가로 구성되었다. 국정 각분야에서 성장과 발전을 저해하는 법령, 제도, 관습, 행정사례 등 비능률적이고 불합리한 요소를 개선하였다. 1980년대 중반이후 대통령 직속으로 '행정개혁위원회(1988년)'를 설치하여 '작은 정부'의 구현에 초점을 두고 행정규제의 정비가 추진되었다.

1970년까지는 한국경제는 민간이 투자할 여력이나 시장에서 경쟁상태가 다수가 존재하지 못할 정도로 빈약한 민간분야 경제상황이었다. 민간분야의 규제개혁 필요성 제기는 1960~70년대 박정희 정부에서 추진된 정부 주도의 강력한 경제발전계획을 시행함으로써 기간산업, 사회간접자본, 중화학공업 등에서 상당한 성과를 가져왔으며, 민간 경제분야에서도 성장과 이에 따른 국제개방화와 상호경쟁이 가능한 수준으로 진전되기에 이른다. 이러한 민간분야의 성장과 개방화와 더불어 정부주도의 규제성격이 강했던 성장정책의 부작용과 한계에서 비롯된 규제개혁 필요성의 인식은 자연스럽게 싹트게 하였다고 할 수 있다.

우리나라의 규제개혁의 기원을 정확히 이야기할 수는 없다. 1977년경에 시작된 '수입자유화정책'을 그 단초로 보는 견해도 있으며, 이런 맥락과 같이 하는 1979년 '4.17 경제안정화종합시책'을 그 시작으로 제시하는 견해도 있다. 또한 제5공화국에서 '성장발전 저해요인 개선'이라는 일련의 이름하에 추진된 제도개선작업을 본격적인 규제개혁에 대한 관심이 형성되고 시작된 시점으로 사실상의 규제개혁의 초기모습, 즉 규제완화 작업에 해당한다고 보는 견해도 있다. 전두환 정부는 경제 회생을 위한 방안으로 민간부문의 창의와 자율성을 신장시키기 위한 규제완화에 관심을 두기 시작했다. 전두환정부가 출범했던 1980년의 한국은 1962년 '경제발전5개년계획'이 수립·추진되어온 이후 처음으로 마이너스 성장을 기록하는 등 경제적으로 매우 어려운 시기였다. 특히 1979년 말부터 나타단 제2차 국제석유파동과 그에 어어진 국제 고금리·고달러 현상에 수출중심형 경제구조는 도전적 상황에 맞닥뜨렸으며, 정치적 환란까지 겹쳐 이전까지 7%이상의 고도성장을 했던 한국의 경제는 1980년에는 -1.7%로 급속하여 냉각되기에 이른다. 정부출범의 정당성 등 국내의 정치적인 문제와 함께 마이너스 경제성장이라는 어려움에 처한 전두환 정부는 경제성장세의 회복의 가장 중요한 과제였다. 이에 1981년 국무총리를 위원장으로 하는 '성장발전저해요인개선심의위원회'를 설치하였다. 이 위원회는 관계부처 장관과 경제계, 언론계, 법조계, 학계, 문화계, 노동단체 등을 대표하는 민간인들을 위원으로 구성하였다. 범정부 차원에서 규제개혁을 실시하여야 할 주요 정책과제 46건과 부처단위로 개선해야할 자율개선 과제 760건을 선정하여 이에 대한 규제완화를 추진하였다. 이 위원회가 우리나라에서 설치된 최초의 규제완화를 위한 민관합동위원회라고 할 수 있다. 동 위원회는 1983년 '성장발전을 위한 제도개선위원회'로 명칭을 변경하여 전두환정부 내내 운영되었다. 노태우 정부는 규제개혁 추진을 위한 조직으로 1988년 '민간합동경제법령정비협의회'를 설치하였으며, 1990년에는 '행정규제완화위원회'를 설치하였다. 1991년에는 이를 뒷받침하여 규제완화를 가속화하기 위해서 민간 경제계를 중심으로 한 '행정규제완화민간자문위원회'를 발족하여 운영하였다. 노태우 정부의 핵심적인 규제개혁 추진조직이었던 행정규제완화위원회도 국무총리를 위원장으로 하고 관계부처 장관 등 21인의 위원으로 구성되었고, 일반행정과 경제행정으로 분야를 나누어 추진되었다. 경제행정 분야 규제개혁은 개별산업의 제도개선을 통해 산업경쟁력 강화에 중점을 두고 추진되었다. 일반행정분야 규제개혁은 사회가 안고 있는 비합리적인 제도와 관행 해소에 중점을 두는 행정쇄신대책의 일환으로 추진되었다. 행정쇄신작업은 '행정규제완화위원회'를 추진본부로 하고, 각 중앙부처와 시도에 '행정쇄신대책반'을 설치해 운영하였다. 행정쇄신대책의 일환으로 전개된 규제개혁은 950개 과제를 개선대상으로 개혁을 추진하였다.

4.3 규제개혁의 제도적기반 구축(1993년~1997년)

> 김영삼 정부 출범 이후 규제개혁의 중요성이 부각되면서, 규제완화(de-regulation)을 중심으로 하는 규제개혁 위한 법적 기반구축을 추진하였다. △「기업활동규제완화에 관한 특별조치법」 제정(1993년6월) △「행정규제 및 민원사무기본법」(1994년1월) 제정이 대표적이다. 이 시기에는 분야별 규제개혁 관련기구들을 설치하여 규제완화를 추진하였던 것이 특징적이다. 행정쇄신위원회(1993년, 국무총리실), 경제행정규제완화위원회(1993년, 경제기획원), 기업규제완화심의위원회(1993년, 상공부), 행정규제합동심의회의(1994년, 총무처)등이 운영되었다.

(1) 김영삼 정부

노태우 정부에 이어서 출범한 김영삼 정부도 규제개혁을 지속적으로 추진하였다. 김영삼 정부는 규제개혁을 체계적인 행정개혁작업의 일환이 되게 하는 초석을 놓았다는 평가를 받는다. 김영삼 정부는 여러 개의 민관합동위원회를 구성해 경제규제와 행정규제에 대한 지속적인 개혁을 추진하였다. 특히, '기업활동규제에 관한 특별조치법'과 '행정규제 및 민원사무기본법'을 제정해 규제개혁의 법률적 제도화를 시작했고, 임기말에는 '행정규제기본법'을 제정해 한국에서 규제개혁의 실질적이면서 본격적인 법제화를 이루어 내었다. 김영삼 정부는 출범 직후 규제개혁 추진을 위한 조직으로 1993년 '경제행정규제완화위원회'를 같은 해에 대통령 직속의 '행정쇄신위원회'와 '기업활동규제완회심의위원회'를 설치하는 등 출범 첫해에 3개의 민관합동위원회를 동시에 발족해 강력한 규제개혁을 시작하였다. 경제행정규제완화위원회는 경제기획원이 주관해 경제규제에 대한 개혁을 추진하였고, 행정쇄신위원회는 대통령직속 자문기구로서 대통령비서실과 행정조정실히 주관해 행정규제완화 등 법령제도의 개선, 행정 행태와 관행개선 및 민원행정 쇄신 등에 중점을 두었다. 그리고 기업활동규제완화에관한특별조치법에 근거해 설치된 기업활동규제완화심의위원회는 상공자원부장관 소속하에 설치되었으며, 기업활동에 관한 규제와 고충처리에 중점을 두었다. 경제기획원이 주도했던 경제행정규제완화위원회는 1996년에 폐지되고 '경제규제개혁위원회'로 대체되면서 공정거래위원회가 주관했다. 1994년에는 김영삼 정부에서 제정된 '행정규제 및 민원사무기본법'에 근거해 '규제합동심의회의'가 구성되었으며 총무처가 주관하였다. 해당 심의회의는 각 부처가 자체심사로 신설·강화한 규제에 대해 관련기관이 이견이 있을 경우 총무처에서 부처 이견을 조정하기 위한 심의기구로 기존 규제를 정비는 규제개혁 추진기구와는 차이가 있었다. 김영삼 정부는 기존 규제정비를 위한 위한 3개의 위원회('경제행정규제완화위원회', '행정쇄신위원회', '기업활동규제완화심의위원회')를 운영하면서 1997년에 '규제개혁추진회의'를 별도로 구성했다. 규제개혁추진회의는 국무총리와 대한상공회의소 회장을 공동의장으로 구성했으며 행정조정실이 그 운영을 지원했다. 규제개혁추진회의는 그간의 각종 위원회를 통한 규제개혁 추진의 효율화를 위해 규제개혁의 기본방향 정립, 규제개혁 과제의 심의, 각 부처 및 위원회의 규제개혁 추진상황의 점검 및 평가 등을 추진하였다. 김영삼 정부는 항구적인 규제개혁 제도화를 통해 규제개혁 추진 활동의 시스템화에 기여했다는데 크게 의미가 있다. '기업활동 규제완화에 관한 특별조치법' 제정을 통해 그간 다양한 다른 법률에서 규제해온 창업, 공장입지, 검사제도 등 기업활동과 관련된 규제에 대한 특례 조치로서 각종 규제에 대한 개별법률의 개정이 아니라 특별조치법에서 일괄적으로 완화해 기업활동을 지원하도록 하였다. 지속적인 행정개선을 도모하기위해 '행정규제및민원사무기본법'이 시행되었고 여기에는 행정규제에 관한 규정이 5개 조항으로 포함되었다. 규제법정주의, 규제의 원칙 및 규제 신설·강화 시 사전심사제도를 법률에 도입했다. 이 기본법은 김영삼 정부 말기에 '행정규제기본법' 제정의 밑거름이 되었다. 1997년 '행정규제및민원사무기본법'을 폐기하고 '행정규제기본법'을 제정했다. 실효성과 구체성이 상대적으로 낮았던 기존 기본법에 대하여 실효성을 강화하는 제도로 전환하였다. 오늘날 우리정부가 추진하는 규제개혁제도의 대부분의 법적 제도적 틀을 정립하는 계기가 되었다. 기본법에서 규제개혁의 추진체계로서 기존에 한시적인 민관합동위원회 방식에서 상시적으로 민관합동위원회인 규제개혁위원회를 설치하도록 하는 내용을 포함시켰다. 또한 규제개혁을 체계적으로 추진하는 데 필요한 법령과 제도를 구축하였는데, 이것이 바로 1996년 제정된 '행정절차법'과 1997년의 '행정규제기본법'이다. 행정절차법의 시행에 따라 행정기관의 행정처분이나 행정지도 등 재량행위가 엄격한 제한을 받게 되었고, 행정절차의 투명성과 공공협의를 제고하는 조치가 취해졌다. 각종 구비서류의 감축과 절차의 간소화 등 국민의 불편을 줄이는 작업도 본격적으로 추진되었다. 이러한 일련의 제도개혁은 한국의 OECD 가입과 병행하여 진행되었다. 특히, 행정규제기본법의 제정은 우리정부의 규제개혁정책의 역사에서 전환점이자 체계적인 규제개혁의 시발점으로 평가되고 있다.

▶ 「행정규제기본법」의 제정[7]

○ (법제정 추진 배경)
- 국민이나 기업 등의 입장에서 그간의 규제개선 성과에도 불구, 보다 강력한 규제개혁을 위한 법적 제도적 뒷받침이 시급한 반면,
- 종래 행정규제에 관한 기본법인 「행정규제 및 민원사무기본법」[8]의 내용이 대부분 선언적인 의미를 가지고 있어 이를 전면 보완할 필요성 제기

○ (추진 경과)
- 1997.04.02. 총리주재 민관합동규제정책간담회 개최
- 1997.04.23. 법제정계획 확정(제1차 규제개혁추진회의)
- 1997.04.~05. 전문가회의 등을 거쳐 최초의 법제정(안)* 마련
　　　　　　　*「규제개혁기본법(안)」
- 1997.05.12. 법제정 공청회 개최(대한상공회의소)
- 1997.05.15. 입법예고 및 관계부처 회의
- 1997.06.02. 당정협의
- 1997.06.10. 국무회의 의결
- 1997.06.21. 184차 임시국회 법안 제출
- 1997.06.30. 법안 국회의결
- 1997.08.22. 법률 공포

4.4 규제개혁의 본격화(1998년~현재)

김대중 정부 출범이후 규제개혁을 일관성 있고 체계적으로 추진하기 위해 김영삼 정부에서 마련되어 제정되었던 「행정규제기본법」이 시행(1998년3월) 되었다. 이에 따라 대통령 직속의 '규제개혁위원회'를 설치를 계기로 범정부차원의 단일체계화된 규제개혁을 추진하였다. 사전규제심사제도 도입 등 체계적이이고 상시적인 규제개혁의 본격화를 맞았다. 이후 △노무현 정부의 민관합동형태의 규제개혁기획단 △이명박 정부의 국가경쟁력강화위원회 △ 박근혜 정부의 규제개혁장관회의와 규제개혁신문고 △문재인 정부의 규제샌드박스 등 역대정부마다 국정과제의 최우선 순위에 두고 각각의 규제개혁 시스템과 전략을 활용하여 규제개혁에 집중한 시기였다.

---

[7] '규제개혁이 주요 국정과제로 위상이 강화되었으며, 하나의 정책으로서의 본연의 모습을 확립하게 된 계기'로 평가되고 있다.
[8] 당시 행정규제법정주의, 행정규제 신설강화시 관계기관 협의 등 규제기본원칙만 제시·규정되어, 일정 부분 한계를 노정하고 있었다.

(1) 김대중 정부

김영삼 정부에서 제정된 행정규제기본법은 김대중 정부가 출범한 1998년 3월 1일에 시행되었다. 김대중 정부는 기본법 시행에 따른 규제개혁의 체제를 구축하고, 이를 바탕으로 정부주도의 규제개혁을 추진하였다. 규제개혁의 추진체계로는 민관합동의 규제개혁위원회를 구성하고, 사무기구의 역할과 정부 규제개혁의 총괄기구로 국무조정실에 '규제개혁조정관'을 설치하였다. 기본법이 시행된 이후 한 달이 지난 1998년 4월 18일에 최초의 규제개혁위원회가 구성되었다. 규제개혁위원회는 전체 위원회 산하에 3개의 분과위원회(경제1, 경제2, 행정)을 구성하였다. 3개의 분과위원회 산하에 6개의 전문가 소위원회를 별도로 구성해 한시적으로 운영하기도 하였다. 아울러 당시의 외환위기를 극복하는 과정에서 우선 양적 측면의 규제개혁에 초점을 맞추었다. "기존 규제의 50%를 폐지하겠다"는 대통령의 의지에 따라 1998년 첫 해에만 약 20%의 규제가 폐지·개선되는 등 당시에는 '규제혁명'이라는 평가가 나올 정도로 과감한 규제정비가 추진되었다. 각 부처는 모든 소관 규제를 점검하여 폐지 또는 개선하는 대대적인 규제정비를 단행하였으며 행정규제기본법이 본격 시행됨에 따라 신설 또는 강화되는 규제에 대한 규제개혁위원회의 규제심사가 시행되었다. 이와 함께 규제영향분석(RIA) 제도가 도입됨으로써 과학화·체계화된 규제개혁 수단의 활용이 본격화되었다. 김대중 정부는 행정규제기본법에 근거한 '규제개혁위원회', 정부 규제개혁 총괄조직으로서의 국무조정실 규제개혁조정관, 각 부처에 '규제개혁추진단'을 설치하는 등 규제개혁 추진체계를 마련함과 동시에 규제전수조사와 함께 범정부적인 강력한 규제정비를 추진했다고 평가되고 있다. 김대중 정부의 규제개혁은 크게 두 가지 방법으로 추진되었다. 기존 규제 전체를 대상으로 개별 규제를 하나하나 검토해 정비하는 '일제정비 방식'과 특정분야를 선정해 접근하는 '중점정비 방식'이 그것이다. 기존 규제의 일제 정비는 앞에서 거론된 것처럼 '기존 규제 50% 폐지'를 목표로 각 중앙행정기관은 소관 규제의 50%를 폐지하도록 할당하는 방식으로 추진되었다. 기존규제 전체를 대상으로 추진된 일제 정비는 1998년 1단계 정비와 1999년 2단계 정비과정을 거쳐 집중적으로 폐지·개선되었다. 김대중 정부 5년간 폐지작업이 완료된 규제는 총 5,888건에 이르는 것으로 알려져 있다. 기존 규제 일제 정비가 어느 정도 마무리된 이후 2000년 이후에는 중점 정비방식으로 규제개혁이 추진되었다. 특정 분야를 선정해 이 분야의 규제들을 종합적으로 검토해 체계적으로 정비하는 방식으로 추진되었다. 경제활성화를 위해 시급한 분야, 다수 부처와 법령이 관련되어 일괄개혁의 필요성이 있는 분야 등 국민경제에 파급효과가 큰 규제분야를 규제개혁위원회에서 선정하고 관련부처가 해당 방안을 마련 규제개혁위원회에 심사 확정하는 방식으로 추진되었다. 5년간 추진된 중점 규제해결 과제는 주택건설산업 규제완화, 전문자격사 규제개혁 등 157건을 추진하였다. 김대중 정부는 김영삼 정부에서 제정된 행정규제기본법의 시행에 따른 제도적인 뒷받침, 국정통수권자의 규제 개혁에 관한 강한 의지 및 IMF라는 경제위기 극복과정에서의 경제사회적인 필요성이 결합되어 정부주도의 규제개혁 정책의 추진을 가능하였다는 분석이 가능하다. 하지만 대통령 지시에 따른 양적인 수치의 목표달성을 지나치게 의식한 나머지 드러난 '행정업적주의'적 일부 행태가 당시 추진되었던 규제개혁의 한계로 지적되기도 한다. 별개로 등록해야할 규제들을 통합하여 등록하여 규제의 총수를 축소하거나 아니면 그렇게 등록된 규제에서 지극히 지엽적인 부분만을 변경한 뒤 이를 개선 건수로 계산하는 등의 편법이 동원되는 등의 행태가 정부 각 부처 등을 통해 나타났다. 또한 규제 내용상 심도 있는 논의가 필요한 일부 핵심 규제 사안들에 대해서도 이해관계자간 충분한 논의나 토론, 조정의 노력이 부족한 상태로 일방적인 추진된 것이 문제점으로 지적된다.

(2) 노무현 정부

노무현 정부는 김대중 정부에서 마련된 행정규제기본법의 추진체계를 통해 규제개혁을 추진했다. 이와는 별도로 국무조정실에 '규제개혁기획단'을 한시적 설치하여 운영하였다. 기획단은 2004년 규제개혁조정관을 단장으로 민관합동 형태로 설치되었다. 기획단은 기업활동을 제약하거나 외국인투자와 관련된 주요 덩어리규제(다부처·다법령 관련 규제) 개혁에 중점을 두고 활동하였다. 이는 김대중 정부에서 규제 양적 위주의 규제개혁에도 불구하고 기업의 규제개혁 현장 체감도는 개선되지 않음에 따라 그간 양적 위주의 규제개혁 추진에서 다루기 어려웠던 핵심 덩어리 등 질적 규제개혁으로 전환하기 위한 것이었다. 기획단은 2004년부터 2007년까지 창업 및 공장설립, 농수산물 유통규제개선방안, 관광·레저산업 활성화 등 68개의 전략과제와 161개의 세부과제에 대한 개선방안을 마련하였다. 이와 더불어 노무현 정부는 행정조사에 관한 공정성, 투명성 및 효율성을 목적으로 2007년 '행정조사기본법'을 제정하여 시행하였다. 기본법에서 행정기관의 행정조사의 목적에 적합한 최소한의 범위 내에 중복조사가 되지 않도록 공동조사하고, 처벌보다는 법령을 준수하도록 유도하는 데 중점을 두도록 하였다.

(3) 이명박 정부

행정기본법이 시행된 이후 신설규제의 심사와 기존규제의 정비는 행정부 내에서 규제개혁위원회 사무를 담당하고 있는 국무조정실(또는 국무총리실) 중심의 「통합 추진체계」가 지켜져 왔다. 하지만 이명박정부는 신설규제에 대한 심사와 연도별 규제정비는 국무총리실이, 기존 규제에 대한 기획차원의 개혁은 대통령직속 자문기구인 국가경쟁력강화위원회가 맡는 「이원화 추진체계」를 기반으로 추진되었다. 규제개혁에서 국가경쟁력강화위원회(실무추진단)와 규제개혁위원회(국무총리실)의 역할 분담에 대한 명시적인 규정은 없었다. 이와 같은 이원화된 추진체계는 긍정적인 측면과 성과에도 불구하고 한계도 그만큼 분명하였다.

2008년 출범한 이명박 정부는 종래 정부의 과도한 시장간섭이 국가경쟁력을 저해했다는 인식아래, 기업과 시장의 자율성을 회복시키기 위한 '기업친화(Business Friendly) 정책'을 추진하였다. 아울러 기업인 출신인 대통령의 정책적 의지에 따라 규제개혁추진의 실질적 권한도 시장에 대폭 넘겨줌으로써 '규제수요자·시장 중심의 규제개혁' 방식을 강조하였다. 이명박 정부는 정부 출범에 앞서 국가경쟁력 강화를 위한 정책이슈를 검토하기 위해 대통령직인수위원회 산하에 '국가경쟁력강화특별위원회'를 설치하여 주요 국정과제의 비전과 방향을 제시한 바 있다. 정부 출범과 함께 국가경쟁력강화특별위원회가 추진해 온 국가경쟁력 제고를 통한 경제살리기 과제를 이어서 추진하기 위해 2008년 대통령직속 자문기구로 '국가경쟁력강화위원회(이하 '국경위')'를 설치하였다. 위원회는 대통령이 위촉하는 주요 경제단체장, 국책연구원장, 노동계, 소비자, 언론, 주한외국기업대표 등 민간인 35명과 정부위원 등 50명 이내로 구성했다. 위원회 산하에는 민간위원들을 중심으로 규제개혁, 투자촉진, 법제도 선진화 등 3개의 분과위원회를 두었다. 국가경쟁력강화위원회는 규제개혁 전담분과 위원회를 통해 규제개혁을 국가경쟁력 제고의 주요 핵심적인 과제로 추진하였다. 국경위 활동을 지원하기 위한 사무국 역할의 실무추진단을 두었다. 실무추진단의 일부로 '규제개혁국'과 '민관합동규제개혁추진단'을 두어 운영하였다. 특히, 추진단은 국가경쟁력강화위원회와 대한상공회의소가 공동으로 운영하는 형태로 구성되었으며, 기업현장 중심으로 개별적인 규제개선과제를 발굴, 규제개선 방안을 마련하였다.

이원화된 추진체계는 정부출범 초기에는 대통령의 직접적인 관심을 바탕으로 국경위를 중심으로 강력한 추진동력을 얻어 개혁 성과를 도출하였다. 과거 정부에서 다루지 못했던 기업, 금융, 주택, 토지이용관련 핵심 정책성 규제가 개혁되었다. 수도권 규제합리화, 출자총액제한제 폐지, 신문방송 겸업허용 등이 대표적인 사례이다. 하지만 이원화된 추진체계에서 비롯된 구조적 비효율성이 가시화되기도 하였다는 평가이다. 한시적 대통령자문기구로서 법적·제도적 기반이 미약한 국경위 조직 성격상 상시적이고 일관된 규제개혁을 추진하기에는 본질적 한계가 노정되었다. 정부 후반기에 들어서서 회의 개최 빈도가 줄어들고, 개혁과제 추진력이 급감하면서 조정과 통솔력에 한계를 보였다. 상급 총괄기구가 분산됨에 따라 국민과 기업은 규제 건의 채널에 혼란 및 각 부처도 업무혼선과 이중부담이 초래하기도 하였다. 국경위가 추진키로 결정한 '외국인전용 시내면세점 도입'을 규제개혁위원에서 철회가 권고되기도 하였다.

(4) 박근혜 정부

박근혜 정부는 국정운영 로드맵으로 정한 국정 기조와 국정 과제를 뒷받침하기 위한 핵심 수단으로 규제개혁을 강조하였다. 또한 이명박 정부에서의 이원화된 체계에서 다시 행정규제기본법에 의한 규제개혁위원회, 국무조정실(규제조정실) 중심의 통합된 추진체계로 전환되었다. 특징적인 것은 대통령의 강력한 추진 의지를 강조하기 위해 규제개혁의 최고의 국정협의체 성격의 '규제개혁장관회의'를 설치하고 대통령주재 회의를 통해 규제개혁 국정추진 추동력을 확보해 가도록 하였다. 해당 회의는 대통령이 의장을, 부의장은 국무총리가 주요

장관과 국무조정실장 및 대통령 비서실의 국정기획(정책조정) 담당 수석비서관이 참여하는 형태로 구성되어 운영되었다. 직접 대통령이 직접 주해하는 회의에서 현장의 각종 애로사항을 해결하는 방안을 마련함으로써 정부내 규제개혁 분위기를 조성·확산하기도 하였다. 또한, 내수시장 위축과 불투명한 경기전망으로 기업 경영상의 애로 및 서민취약계층의 어려움이 예상됨에 따라, '민관합동규제개선추진단'과 '규제개혁신문고'를 설치 및 운영함으로써 기업과 국민들의 경제·민생 현장의 규제애로를 신속하게 대응하도록 하였다. 특히 규제개혁이 정부뿐만 아니라 국민의 적극적인 참여하에 상시적으로 이루어질 수 있도록 시스템화하는데 집중하였다. 인터넷 기반의 '규제개혁신문고'를 개설하여 운영함으로써 국민들의 현장애로를 손쉽게 정부에 전달하고 신속하게 회신 받을 수 있도록 하였다. 현장의 규제개선 목소리 등 규제건의에 대한 처리과정에서 객관성, 신속성, 투명성을 획기적으로 제고하였다는 평가를 받았다. 특히, 2014년 3월 20일 대통령주재 제1차 규제개혁장관회의는 일반 국민, 기업인, 부처장관들이 참석한 가운데 7시간 동안 규제개혁에 대한 토론현장이 주요 지상파 TV를 통해 국민들에게 직접 생중계되기도 하였다. 이 회의를 시작으로 박근혜 정부의 규제개혁은 본격적으로 추진되는 대외적 계기가 되었다.

(5) 문재인 정부

문재인 정부는 국정과제로 `민생과 혁신을 위한 규제재설계`를 기치로 규제 패러다임 변화를 추진하였다. 규제 패러다임 변화에 걸맞는 역대 정부와 차별화된 문재인 정부의 규제개혁 성과는 `포괄적 네거티브 규제추진`과 `사전허용-사후규제` 원칙 도입으로 요약된다고 할 수 있다. 이는 그간 양적 개혁에 치중했던 역대 정부와 달리 우리나라 규제체제의 질적 개혁으로 향후 디지털 전환을 선도하는 혁신적 포용국가로 전환하기 위한 규제인프라 구축의 핵심과제였다. 특히, 문재인 정부는 역대 정부의 규제혁신 추진방식의 혁신에 방점을 두고 규제개혁을 추진하였다. 그 방향으로 규제체계 혁신, 추진방식 혁신, 공직자 혁신, 소통체계의 혁신을 내세워 추진하였다. 규제체계 혁신으로는 포괄적 네거티브로의 전환, 특히 대표적으로 규제샌드박스 제도를 본격 도입하였다. 추진방식 혁신으로는 규제입증책임제도, 공직자 혁신으로는 적극행정, 소통강화로는 규제개혁신문고, 민관합동규제개선추진단 등 현장중심 규제개혁활동을 전개하였다. 규제샌드박스는 기업들이 신기술·신제품을 활용한 서비스를 제공하려 하지만 기존 규제에 막혀 시장 출시가 불가능한 경우, 한시적[9]으로 규제를 유예해 주어 시장에서의 실증 테스트를 통해 사업의 안전성과 유효성을 검증할 수 있는 기회를 부여해주는 제도이다. 2019년 1월 제도 도입 이후 2022년 1월 기준 3년간 총 632건의 과제가 승인되었다.

---

9) 유효기간 : 실증특례 사업의 경우 통상 2년. 이후 2년 연장이 가능하다.

⟨ 표 ⟩ 역대정부 규제개혁 연표

1977년 박정희 정부	・「수입자유화정책」을 통해 규제개혁 단초 제공
1982년 전두환 정부	・성장저해 척결과제로 '규제완화'용어 등장
1988년 노태우 정부	・「행정개혁위원회」 설치
1993년 김영삼 정부	・「행정쇄신위원회」 설치 ・「행정규제기본법」 최초 제정
1998년 김대중 정부	・「행정규제기본법」 시행 ・대통령소속 「규제개혁위원회」 설치
2004년 노무현 정부	・「규제개혁기획단」 설치 ・「행정조사기본법」 제정 및 시행
2008년 이명박 정부	・대통령직속 「국가경쟁력강화위원회」 구성 ・대통령주재「국가경쟁력강화위원회」회의 개최
2012년 박근혜 정부	・대통령주재「규제개혁장관회의」 회의 개최 ・「규제개선추진단」과 「규제개혁신문고」 설치 및 운영
2017년 문재인 정부	・「규제샌드박스」 제도 운영

4.5 역대 정부의 규제개혁정책에 대한 비판적 지적

(1) 규제개혁의 궁극 목표의 혼란과 오해

먼저 규제개혁이 본격화된 이후 각 정부마다 공통적으로 발표되는 규제개혁의 순환적 주기이다. 다른 정부개혁과 유사하게 규제개혁은 집권 초기에 관심도가 집중도 측면에서 중요 정책으로 등장하였다가 정부 후기에 들어서면서 그 추동력을 상실하고 최우선 순위에서 멀어지는 현상이 발견된다. 경제 상황이 나빠지면 경기회복의 걸림돌이라는 주장이 강력히 주장되어 경기활성화 대책이 일환으로 규제 완화 또는 규제 합리화가 다루어지나가 어느 정도 경기상황이 호전되면 그 관심도가 사그라드는 현상이 반복된다는 것이다. 이는 '규제개혁'을 '기업 등의 불편을 들어주고 경기를 활성화하는 것'과 동일시하는 그간의 정책 풍조가 근본적 원인으로 판단된다. 혹자는 "10년이나 20년 전에 규제개혁추진계획이나 규제개혁백서 등에서 발견되는 규제개혁 관련 문제들이 현재 시점에서도 그대로 유효하고 여전히 지속되는 문제로 남아있다."라는 식의 조롱 섞인 비판을 내놓기도 한다. 이러한 현상이 되풀이되는 주요 원인으로 '규제개혁 목표에 대한 혼란'에서 기인한다고 지적된다. 원론적으로는 규제개혁의 목표를 국가경쟁력 강화, 민간 자율과 창의 극대화, 국민 생활의 질 향상 등을 들고 있으나, 실질적으로 집중되는 규제개혁 작업이 기업의 성장 및 활동의 애로요인 해소 또는 경기부양을 위한 정책수단으로 인지하고 있다는 것이다. 진입규제, 가격규제, 사업영역제한 등 기존 사업자의 추가적인 부담과 저항으로 이어질 수 있지만 국민 대다수의 소비자 후생의 증진이나 범국가적 차원의 이익을 극대화할 수 있는 경쟁제한적 핵심규제10)의 철폐나 완화에는 상대적으로 집중하지 못하고 있는 실정으로 보인다. 개선의 파급효과가 낮은 규제들 중심으로 개선이 이루어지고, 더 나은 국가 미래와 국민의 미래의 삶과 직결되는 핵심적인 규제개혁 과제는 정치 논리 등에 가려서 충분히 개선되지 못하고 있는 실정이라는 평가에 대해서 주목할 필요가 있다. 규제개혁의 궁극적 목표가 기업의 규제 부담을 경감시켜주는 친기업적인 것처럼 국민들의 눈에 비쳐서는 바람직하지 못하다. 이런 목적의 규제개혁은 모든 정부를 관통하여, 일반 국민의 폭넓은 정치적 지지를 얻기가 어렵고, 지속적인 개혁 추동력 확보도 용이하지 않다고 볼 수 있다.

(2) '돈 안드는 정책'이라는 잘못된 인식

흔히 규제개혁을 재정정책과 대비하여 정부가 추가적인 재정을 필요로 하지 않고도 민간의 자율성과 창의성을 기반으로 하는 투자 등을 유도하여 경제발전에 기여할 수 있는 '돈 안드는 정책'으로 인식되어 왔다. 이는 개혁의 주체인 정부가 전문성을 구비하기 위하여 최소한대로 투입해야 할 시간, 인력, 조직, 예산을 간과한 것이라고 판단된다. 이러한 잘못된 인식이 규제개혁 과정에서 규제개혁정책에 참여하는 조직과 인력의 전문성 부족으로 연결되어 개혁역량 약화를 초래하고 있다고 지적된다. 이러한 부족한 역량은 결국 규제개혁의 속도와 실효성의 약화를 가져오는 악순환을 만들고 있다고 할 수 있다. 규제개혁 작업은 정부의 해당 규제정책 전반에 대한 심층적인 이해를 바탕으로, 규제로 인한 영향분석 등을 통해 범국가적인 이익형량을 판단, 추진해야 하는 복잡한 정책인 만큼, 추진 조직이나 인력에게는 고도의 전문성이 필수적이다. 이런 맥락에서 규제개혁정책의 실효성을 강화하기 위해서는 이를 추진하거나 지원하기 위한 상응하는 인력, 조직과 예산이 필수적이라는 것을 명심해야 한다. 결론적으로 규제개혁은 결코 '돈 안드는 정책'은 아니지만, '투입(input) 대입 산출(output)11) 효과가 상당한 정책' 즉, '가성비가 높은 좋은 정책'임에는 틀림없다.

---

10) 오랜기간 동안 현장의 지속적 문제제기에도 불구하고 돌파하지 못하다가 문재인 정부에서 규제개혁이 이루어진 '입국장 면세점의 허용', 'TV홈쇼핑에서의 국산자동차 판매 허용' 등의 성과사례가 대표적인 예시라 할 수 있겠다.

11) 정책학에서 정책의 결과를 산출(output), 성과(outcome), 영향(impact)으로 구분하기도 한다. 산출은 단기적으로 나타나는 직접적·계량적 변화, 성과는 이 산출물로 인해서 나타나는 중기적인 변화, 그리고 영향은 장기적으로 보다 광범위한 범위에서 나타나는 간접적·비계량적 변화를 의미한다.

제5장 규제개혁정책의 접근방식

5.1 개요

　법치국가에 따라 국민 등의 경제 및 생활 전반에 대한 내용들이 법령의 규율(규제)를 받고 있다. 이러한 국민생활 전반을 규율하는 법령이 법치국가 원리상 요구되는 규제요건의 명백성 및 예측가능성 등을 침해하거나 헌법상 보장된 각종 기본권에 대하여 비례원칙 등에 반하는 과도하거나 불합리한 규제로 인해 국민생활에 불편을 주는 경우, 헌법 제10조에서 유추되는 국가의 과소보호 금지원칙에 반하여 필요한 정책변경을 포함한 입법조치 등을 취하지 아니하여 국민의 권익 행사에 불편을 주는 경우 또는 행정편의주의로 흐르는 등 법치행정의 목적인 기본권의 최대 보장과 침해의 최소성에 반하는 경우 등 의하여 국민 등의 경제 및 생활 활동 전반에 불편을 가져오는 사례가 빈번하게 발생하고 있다. 현대에 들어 강화된 국가의 역할에 근거하여 국민생활 전반에 걸쳐 지나친 규제나 입법화가 이루어지고 있다는 지적이 존재한다. 국가공동체의 유지를 위하여 규제나 입법화가 필요하지만, 지나친 규제나 입법화는 불필요한 국민과 기업의 불편과 현장 애로로 작용하기도 한다. 이것을 개선하고자 세계 각국에서는 '보나 나은 규제(Better Regulation)'나 '보다 나은 법률(Better Law)'에 대한 논의와 제도화가 추진되고 있는 것이다.

　여기서는 그동안 정부에서 추진하였거나 추진하고 있는 다양한 규제개혁을 위한 추진방식이나 제도(규제관리시스템)를 어떠한 맥락과 흐름에서 파악해야 하는지, 즉 규제개혁 접근방식의 주요 틀에 대한 설명을 하고자 한다. 아래에서 설명되어 지는 규제개혁 접근방식의 틀은 국내에서 추진된 규제개혁관리시스템 뿐만 아니라 국제적으로도 적용이 가능한 접근이라고 할 수 있다. 특히, 규제의 생애주기에 맞춘 사전적 접근과 사후적 접근방식, 규제의 전체 규모를 어떤 시점에서 파악하고 관리할 것인가에 방점을 둔 규제저량 관리 및 규제유량 관리 등은 다양하게 시도되고 추진되고 있는 규제개혁 정책을 바라보고 이해하는 틀로 유용할 수 있다고 본다.

5.2 신설·강화규제 심사 및 기존규제 정비[12]

　규제개혁의 추진방식은 사전적 접근을 기반으로 하는 신설·강화 규제의 억제와 사후적 접근을 기반으로 하는 기존 규제의 정비로 대별할 수 있다.[13] 다시 말해, 규제개혁의 대상은

---

[12] 신설·강화 규제 심사와 기존 규제의 정비와 대해서는 이후 제2부(신설·강화규제 심사론)와 제3부(기존규제 정비론)에서 상세한 설명이 이루어질 예정이다.
[13] 규제는 일반적으로 법령 등의 형태를 가지고 있으며, 법적 문제에 포섭된다. 법적 문제를 바라는 관점은 사전적 관점(EX-Ante)과 사후적 관점(EX-Post)으로 대분된다. 사전적 관점에서는 이 문제에 대한 결정이 장래에 다른 사람들의 행동에 어떤 영향을 미칠지를 중시한다. 사후적 관점에서는 이미 일어난 사건을 되돌아보면서 어떤 조치를 취할까 고민하는 태도를 말한다. 교정적 정의를 실현하는 데에 집중된다.

크게 신설·강화규제와 기존규제로 나누어진다. 우리나라 규제개혁의 기본법인 행정규제기본법에서도 제1장의 총칙에 이어, 제2장은 규제의 신설·강화에 대한 원칙과 심사, 제3장에서는 기존 규제의 정비로 그 목차를 삼고 있다. 이렇게 규제개혁의 대상을 구분하는 데는 먼저 규제생성과 소멸 등 규제의 라이프 사이클에 입각한 것이다. 규제는 어떤 사회문제가 불거지면 그에 대한 대응과정에서 정부의 정책수단의 하나로 고려되는 대표적인 것이다. 이런 경우 정부는 새로운 규제를 설계하거나 기존의 규제를 강화하는 방식으로 대응하게 된다. 한편 이렇게 신설·강화된 규제는 현실에서 구체적인 규제대상과 규제사안에 적용이 되어 효과를 발휘하게 된다. 이처럼 실제 작동하는 규제를 기존 규제라 한다. 이런 기존 규제는 그것의 필요성이 해소되어 폐지될 때까지 지속적으로 존재하며 기업과 개인에 영향을 미치게 된다. 이런 규제의 라이프사이클을 고려하면, 규제관리적인 측면에서도 신설·강화규제와 기존 규제로 나누는 것이 타당함을 알 수 있다. 즉 정부는 규제가 신설·강화되는 과정에 개입해서 해당 규제가 실제로 사회문제에 필요한 것인지, 규제설계안이 초래할 사회적 비용과 편익이 균형을 이룬 것인지, 규제가 도입되었을 때 실현가능성은 있는 것인지와 같은 중요한 체크리스트를 검토하게 된다. 이런 과정에서 새롭게 도입되는 규제의 타당성이 높아질 수 있게 되고 그 결과 규제가 사회에 초래할 부작용이 최소화 될 수 있다. 규제개혁의 목표를 효과적으로 달성하기 위해서는 규제의 형성과 운영완화, 폐지 등 전체의 생애주기를 관리할 수 있는 제도적 장치 즉, 효과적인 규제심사(regulatory review) 제도가 필요하다. 이러한 규제심사는 규제개혁 담당기구가 수행하며, 그 구체적인 방법으로는 규제영향분석제도 등을 기반으로 하는 규제심사제도가 대표적이다.

한편 기존 규제의 경우, 이미 존재하며 작동하는 규제에 대해 정부가 관심을 갖는 것을 의미한다. 기존에 작동하는 규제의 경우 그것이 적용되는 상황이 변화하지 않았는지를 검토할 필요가 있으며, 다양한 규제대상에 획일적인 규제의 적용으로 불이익을 받는 규모가 어느 정도인지를 확인할 필요도 있다. 그리고 규제개선 수요를 지속적으로 파악하여 규제로 인한 기업과 개인의 불합리한 부담을 줄여주는 노력을 해야 한다는 것을 의미한다. 그리고 경우에 따라 이런 기존규제가 존재해야 할 필요성이 없다고 판단되면, 이제 규제소멸 절차를 거쳐 규제를 폐지시켜 규제의 라이프 사이클을 종료시켜야 한다. 기존 규제의 정비는 주로 불합리한 규제를 개선하거나 폐지하는 '규제완화'(de-regulation)의 방식으로 추진된다. 아울러 경우에 따라서는 기존의 규제를 보다 합리화하기 위한 방안으로서 규제의 강화(reinforcement) 또는 재규제(re-regulation)도 규제정비의 방식으로 활용될 수 있다. 규제의 정비를 추진 주체별로 나누어보면 국가중심의 접근방식(state-led approach)과 시장중심의 접근방식(market oriented approach), 그리고 이 두 가지를 혼용하는 방식 등이 있다. 또한 수량적 목표를 미리 설정해 놓고 일시에 전분야에 걸쳐 개혁을 단행하는 급진적 이른바 규제단두대(guillotine) 방식과 규제기관의 재량 축소 등을 통해 간접적, 점진적으로 추진하는 방식 등으로도 그 유형을 나누어볼 수 있다.

〈 그림 〉 신설·강화규제의 심사절차도

5.3 사전(Ex-Ante) 규제영향분석제도와 사후(Ex-Post) 규제영향평가제도

신설·강화규제를 대상으로 한 종래 규제심사단계에서의 사전 규제영향분석제도 한계점을 보완하기 위한 기존규제 정비단계에서의 사후 규제영향평가제도 대한 관심 증대되고 있다. 현행 규제정책 평가가 사전적(ex-ante)인 규제영향분석제도에 초점을 맞춘 방식이었다고 한다면 최근 들어 강조되고 있는 부분은 사후적(ex-post) 규제정책의 평가(regulatory evaluation)[14]라고 할 수 있다.

(1) 사전 규제영향분석제도[15]

규제영향분석(Regulatory Impact Analysis: RIA)은 제시된 규제대안의 예상되는 효과를 비용편익분석과 같은 일관된 분석 도구를 활용하여 체계적으로 확인하고 평가하는 과정으로 이해된다. 1998년 규제영향분석 제도가 도입된 우리의 경우 「행정규제기본법」 제2조의 정의에서도, 규제영향분석을 "규제로 인하여 국민의 일상생활과 사회·경제·행정 등에 미치는 여러 가지 영향을 객관적이고 과학적인 방법을 사용하여 미리예측·분석함으로써 규제의 타당성을 판단하는 기준을 제시하는 것"으로 규정하고 있다. 일반적인 정책분석 도구의 한 유형으로서 규제영향분석은 잠재적인 규제 효과를 사전에 예상함으로써 가장 효과적이며 효율적인 규제대안에 대한 정보를 제공한다는 점에서 규제품질관리를 위한 관심의 증대와 함께 그 활용 정도가 급증하고 있다.

1970년대 미국에서 처음 도입된 규제영향분석은 1990년대 초반까지만 해도 OECD 국가 중 채택 국가의 규모가 10여개를 넘지 못하였으나, 1990년대 후반부터 채택 규모가 급증하여 2000년대 후반에는 모든 OECD 국가들이 규제영향분석을 채택하고 있으며 일부 개발도상국들까지 규제영향분석 제도를 활용하고 있는 상황이다(OECD regulatory policy committee, 2009). 우리나라의 경우도 1998년에 「행정규제기본법」의 제정과 함께 규제영향분석을 제도화하였으며, 상대적으로 다른 나라들에 비해 이른 시점에 제도를 도입하면서 규제품질관리를 위한 적극적인 노력을 기울이고 있다고 평가된다.

참고로, 규제영향평가 제도와 관련해 국가별 제도적 기반에 따라 다소 이질적인 모습을 나타내고 있으나, 가장 뚜렷하게 구분되는 기준 가운데 하나가 법체계에 따른 차이이다. 영미법계의 국가들이 규제영향분석(regulatory impact analysis)이나 규제영향평가(regulatory impact assessment)의 용어를 사용하는데 비해, 대륙법계의 국가들의 경우 우리가 '입법

---

14) 일반적으로 정책평가라고 하면 사후적인 평가(ex post evaluation)를 의미하며, 규제사후영향평가 역시 일반적인 정책평가의 한 유형으로서 규제정책 결과에 대한 평가의 개념으로 접근할 수 있다. 반면 규제영향분석은 사전적인 평가(ex ante evaluation)로 정책이 집행되기 이전에 규제정책 결과에 대한 예측의 개념으로 접근할 수도 있다.규제영향분석의 단계별 구성요소로서 사후규제영향평가를 이해하는 입장과 더불어 규제영향분석을 하나의 분석방법으로 이해하여 규제의 사전평가(ex-ante assessment)와 사후평가(ex-post assessment)에 공통적으로 적용가능한 하나의 방법으로 이해가 가능하다.

15) 규제영향분석제도에 대한 내용은 제2부(신설·강화규제 심사론)에서 상세한 설명이 이루어질 예정이다.

평가(또는 입법영향평가'로 표현하고 있는 법령분석(Gesetzesfolgenabschätzung) 또는 법령평가(Gesetzesevaluation)의 용어를 사용하고 있다.

(2) 사후 규제영향평가제도

기존 규제에 대한 타당성 검토를 위해 신설·강화 규제에 적용되었던 규제영향분석을 적용하자는 입장과 같은 맥락에서 단순히 규제집행의 사전과 사후를 구분하여 시점별로 평가를 달리하자는 제도적 개념으로 일반적으로 이해되어 진다. 동일한 방식으로 규제의 비용과 편익을 산정하여 규제의 비용효과성을 제고하고자 한다는 점에서 사후적 정책분석이라는 차이를 제외하면 규제영향분석과 규제영향평가의 개념이 동일하게 이해될 수 있다.

규제영향평가[16]는 현재 신설·강화 규제에 대해서만 적용되는 규제영향분석의 제도적 한계를 극복하고 기존 규제에 대한 사후적 분석을 통해 원래 의도한 규제목적의 달성 정도를 확인하고 효과적인 규제 집행을 이끌어내기 위한 제도적 방안으로서 주목되고 있다. 규제영향분석이 사전에 예상되는 규제의 비용과 편익의 추정 등 규제효과를 예측하기 위한 방법론이라는 점에서 잠재적인 규제효과의 추정이 실제적인 규제효과와 일치하기 어렵다는 한계점이 제기될 수 있다. OECD에 따르면, 기존 규제에 대한 정기적인 평가를 의무화하는 국가 규모가 1998년에 비해 10년 사이에 3배 이상 증가되었으며, 일반 대중이 기존 규제의 수정을 위해 권고할 수 있는 메커니즘을 갖고 있는 국가는 거의 30개국에 달하고 있어 기존 규제에 대한 사후적 평가가 과거에 비해 급속히 확대되고 있다. 이러한 사후적 규제정책의 평가가 확대되고 있는 배경에 대해서는 다음과 같이 두 가지 관점에서의 접근이 가능하다. 첫째, 사전적 규제영향분석을 통한 규제정책 평가의 한계와 관련해, 사전적 규제효과의 예측과 실제와의 차이가 규제정책관리에서 더욱 중요성을 갖게 되면서 보다 정확한 수준에서 규제정책에 대한 평가가 강조되는 것이다. 둘째, 기존 규제의 비합리성에 따른 사회적 비용의 절감을 위한 부분과 관련해, 신규 규제에 대한 검토만으로는 전반적인 규제체계의 효과성을 제고하기 어렵다는 인식이 크게 작용하는 데 있다.

우리나라의 경우 규제영향분석과 달리 「행정규제기본법」에서 규제영향평가를 규정하고 있지는 않으나, 사후적 규제평가의 개념을 확인할 수는 있다. 2016년 7월, 「국민부담 경감을 위한 행정규제 업무처리 지침」의 제정을 통해 규제비용관리제가 전면적으로 시행되었으며, 신설·강화 규제에 대한 사전적 규제영향분석과 함께 기존 규제에 대한 사후적 평가를 통해 규제효과 및 실제 비용수준에 대한 검증을 강조한 2013년 「행정규제기본법」개정을 통해 재검토형 일몰 규정이 도입되면서 규제의 신설·강화 이후 재검토의 수요가 대폭 증대하였으며, 일몰 규제의 재검토 과정에서 중요한 수단으로 규제영향평가의 활용이 가능하며 필요한

---

[16] 일반적으로 정책평가라고 하면 사후적인 평가(ex post evaluation)를 의미한다. 정책평가의 개념에서는 정책분석과도 혼용되기도 하지만, 정책결과에 대한 분석과 함께 이에 대한 가치적 판단을 내리기 위해 평가기준이 중요한 의미를 갖는다. 개별 정책에 대한 평가기준은 상당히 다양할 수 있지만, 일반적으로 소망성(desirability)과 실행가능성(feasibility)의 두 가지 측면으로 나눌 수 있다(노화준, 2003). 소망성은 해당 정책에 따른 결과가 얼마나 바람직한가에 대한 기준이며, 실행가능성은 해당 정책이 실제로 집행될 수 있는가에 대한 기준이다.

상황으로 판단할 수 있다. 결국, 규제비용관리제 및 규제일몰제 등 기존 규제의 정비활동과 연계해 규제영향평가의 활용 가능성이 본격적으로 검토되고 있다고 볼 수 있다. 최근 전 세계적으로도 규제개혁의 방향이 기존 규제에 대한 적극적인정비활동을 강조하고 있으며, 기존 규제의 정비 방안으로서 사후영향평가의 제도화가 활발히 진행되는 상황도 향후 새로운 규제개혁정책 검토과정에서 참고할 필요가 있다.

5.4 규제저량(貯量, Stock) 관리 및 규제유량(流量, Flow) 관리

규제개혁은 적정수준의 규제관리를 목표로 하기 때문에 규제의 절대적 수준인 규제 저량(Stock) 뿐만 아니라 시간적 변화율까지도 고려하기 위하여 일정시점 대비 변화율인 규제유량(Flow)을 관리하기도 한다. 물이 차있는 저수탱크를 가정했을 때 주입량(Flow-In)은 저량의 상승요인이 되며, 반대로 배수량(Flow-Out)은 저량(Stock)의 하락요인으로 작용한다.[17]

규제저량을 관리하려는 수단으로 그간 정부는 '규제총량관리제'를 추진하여 왔다. 규제총량관리제는 일정한 규제의 총량을 미리 정하거나 할당하고, 할당된 총량의 한도 안에서 규제의 신설과 감축을 하도록 유도함으로써 일정 수준에서 규제의 총량을 유지하거나 증가를 관리하는 규제관리제도이다. 할당된 규제의 총량에 여유가 없으면 새로운 규제 신설과 강화를 위해서는 이에 상응하는 기존 규제를 폐지 또는 완화를 유도하게 되고 규제의 양과 질을 동시에 개혁할 수 있는 수단으로 작용할 수가 있다. 규제의 총량관리에서 무엇을 기준으로 총량을 관리할 것인가가 중요하다. 총량관리의 기준으로 규제의 수, 규제의 순비용 등을 고려할 수 있다. 규제의 수의 관점에서 총량관리를 시도한 제도가 '규제등록제'이며, 순비용 관점에서 총량관리를 추진하고 있는 '규제비용관리제'이다.

(1) 규제등록제

한 단위의 규제를 분류하고 등록하는 기준을 제시하고 일정한 기준 시점의 규제를 등록기준에 따라 등록하도록 함으로써 등록된 규제의 수량을 기준으로 총량관리하는 방식이다. 등록된 규제 수량에 의한 총량관리는 일견 관리가 간단하고 용이한 것처럼 보이지만 일정한 한계를 노정한다. 현재 정부의 중앙행정기관별 등록된 행정규제 현황은 「행정규제기본법 시행령」 제5조에 따라 국무조정실이 운영하고 있는 규제정보포털(www.better.go.kr)을 통해

---

[17] 일반적으로 어떤 상황(특히, 경제상황)을 설명할 때 흐르거나 멈추는 속성이 있고 또한 통상기간(단기와 장기)개념을 가지고 설명하게 된다. 여기서 유량(流量, Flow)는 일정 기간이라는 개념이고, 저량(貯量, Stock)은 일정 시점이라는 개념이다. 특정 상황의 판단에서 흐름의 양을 유량개념으로 그리고 멈춤의 양을 저량개념이라는 2가지 측면에서 파악할 수 있다.(통상 경제학이나 회계학에서 기간 개념을 유량(Flow)개념으로 그리고 시점개념을 저량(Stock)개념으로 구분하는데 이것을 복식부기의 기본원리로 대차대조표상의 잔액과 합계(누계)액의 단적인 예이다.)

국민에게 실시간으로 공개되고 있다. 또한, 「행정규제기본법」제6조에 따라 등록된 규제사무 목록을 작성하여 매년 6월말까지 입법부인 국회에 제출하고 있다.

등록된 규제의 내용은 피규제자에게 즉각 공표되어야 함을 행정규제기본법에서 밝히고 있다. 규제의 파악과 관리 규제의 내용과 변경사항 등의 공개를 통해 규제에 대한 국민의 감시를 강화할 수 있는 효과적 수단으로서 '규제등록제'를 채택할 수 있다. 이는 규제개혁 담당기구 입장에게도 규제법정주의를 구현할 수 있는 중요한 수단으로 활용될 수도 있다. 즉, 모든 규제기관으로 하여금 소관 규제를 규제개혁 담당기구가 정하는 방법으로 등록하도록 함으로써, 법령의 근거가 없는 규제의 도입과 운영 여부를 체계적으로 파악하는 것이다. 등록된 규제의 공표는 규제의 투명성 확보가 더욱 용이하게 되어 국민의 참여와 감시를 활성화 할 수 있다.

다만, 정부는 규제 수가 규제 현실을 반영한다고 보기 어려운 점 등을 고려, '15년부터 규제 등록건 수를 집계하고 있지 않고 있다. 이는 개별 규제는 국민과 기업에 미치는 영향의 차이가 크나 규제 수는 규제별 중요성의 차이를 반영하지 못하며, 규제완화시 규제 수의 변동이 없거나 오히려 증가하는 경우와 같이 규제혁신 성과로 활용하기도 부적절한 측면도 있기 때문이다. 다시 말해, 규제 수량에 의한 총량관리는 규제개혁 측면에서 그 실익이 없게 될 가능성이 존재한다. 규제의 분류 및 등록기준을 정교하게 해도 규제 간에 피규제자의 수, 규제의 준수 비용 등에서 등가성을 확보하기 매우 곤란하다는 점이다. 등가성이 없는 규제들을 수량 기준으로 관리를 하는 경우 규제 준수비용이 높은 규제는 존치되고 상대적으로 규제준수 비용이 낮거나 규제기관인 관점에서 필요성이 낮은 규제부터 우선적으로 감축을 가져오는 규제개혁 추진과정에서의 추진목적에 부합하지 않는 '왜곡'을 초래하게 되는 것이다. 이러한 이유로 규제총량관리제를 시행하는 국가 중에 규제 수량을 기본으로 총량관리제를 운영하는 국가는 찾아보기 힘들다.(캐나다 정도가 순비용 기준으로 총량관리를 시행하면서 보조적 수단으로 규제수량 기준으로 관리를 하고 있다.)

(2) 규제비용관리제[18]

법인·단체 또는 개인의 사업활동에 비용 부담을 초래하는 규제를 신설·강화하는 경우 해당규제 비용에 상응하는 기존 규제를 정비함으로써 국민의 규제비용 부담 증가를 억제하는 제도이다.

---

18) 제2부(신설·강화규제 심사론)에서 세부내용을 기술하였다.

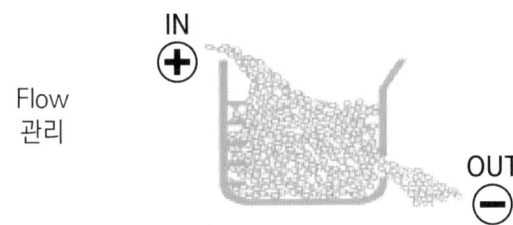

규제 신설·강화시 이에 상응하는 기존 규제 정비(Cost-In, Cost-Out)

　단순 규제수 증감관리만을 목표로 도입한 규제등록제 운영경험(2004-2006년)을 토대로 정부는 객관적 과학적 방식으로 계산된 규제비용을 관리기준으로 설정하였다. 도입당시규제비용을 기준으로 신설강화와 기존규제의 교환이 이루어진다는 점에 착안, 한국식 규제비용 관리제를 'Cost-In, Cost-Out'으로 명명(CICO)하였다. 정부는 총리훈령인 「국민부담 경감을 위한 행정규제 업무처리 지침」 제2조에 근거하여 운영되고 있다.

　대상규제는 신설 강화되는 규제 중 규제대상 기업·소상공인 및 개인 등의 사업활동에 비용부담을 발생시키는 규제이며, 정부업무평가 중 규제개혁 평가대상 기관인 현재 30개 중앙행정기관이 그 대상기관이다. 국민의 생명·안전 관련 규제, 환경위기 대응을 위한 규제 등은 비용전문위원회 심의를 거쳐 비용관리제 적용을 제외시킴으로써 반드시 필요한 규제가 도입되지 못하는 상황을 방지되도록 운영되고 있다.

　신설 강화규제 심사 요청 시 원칙적으로 해당 규제비용에 상응하는 폐지 완화 규제를 동시 제출하도록 하는 것이 원칙으로 운영된다. 다만, 폐지·완화규제를 동시에 정비하기 곤란한 현실 감안, 규제비용 증가분과 감소분을 연단위로 부처별 계정(Account)에 적립(Banking) 관리하는 방식으로 운영되고 있다.

　규제비용관리제는 현재 생명·안전 관련 규제 등 필요성·적정성이 인정되는 신설·강화 규제를 순비용 초과를 사유로 억제하기 곤란하고, 부처별 특성·상황 반영이 어려운 점, 그리고 가정·분석방식에 따른 상이한 비용 예측 등 객관적이고 정확한 규제비용 산출의 어려움 즉, 비용 과소계상·편익 과다계상 우려 등 일정 한계 또한 지적되고 있다. 이러한 한계에 대한 정책적인 고려로 인하여 현재 국내에서 본격적인 제도의 법제화는 지연되고 있는 상황이다.

> ▶ 영국의 규제개혁 제도
>
> ○ 규제비용총량제 : 규제유량(Flow) 관리
> - OIOO(One-In, One-Out) : 2011년 1월부터 2012년 12월까지 추진되었으며, 신설규제가 일정 금액의 직접적인 규제비용을 발생하는 경우 이에 상응하는 규제비용 감소나 편익을 제고하는 규제완화 조치를 마련토록 유도
> - OITO(One-In, Two-Out) : 2013년 1월부터 추진되었으며, 신설규제가 일정금액의 직접적인 규제비용을 발생하는 경우 이에 두배에 상응하는 규제비용 감소나 편익을 제고하는 규제완화 조치를 마련토록 유도
>
> ○ 행정부담감축(Red Tape Challenge, RTC) : 규제저량(Stock) 관리
> - 2011년 4월 캐머론 총리 담화를 통해 기존 규제의 재검토를 위해 도입 발표
> - 2013년 4월까지 2년간 한시적으로 전면적인 규제 재검토 프로세스를 가동
> - 정부 홈페이지를 통해 국민, 기업 등 이해관계자들이 주제별 규제에 대해 의견을 제시할 수 있는 특정 의견제출 기한(spot light) 설정하여, 집중적인 규제개선 의견 접수

5.5 기타의 접근방식

법령심사과정에 이루어지는 신설·강화규제의 심사는 각 부처나 지자체 등 규제기관의 규제 신설 등의 수요에 대응하여 이루어지는 수동성을 가질 수밖에 없다. 대외적으로 발표되는 정부의 규제개혁 활동과 성과는 이러한 이유로 그 중요성과는 관계없이 기존 규제의 정비라는 영역에서 집중적으로 이루어지고 실현된다고 볼 수 있다. 기존 규제정비차원에서 불합리한 규제에 대한 발굴이 조정·협의 등의 과정을 거쳐 개선되기 전에 우선적으로 필요하다고 할 수 있다. 규제개혁을 추진하면서 최대한 '사각지대' 없이 규제개혁 수요가 집중된 분야에서의 불합리한 규제개혁 과제를 확인할 수 있는가에 실제 정책을 추진하는 과정에서는 공통된 고민일 수밖에 없는 부분이다. 그동안 이러한 고민의 결과로 나름 정부가 추진해 온 실무적인 규제개혁 추진관련 접근방식은 아래와 같이 구분해볼 수 있다.

(1) 법·제도적 접근과 구체적 사례(상향식·하향식) 접근

법·제도적 접근은 규제설계방식이나 규제기술방식 등 규제전반에 걸쳐 일반적으로 적용되는 규제체계를 가지고 규제개혁을 접근하는 방식이다. 네거티브체계(원칙허용·예외금지)로의 규제전환이나 신기술분야에 적용되는 규제샌드박스 제도 도입이 대표적인 사례이다.

구체적인 사례에 따른 접근은 특정분야나 개별규제의 개선방식을 의미한다. 여기에는 하향식 접근(Top-Down) 및 상향식 접근(Bottom-Up)으로 세분하여 생각할 수 있다. 하향식 접근이란 규제개혁 추진주체가 해당 시기에 특정한 목적과 계획에 근거하여 특정한 분야나 업종, 지역 등을 대상으로 과제의 발굴과 개선을 추진하는 형태를 이야기한다고 할 수 있다. 노무현 정부시기 민관합동조직인 규제개혁기획단을 통해 경제적 파급효과가 크거나 기

업의 투자환경개선 효과가 큰 덩어리 규제를 전략기획과제로 선정하여 특정분야 등을 중심으로 정비방안을 마련한 것이 대표적이다. 이후에도 현재까지 토지 및 입지, 창업 및 각종 민생 분야 등에 걸쳐 비슷한 형태의 규제개혁 작업이 이루어지고 있다. 이러한 접근은 규제수요가 아닌 규제공급자 입장에서 규제가 생산되고 집행되어왔던 이유로 실제 현장에서는 여러 부처에 걸쳐져 있는 중복·복합규제에 대한 규제부담과 불편이 심각한 문제로 제기되고 있으며, 이러한 덩어리규제를 심도있게 집중적으로 개혁할 수 있는 장점이 있다고 할 수 있다. 상향식 접근이란 국민과 기업 등이 있는 민생·경제 현장의 규제개혁 수요에 기반하여, 규제수요자인 국민과 기업건의 등을 통해 확인된 개별규제 중심으로 개혁을 추진하는 형태를 말한다. 현재 우리 정부내 규제개혁을 총괄하고 있는 국무조정실이 운영하고 있는 규제개혁신문고, 민관합동규제개선추진단 등이 대표적인 상향식 접근을 위하여 설치·운영되고 있다고 볼 수 있다. 상향식 접근은 현장의 규제개혁 수요에 즉시 대응할 수 있다는 측면에서 장점이 있다.

(2) 상시적 접근 및 비상시적 접근

기존규제의 정비를 추진하면서 이것을 어느 정도의 기간에 걸쳐서 추진하는가를 기준으로 그 접근을 구분할 수가 있다. 규제개혁을 추진하는 기관이나 주체의 입장에서는 특정 시점이나 시기에 집중하여 특정테마나 특정산업 분야의 과제를 발굴하고 개선하는 비상식적 방식이 있을 수 있으며, 1년 내내 상시적으로 과제를 발굴하고 개선하는 방식이 있을 수 있다. 상시적인 접근의 대표적인 경우가 인터넷을 기반으로 1년 365일 국민, 기업이나 지자체 등으로부터 다양한 분야에서의 규제개혁 건의를 접수하고 개선을 추진하고 있는 '규제개혁신문고[19]' 운영이라고 할 수 있다. 그와 반대로 비상시적 접근은 하향식 접근의 입장에서 규제개혁을 추진하는 경우가 많다고 볼 수 있다.

---

[19] 국민, 기업 등 정책수요자의 규제혁신 수요에 부응하기 위한 '국민 참여형 규제혁신 채널'로, 대한민국 국민 누구나 '규제개혁신문고' 홈페이지(www.sinmungo.go.kr)를 통해 규제개선을 건의하고 정부의 입장을 확인할 수 있다.

▶ '인공호숫물의 수질관리'에 비유할 수 있는 규제개혁

정부청사가 자리 잡은 세종특별자치시의 랜드마크시설은 아래 사진상의 인공호수로 설치된 세종호수이다. 세종호수에 담겨져 있는 물을 규제라고 가정해보자. 그리고 그 수량과 수질을 관리하는 것이 규제개혁작업이라고 할 수 있다. 규제는 우리의 경제·사회·문화의 수준과 다양성이 확대되어 가면서 그 절대적인 규제의 양의 증가는 불가피함이 인정되고 있다. 하지만 그러한 불가피성을 인정하더라도 갑작스러운 비정상수준의 수량의 절대 증가는 호수변으로 넘침을 가져오게 되고, 결국 세종호수환경을 망치게 되니 이 또한 경계하고 관리하여야 한다. 그분만 아니라 세종호수 물의 수질을 관리하는 것은 세종호수 관리측면에서 최우선적으로 중요하다. 다시 말해, 현대에서의 규제개혁의 목적은 앞에서 수질의 관리로 비유한 규제의 품질관리가 궁극적인 목적이며 이와 함께 수량의 넘침도 당연히 보조적으로 경계하여야 한다. 세종호수의 수질관리를 위해 호수관리주체는 먼제 금강지류에서 강물 원수를 호수로 끌어오는 과정에서 일차적인 정화 과정을 거친다. 이를 규제신설단계에서 규제심사과정이라고 이해할 수 있다. 뿐 만아니라 이후에도 세종호수에 이미 들어찬 물(기존 규제)에 대해서도 수시 또는 상시로 쓰레기나 부유물을 제거하는 작업을 통해 세종시민들이 편하게 즐길 수 있는 수질을 관리함으로써 세종호수 환경을 지켜간다. 이것을 기존 규제정비의 과정이라고 이해할 수 있겠다. 아름다운 세종호수를 가꾸는 것처럼 규제개혁을 대한민국의 미래와 국민의 삶을 바꾸는 작업이라는 생각할 수 있겠다.

〈 사진 〉 세종특별자치시 세종호수

▶ 규제정비 과정에서 요구되는 것 : "The Closer, The Better Outcome"[20]

○ 역대정부 마다 목소리를 높이며, 규제개혁을 추진해온 소기의 성과에도 불구하고 사실 우리나라의 규제수준은 WEF, IMD 등의 국제적 평가나 국민, 기업 등 현장의 체감도 측면에서는 높은 평가를 받지 못하고 있는게 사실이다. 그 동안의 정부의 노력으로 국제적으로 인정되는 최신의 규제관리 수단은 제도적으로 가장 먼저 도입되어 운영되고 있는 사실과 대비하면 실망스럽기까지 하다고도 볼 수 있다. 제도의 문제가 아니라 결국 운영이 문제와도 관련이 있다고 볼 수 있다. 더불어 규제개혁의 본질인 핵심적인 규제개혁 과제에 집중하지 못하고, 그때그때 도입된 새로운 규제관리 수단들이 매 정부마다의 규제개혁 대표적인 개혁성과로 내세우려는 역대정부의 규제개혁을 접근하는 단기적 시각과 맥이 닿아 있다는 외부의 평가도 엄연히 존재한다.

○ 제대로 된 규제개혁을 이루기 위해서는 철저한 현장주의("The Closer, The Better Outcome")로 무장하되, 현장의 개별애로 해결식과는 차별화되는 규제개혁 추진체계, 즉 시스템 전반에 대한 개혁이 이뤄지도록 정부차원의 역량과 노력을 더 집중해야 한다는 주장을 되새길 필요가 있다. 아울러, 모든 개혁이 그러하듯이 긴호흡을 가지고, 먼곳을 바라보면서 나갈 수 있는 개혁의 원칙과 기준을 가지고 있어야 한다. 일관되고, 지속가능한 개혁작업을 추진하기 위해서 무엇이 부족하고, 무엇을 채워 나가야 하는지를 정확히 파악하여야 한다. 그간 우리 정부가 규제개혁을 둘러싼 구조적 문제는 회피하면서 상대적으로 하기 쉬운 소소한 현상적 처방이나 대증요법식 땜질 처방에 그쳐오지는 않았는지를 살펴보고 정부 내부의 자화자찬식 성과발표와 괴리되어 있는 현장 체감도에 집중해야 한다. 냉정한 외부의 평가에 대한 구조적 원인분석을 통해 진단하고, 이를 바탕으로 정책현장에 입각한 원인요법(해결방안)을 제시할 수 있는 성찰과 고민이 뒤따라야 한다. 결국은 우리 정부의 규제개혁 성패가 판가름 나는 지점은 바로 여기에 있다고 할 수 있다.

---

[20] "당신이 환자가 있는 현장에 더 가까이 다가갈수록, 환자는 더 좋은 결과를 얻게 될 겁니다." 이국종 교수 인터뷰 중 발췌한 것으로, 필자는 현장주의를 강조하는 말로 이해하여 이를 강조하면서 사용한다.

제6장 '규제개혁 정책과정' 및 '규제의 절차'

정책(policy)이란 '바람직한 사회상태를 이룩하려는 정책목표와 이를 달성하기 위해 필요한 정책수단에 대하여 권위 있는 정부기관이 공식적으로 결정한 기본방침'이라고 일반적으로 정의되어 진다. 이러한 정책이 산출되고 실행되는데 거쳐야 할 일정한 단계적 절차를 정책과정(policy process)[21]이라고 한다. 규제개혁 추진하는 주체입장에서의 정책과정과 규제를 도입하려는 주체입장에서의 규제정책 단계적 절차를 가장 일반적인 정책과정(①정책의제설정 및 정책결정, ②정책집행, ③정책평가) 단계에 대입하여 정리해보고자 한다.

〈표〉 규제개혁 정책과 규제정책단계(규제 절차) 비교

정책과정	규제개혁정책	규제의 절차(규제정책)
① 정책의제설정 및 정책결정	기획단계	규제형성절차
② 정책집행	집행단계	규제등록 및 시행절차
③ 정책평가	환류단계	규제의 변경·폐지 절차

이는 두 가지 관점에서 그 의미를 가질 수 있다고 본다. 첫째, 정책학적 관점이다. 정부의 규제개혁정책 뿐만 아니라 규제(도입)정책을 정책학의 관점에서 그 단계를 재구조화함으로써 규제 관련 정책을 둘러싼 정책학 분야의 학문적 이론[22]이나 기준들이 우리 정부의 규제개혁정책과 규제정책을 대상으로 그 타당성을 확보하기 위해서는 지속적으로 끊임없이 정책현장에서 경험적인 실증적 검증을 받아야 하며, 이것은 그러한 토대를 만드는 시도라고 보아주었으면 한다. 둘째, 개혁(또는 혁신)의 관점이다. 규제개혁의 성공 여부는 결국 개혁주체 중심의 규제개혁정책 뿐만 아니라 개혁객체 중심의 규제정책의 완성에 달려있다고 생각한다.

6.1 규제개혁 정책과정

우리 정부의 규제개혁 정책도 하나의 정책분야라는 전제를 가지고 중장기적인 안목을 가지고 지속적인 수정·보완을 거쳐 정책의 완성도를 높혀갈 필요가 있다. 규제개혁 추진주체의 전문성 강화관점에서 역대 정부의 축적된 또는 축적될 규제개혁 정책경험을 규제개혁 추진기관의 내부역량으로 만들어갈 필요가 있다. 여기서는 규제개혁 정책과정과 각 단계별 성공적 정책을 좌우할 수 있는 중요한 변수를 나름 정리해보고자 한다. 이러한 정책학 관점의

---

[21] 정책과정의 구체적 단계 구분에 대해서는 학자 등에 따라 다양한 견해가 존재한다.
[22] 정부규제와 관련된 현상의 이치를 논리적으로 일반화한 체계

시도는 미래의 급변하는 규제개혁 정책환경 하에서 요구되는 정책관련 지식의 형식지(Know-what)와 방법지(Know-how)의 분석적 시각을 제공할 수도 있다. 규제개혁의 정책 실패와 정책 성공이 교차하는 분기점에 대한 다양한 정책사례들을 분석하고 예측하는 연구방법의 틀(프레임, Frame)로서도 활용될 수 있기를 고대한다. 여기서 제시하는 규제정책의 각 단계((①규제정책 기획, ②규제정책 집행, ③규제정책 환류)는 시간적 순서와 관계없이 쌍방향적 상호 영향 및 보완의 관계를 가지게 된다. 이러한 맥락에서 아래 그림과 같이 규제개혁 정책단계를 「정책삼각형(Policy Triangle)」으로 이미지화가 가능하다. 규제정책의 3가지 단계는 서로 맞물려서 제대로 작동하는 경우에만 규제개혁정책이 목표인 '성과'와 현장 '체감'으로 이어질 수 있다고 생각한다.

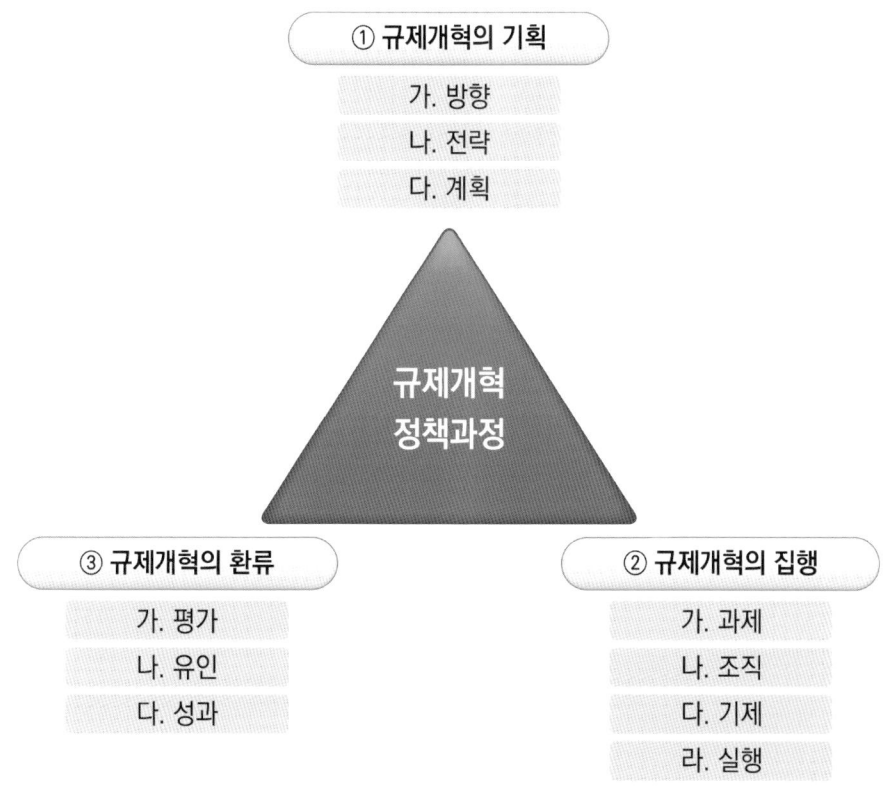

〈 그림 〉 규제개혁 정책삼각형(Policy Triangle, 3단계)과 각 단계별 변수(10가지)

(1) 〈제1단계〉 규제개혁정책 기획단계(Planning)

규제개혁정책의 기획단계란 규제개혁의 방향을 설정하고, 설정된 방향을 달성할 수 있는 전략 및 계획을 수립하는 단계로서 규제혁신의 토대를 구성하는 단계라 할 수 있다. 이 단계에서 아래의 3가지 변수가 작동할 수가 있다.

(가) 규제혁신의 방향

규제혁신을 좌우하는 변수의 첫 번째는 규제혁신의 방향인데, 이는 정부는 왜 규제혁신을 하려고 하는지 그 이유 또는 목표라고 할 수 있음

(나) 규제혁신의 전략

규제혁신의 방향이 설정되면 설정된 방향으로의 실천방법이 필요한데, 이것이 바로 규제혁신의 전략이라 할 수 있다. 규제혁신의 목표를 어떻게 잘 구현할 것인가의 문제라고도 할 수 있으며, 규제혁신에 저항하는 공무원, 이해관계자들을 어떻게 설득하고 저항 없이 동참시키느냐가 관건이라 할 수 있다. 규제혁신의 과정은 이해관계의 대립을 풀어가는 정치적 의사결정과 집행의 연속이므로 이를 해결할 수 있는 전략 마련이 필요하다.

(다) 규제혁신의 계획

규제혁신의 계획이란 규제혁신의 계획표(roadmap), 추진일정(schedule), 청사진(blueprint) 등을 의미한다고 할 수 있는데, 목표와 수단간 체계의 구체화 작업이라고 보면 될 것이다. 설정된 방향과 목표, 수립된 전략에 기초하여 계획을 만드는 작업이라 할 수 있는데, 계획은 기간과 주체에 따라 다양하게 분류될 수 있다.

(2) 〈제2단계〉 규제개혁정책 집행단계(Implementation)

규제혁신의 집행단계는 규제혁신의 과제, 조직, 기제, 실행 등의 변수로 구성될 수 있다. 규제개혁정책의 기획 단계가 규제혁신의 밑그림을 그리는 총론적 성격이라고 한다면, 실행단계는 구체적인 규제혁신을 추진하는 각론적 성격의 단계라 할 수 있다.

(가) 규제혁신의 과제

규제혁신의 과제란 '무엇'을 혁신할 것인가의 문제인데, 여기에서는 '어떤' 내용을 '어떻게' 선정할 것인가의 문제가 중요하다. 규제혁신의 과제 선정에 있어서는 국민 등 규제 수요자 및 현장중심의 과제 선정해야 한다는 원칙이 우선시되는 경향이 있다.

(나) 규제혁신의 조직

규제혁신의 성패를 좌우할 수 있는 중요한 변수 중의 하나로 규제개혁을 담당할 조직과 인력을 들 수 있다.

(다) 규제혁신의 기제(mechanism)

규제혁신의 과제가 선정되고 이를 수행할 조직과 인력이 결정되면 규제혁신의 추진방법을

상세히 규정하여 매뉴얼화하고 이를 조직과 담당 인력에게 體化(embodiment)시키는 노력이 필요하다. 규제혁신의 기제(mechanism)란 규제혁신의 흐름, 절차, 표준운영절차(Standard Operating Procedure: SOP)라고 할 수 있다.

(라) 규제혁신의 실행(enforcement)

아무리 잘 만들어진 규제혁신의 방향, 전략, 계획도 효과적으로 실행되지 않으면 아무 의미가 없으므로 규제혁신의 철저한 집행이 중요하다고 할 수 있다. 규제혁신의 과제가 최대한 신속히, 목표에 부합할 정도로 해결될 수 있도록 규제혁신의 집행 과정 및 실적에 대한 관리는 필수적이다.

(3) 〈제3단계〉 규제개혁정책 환류단계(Feedback)

규제혁신의 기획과 실행 단계 이후에는 규제혁신 과정 전반과 성과를 평가하여 규제혁신의 유인체계를 재설계(re-design)하고, 성과를 지속적으로 창출·확산할 수 있도록 하는 환류 단계가 이어지게 된다.

(가) 규제혁신의 평가(evaluation)

제대로 규제혁신을 추진하기 위해서는 규제혁신의 방향 설정에서 집행에 이르기까지의 규제혁신 전 과정에 걸쳐 정량적, 정성적인 평가가 필요하다. 규제수요자인 국민 등이 참여하는 현장의 시각에서 규제혁신의 현상을 진단하고 문제점을 발굴하여 향후 계획 및 전략 수립 시에 반영할 수 있도록 하는 게 중요하다.

(나) 규제혁신의 유인설계(incentive design)

규제혁신은 정부와 민간의 적극적인 참여가 대단히 중요하므로 관료와 민간인이 어떻게 하면 규제혁신에 적극적으로 참여할 수 있도록 할 것인가의 유인설계의 문제가 또한 중요하다.

(다) 규제혁신의 성과

규제혁신에 있어서는 특히 성공의 체험이 중요하다고 할 수 있는데, 규제혁신의 결과물인 성과가 창출되어 공유되고 지속적으로 확대 재생산될 수 있도록 해야 한다. 이와 더불어 규제혁신의 성과 확산을 위해서는 그 성과를 규제수요자인 국민과 기업 등에게 소상히 알려 국민적 공감대를 형성하고 정책적 지지를 유인하는 노력도 중요하다.

6.2 규제의 절차(규제정책 관점)

(1) '규제의 절차' 의미

(가) 개념

앞에서 살펴보았듯이 규제는 행정기관이 특정한 행정목적을 달성하기 위해 사용하는 수단 중에 하나로써 국민의 권리를 제한하고 의무를 부과한다는 점에서 반드시 법령 등의 형식으로 규정된다. 따라서 규제는 일반 법령이 형성되고 소멸하는 절차와 같이 형성, 소멸하게 되나 국민의 권리의무와 관련 있다는 점에서 보다 엄밀한 검토를 필요로 하며, 별도의 규제 심사절차[23]를 두고 있다.

규제절차란 규제가 행정기관의 특정 행정목적 달성을 위해 선택, 도입되고 이러한 규제안이 규제로서 성립되는 과정 및 법령이 개폐됨으로서 규제가 변경, 폐지되는 전과정에서 반드시 거쳐야 하는 단계를 의미한다고 할 수 있다.

(나) 중요성

규제를 신설하거나 강화하기 위해서는 법령의 개정이나 제정 절차를 거치게 되므로 법에 규정된 제·개정절차를 빠짐없이 거쳐야 유효한 법령으로 형성될 수 있다. 규제를 신설·강화하기 위해서는 입법절차 뿐만 아니라 법령에 담게 될 규제의 타당성에 대한 검토과정도 규제의 합리성과 규제의 품질을 높이기 위해 중요한 절차이다. 따라서 규제절차의 준수는 규제의 법적 효력을 완전하게 할 뿐 아니라 규제의 타당성을 높여 국민의 권익 보호와 규제로 인한 비용을 줄이는데 중요한 제도적 역할을 하게 된다. 규제를 신설·강화하고자 하는 행정기관은 규제절차에 대한 이해를 충분히 하여 관련 절차를 성실히 이행할 필요가 있다. 합리적인 규제의 도입·변경(제·개정)은 또 다른 형태의 가장 근본적인 규제개혁 추진활동일 수가 있다.

(2) 규제의 절차 개관

규제절차는 대체로 ①규제의 도입→②규제의 입안→③입법 예고→④규제심사→⑤법제처 심사→⑥차관회의·국무회의 상정→⑦국회 심의 및 공포절차→⑧규제의 등록 및 시행→⑨규제의 개편·폐지의 단계를 거치게 된다. 여기서는 부처의 일반법령 등을 기준으로 설명을 하고자 한다. 지방자치단체를 통한 자치법규도 자치법규 제·개정절차에 준하여 적용하면 된다. 규제절차는 크게는 아래의 3단계의 절차적 과정으로 구분할 수 있다.

(가) 규제형성절차

규제형성절차는 정부가 문제를 인식하고 규제도입 여부를 검토하여 규제도입이 필요한 경우 규제안을 마련하고 이를 법령의 형태로 입안하여 규제의 효력을 발생시키기까지의 일련의 절차를 말한다. 규제절차 중 「①규제의 도입→②규제의 입안→③입법 예고→④규제심사→⑤법제처 심사→⑥차관회의·국무회의 상정→⑦국회 심의 및 공포」 절차가 여기에 해당한다

---

[23] 규제관련 입안의 특별한 절차로서 각 부처, 지자체별 자체규제심사 및 대통령소속 규제개혁위원회(국무조정실) 규제심사 등을 거치도록 하고 있다.

고 할 수 있다. 규제형성절차는 규제가 신설·강화되는 과정에서 규제의 타당성에 대한 검토가 이루어지는 단계로 규제집행시 규제순응도가 높고 규제비용이 낮은, 합리적이고 타당성 높은 규제를 형성하는데 중요한 단계라고 할 수 있다.

특정한 정책문제를 해결하기 위해서는 그 문제에 가장 적합한 정책수단을 합리적 비교와 분석 등을 통해 선택해야 한다. 이는 규제정책에서도 동일하게 적용된다. 규제의 도입절차에서는 먼저 여러 규제대안을 마련하고 각각의 대안에 대해 비용과 편익을 비교하여 최적의 대안을 선택해야 한다. 현실적으로 피규제자의 저항을 완화하기 위하여 처음에는 비교적 느슨한 규제수단을 선택하는 반면, 회복불능의 막대한 피해가 예상될 때는 상대적으로 엄격한 규제수단을 선택하는 경향이 있다.[24] 규제는 적절한 수단과 수준을 선택하게 되면 시장경제를 활성화하고, 일반국민의 복지를 향상시킬 수 있는 긍정적 효과를 발휘하나, 과잉규제(over-regulation)나 과소규제(under-regulation)와 같이 규제의 수단이나 수준이 규제문제의 위험도와 균형을 이루지 못하면 효과를 발휘하지 못하고 오히려 부작용 등 역효과가 발생한다.

결론적으로, 규제형성절차 세부절차 중 '규제의 도입'은 규제정책 결정과정에서 매우 중요한 절차라고 할 수 있다. 규제의 도입 절차는 최초의 사회문제를 인식하고 행정기관이 이를 해결하기 위해 무엇을 어떻게 어떤 수단을 써야 할 것인지 결정하여 규제의 내용을 정하는 단계이다. 규제도입의 구체적인 절차는 대체로 아래의 다섯단계로 이루어지며, 규제의 신설·강화의 내용이 결정하는 단계인 만큼 정책의 합리성에 입각한 충실한 검토가 이루어져야 합리적 규제의 기준(규제의 타당성)에 부합할 수가 있다.

〈 표 〉 '규제의 도입' 절차의 세부단계(고려사항)

(1) 규제문제의 검토	문제의 주요원인 및 특성을 찾아내고 정의하며, 정부개입의 타당성과 기존규제로의 해결 가능여부 검토
(2) 규제목표의 설정	정부개입을 통해 달성하고자 하는 구체적인 결과를 도출
(3) 개입시기와 대상의 설정	정부개입효과를 극대화할 수 있는 시기 및 대상을 선택
(4) 이해관계자 및 기관의 고려	규제문제와 관련 있는 주요 당사자 및 기관의 검토
(5) 규제의 선택	문제해결의 적절성과 해결수단의 가치성을 고려하여 규제를 선택

특히, '규제의 도입' 절차 중 규제개혁정책 관점에서 가장 관련성이 높으며, 중요한 단계인 '규제의 선택'에 대해서 더 알아보자. 정부가 문제해결을 위해 규제를 도입하려고 결정하였다면 문제해결을 위한 구체적인 규제의 수단을 선택하는 절차가 '규제의 선택' 단계이다. 규제를 선택하기 위해서는 규제의 강도, 규제외 대체 수단 등 다양한 정책조합(Policy Mix)을 검토하여야 한다. 가능한 국민의 권리를 제한하고 의무를 부과하는 내용의 규제적 수단(명령, 지시 등)보다는 비규제적 수단(정보제공, 경제적 유인 등)을, 명령지시적 규제보다는

---

[24] 환경오염방지를 위해 적용하고 있는 이중규제 성격의 환경규제가 대표적인 예이다.(원료규제 및 배출량 규제 등)

성과규제를 이용하여 국민의 자유를 증진하고, 기업의 기업가혁신의 발휘를 지원하도록 하는 것이 바람직하다. 정책문제의 본질에 대한 깊이 없는 분석과 고려가 없는 무분별한 규제의 남용은 문제해결에 실질적인 도움을 주지 못할 뿐만 아니라 그로 인한 규제정책의 실패는 기회비용을 포함한 막대한 사회적 비용부담을 초래할 수도 있음이 당연하다. 이는 또한 정책에 대한 불신을 키우고 부패의 연결고리를 더욱 강화시키기도 한다. 신설·강화규제의 규제심사단계 중 규제영향분석을 통해 합리적인 규제선택이 이루어질 수 있도록 해야 한다.

〈표〉 규제 강도기준 규제의 단계와 예시

①무규제	②정보제공	③자율규제	④경제적유인	⑤공동규제25)	⑥전통적규제
·시장의 수요·공급	·주유소별 가격정보제공 ·홍보·교육	·자율 5부제 ·절약캠페인	·유류세 조정	·비축원유 조정	·강제 5부제 ·가격통제

(나) 규제등록 및 시행절차

규제의 등록 및 시행절차는 규제형성절차를 거쳐 법령 등이 공포 시행됨으로써 효력을 발생시키는 단계로 형성된 규제가 행정기관에 의해 집행되게 된다. 규제에 관한 법령 등이 공포 또는 발령된 날로 부터 30일 내에 규제의 명칭, 규제의 내용, 법적 근거 등을 규제개혁위원회에 자발적으로 등록하도록 하고 있다.

(다) 규제의 변경·폐지 절차

규제에 대한 피드백의 단계로 환경변화에 따라 타당성이 낮아진 규제나 이미 규제목적을 달성한 규제에 대해서 규제의 존속 필요성 및 타당성을 재검토하여 환경변화에 맞게 규제의 내용을 변경하거나 폐지하게 된다.

---

25) 산업내부 합의를 바탕으로 지침되는 실행지침 형태의 규제가 '자율규제'인 반면, 법적 보조장치 또는 정부의 참여 등이 포함된 규제를 '공동규제(Co-regulation)' 라고 한다.

제7장 규제개혁 추진체계와 개선방향

규제개혁정책과 규제정책을 포함하여 정책이란 정치적 요소 등 비합리적 요소와 합리적 요소가 상호 역동적이고 동태적인 과정을 통하여 만들어지고, 집행되며, 변동되거나 폐지된다. 이런 맥락에서 역대 정부의 규제개혁 정책도 그 시대와 그 정부가 추구했던 가치, 갈등, 권력 등의 정책적 환경의 영향을 받았으며, 이러한 요소들이 내재되어 있다고 볼 수 있다. 이러한 본질적인 정책의 한계를 전제하더라도 권력구조, 이해관계 등 비합리적 요소를 최대한 배제하고 합리적 정책과정을 지향하는 정책학의 궁극적 목표는 정책으로서의 '더 나은 규제개혁'을 고민하는 규제개혁 정책현장의 지향점과 맞닿아 있어야 한다고 본다.

여기에서는 앞에서 다루었던 역대 정부의 규제개혁 추진체계 평가의 연장선상에서 논의를 발전시켜, 바람직한 규제개혁 추진체계의 발전적 개선방향을 생각해보고자 한다. 규제개혁 추진체계는 규제관리시스템의 주요 구성요소로서, 규제시스템을 효과적으로 관리해 나가기 위한 규제개혁 추진체계의 역할이 중요하다. 규제 개혁의 본질적인 목적을 달성하기 위해서는 정부혁신이라는 거시적 차원에서 규제개혁을 추진할 수 있는 이상적인 구조 확립은 미래의 발전적 규제개혁정책을 고민하는 입장에서는 무엇보다도 중요한 과제이다. 추진기구가 제대로 기능하기 위해서는 규제개혁 수단 선택의 적합성 확보 필요한데, 추진 기구에 규제개혁의 목표와 전략 및 정책 우선순위를 수립할 수 있는 기능을 부여하여야 할 뿐만 아니라 일선 부처의 집행에 대한 평가 및 포괄적 감독기능까지 필요하다. 규제개혁정책이 진정으로 성공하기 위해서는 기존의 방식과는 다른 혁신적 변화에 의한 절차의 새로운 틀에 대한 지속적인 고민이 더해져야 한다. 우리나라는 행정부 주도의 모형으로 대통령, 청와대, 규제개혁위원회, 규제개혁관련 중앙행정부서가 주도하는 방식으로 규제개혁이 추진되어왔다. 지속적인 규제개혁 추진 노력에도 불구하고 추진체계상의 한계와 문제점들이 반복적으로 제기됨에 따라, 우리나라의 규제개혁 추진 기구는 많은 변화를 거쳤다. 현재의 규제개혁 추진체계는 독창적으로 고안되고 설계된 것이 아닌, 역대 정부의 규제개혁추진체계를 토대로 하여 규제개혁 과정에서 발생한 규제개혁추진체계들의 연장선에서 나름 진화를 거듭하고 있는 것으로 이해되어야 한다.

이를 위해 규제개혁 추진체계를 논의함에 있어서 핵심 쟁점은 다음과 같다. 그 첫 번째 쟁점은 규제개혁 추진회의를 일원적 또는 이원적으로 운영할 것인가의 문제이다. 그 두 번째의 쟁점은 규제개혁 추진회의를 실무적으로 지원하는 조직을 일원적 또는 이원적으로 운영할 것인가의 문제이다. 그 세 번째는 경제·민생 현장의 목소리를 어떠한 방식으로 수렴할 것인가의 문제이다.

먼저 핵심 쟁점과 역대 정부의 규제개혁 추진체계를 바탕으로 도출 가능한 세 가지의 대안을 정리해본다. 첫 번째 대안은 규제개혁 추진회의체를 일원적으로 운영하고, 실무조직도 일원적으로 운영하는 방안이다. 두 번째의 대안은 규제개혁 추진회의체를 이원적으로 운영하되, 실무조직은 일원적으로 운영하는 방안이다. 세 번째의 대안은 규제개혁 추진회의체와 실무조직을 모두 이원적으로 운영하는 방안이 될 것이다.

7.1 핵심 쟁점

우선 규제개혁 추진체계의 개편방안을 논의하기 이전에, 규제개혁의 추진체계를 설계하는 데 필요한 논의의 전제 또는 핵심 쟁점을 살펴보면 다음과 같다.

첫째, 규제개혁 추진회의체를 일원적으로 운영할 것인가 다원적으로 운영할 것인가의 문제이다. 김영삼 정부 말기 「행정규제기본법」 제정 이후, 국민의 정부에서는 규제개혁위원회를 중심으로 하여 기존 규제의 정비와 신설·강화 규제의 심사를 일원화된 추진회의체를 통해 심의하였다. 노무현 정부에서는 2004년 이후 기존 규제의 일제 정비 및 전략과제 추진을 위한 규제개혁장관회의를 설치하여 신설강화규제의 심사를 위한 규제개혁위원회와 이원화된 규제개혁 추진회의체를 운영하였다. 이명박 정부에서는 2008년 덩어리규제의 개혁을 위해 대통령 자문기구로 국가경쟁력강화위원회를 설치하여, 신설·강화 규제의 심사를 위한 규제개혁위원회와 병립시키는 이원화된 규제개혁 추진회의의 형태를 취하고 있다.

행정규제기본법의 근거를 두고 있는 규제개혁위원회에서 신설·강화 규제의 심사와 기존 규제의 정비를 종합적으로 다루는 일원화된 규제개혁 추진회의체는 규제개혁 추진의 효율성 강화와 신설강화규제 심사 및 기존 규제의 정비를 일관성 있게 추진할 수 있다는 장점이 있다. 하지만, 역대 정부의 사례, 특히 노무현 정부와 이명박 정부의 개혁추진체계에서 알 수 있듯이 대통령 자문기구를 별도로 설치하여 기존 규제의 정비를 담당하게 하면서 대통령이 관심과 지지를 보여주면, 기존 규제의 정비에 대한 추진동력을 확실히 담보할 수 있다. 그럼에도 불구하고, 이명박 정부에서 규제개혁 추진체계를 국가경쟁력강화위원회와 규제개혁위원회로 이원화하여 운영함으로써 예산, 인력, 전문성 등의 분산과 그 운용의 비효율성을 초래하고 있다는 비판이 제기되고 있다.

둘째, 규제개혁 추진회의체를 지원하는 실무조직을 일원적으로 운영할 것인가 아니면 이원적으로 운영할 것인가의 문제이다. 김대중 정부에서는 규제개혁위원회를 중심으로 신설강화규제의 심사기능과 기존규제의 정비 기능을 일원적으로 운영하였기 때문에, 규제개혁위원회를 지원하는 업무를 국무총리 산하의 국무조정실 규제개혁조정관실에서 담당하였다. 노무현 정부에서는 신설강화규제의 심사기능을 담당하는 규제개혁위원회를 지원하는 규제개혁조정관실과 기존 규제의 정비기능을 담당하는 규제개혁장관회의를 지원하는 규제개혁기획단을 설치하여 이원적으로 운영하였다. 그런데, 참여정부의 실무조직으로 특이한 점은 규제개혁조정관이 규제개혁기획단장을 겸임함으로써 두 개의 실무조직을 연계하는 역할을 수행하였다. 이로 인해 실무기구의 이원화로 인한 문제를 어느 정도 해소할 수 있었다. 이명박 정부에서는 신설·강화 규제의 심사기능을 담당하는 규제개혁위원회를 지원하는 규제개혁실과 덩어리규제의 정비기능을 담당하는 국가경쟁력강화위원회를 실무적으로 지원하는 실무추진단을 두어 이원적인 실무조직을 두고 있고, 참여정부와는 달리 이 두 개의 실무조직을 연계할 수 있는 조직상의 연결고리가 없는 것이 현실이었다. 이명박 정부에서와 같은 규제개혁 실무조직의 이원화는 규제개혁과 관련된 정보가 체계적으로 중앙부처 및 지방정부에게 전달되지 못하고 분산됨에 따라 규제개혁 집행 및 전달관련 업무가 부실화될 가능성이 높다는 비판의 목소리가 제기된다. 박근혜 정부에서는 대통령주재로 규제개혁장관회의를 통해 주요한 규제개혁 성과에 대한 점검이 규제개혁위와 별개로 이루어졌으며, 그 지원조직은 규제개혁위원회의 사무국 역할을 수행하는 국무조정실(규제조정실)이 담당하였다.

셋째, 규제개혁과정에 국민과 기업의 의견을 효과적으로 수렴하기 위한 민의수렴 기관을 어떻게 구성할 것인가의 문제이다. 역대 정부에서는 각각의 민의수렴 방식을 채택하였다. 김대중 정부에서는 규제개혁위원회를 민관합동으로 구성하고 규제개혁 추진과정에서 국민과 기업의 의견을 수렴하고자 노력하였다. 또한, 규제개혁과제의 선정과 개혁방안을 마련하는 과정에서 각계의 의견을 폭넓게 수렴하기 위해 규제신고센터를 설치하여 국민이나 기업들로부터 인터넷, 전화신고, 방문 접수 등 다양한 방법으로 규제개혁 관련 제안사항을 접수받았다. 더불어, 규제개혁위원회는 재계와 합동으로 기업규제 실태조사를 실시하고 개선방안을 마련하는 소위「찾아가는 규제개혁」을 2000년부터 집중적으로 추진하였는데, 대한상공회의소 등 경제5단체와 간담회를 개최하는 등 협조체계를 구축하였다. 노무현 정부에서는 기업들의 개별규제 민원의 해결을 위해 2004년 4월 기업애로해소센터를 발족시켰다. 기업애로해소센터에 접수된 기업애로는 과거와 같이 소관 부처에 이첩하지 않고 센터에서 직접 검토하여 해결방안을 확정하여 시행하였다. 참여정부에서는 학계, 협회, 시민단체 및 전문가 등과 네트워크를 구축하여 규제개혁과제의 발굴 및 정비, 평가에 이들의 참여를 확대하고자 하였으며, 이를 위해 경제5단체, 주한외국상공회의소, 시민단체 등의 건의를 정례화·상시화하여 기업활동 및 국민생활과 관련된 불편 및 애로사항을 수렴하였다. 이명박 정부에서는 기존규제 정비기능을 담당하는 국가경쟁력강화위원회의 지원조직으로 실무추진단을 두어 전략과제의 안건을 마련하는 역할을 담당하였다. 더불어, 기업 등 수요자가 규제개혁 과제를 제시하고 정부와 민간이 공동으로 개선방안을 마련하기 위해 민의수렴 기관으로 대한상공회의소에 민관합동규제개혁추진단을 설치하고 정부 최초로 1급 공무원을 파견함으로써, 현장의 목소리를 직접적으로 반영하고자 노력하였다. 박근혜 정부와 문재인 정부에서도 규제개혁신문고와 민관합동규제개선추진단을 통해 현장의 목소리를 직접 규제개혁 과정에 반영하기 위해 노력하였다. 박근혜정부에서는 대통령의 지시를 통해 국민과 기업의 현장 규제건의를 범정부차원에서 처리하기 위해 규제개혁신문고를 설치하였으며, 문재인 정부에서 행정규제기본법을 개정하여 그 근거를 마련함으로써 이에 대한 공식적인 법제화가 이루어졌다. 또한 박근혜 정부에서는 대한상공회의소 등 산업계와 공동으로 민관합동규제개선추진단이 국무조정실 산하에 설치되었으며, 문재인 정부에서도 계속 운영되었다.

〈표〉 역대정부 규제개혁 추진체계

정부	김대중 정부	노무현 정부	이명박 정부	박근혜 정부	문재인 정부
법상공식 체계	규개위 규제개혁조정관실	규개위 규제개혁조정관실	규개위 규제개혁실	규개위 규제조정실	규개위 규제조정실
추진 회의체	규개위	규제개혁장관회의 (총리주재) 규개위	국가경쟁력강화위 규개위	규제개혁장관회의 (대통령주재) 규개위	(국정현안점검회의[26]) (총리주재) 규개위
실무 조직	규제개혁조정관실	규제개혁조정관실	국경위 실무추진단 규제개혁실	규제조정실	규제조정실
현장 민의 수렴	규제신고센터	규제신고센터 규제개혁기획단 (국조실 산하)	규제개혁추진단 (국경위 산하)	규제개혁신문고 규제개선추진단 (국조실 산하)	규제개혁신문고 규제개선추진단 (국조실 산하)

---

[26] 국무조정실 주관으로 기존 규제정비 분야의 주요 규제개혁 안건이 상정되었으나, 규제개혁만을 위한 별도의 국정협의체가 아니다.

〈 이명박 정부 이전 〉

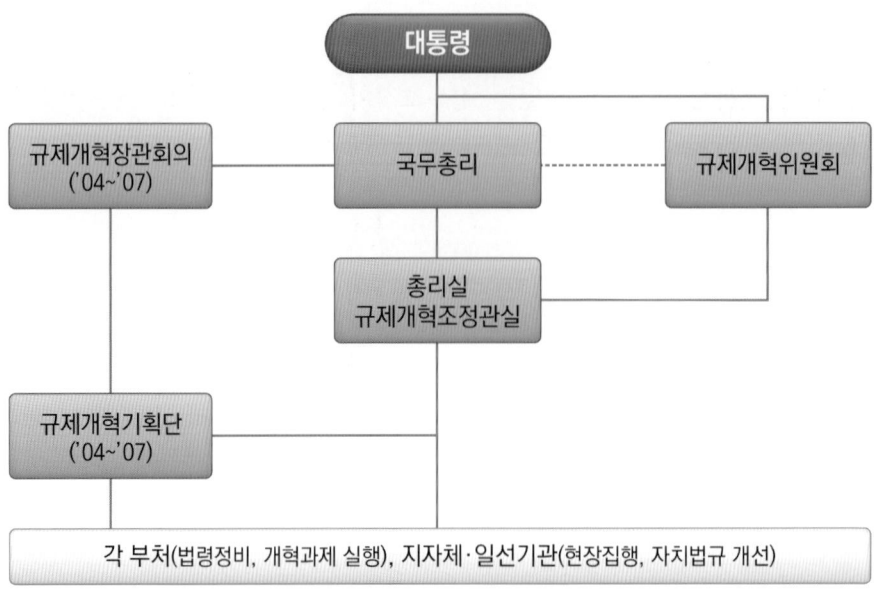

〈 이명박 정부 〉

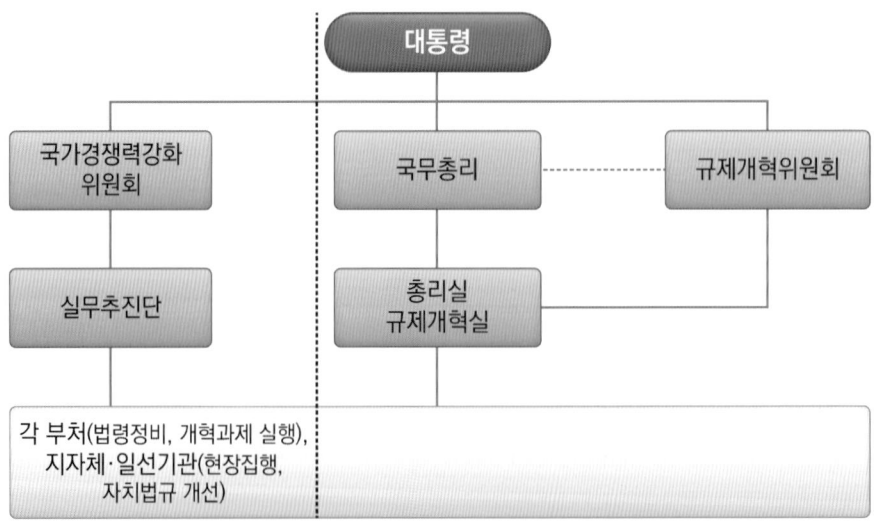

〈 그림 〉 추진회의체 및 실무조직의 일·이원화(예시)

7.2 효율적 규제개혁 추진체계 고려요인

역대 정부의 규제개혁 추진체계 변천 과정을 체계적으로 분석하기 위해 다음과 같은 기준 등을 중심으로 가장 효과적인 규제개혁 추진체계 구축의 고려사항을 제시해 볼 수 있다.

① (규제개혁 추진동력) 이해관계가 첨예하게 대립하는 경우를 해결하기 위해 대통령의 확

고한 지지가 필요하고, 정부 내 부처 간 이해관계 갈등을 해소하여 광범위한 협력 확보가 요구된다.

② (실무조직의 전문성) 규제영향분석이 최적의 대안을 선택할 수 있는 유용한 도구로 활용되기 위한 전문성 있고 심도 있는 실무조직이 필요하며, 심도 있는 분석을 통해 기존규제 정비의 방향과 수준을 결정해야 하기 때문에 규제 정비 및 심사과정에 있어 전문성 제고가 중요하다.

③ (규제심사와 규제정비간 일관성) 상이한 정비·심사내용이나 의견 충돌은 규제개혁의 효과성을 떨어뜨리고, 행정력 낭비를 초래할 수 있기에 기존규제 정비와 신설규제 심사 간 일관성 유지도 중요하다.

④ (추진체계 효율성) 효율성은 투입 대비 결과의 측면에서 고려할 수 있다. 일원화된 회의추진체계에 비해 이원화된 규제개혁 추진체계는 중복적인 기구의 운영으로 인한 비효율성을 야기할 가능성이 높다는 점에서 추진회의체를 일원적으로 운영하는 추진체계가 효율성 면에서 가장 높은 점수를 받을 수 있다.

⑤ (사후관리) 규제 개선 성과와 관련하여 개선안 마련 이후 규제개혁 일선 현장의 규제 집행절차 및 행태, 후속조치 등에 대한 지속적인 관리가 필요하다.

⑥ (행정규제기본법상 운영) 기존규제의 정비를 위한 별도의 추진회의체를 구성하는 것은 법률적 근거가 없는 상태에서 대통령의 국정통할권에 기초하여 추진하는 것이라고 볼 수 있다. 이러한 점을 고려할 때, 규제개혁위원회에서 규제개혁을 모두 수행하는 방안은 「행정규제기본법」에 가장 부합되는 방안이라고 할 수 있다. 이에 반해 추진회의체를 이원적으로 운영하는 방안은 모두 현행 행정규제기본법의 규정에 부합하지 않는 방안으로 행정규제기본법과의 괴리가 존재한다고 볼 수 있다.

아래는 앞에서 언급한 고려요인 등을 기준으로 규제개혁 추진체계의 시나리오별 장·단점과 특징을 기준으로 대안별 분석을 위한 시각화 자료(메트릭스, Matrix) 제시해 보았다.

〈 표 〉 규제개혁 추진체계 대안별 비교 Matrix(예시적)

구분	제1안 (추진회의 일원화 + 실무조직 일원화 방안)	제2안 (추진회의 이원화 + 실무조직 일원화 방안)	제3안 (추진회의 이원화 + 실무조직 이원화 방안)
①규제개혁 추진동력			
②지원조직 전문성			
③신설강화 규제 심사와 기존규제 정비 일관성			
④추진체계 효율성			
⑤규제개혁 사후관리			
⑥규제기본법상 권한과 운영			

7.3 규제정책과 규제거버넌스에 관련 OECD 권고

규제개혁 추진체계의 발전적 모습을 고민하는 과정에서 OECD 규제정책위원회에서 최초로 제시[27]한 규제정책에 관한 국제 규정으로 12가지 원칙은 참고할 필요가 있다. 그 주요 내용은 아래와 같다. 특히, 가장 중요한 제1원칙으로 삼는 규제개혁 성공의 핵심은 최상위 수준의 정치적 리더십이다. 우리나라의 경우는 대통령의 리더십이라는 것을 주목할 필요가 있다. 하지만 언제까지나 대통령의 리더십에만 기대하는 규제개혁을 맡길 수는 없다. 우리나라도 대통령이나 국무총리 등 최상위수준의 개인적 차원의 의지나 리더십을 기대지 않고도 국가시스템을 통한 지속가능한 규제개혁 정책을 담보할 수 있는 발전된 제도의 모색이 필요하다.

1. 규제품질에 관한 정책은 명시적인 방법으로 범정부적 차원의 정책이 될 수 있도록 높은 정치적 수준에서 이를 담보해야 한다.
2. 규제절차에서의 투명성과 참여를 통해 규제가 공익을 실현하고, 이해관계인과 피규제자의 적법한 의견을 충실히 수렴해야 한다.
3. 규제정책 과정과 목표를 능동적으로 감독하고 규제품질을 향상할 수 있도록 필요한 제도와 방안을 구축해야 한다.
4. 규제를 신설하는 정책의 초기단계에 규제영향평가(RIA)를 통합시켜야 한다. 아울러, 규제 외의 다른 정책 대안 간의 장·단점을 비교분석해야 한다.
5. 규제가 시의적절한 것인지, 비용은 합리적인지, 비용이 효과적이고 일관적인지를 체계적으로 검토해야 한다.
6. 규제정책의 성과, 규제개혁 프로그램 등 규제 현황에 대한 정부 보고서를 주기적으로 출간해야 한다.
7. 규제기관들의 역할·기능을 모두 포괄하는 일관성 있는 정책을 개발해야 한다.
8. 규제의 절차적 정당성, 적법성 등을 검증하는 시스템이 효과적으로 운용되고, 시민들과 기업들이 이러한 시스템에 쉽게 접근할 수 있도록 해야 한다.
9. 규제가 효과적으로 작동될 수 있도록 규제의 설계와 실행 단계에서 리스크 평가, 리스크 관리, 리스크 커뮤니케이션 전략을 적절하게 활용해야 한다.
10. 필요시 국제적 레벨, 국가적 레벨, 또는 국내 정부기관 레벨 사이의 상호 협력체계를 통해 규제적 일관성을 촉진해야 한다.
11. 국가 내부의 각급 정부기관의 규제관리 역량과 성과의 증진을 촉진해야 한다.
12. 규제 조치를 신설할 경우, 관련 분야의 모든 국제적 표준과 기준을 고려해야 한다.

---

[27] 2012년3월22일 OECD 규제정책위원회에서 의결되었다.

제2부 신설·강화규제 심사론

| 정병규 |

제1장 개요

1.1 규제심사 제도의 의의

사회가 복잡해지고 전문화되면서 국민들의 사회경제적 생활을 규율하는 규제는 지속적으로 증가하고 있다. 또 과거에는 민간의 사회·경제 활동에 대하여 정부가 법령에 근거 없이 행정 지도 등을 통해 행하여지던 것이 법규의 형태로 전환되고 있다. 특히 대형사건 사고가 발생될 때마다 관련 규제가 대폭 강화되는 일이 반복되고 있다.

신설 규제 심사제도는 불합리한 규제가 신설되는 것을 차단하고, 불가피하게 새로운 규제가 생겨나더라도 규제의 품질을 관리함으로써 국민들의 규제 부담을 줄여주기 위해 마련된 장치이다. 정부가 행정 목적을 달성하기 위해 정책수단을 사용할 때에는 여러 가지 대안을 합리적으로 비교하고 해결하려는 목적에 가장 적합한 수단을 선택해야 한다. 과잉규제나 과소규제와 같이 규제의 수단이나 수준이 해결하려는 문제에 비하여 미흡하거나 과도한 경우에는 당초 의도한 정책 목적을 달성하지 못하고 오히려 상당한 부작용을 유발할 수 있다.

신설규제 심사제도는 불합리한 기존 규제에 대한 정비작업과 함께 규제개혁의 양대 축이라고 할 수 있다. 기존 규제에 대한 개혁 활동이 이미 만들어진 규제 중에서 불필요하게 된 규제를 폐지·정비하는 사후 보완적 활동이라면, 신설규제 심사는 불합리한 규제가 생겨나는 것을 사전에 차단하는 예방적 활동이다.

정부가 국회에 법률안을 제출하거나, 시행령·시행규칙·고시 등을 제정·개정하는 경우에, 반드시 거쳐야 한다. 법령안의 입안부터 공포까지의 일련의 입법 과정에서 법규의 정당성 및 법 내용의 적정성 확보를 위하여 여러 통제절차를 거치게 되는데, 규제심사는 정부가 제안한 법령안의 경우에는 반드시 거쳐야 하는 중요한 단계이다. 각 부처는 법령 내용에 대하여 관련이 있는 다른 부처와 협의하고, 필요한 경우에는 중앙행정기관에서 확정된 내용을 조정하여야 한다. 각 부처는 이렇게 조정되어 결정된 입법안에 대해 입법예고안을 입안하게 된다. 이런 입법예고는 법령을 제·개정하려는 경우, 국민의 의견을 수렴함으로써 민주적 정당성을 확보하기 위한 제도이다. 규제심사는 바로 이렇게 입법예고가 이루어진 법령안에 대해 이루어진다. 즉 각 부처에서 규제에 관한 사항, 즉 국가 또는 지방자치단체가 특정한 행정목적을 실현하기 위하여 국민의 권리를 제한하거나 의무를 부과하는 사항을 정하려고 하는 경우, 규제심사를 받아야 하고 규제심사를 거친 안은 이제 그 내용을 보완하여 소관 중앙행정기관의 법령안 원안으로 확정되고, 법제처의 심사와 차관회의, 국무회의 심의를 거치게 되고, 최종적으로 대통령의 재가와 국무총리 및 관계 국무위원의 부서를 거쳐, 국회에 제출되어 그 심의, 의결을 거치게 된다.

이러한 신설규제 심사제도는 규제영향분석서 작성 및 국민 피드백, 자체 규제심사와 규제개혁위원회에서 실시하는 규제심사의 세 단계로 이루어진다. 부처에서 규제를 신설하거나 기존 규제를 강화하려고 하는 경우, 부처 스스로 규제 영향 분석을 실시하고 이를 법안 마련에 활용하여야 하며, 법안 예고시에 규제영향분석서를 함께 공개함으로써 내용의 타당성 등에 대하여 국민들의 검증을 받게 된다. 그 다음에는 부처 자체 규제심사위원회에서의 규제심사를 받아야 하며, 마지막으로 국무총리 소속하에 설치된 규제개혁위원회에 의한 2차 심사를 거쳐야 한다.

자체 규제심사 제도는 규제를 만드는 부처 스스로 객관적 관점에서 규제의 편익과 비용을 검토하도록 하는 제도적 장치를 마련한 것이며, 중앙 규제개혁위원회에서의 규제심사는 부처 자체 규제심사에 대한 메타평가 성격을 갖고 있다. 부처는 규제 법안으로 인한 이익은 과장하고 규제가 신설·시행됨으로 인해 수반되는 비용은 과소평가하는 경향이 있다. 또한 부처는 기관의 고유 임무의 완수에 최우선 가치를 두고 추진하다 보면, 국가 전체적 관점 혹은 객관성을 놓칠 수 있다. 부처 자체 규제심사도 민간위원 중심으로 운영되도록 하여 객관적 관점에서의 심사가 이루어지도록 하였으나, 규제 비용과 편익, 직간접적 영향에 대하여 객관적으로 평가하기 위해서는 부처와 독립된 별도의 심사기구를 설치할 필요성이 있다고 하겠다.

1.2 규제 심사제도 도입 경위

우리나라에서 규제심사제도가 도입된 것은 1997년 행정규제기본법이 제정되면서부터이다. 각 부처는 규제를 도입하기 전에 규제영향분석을 실시하고, 이를 토대로 규제 대안을 마련하고 기관 자체적으로 규제심사를 실시하여야 한다. 규제영향분석을 위한 핵심적 방법론으로 비용편익 분석 기법이 채택되었으며 규제영향분석 결과는 입법예고를 할 때 국민들에게 공표하도록 하였다. 특히 중앙정부에서 제정되거나 개정되는 규제는 규제개혁위원회에서 규제심사를 받아야 한다. 다만 지방자치단체에 대해서는 자치권을 존중하여 규제개혁위원회의 규제심사를 받지 않고 자체 규제심사로 갈음하도록 하였다.

2014년에는 정부의 규제 신설 및 강화로 인한 기업의 부담을 줄여주기 위하여 규제비용 관리제가 도입되었다. 한국행정연구원과 한국개발연구원에 규제연구센터를 설립하여 각 부처가 작성한 규제영향분석서의 비용·편익 분석 결과의 적정성에 대하여 검증을 실시하고 있다. 중앙 부처를 경제부처와 사회부처로 구분하고, 한국행정연구원 규제연구센터에는 사회 관련 부처를 대상으로, 한국개발연구원 규제연구센터에서는 경제 관련 부처를 대상으로 비용·편익분석에 대한 적정성 검증을 수행하고 있다.

한편 규제심사에서 비용·편익 분석 이외에 각종 영향평가를 시행하고 있다. 2009년부터 신설·강화규제에 대한 경쟁영향평가 제도가 도입되어, 규제 신설로 인하여 경쟁에 미치는 영향을 같이 검토하도록 하였다. 또한 2009년에는 국무총리 훈령으로 중소기업영향평가 제도가 도입되어, 규제영향분석서를 작성할 때 중소기업에게 미치는 영향을 같이 분석하도록 하였다. 2014년부터는 각 부처에서 기술규제를 도입하거나 개정할 때에 기존. 유사제도와의 중복성 여부 및 국가표준 혹은 국제기준과의 조화 여부 등을 파악하여 규제의 타당성을 평가하는 기술영향평가가 도입되었다.

1.3 해외 사례

행정부에서 제정하는 법령에 대하여 규제 영향을 분석하는 제도는 미국, 유럽, 일본 등 선진 각국에서 이루어지고 있다. 다만 분석대상 법령의 범위 및 분석결과의 공개에 대해서는 나라마다 다소 차이가 있다. 규제가 시행된 이후에 규제영향분석이 적절하였는지를 사후에 검증하는 나라도 있다.

〈 표 〉 주요국의 신설규제 심사제도

구분	시행연도 및 실시근거	분석기법	분석대상	민간공개시기	사후모니터링
미국	(1977, 1993) 대통령 행정명령	B/C, RIA	일부 법률안 및 하위법령안	사전 공개	없음
영국	1985 각료회의 결정	비즈니스 비용평가 등	규제가 포함될 수 있는 신규 제안 및 기존 규제	의회위원회 최종검토시 공개, 사후 요약본 공개	-
일본	1987 각료회의 결정	인허가 편익 Test	법률안 및 하위법령안	중요규제만 공개	-
독일	1984 정부 결의	B/C	법률안, 하위법령안 정부 내부규정	공개	기한 규정이 있는 경우에만 사후평가

(1) 미국

신설규제에 대한 심사 및 규제영향분석 제도를 가장 먼저 도입한 국가는 미국이다. 미국은 1970년대부터 역대 정부에서 지속적으로 행정 규제에 대한 관리 및 심사제도를 발전시켜왔다. 1971년 닉슨 행정부에서 OMB(대통령 소속 관리예산처)에서 환경 규제에 대하여 '삶의 질' 심사를 실시한 이래 행정부가 제정하는 규제영향분석의 범위와 대상이 지속적으로 확대되었다. 포드 행정부는 행정 규정에 대한 인플레이션 영향 평가를 실시하였는데, 이는 행정부가 정하는 규정이 기업의 비용증가로 이어진다는 점에 착안한 것이었다. 카터 행정부는 1978년 행정명령 12044호를 발령하여 규제의 명확성, 지자체 및 국민 의견수렴 의무화, 규제 준수비용 및 국민부담 최소화 등 행정부에서 제정하는 규제법령에 대하여 기본 원칙을 공표하고, 1억불 이상의 경제적 영향이 예상되는 중요한 규제에 대해서는 각 부처에서 자체적으로 규제영향분석을 실시하도록 하였다. 그리고 각 기관의 행정명령 준수 여부를 모니터링하기 위하여 OMB내에 규제영향심사국을 설치하였다. 뒤이은 레이건 정부는 1981년 행정명령 12281을 발령하여 중요 규제에 대하여 보다 엄격한 심사를 위하여 각 기관은 OMB에서 마련한 잠정 규제영향분석 가이드라인에 따라 비용편익분석을 실시하도록 하였다. 또한 OMB는 각 행정기관에게 기존 규제에 대해서도 비용편익분석을 실시하도록 명령할 권한을 보유하였다.

행정 규제 관리에 대한 포괄적인 제도적 틀이 마련된 것이 1993년 클린턴 정부가 발령한 행정명령 12866호이다. 규제의 철학에 대한 12개의 원칙을 담고 있다. 주요 내용은 각 기관은 비용편익 분석을 실시하여야 하며, 법률에서 허용한 범위내에서 규정을 마련하고, 편익이 비용을 초과하는 경우에만 규정을 제정하여야 한다. OMB내의 OIRA(정보 및 규제업무국)에서는 각부처에서 제정하는 모든 규제를 리뷰하여야 한다는 것이다. 이에 근거하여 OMB는 비용과 편익 측정의 표준화 가이드라인, 규제분석 지침 등 다수의 지침을 마련하여 시행하고 있다.

그 외에 다른 법률에 근거하여 행정부의 규제 제정을 견제하고 있다. 1980년에 도입된 규제유연성법은 각 부처는 도입하려는 규제가 중소기업에 미치는 영향을 검토하고 중소기업의 규제 부담을 최소화할 수 있는 다른 대안을 강구하도록 요구한다. 규제 적용 시기 등에 대하여 중소기업을 우대할 수 있도록 권고하는 것이다.

(2) 영국

영국에서 규제 신설에 대하여 관리가 시작된 것은 메이저 정부 때이다. 1993년에 산업계 민간전문가와 공무원으로 성된 자문기관인 규제완화단(Deregulation Unit)을 구성하여 법령준수비용 평가제도(Cost Compliance Assessment)를 개발하였다. 특히 중소기업에 대한 부담에 대하여 고려하도록 하였다. 1997년에는 부처별로 규제개선단(Better Regulation Unit)을 설치하도록 하고, 규제영향분석의 범위를 크게 확대하였다. 규제에 관한 모든 법령을 개정하거나 제정할 때에는 규제안에 따른 사회적 비용, 편익, 리스크를 사전에 평가하여 합리적인 정책수단을 선택하도록 하였다. 2001년에는 규제개혁법(Regulatory Reform Act)을 제정하여 법령을 제정하거나 개정할 때에는 이해관계자와의 협의 결과 및 규제영향평가 보고서 제출을 의무화하였다. 다만 규제영향평가를 실시할 대상 법령은 각 부처 스스로 선정하도록 하였다. 연간 행정부에서 제출되는 3천건의 법령 중 약 200건의 법령에 대하여 규제영향평가가 이루어지고 있다.

2011년부터는 규제비용총량제가 실시되고 있다. 규제의 신설·강화로 기업 및 사회단체의 비용이 증가할 경우 이에 상응하여 기존 규제를 폐지·완화함으로써 비용을 상쇄시키도록 하는 "One-In, One-Out" 제도를 도입하였다. 2013년에는 "One-In, Two-Out", 2016년에는 "One-In, Three-Out"으로 강화하였다. 2016년부터는 보다 강도 높게 규제비용 감축을 추진하기 위하여 소상공·기업·고용법(Small business, Enterprise and Employment Act)에 따라 규제비용감축목표제(Business Impact Target)를 도입하였다. 신규 규제를 도입할 때에만 이에 상응한 기존 규제를 감축하는 것이 아니라, 정부가 정한 목표 수준에 도달할 때까지 기존 규제를 감축하는 것이다. 영국은 2017년부터 2022년까지 5년간 90억 파운드를 절감하는 것을 목표로 설정하고 있다.

범정부적 규제개혁을 위한 컨트롤 타워 역할은 기업·에너지·산업전략부 내에 선진규제실이 맡고 있다. 선진규제실은 각 부처의 규제비용 측정을 모니터링하고 규제비용 감축을 위해 조정역할을 담당한다. 2009년에는 순수 민간전문가로 구성된 독립적 기구인 규제정책위원회를 설치하였다. 규제정책위원회는 5백만 파운드 이상의 경제적 영향을 미치는 중요 규제를 대상으로 부처에서 작성한 규제영향분석이 적절한가를 검증하고 민간의 관점에서 정부에 대하여 의견을 제시한다.

제2장 신설·강화 규제 심사

2.1 규제심사의 대상

규제심사의 대상은 행정 규제이다. 행정규제기본법에서 정하고 있는 행정규제는 국민들이 일반적으로 생각하는 규제와는 다소 차이가 있다. 일반적으로 국가나 지방자치단체가 국민의 권리를 제한하거나 의무를 부과하는 법령 뿐 아니라 어떤 행위를 하라고 하거나, 또는 금지하는 구체적인 행정행위, 불편을 초래하는 까다로운 행정절차 등을 모두 규제로 인식한다. 그러나 행정규제기본법에서의 규제는 국민의 권리를 제한하거나 의무를 부과하는 법령 자체를 의미한다. 행정규제기본법 제2조에서 행정규제란 국가나 지방자치단체가 특정한 행정목적을 달성하기 위하여 국민의 권리를 제한하거나 의무를 부과하는 것으로서 법령등이나 조례·규칙에 규정되는 사항이라고 정의하고 있다. 규제심사 대상인 규제의 의미를 구체적으로 설명하면 다음과 같다.

(1) 규제의 주체

규제를 설정할 수 있는 자는 국가나 지방자치단체이어야 한다. 행정규제기본법 제2조에서는 국가란 정부조직법상의 중앙행정기관, 특별지방행정기관, 소속기관, 합의제 행정기관 등을 의미하고, 지방자치단체는 지방자치단체 및 소속기관을 포함한다. 또한 법령이나 조례·규칙에 의하여 행정권한을 위임 또는 위탁받은 법인·단체 또는 그 기관이나 개인도 포함된다.

따라서 공기업이나 그 외 정부의 업무를 대행하는 협회 등에서 자체적으로 정하는 업무처리규정 등은 사실상 국민의 권리를 제한하는 내용이어도 이는 규제심사 대상이 되지 않는다. 이 점에서 규제심사 제도는 한계를 갖는다고 하겠다.

또한 법 제3조에서 규제를 생산하는 주체이지만 행정규제기본법의 적용대상에서 제외되는 정부기관의 범위를 정하고 있다. 국회·법원·헌법재판소·선거관리위원회 및 감사원이 그러한데, 이들 기관에서는 국민의 권리를 제한하거나 의무를 부과하는 법령을 제정하더라도 규제심사의 대상이 되지 않는다.

(2) 규제의 객체

행정규제의 객체는 자연인과 법인, 법인격 없는 사단 및 재단 등이다. 자연인에는 자국민 뿐 아니라 외국인을 포함한다. 이 때문에 외국인에게만 적용되는 규제에 대해서도 규제심사의 대상이 되는 것이다. 법인, 법인격 없는 사단 및 재단도 규제의 객체가 된다. 즉 기업에 대하여 과태료를 부과하거나 영업정지 처분, 고용 의무를 부과하는 등 권리를 제한하거나 의무를 부과하는 경우가 법인에 대한 규제이다.

행정기관은 원칙적으로 행정규제의 객체에 해당하지 않는다. 행정기관이 행정기관을 대상으로 하는 규제는 행정 내부규제로 보아, 행정규제기본법에서 정하는 행정규제의 범위에 포함되지 않는다. 다만 행정기관에 대하여 의무를 부여하는 것이 결과적으로 국민의 권리를 제한하거나 의무를 부여하게 되는 경우가 있다. 예를 들어 특정한 검사를 수행하는 행정기관에 대해 검사횟수를 늘리도록 규정을 마련하게 되면, 피검사자인 국민과 기업의 검사비 부담이 증가하게 되므로 행정규제에 해당된다.

(3) 규제의 형식

모든 규제는 반드시 법률에 근거가 있어야 하며, 아울러 법률에 직접 규정하는 것이 원칙이다. 행정규제기본법 제4조에서는 이를 명시하고 있다. 다만 규제의 세부적인 내용은 법률 또는 상위법령이 구체적으로 범위를 정하여 위임한 경우에는 대통령령, 총리령, 부령 또는 조례, 규칙으로 정할 수 있다. '법령등'에 규정되지 않은 규제는 행정규제기본법상의 규제등록, 규제심사의 대상이 되는 행정규제는 아니나, 규제법정주의 등을 위반한 법령 미근거 규제가 된다.

'고시 등'에는 원칙적으로 규제를 규정할 수 없으며, 법령, 조례의 위임이 있는 경우 예외적으로 규정할 수 있다. 이 경우에도 불가피한 경우로서 전문적, 기술적, 경미한 사항에 대해서만 정할 수 있다. 다양한 식품과 약품의 규격과 시험기준 등에 대한 전문적 기술적 사항을 정하고 있는 식품공전, 약품공전이 그 예이다. 지침, 교육자료, 지시 등에는 새로운 규제를 정할 수 없으며 해당 규제의 운영·집행절차, 내용의 명확화 등에 관한 해석적인 사항만 정할 수 있다)

규제의 형식은 법령 등과 조례, 규칙이어야 한다. 법 2조 및 동법 시행령 제2조를 종합하면, 법령 등이란 법률, 대통령령, 총리령, 부령, 훈령, 예규, 고시, 공고를 의미한다. 따라서 행정 내부적으로 마련되어 운영되는 업무처리 절차, 입찰 등에서의 심사기준은 규제가 아니며 규제심사의 대상이 되지 못한다. 예를 들어 인허가를 해주기 위해서는 여러 부서의 협의를 거쳐야 한다는 것이나, 대면으로 신청서류를 제출해야 한다든지 하는 내부 규정은 국민의 불편을 가져오는 것들이 있더라도 규제심사 대상이 되지 않는다. 또한 실제 시행되는 규제행위가 아니라 규제행위의 근거가 되는 규정이다. 예컨대 금융위원회가 은행에게 매일 대출상황에 대한 상세 보고서를 제출하도록 요구하는 경우, 근거 규정이 없더라도 피규제자인 은행은 따르지 않을 수 없을 것이다. 이 경우 은행에 자료제출 요구를 할 수 있는 근거 규정에 대해서는 규제심사가 가능하지만, 근거를 마련하지 않고 공문으로 시행하는 경우에는 규제심사의 대상이 되지 않는다.

또한 행정규제 중에는 규제개혁위원회에서 규제관리를 하지 않는 경우가 있다. 행정규제기본법 제3조에서 아래 사항에 대하여는 이 법을 적용하지 아니한다고 함으로써 규제심사 등을 면제한다
1. 국회, 법원, 헌법재판소, 선거관리위원회 및 감사원이 하는 사무
2. 형사(刑事), 행형(行刑) 및 보안처분에 관한 사무

2의2. 과징금, 과태료의 부과 및 징수에 관한 사항
 3. 「국가정보원법」에 따른 정보·보안 업무에 관한 사항
 4. 「병역법」, 「통합방위법」, 「예비군법」, 「민방위기본법」, 「비상대비에 관한 법률」 및 「재난 및안전관리기본법」에 규정된 징집·소집·동원·훈련에 관한 사항
 5. 군사시설, 군사기밀 보호 및 방위사업에 관한 사항
 6. 조세(租稅)의 종목·세율·부과 및 징수에 관한 사항

또한 지방자치단체에서 제정 혹은 개정하는 조례, 규칙의 경우에는 지방자치단체는 이 법에서 정하는 취지에 따라 조례·규칙에 규정된 규제의 등록 및 공표(公表), 규제의 신설이나 강화에 대한 심사, 기존 규제의 정비, 규제심사기구의 설치 등에 필요한 조치를 하도록 규정하고 있다. 그러나 지방자치단체 자체적으로 규제심사를 실시할 뿐이며, 규제개혁위원회의 통제를 받지는 않는다. 지방자치 단체의 선의에 맡겨져 있는 것이다.

(4) 규제의 내용

행정규제는 특정한 행정 목적을 실현하기 위하여 국민의 권리를 제한하거나 의무를 부과하는 사항이다. 즉 규제인지 여부는 국민과 기업에게 "부담이 발생되느냐"가 기준이 아니고 국민이 '본래 가지고 있는 권리'를 제한하거나 '새로 의무를 부과하느냐'가 기준이다. 권리 제한 및 의무 부과의 규제의 구체적인 사례는 시행령 제2조에서 자세히 규정하고 있다.

 1. 허가, 인가, 특허, 면허, 승인, 지정, 인정, 시험, 검사, 검정, 확인, 증명 등 일정한 요건과 기준을 정하여 놓고 행정기관이 국민으로부터 신청을 받아 처리하는 행정처분 또는 이와 유사한 사항
 2. 허가취소, 영업정지, 등록말소, 시정명령, 확인, 조사, 단속 등 행정의무의 이행을 확보하기 위하여 행정기관이 행하는 행정처분 또는 감독에 관한 사항
 3. 고용의무, 신고의무, 등록의무, 보고의무, 공급의무, 출자금지, 명의대여 금지
 4. 그 외에 영업 등과 관련하여 일정한 작위 또는 부작위의 의무를 부과하는 사항

따라서 국민의 권리 제한 또는 의무 부과에 관한 사항이 아닌 경우나 국민의 권리를 제한하거나 의무를 부과하는 경우 중 그것이 특정한 행정목적 실현을 위한 것이 아닌 경우는 행정규제의 내용에 해당하지 않는다. 예를 들어 국민의 일반적인 민사, 상사 생활을 규율하는 민법, 상법 규정은 '특정 행정목적'에 해당하지 않으므로 행정규제가 되지 않는다. 다만, 특정한 행정목적을 위해서 민법 혹은 상법 등의 규제 수준보다 강화된 요건을 개별 행정법령에서 규정한 경우는 행정규제이다.

또한 국민의 권리를 제한하거나 의무를 부과하는 경우이지만, 행정규제기본법의 적용을 제외토록 한 사무가 있다. 첫째 범죄수사 등 형사 관련 사무, 확정된 형을 집행하는 행형 및 보안처분 등에 관한 사무이다. 예를 들어 형법, 형사소송법, 행형법, 보안관찰법 등의 법령과 개별 행정법 내의 행정형벌(행정질서벌은 제외) 등이다. 둘째, 병역법, 향토예비군설치법, 민방위기본법, 비상대비자원관리법에 의한 징집·소집·동원·훈련과 직접 관련된 사항이다. 다만 징집 등과 직접적인 관련이 없는 '병역의무자 귀국 보증제도' 등은 행정규제에 해

당된다. 셋째, 방위산업에 관한 특별조치, 군사시설, 군사기밀보호에 관한 사항이다. 넷째, 조세의 종목, 세율, 부과 및 징수와 직접 관련된 사항이다. 다만 조세의 종목, 징수 등과 직접적인 관련이 없는 주류 관련 면허, 업종에 따른 신용카드 가맹점 가입의무 등은 행정규제에 해당된다.

규제심사에서 제일 먼저 검토하게 되는 것이 부처에서 제출한 법령 개정·제정안에 규제가 포함되어 있는지 여부이다. 규제심사는 법령의 조문 단위로 심사하게 되는데, 규제 법령은 'ㅇㅇ는 —하여야 한다' 또는 '행정기관은 --을 정할 수 있다'와 같이 의무사항을 담거나 강제성을 담은 표현으로 표현되거나, 행정기관의 권력적 처분을 규정하거나 요청하는 형식을 취하고 이를 따르지 않을 경우 처벌조항을 두는 방식으로 표현될 수 있다. 예를 들어 본문에 '---을 조사할 수 있다', '--하도록 요청할 수 있다'라는 규정을 두고, 벌칙 조항에 '법 제ㅇㅇ조에 위반한 경우 처벌할 수 있다'와 같은 방식이다. 그러나 법령 문구만으로 규제를 판단하는 것은 현재의 방식은 국민들의 인식과는 상당한 차이가 있으며, 규제로 판단하는 범위는 확대할 필요가 있다고 생각된다.

첫째, 국민과 기업에 대한 지원 기능을 마련하고 해당 절차를 규정하는 경우이다. 어떤 업종은 생존이 정부 재정지원에 의존하는 경우가 있다. 이 경우 정부 지원 사업의 수혜 여부에 따라 경영체의 존폐가 좌우되게 된다. 예컨대 대학의 경우 운영 재원을 정부의 재정지원에 크게 의존하고 있다. 정부지원을 받으려면 대학 학과 편성, 정원, 입학생 모집방법 등 지원조건을 따르지 않을 수 없다. 사실상 지원사업의 개수만큼 규제인 것이다. 그렇게 본다면 '민간이 따를 수밖에 없는 법적 혹은 사실상의 강제력을 가진 정부의 제도 전체'를 규제라고 보야야 하지 않을까 싶다.

둘째, 임의 표준을 정할 수 있는 법적 근거를 정하는 규정이다. 기업과 시장을 유도하기 위하여 특정한 기관을 설립하여 강제성 없는 가이드라인을 제시하거나 업계 자율로 자율 기준을 정할 수 있도록 하는 경우이다. 법령에 근거를 마련하여 기관을 설립할 경우 해당기관은 공적 권위를 확보하게 되어 사실상의 영향력을 가질 것이기 때문에 나중에 규제적 성격을 가질 수 있다. 또한 이러한 기관에서 발급한 임의 표준을 충족한 기업에 대하여 정부나 공공기관 조달 입찰에서 가점을 부과하는 사례가 많다. 이 경우 형식적으로는 임의적인 표준이지만 입찰에서 당첨 가능성을 확보하려면 반드시 충족시켜야만 하는 표준이 되는 것이다. 업계가 자율적으로 기준을 정할 수 있도록 하는 근거를 법령에 규정하는 경우 겉으로는 민간의 자율성을 존중하는 듯하지만, 자율 기준을 무엇으로 정할 것인지 포괄적으로 권한을 위임한 것으로 볼 수 있다.

행정규제기본법에서 국민의 권리를 침해하거나 의무를 부과하는 것, 즉 침익적 내용의 법령을 규제라고 규정하고 있다. 행정부가 만드는 모든 법령(regulation)을 규제로 보는 미국에 비하여, 우리나라의 규제 개념은 협소하다. 침익적 내용의 조문만을 규제로 볼 경우, 보조금 지원, 행정절차, 행정 집행체계 등은 규제의 범위에서 제외된다. 따라서 법령의 신설·개정으로 인한 국민의 삶과 경제에 미치는 종합적 파급효과를 고려할 수 없게 된다. 또한 규제와 비규제 간에 구별이 곤란한 경우도 많으며, 규제 여부 판단과 관련하여 부처와 규제개혁위원회 사무국 간에 의견 조정에 행정력의 낭비가 발생되기도 한다. 규제로 판정될 경우 규제영향분석서 작성 및 규제개혁위원회 규제심사 등의 부담이 발생되기 때문에 부처는 가급적 비규제로 보려는 경향이 있다.

2.2 규제심사 절차

(1) 규제 법령 입안

각 부처에서 관할 법령을 제정 또는 개정하려는 경우, 입법 예고하기 7~14일 전에 해당 법령(안)이 규제적 속성을 포함하고 있는지 규제개혁위원회의 사무국 역할을 담당하는 국무조정실 규제조정실에 사전 검토를 의뢰하게 된다. 이러한 사전 검토는 모든 법령안에 대해 실시되며, 법제처에서 법령안 심사를 받기 위해서는 규제개혁위원회의 규제심사결과서 혹은 규제 대상이 아니라는 확인서를 필수적으로 제출하여야 한다.

규제조정실은 의뢰받은 제·개정 법령안에 대하여 규제심사 대상인지 아닌지를 검토하고, 규제심사 대상인 경우 규제영향분석서 작성 유형(표준/간이형)을 부처에 통보하게 된다. 행정규제기본법 제2조에서 정하는 행정규제의 정의에 해당되지 않거나 제3조에서 정하는 규제심사 적용제외에 해당될 경우, 규제심사를 받지 않으며 규제영향분석서도 작성할 필요가 없다.

(2) 규제영향분석 및 규제영향 평가

규제조정실에서 규제심사 대상이라고 판정받은 경우, 각 부처에서는 입법예고 7일 전까지 규제영향분석서를 작성하여야 한다. 규제영향분석서는 규제조정실에서 마련한 표준 작성양식에 따라 작성하는데, 신설·강화 규제에 대하여 사전에 평가요소를 중심으로 비용·편익분석 포함하여 정량적·정성적 분석을 실시하여야 한다. 규제 영향 분석에는 경제적 비용, 편익뿐 아니라 사회적 비용, 편익을 포함하는데, 행정규제기본법 시행령 제6조에서는 가능한 한 계량화된 자료를 사용하도록 규정하고 있다. 다만 자료의 계량화가 불가능한 경우 서술적인 방법을 사용하도록 규정하고 있다. 규제영향분석의 전문성 확보를 위하여 전문가나 연구기관 등을 적극 활용하도록 권장하고 있다. 또한 분석 내용의 책임성을 높이기 위하여 규제실명제를 실시하고 있다. 즉 부처의 해당 업무 담당 실·국장, 과장, 담당관의 이름을 명기하고, 담당 국장이 규제영향분석서에 직접 서명하여야 한다.

한편 규제심사 대상으로 확정될 경우, 규제가 도입될 경우 경쟁에 미치는 영향, 중소기업에 미치는 영향, 기술규제에 미치는 영향에 대해서도 평가를 실시한다. 경쟁에 미치는 영향이란 국가에서 제정한 법률, 규정 또는 정부에
의한 장벽이 시장 활동을 과도하게 제한하는 경우가 없는지를 살펴보는 것을 말한다. 중소기업에 미치는 영향 분석은 신설·강화되는 규제가 소기업·소상공인에게 과도한 부담을 줄 우려가 없는지를 분석하는 것이다. 이 경우, '중소기업 규제 차등화 매뉴얼'에 따라 규제의 전

부 또는 일부의 적용을 면제하거나 일정한 기간 유예하는 등 규제 차등화 방안을 함께 검토하여야 한다. 중소기업에 대하여 규제 차등화를 적용하지 않는 경우, 각 부처에서는 그 판단의 근거를 규제개혁위원회에 제출하여야 한다. 기술영향평가는 규제의 내용이 표준·규격 등 기술 규정과 관련된 경우에 기존의 기준·규격과 중복되거나 서로 충돌하지 않는지를 검토하는 것이다. 이러한 규제 영향 평가는 공정한 평가를 위하여 규제를 신설하거나 강화하려는 부처가 아니라, 관련 외부기관에서 담당하고 있다. 기술영향평가는 국가기술표준원에서 맡고 있으며, 경쟁영향평가는 공정거래위원회에서, 중소기업영향평가는 중소벤처기업부에서 담당한다. 규제조정실은 규제정보화시스템을 통해 이들 기관에게 검토의견을 요청한다. 영향평가 담당기관은 10일 이내 검토 결과를 제출하게 된다. 물론 입법예고가 종료될 때까지는 수정의견을 제시하는 것도 가능하다. 규제조정실은 여러 영향평가기관의 검토 결과를 소관 부처에 통보하여 협의를 실시한다.

각 부처는 규제영향분석서를 정부 내부 온라인 시스템(e-규제영향분석시스템)에 등록하고, 규제정보화시스템을 통하여 규제조정실에 규제심사 대상인지를 확인해 줄 것을 요청한다.

(3) 입법예고 및 이해관계자 의견수렴

규제조정실과 협의가 완료되면 부처는 법령안을 입법예고를 통하여 국민에게 공개하여야 한다. 행정절차법에서 법령은 특정한 사정이 없으면 40일 이상(제43조), 행정규칙은 특별한 사정이 없으면 20일 이상(제46조) 공개하여야 한다. 다만 WTO에 통보하여야 하는 기술규제는 60일 이상(행정절차제도 운영지침 제6조 및 제7조, WTO TBT 협정) 공개하게 된다.

부처는 입법예고 기간 중에 스스로 작성한 규제영향분석서를 법령 제·개정안 입법예고시 관보 또는 부처 홈페이지 등에 게재하여야 한다. 규제심사 비대상인 경우에는 규제영향분석서를 게재할 필요가 없으며, 입법예고 기간이 종료되면 규제조정실에서는 부처에 '규제 비대상 확인서'를 발급한다. 이를 첨부하여 부처는 법제처의 법제심사를 받을 수 있게 된다.

부처는 입법 예고 기간 중 제출된 국민들의 의견을 검토하여 규제영향분석서를 보완하여 의견을 제출한 자에게는 제출된 의견의 반영 여부 등 처리결과를 알려야 한다. 나중에 규제개혁위원회에 규제심사를 요청할 때 국민들의 의견제시 내용과 처리 결과를 함께 제출하여야 한다.

(4) 규제영향분석서 검증

입법예고 기간 중에 부처에서 작성한 규제영향분석서에 대하여 비용·편익분석의 타당성 등을 검증하게 된다. 규제영향분석서는 규제 법안을 작성하는 부처 스스로 작성한 것이기 때문에, 규제개혁위원회에서 심사를 진행하기 전에 외부 전문기관에서 이를 검증하도록 한 것이다. 이러한 검증업무를 위하여 한국개발연구원과 한국행정연구원에 규제연구센터가 설치되었다. 두 기관은 46개 중앙부처에서 작성한 규제영향분석서에 대한 검증업무를 분담[28]

---

[28] 기획재정부, 과학기술정보통신부, 농림축산식품부, 산업통상자원부, 국토교통부, 해양수산부, 중소벤처기업부, 방송통신위원회, 공정거래위원회, 금융위원회, 국세청, 관세청, 조달청, 통계청, 농촌진흥청, 산림청, 특허청,

하고 있다.

규제연구센타에서는 부처에서 작성한 규제영향분석이 적절하게 이루어졌는지를 검토하게 된다. 즉 부처에서 규제 신설로 인한 편익을 과장하지는 않았는지, 규제 집행 및 규제 순응을 위한 비용을 과소 추정하지는 않았는지 등을 검토한다. 규제연구센터는 규제영향분석서가 접수된 날로부터 10일 이내에 검증을 완료하고 검증 보고서를 작성한다. 검증 보고서에는 '동의' 또는 '보완 재제출'로 제시한다. 규제영향분석 항목별로 주요 검증사항은 다음과 같다.

첫째, 문제의 명확성이다. 즉, 해결해야 할 문제가 정확히 규정되어 있는지, 그리고 문제의 규모, 발생 원인을 정확하게 설명하고 있는지를 확인한다.

둘째, 규제의 신설·강화의 불가피성이다. 문제 해결을 위해 정부의 개입이 불가피하다는 것이 설득력있게 제시되고 있는지이다. 새로운 규제를 만들기보다는 기존에 만들어진 규제를 충실하게 집행함으로써 문제가 해결될 수 있는 것이 아닌지, 불필요하게 규제를 만들거나 강화하는 것은 아닌지를 검토하게 된다. 강제적인 규제보다는 교육 및 홍보, 정부지원 등의 대안을 검토하였는가 등을 확인한다.

셋째, 대안 검토의 적절성이다. 문제를 해결하기 위해 정부가 규제를 통해 개입하는 것이 불가피하더라도, 합리적인 규제를 위해 여러 대안을 검토·비교하였는지 확인한다. 규제의 강도 및 규제방식에 있어서 적절한 대안을 검토하였는지? 대안이 공정경쟁과 자유무역을 촉진하는지? 중소기업의 부담경감을 위해 기업 규모의 차이에 따라 규제 시기나 규제 방법 등을 차별화할 필요성에 대하여 충실하게 분석하였는지 등을 확인한다.

넷째, 비용과 편익의 상대 비교이다. 즉, 대안에 대한 비용·편익 분석을 계량적 방법 등을 활용하여 충실히 실시했는지를 확인한다. 외부전문가를 활용하는 등 비용·편익 분석의 전문성·객관성이 확보되었는지를 확인한다.

다섯째, 규제 수준의 적정성이다. 외국의 사례와 비교하여 Global Standard에 부합하는지? 상위법령에서 위임한 범위를 벗어나 과도하게 규제하고 있는지 여부. 불필요하게 피규제자에게 행정적 부담을 지우는 것은 아닌지, 절차·구비 서류 등을 간소화할 여지는 없는지를 확인한다.

여섯째, 이해관계자와의 협의이다. 즉 피규제자, 이해관계인, 관계부처와 충분한 협의를 거쳤는지, 그리고 이들이 제시한 의견에 대하여 충실하게 검토하였는지를 확인한다.

일곱째, 집행의 현실성. 즉 규제 집행을 위한 인력·예산 등이 확보되어 규제가 실효성 있게 집행될 수 있는가, 피규제자가 규제에 따른 의무를 이행하는 것이 기술적·현실적으로 가능한가를 점검한다.

규제연구센터에서 검증한 결과 '보완 재제출'일 경우, 규제조정실은 부처에 규제영향분석

행정중심복합도시건설청, 새만금개발청, 해양경찰청 등 경제부처는 한국개발연구원에서, 교육부, 외교부, 통일부, 법무부, 국방부, 행정안전부, 문화체육관광부, 보건복지부, 환경부, 고용노동부, 여성가족부, 국가보훈처, 국민권익위원회, 개인정보보호위원회, 인사혁신처, 법제처, 식품의약품안전처, 검찰청, 병무청, 방위사업청, 경찰청, 소방청, 문화재청, 질병관리청, 기상청, 원자력안전위원회 등 사회부처는 한국행정연구원에서 검증업무를 담당하고 있다.

을 재실시토록 조치한다. 부처는 결과를 통보받은 날로부터 10일 이내 규제영향분석서를 수정·보완하여 제출하고, 규제연구센터는 5일 이내 재검증을 실시하게 된다. 재검증 결과 보완요청 사항이 있는 경우 부처는 5일 내에 다시 수정하여 규제영향분석서를 작성하여야 한다.

규제연구센터에서의 검증이 완료된 후, 중요한 규제는 규제조정실에 설치된 비용분석위원회에서 2차 검증을 실시하게 된다. ① 비용관리제 적용대상이면서 연간 균등순비용이 ±10억 원 이상인 규제, ② 비용관리제 적용제외이면서 비용상 중요규제(규제를 받는 사람의 수가 연간 100만 명 이상이거나 규제영향집단이 부담하여야 할 비용이 연간 100억 원 이상), ③ 비용관리제 적립을 위한 폐지·완화규제 중 연간 100억 원 이상 규제가 2차 검증 대상이 된다. 비용분석위원회는 부처에서 요청한 날로부터 10일 이내 심사를 완료하여야 한다.

규제조정실은 규제영향분석서에 대한 규제연구센터 및 비용분석위원회의 검증결과, 공정경쟁 영향·기술영향·중소기업 영향 등 영향평가 결과 등을 종합하여 검토의견을 작성하고, 이를 소관 부처에 전달한다.

(5) 규제영향분석서 수정 및 부처 자체 규제심사

각 부처는 규제조정실·규제연구센터·비용분석위원회 검토의견, 기술·중기·경쟁 영향평가 결과, 이해관계자·관계부처 협의 과정 등에서 제시된 사항들을 반영하여 규제영향분석서를 수정하여야 한다. 각종 의견을 반영하여 보완된 규제영향분석서는 내용이 최종적으로 확정되는 대로 지체없이 소관부처의 홈페이지를 통해 대국민 공개하여야 한다.

또한 부처는 신설 또는 강화하려는 규제의 타당성에 대하여 부처 자체적으로 심사하여야 한다. 행정규제기본법 제7조에 따라 신설·강화하고자 하는 행정기관은 규제영향분석결과를 기초로 관계 전문가의 의견을 수렴하는 등 규제의 대상·범위·방법과 그 타당성에 대해 자체심사를 실시하도록 하고 있다. 각 부처서에서 실시하는 자체심사의 기준 및 절차에 관해서는 규제개혁위원회에서 정한 세부 운영지침에 따라야 한다.

자체규제심사위원회는 위원의 과반수이상을 민간전문가로 구성하여야 한다. 이는 부처 내부의 시각이 아니라 외부 전문가의 관점에서 규제 신설 또는 강화의 타당성과 적정성을 살펴보도록 한 것이다. 부처에 따라 차이는 있으나 대체로 6명 정도의 위원으로 구성되는데 4명은 외부 전문가, 2명의 부처내 국장급 인사로 구성되는 것이 통례이다.

각 부처에서는 자체심사를 하고 나서 자체심사의견서를 작성하여야 한다. 부처에서 규제개혁위원회에 심사를 요청할 때에 규제를 입안한 부서에서 작성한 규제영향분석서와 함께 자체 심사의견서를 제출하여야 한다. 자체 심사의견서에는 위원회에서 참여자들의 발언 요지를 기록하여야 한다.

(6) 규제개혁위원회 규제심사

부처에서 자체 규제심사가 종료되면 법령안에 대하여 법체처에 심사를 요청하기 전에 규제개혁위원회에 심사를 요청해야 한다. 이 때 부처는 규제영향분석서 수정본, 자체 규제심사에서 제시된 의견, 행정기관·이해관계인 등의 제출의견 요지 등을 첨부하여야 한다. 다만 훈령·예규·고시 등은 법제처 검토 이후에 규제심사를 요청하여야 한다.

① 예비심사

규제개혁위원회는 심사를 요청받은 날부터 10일 이내에 예비심사를 하고, 중요규제인지 비중요 규제인지를 결정하여 관계 부처에 통보한다. 예비심사에서 비중요 규제로 의결된 경우에는 규제심사를 종결하고, 중요규제로 판정한 경우에는 본심사에서 심의가 이루어진다.

중요규제는 규제비용이 매우 크거나 규제의 수준이나 정도가 현저하게 불합리하거나 사회적 부작용이 예상되는 규제 등을 의미한다. 구체적인 판단기준은 다음과 같다.

1. 규제의 시행에 따라 규제를 받는 집단과 국민이 부담하여야 할 비용이 연간 100억원 이상인 규제
2. 규제를 받는 사람의 수가 연간 100만명 이상인 규제
3. 명백하게 진입이나 경쟁이 제한적인 성격의 규제
4. 국제기준에 비추어 규제 정도가 과도하거나 불합리한 규제
5. 다른 행정기관에 의하여 시행되고 있거나 시행 예정인 규제와 심각한 불일치 또는 간섭을 발생시키는 규제
6. 이해관계인 간 이견이 첨예하게 대립하거나 사회·경제적으로 상당한 부작용이 우려되는 규제
7. 중소기업영향평가, 경쟁영향평가, 기술영향평가 결과 개선이 필요한 규제
8. 규제 수준 및 정도가 현저히 부당한 규제

다만, 이상의 어느 하나에 해당하더라도 이해관계인 간의 이견이 없으면서 다른 규제 대안이 없는 경우 등 불가피성이 인정되는 경우에는 중요규제로 보지 아니할 수 하고 있다. 중요규제의 요건에 해당되더라도 규제심사를 실시할 실익이 없는 경우에는 중요규제로 다루지 않고 있다.

② 본심사

예비심사에서 중요규제라고 결정한 규제에 대해서는 규제개혁위원회에서 본심사를 실시하게 된다. 본심사는 대면심사 방식으로 진행되며, 위원회는 부처에서 규제심사를 요청받은 날부터 45일 이내에 본심사를 완료하여야 한다. 심사가 종료되면 지체없이 그 결과를 관계 중앙행정기관의 장에게 통보한다.

다만, 긴급하게 규제를 신설 또는 강화하여야 할 특별한 사유가 있는 경우에는 규제영향분석 등의 절차를 생략하고 위원회에 심사를 요청할 수 있으나, 이 경우에도 규제심사 완료 후 60일 이내에 규제영향분석서를 제출하여야 한다. 규제심사가 종료된 이후에 법제처 심사, 차관회의 의결, 국무회의 의결 등 과정에서 법령안의 내용이 변경되는 경우, 부처는 규제심사 대상 여부 등에 대해 규제조정실과 다시 협의하여야 한다.

단계	기관	주요 내용
법령 입안	각 부처	· 이해관계자·관계부처 논의, 법령 제·개정(안) 마련
사전검토	규제조정실	· 부처와 사전 협의 : 해당 법령안의 규제심사 대상 여부, 규제조문 및 규제영향분석서 유형(표준/간이) 등 * 입법예고 7~14일 전
영향분석서 작성	소관부처	· e규제영향분석 시스템 통해 규제영향분석서 작성
규제심사 대상여부 등 결정	규제조정실	· 규제정보화시스템을 통해 규제심사 대상 여부를 검토 요청 * 부실하게 작성된 규제영향분석서는 반려
입법예고 (20~60일)	소관부처	· 제·개정안과 규제영향분석서를 첨부하여 입법예고
비용검증 및 중기·경쟁·기술 영향평가 (20일~60일, 입법예고와 동시진행)	규제연구센터 (1차 검증)	· 규제영향분석서 內 비용분석에 대한 규제연구센터 검증 → 검증결과에 따라 비용관리제 적용여부 및 2차검증 대상 확정
	비용분석위원회 (2차 검증)	· 연간균등순비용 ±10억원 이상인 규제를 대상으로 2차 검증 * 심사요청일로부터 10일 이내 종결
자체 규제심사	부처 자체 규제심사위원회	· 규제영향분석서를 수정·보완하고, 이를 기관 홈페이지에 공개 · 소관부처 자체 규제개혁위원회 심사
규제개혁위원회 규제심사	규제개혁 위원회	· 예비심사(심사요청일로부터 10일 이내) → 본심사(심사요청일로부터 45일 이내)

〈 그림 〉 규제심사 흐름도

2.3 규제영향분석

(1) 의의와 절차

규제영향분석은 규제로 인하여 국민의 일상생활과 사회, 경제, 행정 등에 미치는 여러 가지 영향을 객관적이고 과학적인 방법을 사용하여 예측하고 분석하는 것을 말한다. 행정규제기본법에서 규제영향분석은 규제로 인하여 국민의 일상생활과 사회, 경제, 행정 등에 미치는 제반 영향을 객관적이고 과학적인 방법을 사용하여 미리 예측·분석함으로써 규제의 타당성을 판단하는 기준으로 제시하는 것으로 정의하고 있다. 이러한 규제영향분석은 사전 규제영향분석을 통해 문제와 목표를 정확히 정의하고 대안을 탐색하는 등의 과정을 통하여, 규제를 창설하는 기관 스스로 불합리한 규제의 신설·강화를 방지하고, 최적의 정책대안을 선택할 수 있도록 돕는 역할을 한다. 즉, 규제영향분석을 통해서 좋은 법이 갖추어야 할 여러 요소를 검토하도록 하여 정책판단의 기초자료로 활용하도록 한 것이다.

규제영향분석서는 이해관계자들이 정부의 입법 과정에 참여하는데 매우 중요한 자료가 된다. 규제영향분석서는 이해관계자들이 신설·강화하는 규제에 대한 정보를 획득할 수 있게 되고, 규제비용과 편익에 대하여 비판하고 정부에 의견을 개진할 수 있는 근거가 된다. 이 때문에 행정규제기본법에서는 신설 또는 강화하는 규제가 포함된 법령 제·개정안의 입법예고시 관보 또는 부처 홈페이지에 규제영향분석서를 게재하도록 요구하고 있다.

한편 규제영향분석서는 규제개혁위원회가 올바른 규제심사를 하기 위한 기초자료이기도 하다. 규제개혁위원회에서 규제의 신설·강화가 꼭 필요한지, 그 내용은 적정한지 등을 판단할 수 있게 된다. 규제개혁위원회에 규제심사를 요청하기 위해서는 부처 자체적으로 작성한 규제영향 분석서를 제출하도록 하고 있다.

부처는 규제개혁위원회에서 마련한 규제영향분석서 작성지침에 따라 모든 규제사항에 대하여 규제영향분석을 실시한다. 행정규제기본법 제7조에서 중앙행정기관의 장은 규제를 신설하거나, 존속기간을 연장하거나, 규제를 강화하려면 규제영향분석서를 작성하여야 한다고 규정한다. 다만, 행정규제기본법 제13조에서는 긴급하게 규제를 신설 또는 강화하여야 할 특별한 사유가 있는 경우에는 규제영향분석 등의 절차를 생략하고「규제개혁위원회」에 심사를 요청할 수 있도록 규정하고 있다. 다만 이러한 경우에도 긴급한 심사 완료 후 60일 이내에 규제영향분석서를 제출하여야 한다.

또한 규제개혁위원회(국무총리실 규제개혁실)와 공정거래위원회(경쟁제한규제개혁작업단) 및 중소기업청(중소기업영향평가과)에 입법예고안과 규제영향분석서를 송부하여야 한다. 부처로부터 규제영향분석서를 받은 공정거래위원회는 경쟁에 미치는 영향, 중소기업청은 중소기업에 미치는 영향에 대하여는 검토 의견을 소관 중앙행정기관 및 규제개혁위원회에 송부한다. 부처는 입법예고 기간중 피규제자, 이해관계인, 관계부처 등이 제출한 의견을 검토하여 법령 제·개정안 및 영향분석서를 보완하게 된다. 그리고 각 부처에 설치된 자체 규제개혁위원회에서 규제심사를 실시하고 심사에서 제시된 의견을 반영하여 최종 보완하게 된다.

(2) 규제영향분석의 주요 내용

행정규제기본법 제7조에서는 규제영향분석에서 검토하여야 할 사항을 다음과 같이 제시하고 있다.
1. 규제의 신설 또는 강화의 필요성
2. 규제 목적의 실현 가능성
3. 규제 이외의 대체 수단 존재 여부 및 기존규제와의 중복 여부
4. 규제의 시행에 따라 규제를 받는 집단과 국민이 부담하여야 할 비용과 편익의 비교 분석
5. 규제의 시행이 「중소기업기본법」 제2조에 따른 중소기업에 미치는 영향
6. 경쟁 제한적 요소의 포함 여부
7. 규제 내용의 객관성과 명료성
8. 규제의 신설 또는 강화에 따른 행정기구·인력 및 예산의 소요
9. 관련 민원사무의 구비서류 및 처리절차 등의 적정 여부

국무조정실에서 마련한 규제영향분석서 작성 지침에는 아래의 7개 항목으로 정리하여 제시하고 있다.

첫째, 문제의 정의 및 원인 규명이다. 규제의 신설이나 강화로 대처하려는 문제가 대두된 배경(예:사고나 재난의 발생 등) 또는 문제의 심각성 또는 문제해결의 시급성을 설명해야 한다. 또 문제가 발생한 직접적·간접적 원인을 설명하고, 규제를 신설하거나 강화하는 것이 해당 문제를 해결하는데 관계가 있음을 객관적 자료를 통해서 입증해야 한다는 것이다. 규제를 신설하려는 기관의 주관적 관점이 아니라, 객관적 근거를 들어 설명해야 한다. 예를 들어, 흡연을 줄이기 위하여 담배에 부과되는 국민건강증진부담금을 인상하려고 한다면, 먼저 흡연 문제가 얼마나 심각한지를 국민 건강 피해자료 등을 통해 밝히고, 높은 흡연율의 주요인이 담배가격이 낮기 때문이라는 것을 연구결과 등을 통해 입증하여야 한다.

둘째, 규제를 신설하거나 강화할 필요성이다. 사회적 경제적 문제를 해결하기 위해 정부가 꼭 개입해야만 할 이유 또는 새로운 규제를 마련해야 할 이유 등을 기술한다. 우선 시장기능 또는 민간의 자율에 맡겨서는 문제 해결이 어려운 이유, 즉 시장실패가 발생하고 있는지 밝혀야 한다. 기존의 규제나 기존의 정부 조치로는 문제 해결에 부적절하거나 불충분한 이유를 설명해야 한다. 또 규제 이외의 정책 수단으로는 문제 해결이 불가능하거나 불충분한 이유를 기술하여야 한다.

셋째, 규제 대안의 검토이다. 규제목표 달성을 위해 상정할 수 있는 복수의 대안을 명시적으로 제시하고 비교하여야 한다. 표준형 규제영향 분석에서는 새로 규제를 도입하는 방안 이외에, 기존 규제를 유지하는 방안 및 현재 입법안보다 강도가 낮은 규제를 도입하거나 규제가 아닌 대안을 사용하는 방안 등 2가지 이상의 대안에 대하여 장단점을 상호 비교하여 제시하도록 요구한다. 비규제 대안으로는 정부의 각종 보조금 지원, 세금감면, 저리 융자 등의 경제적 유인, 캠페인·공익광고 등 사회운동, 관련 협회 등을 통한 민간의 자율적 규제 등이 있다. 저강도 규제 대안은 규제안에서 제시한 기준을 더 완화하거나 피규제자의 범위를 축소하는 경우 등이다. 예를 들어 허가제를 도입하려는 경우 이보다 규제 강도가 낮은

등록제나 신고제 등을 대안으로 고려할 수 있으며, 전체 사업자를 규제 대상으로 하지 않고 일정 규모 이상의 사업자만을 대상으로 하는 것이 대안이 될 수 있다. 또 구비 서류를 종이 서류로 제출하도록 하던 것을 온라인을 통하여 전자적 방식을 허용하는 것 등이 대안이 될 수 있다.

여러 규제 대안 중에서 선정기준은 다음과 같다.

(1) 민간의 자율성과 창의성을 최대한 보장할 수 있는 규제 방식을 채택하여야 한다. 예를 들어 명령 지시적 규제보다는 시장 유인적 규제를 우선해야 한다. 정부가 일방적으로 규제하기보다는 민간 스스로에 의한 자율 규제가 가능하다면 이를 채택하여야 한다.

(2) 원칙적으로 금지하되 예외적으로 허용하는 포지티브 방식보다는, 원칙적 허용하고 예외적으로 금지하는 네거티브 방식을 우선하여야 한다. 행정규제기본법 제5조의2에서 우선허용·사후규제의 원칙과 구체적인 대안 선택방법을 제시하고 있다. ① 국가나 지방자치단체가 신기술을 활용한 새로운 서비스 또는 제품과 관련된 규제를 규정할 때에는 규제로 인하여 제한되는 권리나 부과되는 의무는 한정적으로 열거하고 그 밖의 사항은 원칙적으로 허용할 것, ② 서비스와 제품의 인정 요건·개념은 장래의 신기술 발전에 따른 새로운 서비스와 제품도 포섭될 수 있도록 규정할 것, ③ 서비스와 제품에 관한 분류기준은 장래의 신기술 발전에 따른 서비스와 제품도 포섭될 수 있도록 유연하게 규정할 것, ④ 신기술 서비스·제품과 관련하여 출시 전에 권리를 제한하거나 의무를 부과하지 아니하고 필요에 따라 출시 후에 권리를 제한하거나 의무를 부과할 수 있도록 규정할 것.

(3) 시장 진입에 대하여 일정한 제한을 가하려고 할 경우, 행정기관의 재량을 가급적 축소하는 방식을 우선하여야 한다. 예를 들어 특허, 허가, 등록, 신고 등 여러 규제 유형이 있을 수 있는데, 특허나 허가와 같은 방식보다는 등록 및 신고와 같은 방식을 선택해야 한다.

(4) 시장 경쟁에 미치는 영향을 검토하여야 한다. 정부가 각종 규제를 통해 시장에 개입하게 되면 의도하건 또는 의도하지 않건 공정한 경쟁을 저해할 수가 있다. 신규업체의 참여를 막는 진입장벽의 효과가 있는 경우, 불필요하게 특정한 자격이나 경력을 요구하는 경우, 특정 기업이 불합리하게 혜택 또는 차별을 받는 효과를 가져오는 경우 등이 그것이다. 경제주체 간의 자유롭고 공정한 경쟁이 보장되어야 자원의 최적 배분이라는 새장 기능이 원활히 작동될 수 있다. 따라서 규제목적 달성과 무관하게 진입 제한 효과를 일으키거나, 독과점 구조의 고착화 가능성, 담합을 조장할 가능성 등이 없거나 낮은 규제 대안을 우선적으로 채택하여야 한다는 것이다.

(5) 중소기업에 대한 배려를 고려하여야 한다. 중소기업에 대하여 과도한 규제비용을 유발하지 않는 규제를 선택한다. 소상공인 및 소기업에 미치는 영향이란 규제형평의 관점에서 규제의 영향을 평가하는 것을 말한다. 또한 기업의 규모에 따라 규제 집행시기, 규제 집행방법 등을 차별하는 것이 가능한지 또는 차등이 필요한 규제방식인지를

검토하여야 한다. 행정규제기본법 제8조의2에서는 중앙행정기관의 장은 규제를 신설하거나 강화하려는 경우 소상공인기본법 및 중소기업기본법에 따른 소상공인과 소기업에 대하여 해당 규제를 적용하는 것이 적절하지 아니하거나 과도한 부담을 줄 우려가 있다고 판단되면 규제의 전부 또는 일부의 적용을 면제하거나 일정기간 유예하는 등의 방안을 검토하여야 한다고 규정하고 있다.

(6) 국제무역 및 투자규범과의 상충성이다. 부당한 무역거래 제한 가능성, 국내외 기업의 차별대우, 외국인투자 등에 왜곡효과가 적은 규제 대안을 우선적으로 선택한다. 다양한 의무이행방법을 검토하고, 가급적 피규제자가 의무이행 방법을 선택할 수 있도록 선택권을 부여하여야 한다.

넷째, 비용과 편익의 비교 분석이다. 규제로 인해 야기되는 각종의 사회적 비용과 사회적 편익을 세부항목으로 열거하되, 측정이 가능한 항목은 최대한 계량화하여 제시하여야 한다. 규제의 비용편익분석에 사용된 측정 및 추정 방법에 대해서도 제시하여야 하고, 선택된 규제 대안의 비용과 편익을 종합 적으로 비교한 수치를 제시하여야 한다.

다섯째, 규제의 적정성이다. 문제의 심각성, 국내외 유사사례, 국제 기준, 비례의 원칙 등에 비추어 신설하려는 규제 수준이 적정한지를 검토하여야 한다는 것이다. 행정규제기본법 제5조에서 규제의 대상과 수단은 규제의 목적 실현에 필요한 최소한의 범위에서 가장 효과적인 방법으로 객관성·투명성 및 공정성이 확보되도록 설정되어야 한다고 규정하고 있다. 예를 들어, 오염물질의 배출허용기준을 정하는 경우, 3ppm, 5ppm, 7ppm 등 여러 기준이 있을 수 있지만 이 중에서 해당 환경문제를 해결하는데 필요한 최소한의 수준을 선택해야 한다는 것이다.

또한 규제를 준수하기 위해 제출하거나 비치하여야 할 서류, 민원 처리절차, 규제에 대한 관리 감독 및 보고 등 행정절차의 적정성에 대해서도 검토한다. 규제 도입으로 인한 피규제자의 행정부담을 구체적으로 기술하고, 절차를 간소화하거나 부담을 줄일 수 있는 요소가 없는지 검토해야 한다.

여섯째, 이해관계자 협의 결과이다. 부처협의 및 입법예고 과정에서 제기된 피규제자, 이해관계자, 관련기관 등의 의견을 기술하여야 한다. 또한 이해관계자들과 협의 여부(서면, 공청회 등 협의 방식 및 일시와 장소 등 명시)를 명시하고, 이해관계자들이 제시한 의견에 대하여 검토한 결과 및 이를 감안하여 조치한 내용을 명시하여야 한다.

일곱째, 규제 집행의 가능성이다. 규제의 효과적 집행을 위한 준비가 되어 있는지 기술적 집행가능성과 행정적 집행가능성을 검토하고 검토한 결과를 서술하여야 한다. 기술적 집행가능성이란 현행 보급·보편화된 기술로 규제의 집행·이행이 가능한지를 검토하는 것이고, 행정적 집행가능성이란 현행 행정인력·예산으로 규제집행이 가능한지, 인력·예산 확대가 필요하다면 이에 대한 준비가 되었는지 등을 검토하는 것이다. 규제 집행을 지방자치단체에 위임할 경우에 규제집행을 위해 필요로 하는 인력과 예산을 갖추고 있는지 혹은 중앙정부에서 지원 조치를 강구하고 있는지를 설명하고 그 근거를 제시하여야 한다. 유사한 기존 규제가 있을 경우 그 규제의 집행실적이나 규제준수율을 근거로 제시할 수 있다.

2.4 각종 영향평가

(1) 경쟁영향 평가

새로운 규제가 도입되면 새로운 기업의 시장 진입을 제한하는 등 불필요하게 시장의 경쟁을 제한하는 효과를 갖기도 한다. 경쟁영향평가는 정부부처에서 신설 또는 강화하는 규제가 시장에서의 경쟁에 미치는 영향을 사전에 검토해서 경쟁이 제한되지 않도록 조언하는 제도를 말한다. OECD 경쟁위원회는 2007년에 경쟁영향평가 툴킷(Competition Assessment Toolkit)을 발간하여 회원국에게 사용을 권고함에 따라 우리나라도 2009년부터 신설·강화 규제에 대한 경쟁영향평가 제도가 도입되었다. 영국, 호주 등에서는 규제당국이 새로운 규제를 신설하거나 강화하는 경우 스스로 경쟁영향평가를 실시하도록 하고 있으나, 우리나라의 경우에는 각 부처가 작성하는 규제영향분석서에 경쟁영향을 같이 분석하도록 하였고, 공정거래위원회가 이를 검토하여 의견을 제시하는 방식이다.

공정거래위원회에서는 OECD에서 마련된 툴킷(tool-kit)를 참고하여 경쟁영향평가를 위한 체크리스트를 마련하여 공표하고 있는데, 다음에 해당되는 경우에는 경쟁에 영향을 미치는 것으로 보고 있다.

첫째, 공급자의 수나 범위를 제한하는지 여부이다. 특정 공급자에게 상품 또는 용역을 공급할 수 있도록 독점적 권리를 부여하거나, 사업의 요건으로 면허·허가·인가를 받도록 하거나, 과도한 자본금·설비·자격요건을 부과하거나·제품검사·인증 등을 둠으로써 공급자의 시장진입 또는 퇴출 비용을 크게 증가시키는 경우 등을 의미한다.

둘째, 공급자의 경쟁능력을 제한하는지 여부이다. 공급자가 상품 또는 용역의 가격 설정, 광고 또는 마케팅할 수 있는 능력을 제한하는 경우, 특정 공급자에게 더 유리하게 상품의 품질기준을 설정하는 경우, 특정 사업자군에 대해서만 보조금을 지급하는 등 일부 사업자의 생산비용을 상대적으로 증가시키는 경우 등을 의미한다.

셋째, 공급자의 경쟁유인을 감소시키는지 여부이다. 협회 가입 의무, 협회에 규제 권한 부여 등을 통해 산업계 혹은 전문직 협회에 의한 자율규제 체계를 형성하거나, 사업자에게 가격, 생산량, 또는 매출에 대한 정보를 공개하도록 요구하거나, 특정 산업의 활동 또는 사업자의 활동을 경쟁 관련법 적용에서 배제하는 경우 등을 의미한다.

넷째, 소비자에게 제공되는 정보와 소비자의 선택권을 제한하는지 여부이다. 즉 온라인 등 판매 채널을 제한함으로써 소비자의 공급자 선택권을 제한하거나, 과도하게 긴 계약조건, 계좌 해지·통신사 이동시 수수료 부과 등을 통해 소비자의 공급자 전환비용을 증가시키거나, 일부 상품 정보만 제공함으로써 상품구매에 있어서 소비자의 합리적인 선택을 어렵게 하는 것이다.

부처에서 마련한 규제안이 위의 네 가지 사항에 해당되는 경우에는 규제로 인한 가격·산출량 변동, 상품·서비스의 다양성, 혁신 등에 미치는 영향을 심층적으로 분석하고, 분석결과 신설 및 강화되는 규제가 경쟁 제한성이 있다고 판단되는 경우 규제개혁위원회에 합리적인 대안을 포함한 의견을 제시하게 된다.

(2) 기술영향 평가

기술규제영향평가는 각 부처에서 기술규제를 도입하거나 개정할 때에 기존. 유사제도와의 중복성 여부 및 국가표준(KS, KCS 등), 국제기준과의 조화 여부 등을 파악하여 규제의 타당성을 평가하는 것이다. 기술규제란 정부가 국민안전, 환경보호, 보건, 소비자 보호 등을 위하여 어떤 제품, 서비스, 시스템 등에 관한 기술기준이나 적합성 평가 방법을 법령 등에 규정하여 법적 구속력을 갖는 것을 말한다[29]. 기술기준은 상품(공산품 및 농산품을 포함)의 특성, 공정, 생산, 유통, 폐기 및 서비스의 제공 절차 등에 관한 내용이고, 적합성 평가는 제품, 시스템, 자격심사, 서비스 등에 대하여 규정된 요구사항이 충족되었는지 평가하는 활동을 말하며, 시험, 검사, 인증 등이 포함된다. 현재 우리나라에서 28개 중앙 부처에서 2518개의 기술기준을 운영하고 있다.

과학기술의 급속한 발달 및 국민안전, 환경보호 등에 대한 국민 요구가 증대됨에 따라 기술규제가 급증하고 있다.

이러한 기술규제가 신규 기업 또는 신기술의 시장 진입 및 국제무역에 장벽으로 작용하고 기업의 비용부담을 증가시키고 혁신 활동을 저해하는 부작용을 발생시키기도 한다. WTO에서는 기술규제가 무역장벽으로 작용하지 않도록 모니터링을 실시하고 있다. 회원국들이 기술 규정 또는 적합성 평가절차의 제·개정을 수반하는 법령을 입법 예고하거나 고시 등을 제정·개정을 하는 경우에는 WTO TBT(Technical Barrier to Trade) 협정에 따라 WTO에 통보하도록 하고 있다.

기술규제도 국민의 권리를 제한하거나 의무를 부과하는 것이기 때문에 규제의 일종이므로 규제심사의 대상이 된다. 다만 이들은 일반적 행정규제에 비하여 규제내용이 매우 전문적이고 기술적인 사항으로 가짓수가 많아 한동안 관리 사각지대에 있다가, 2014년부터 기술규제 영향평가가 시행되기 시작하였다. 하지만 규제개혁위원회에서 직접 심의를 하는 것에 어려움이 있기 때문에 규제심사를 하기 전에 전문기관으로 하여금 사전에 평가하여 규제개혁위원회에 평가결과를 제출하도록 위탁하고 있다. 기술영향평가 절차는 다음과 같다. 규제를 입안하려는 부처에서 규제영향분석서를 국무조정실에 송부하면 국무조정실에서는 이를 기술표준원에 송부하여 기술영향평가를 의뢰한다. 기술표준원에서는 표준전문가, 시험·검사·인증 전문가, 시험인증기관 등의 자문단으로부터 의견을 수렴하고, 이를 정리하여 검토의견을 제시한다. 국무조정실은 이를 부처에 송부하여 규제영향분석을 수정·보완하도록 요청하고 규제심사에 활용하게 된다.

(3) 중소기업 영향평가

중소기업 규제영향평가는 중앙행정기관이 규제를 신설하거나 강화할 경우 중소기업·소상

---

[29] WTO/TBT(기술무역장벽위원회)에서는 기술기준이란 정부나 단체에 의해 채택되었거나 계약에 의해 채택되어 법적 구속력을 갖는 표준, 또는 적용 가능한 행정규정을 포함하여 상품의 특성 또는 관련 공정 및 생산방법이 규정되어 있으며, 그 준수가 강제적인 문서로써 상품, 공정 및 생산방법에 적용되는 용어, 기호, 포장, 표시 또는 상품 부착요건을 포함하거나 다룰 수 있다고 정의하고 있다.

공인에 불합리하거나 과도하게 부담을 주는 규제인지 아닌지를 사전에 검토하도록 하는 제도이다. 중소기업은 대기업에 비하여 규제 적응 역량 부족하여, 동일한 규제에 대하여 중소기업의 규제 순응부담이 대기업보다 높을 수 있기 때문에 이를 고려하려는 것이다.

미국은 규제유연성법(Regulatory flexibility Act, 1980)에 근거를 두고 중소기업 규제영향평가제도를 운영하고 있다.

우리나라의 경우 2009년에 국무총리 훈령으로 중소기업영향평가 제도가 도입되었다. 규제영향분석서에 중소기업영향을 같이 분석하도록 하였고, 중소기업벤처부에서 각 부처에서 작성한 규제영향분석서를 토대로 중소기업영향에 대한 평가의견을 제시하고 있다.

뿐만 아니라, 행정규제기본법 제8조의2에서 소상공인 등에 대한 규제 형평을 규정하고 있다. 중앙 부처에서 규제를 신설하거나 강화하려는 경우「소상공인 보호 및 지원에 관한 법률」제2조에 따른 소상공인 및 「중소기업기본법」제2조제2항에 따른 소기업에 대하여 해당 규제를 적용하는 것이 적절하지 아니하거나 과도한 부담을 줄 우려가 있다고 판단되면 규제의 전부 또는 일부의 적용을 면제하거나 일정 기간 유예하는 방안 등을 검토하도록 의무화하였으며, 중소기업에 대하여 배려를 하는 것이 부적절한 경우에는 규제개혁위원회에 그 판단 근거를 제시하여야 한다.

중소기업 규제 차등화의 유형으로는 규제 내용, 규제 적용시기, 규제 집행의 차등화가 있다. 규제내용에 있어서의 차등화 사례로는 건설공사의 경우 공사 규모에 따라 고용관리 책임자 지정 기준을 차등화하고, 매출액이 일정액 미만인 중소기업에 대해서는 인수합병 심사를 생략해 주는 것 등이 있다. 규제 적용시기의 차등화는 중소기업에 대해서는 HACCP(위해요소 중점관리제도) 적용 등 의무를 부과하는 시기를 늦추어주는 것을 말한다. 마지막으로 규제 집행의 차등화란 규모가 작은 작업장에 대해서는 조사, 감독, 단속 등을 완화하는 것을 말한다.

2.5 규제개혁위원회의 규제 심사

(1) 규제개혁위원회 개요

규제개혁위원회는 정부의 규제정책을 심의·조정하고 규제의 심사·정비 등에 관한 사항을 종합적으로 추진하기 위하여 설치된 기구이다. 주요 임무로는 규제정책의 기본방향, 신산업 규제정비 기본계획 및 규제정비 종합계획의 수립·시행, 규제의 등록·공표, 각급 행정기관의 규제개선 실태에 대한 점검·평가, 신설·강화되는 규제에 대한 심사 등 국가의 규제 개혁 정책 전반에 대한 심의 업무를 수행한다. 즉, 매년도 규제정비 종합계획의 수립과 같은 정부 규제개혁 기본방향을 결정하는 등 컨트롤 타워 기능을 수행한다.

이러한 기능을 수행하기 위하여 위원회는 대통령 소속으로 설치되며 민간중심으로 운영되는 체제를 갖고 있다. 위원은 위원장 2명을 포함한 20명 이상 25명 이하의 위원으로 구성되는데, 대통령이 위촉하는 민간위원이 전체의 과반수가 되도록 구성되어 있다. 공무원인 위원은 국무총리를 포함하여 기획재정부장관·행정안전부장관·산업통상자원부장관·중소벤처기업부장관·국무조정실장·공정거래위원회위원장 및 법제처장으로 8명이다. 따라서 20명 이상으로 위원회가 구성되는 것을 감안하면 12명 이상이 민간위원인 셈이다. 위원장은 국무총리와 대통령이 위촉하는 민간위원이 공동으로 맡고 있는데 실제로는 공동위원장인 국무총리와 공무원 장관급 참석이 어려운 점을 감안하면 민간위원장 주재로 민간위원들 중심으로 운영되고 있다. 간사도 민간위원이 맡도록 규정되어 있다. 행정규제기본법에서 위원회에 간사 1명을 두되, 민간위원 중에서 국무총리가 아닌 위원장이 지명하는 사람이 된다.

규제개혁위원에 대해서는 소신껏 일할 수 있도록 신분을 보장하고 있다. 법 제27조에서 위원은 금고 이상의 형을 선고받거나, 장기간의 심신쇠약으로 직무를 수행할 수 없게 된 경우를 제외하고는 본인의 의사와 관계없이 면직되거나 해촉되지 아니한다고 규정하고 있다.

이와 같이 규제개혁위원회가 외부 민간위원 중심으로 운영되도록 하고, 위원들의 신분을 보장하고 독립성을 보장한 것은 정부의 규제 제정과 운영에 대한 불신이 내재하고 있다고 보여진다. 민간인 중심으로 구성하고 운영되도록 한 것은 정부 공무원들로 위원회를 구성하게 되면 객관적이고 철저한 심사가 이루어지기 어려울 것으로 보았기 때문이다. 규제개혁위원회는 입법 과정에 대하여 민간의 참여기회를 확대하려는 것 뿐 아니라, 정부의 규제 활동에 대한 민간의 견제 역할에 방점을 둔 것이다.

또한 심사가 공정하게 이루어질 수 있도록 여러 장치를 갖추고 있다. 규제개혁위원회 위원의 임기는 2년으로 하되 한 차례만 연임할 수 있도록 하였으며, 법 제20조에는 위원의 제척·회피 사유를 규정하고 있다. 특정 안건이 위원 본인이나 친족과 직접적인 이해관계가 있거나, 위원이 해당 안건과 관련하여 증언 또는 감정을 하거나 자문·용역 등을 한 경우, 해당 안건 당사자의 대리인이거나 대리인이었던 경우에는 해당 규제개혁위원은 해당 안건의 심의·의결에서 제척된다. 또 위원의 회피 의무도 규정하고 있다. 제척사유 또는 이에 준하는 사유가 있거나 그 밖에 심의의 공정성을 확보하기 어렵다고 판단하는 경우에는 스스로 해당 안건의 심의·의결에서 회피하도록 회피의무도 규정하고 있다. 규제개혁위원회 위원은 교수, 법조인, 경제인 등 다양한 분야의 인사들로 위촉되고 있는데, 이들은 본인의 직업 활동과 관련하여 제척 사유가 발생할 가능성이 존재한다. 이 때문에 이러한 제척과 회피는 임의사항이 아니라 강제사항이며, 이러한 의무를 위반한 경우 위원회 심의결과는 절차적 정당성을 침해받는다고 할 것이다.

그리고 공무원 및 외부 전문가들의 보좌를 받을 수 있는 장치도 마련되어 있다. 국무조정실 규제조정실이 사무국 역할을 담당하고 있으며, 관계공무원 및 민간전문가들로 구성된 자문기구를 둘 수도 있다. 법 제29조에서는 신산업 등 전문적 분야에 대한 안건의 사전 검토·조정 및 전문적인 조사·연구 등을 지원하기 위하여 법 제29조에 따른 전문위원 또는 민간전문가 등으로 구성되는 자문기구를 둘 수 있으며, 이들은 필요한 경우 위원회 또는 분과위원회의 회의에 출석하여 발언할 수 있다. 이들 전문위원 및 조사요원은 관계 공무원 또는 규제에 관한 학식과 경험이 풍부한 사람 중에서 국무총리인 위원장이 다른 위원장과 협의하여 임명 또는 위촉한다.

또한, 심사를 위하여 필요한 경우에는 관계 행정기관에 대하여 자료를 요구하거나 공무원이 출석하여 설명하도록 요구할 수도 있다. 자료·서류 등의 제출을 요구하는 경우에는 그 내용과 제출기한을 명시한 서면으로 통지하여야 한다. 다만, 회의에 출석한 공무원에 대하여는 구두로 할 수 있다.

규제로 인하여 영향을 받게 되는 이해관계인이 위원회에 출석하여 발언할 수 있도록 요구할 수도 있다. 법 제24조에서는 위원회는 이해관계인·참고인 또는 관계 공무원이 회의에 참석하도록 서면으로 통지할 수 있고, 통지를 받은 이해관계인·참고인 또는 관계 공무원은 회의에 출석하여 의견을 진술하거나 회의 개최 전날까지 서면으로 의견을 제출할 수 있다.

그 이외에도 필요한 경우에는 현지조사도 실시할 수 있다. 법 제25조에 의하면 위원회는 법 제30조에 따라 관계 행정기관 등에 대한 현지조사를 하는 경우, 긴급을 요하거나 조사목적을 해칠 우려가 있는 경우를 제외하고는 관계 행정기관 등에 조사목적, 조사일시, 조사장소 및 조사자의 인적사항 등을 미리 통지하여야 한다. 이 경우 현지조사를 실시하는 직원은 그 권한을 표시하는 증표를 관계자들에게 제시하여야 한다.

이와 같이 규제개혁위원회는 다양한 장치를 통하여 업무지원을 받고 전문성을 보강할 수 있는 장치를 갖추고 있다. 수많은 심사안건과 시간상의 제약으로 인하여 현지 방문조사를 실시하는 것은 현실적으로 어려우나, 중요규제의 경우 이해관계자를 출석시켜 의견을 청취하거나, 관계 공무원을 출석시켜 질의하고 답변을 듣는 일은 빈번하게 행해지고 있다.

(2) 예비심사

부처에서 자체 규제심사를 마치면 규제개혁위원회에 규제심사를 요청하게 된다. 예비심사는 부처가 제출한 신설·강화 규제안이 규제개혁위원회에서 논의가 필요한 규제인지 여부를 판단하는 것을 말한다. 중요 규제로 선정되지 않은 규제는 부처 규제심사위원회에서 심의한 결과를 존중하고 별도로 심의하지 않는다. 규제개혁위원회의 한정된 인력으로 46개 중앙부처에서 신설하거나 강화하려는 규제 전부에 대하여 일일이 깊이있게 심사하는 것을 불가능하기 때문이다.

부처에서 제출한 규제안이 중요 규제인지 여부에 대하여 규제조정실에서 실무 검토하고 검토의견을 마련하면, 규제개혁위원들이 규제조정실의 실무 검토의견을 토대로 온라인 심사를 실시하여 의결하게 된다.

규제개혁위원회에서 중요규제로 판단하는 기준은 행정규제기본법 시행령 제8조의2에 제시되어 있다.

1. 규제의 시행에 따라 규제를 받는 집단과 국민이 부담하여야 할 비용이 연간 100억원 이상인 규제
2. 규제를 받는 사람의 수가 연간 100만명 이상인 규제
3. 명백하게 진입이나 경쟁이 제한적인 성격의 규제
4. 국제기준에 비추어 규제 정도가 과도하거나 불합리한 규제
5. 다른 행정기관에 의하여 시행되고 있거나 시행 예정인 규제와 심각한 불일치 또는 간섭을 발생시키는 규제

6. 이해관계인 간 이견이 첨예하게 대립하거나 사회·경제적으로 상당한 부작용이 우려되는 규제
7. 중소기업영향평가·경쟁영향평가·기술영향평가 결과 개선이 필요한 규제
8. 규제 수준 및 정도가 현저히 부당한 규제

즉 100억원 이상의 경제적 임팩트를 미치는 규제, 100만명 이상의 국민들에게 영향을 미치는 규제, 임팩트가 크지는 않지만 매우 불합리한 규제 등이다. 중요규제인지 여부를 판단하는데는 1차적으로 규제영향 분석서를 1차적으로 참고한다. 규제영향 분석서에서 제시된 비용과 편익 추정값이 100억원, 100만명 기준에 해당되는 경우는 중요규제로 보게 된다. 다만 규제영향분석서는 부처에서 자체적으로 추정한 값이므로 규제개혁위원회에서 자체적으로 조사한 결과를 토대로 중요규제 여부를 판단하기도 한다.

또한, 이상의 기준에 해당되는 경우에도 위원회의 판단에 따라 중요규제로 보지 않을 수 있는 즉 규제심사를 면제하는 사유를 두고 있다. 즉 에 따른 중요규제 판단기준의 어느 하나에 해당하더라도 이해관계인 간의 이견이 없으면서 다른 규제대안이 없는 경우 등 불가피성이 인정되는 경우에는 중요규제로 보지 아니할 수 있다.

(3) 본심사

규제개혁위원회는 운영의 효율화 및 전문분야별 심도있는 논의를 위하여 전체 위원으로 구성된 본회의 외에 2개의 분과위원회를 구성하여 운영하고 있다. 경제규제 분과위원회와 사회규제 분과위원회를 두고 46개 중앙부처에서 제정·개정하는 규제에 대한 심사업무를 분담하고 있다.

위원회 회의에는 이해관계자 및 부처를 참석시켜 질의 답변을 실시하고, 부처에서 마련한 규제안건에 대하여 원안동의, 개선권고 혹은 철회 등으로 의결하게 된다. 부처에서 이를 수용한 경우 안건이 종결되게 된다.

부처에서 규제개혁위원회의 심사 결과에 대하여 이의가 있는 경우에는 재심사를 요청할 수 있다. 심사결과에 이의가 있거나 위원회의 권고대로 조치하기가 곤란하다고 판단되는 특별한 사정이 있는 경우에는 처리기한 내에 재심사의 대상이 된 규제의 내용과 재심사요청의 사유를 명시하여 재심사를 요청하여야 한다. 부처에서 재심사 요청을 받으면 위원회는 요청받은 날부터 15일 이내에 재심사를 끝내고 그 결과를 관계 중앙행정기관의 장에게 통보하도록 규정하고 있다. 다만 이렇게 재심사를 하게 되는 경우는 거의 없다. 위원들간에 의견이 첨예하게 나뉘거나 부처에서 강하게 반발하는 경우에는, 한번의 회의에서 결론을 내지 않고 차기 회의에서 추가 논의를 통해서 결론을 내는 경우가 일반적이다.

위원회의 심사결과는 권고사항이기 때문에 엄밀하게 말하면 부처에서 수용하지 않을 수 있다. 다만, 행정규제기본법 제14조에서 권고를 받은 관계 중앙행정기관의 장은 특별한 사유가 없으면 이에 따라야 하며, 그 처리 결과를 대통령령으로 정하는 바에 따라 위원회에 제출하도록 규정하고 있다. 위원회의 권고사항은 사실상의 구속력을 갖는다고 할 수 있다.

제3장 규제비용 관리제

3.1 제도의 의의

규제비용관리제란 규제를 신설·강화하려고 할 경우, 신설·강화되는 규제에 대하여 비용분석을 실시한 후 이에 상응하는 기존 규제를 폐지·완화하여야 한다는 것이다. 법인·단체 또는 개인의 사업 활동에 비용 부담을 부과하는 규제를 신설·강화하는 경우, 해당 규제로 인하여 발생되는 비용(Cost In)에 상응하는 기존 규제를 폐지 또는 완화(Cost Out)함으로써 국민의 규제비용 부담을 경감하려는 취지인 것이다.

이는 영국에서 2011년부터 실시된 'One-In, One-Out' 제도를 벤치마킹한 것이다. 영국은 신규 규제 도입시 기업에 순비용을 초래하는 경우 이에 상응하는 순비용의 규제를 폐지·완화하도록 하였으며, 2016년부터는 'One-In, Three-Out'으로 변경하여 신규 규제 도입시 이의 3배에 해당하는 순비용의 규제를 폐지·완화하고 있다. 미국도 트럼프 대통령 시절에 'One-In, Two-Out' 룰을 실시하도록 행정명령을 발령한 바 있다. 우리나라는 국무총리의 훈령인 "국민부담 경감을 위한 행정규제 업무처리 지침"을 근거로 지난 2016년 7월부터 시행하고 있다.

3.2 제도 운영체계

(1) 적용대상

규제비용 관리제 적용대상은 행정규제기본법」상의 규제로서 기업·소상공인 등 피규제자인 법인·단체 또는 개인의 사업활동에 비용 부담을 초래하는 규제이다. 다만 비중요 규제이거나, 아래에 해당되는 규제에 대해서는 규제비용관리제를 적용하지 않는다.

① 국가적 위기상황에 긴급히 대처하기 위한 규제
② 조약이나 그 밖의 국제협정의 이행을 위하여 불가피한 규제
③ 국가 질서유지, 국민의 생명·안전과 직접적으로 관련이 있는 규제. 예를 들어 관련 사업자 등에게 안전조치 의무를 강화하거나, 시설·설비 관련 기준을 강화하거나, 안전관련 사전교육 및 점검 등 의무를 강화하거나, 기존 안전규제 적용대상을 확대하는 것 등이다.
④ 금융·외환시스템 위험 방지 및 안전성 확보를 위한 규제, 환경위기 대응을 위한 규제 및 경쟁을 촉진하는 규범
⑤ 수수료, 행정질서벌 및 행정제재처분. 새로이 의무를 부과하거나 금지 규정을 마련하는 것이 아니라, 기존에 의무부과 및 금지 규정이 존재하고 처분규정만을 강화하는 경우를 의미한다.
⑥ 1년 이하의 존속기한이 설정된 규제

(2) 규제 비용과 편익의 측정

 비용관리제 적용대상인 비용은 피규제자가 규제를 준수하기 위해서 지불하는 비용, 즉 직접비용이다. 규제의 효과가 피규제자에게 귀속됨으로써 발생되는 비용, 즉 간접비용은 비용관리제가 적용되지 않는다. 예를 들어 피규제 기업이 생산·공급하던 상품에 대한 수요가 감소되거나, 규제로 인하여 비용이 증가할 경우 기업이 상품단가를 인상하게 되고 이로 인해 매출이 감소되는 것, 혹은 규제로 인하여 기업이 기존의 생산·공급 및 영업방식 등을 변경해야 함에 따라 놓치는 이윤, 즉 기회비용 이런 것들이 간접비용에 해당된다.

 비용관리제 매뉴얼에서 직접비용을 아래와 같이 9개의 항목으로 열거하고 있으며, 이를 산출하는 표준화된 방법도 제시하고 있다.

① 행정부담 : 정부와 공공기관이 요구하는 문서작성 및 제출에 소요되는 비용
② 노동비용 : 규제를 준수하기 위해 소요되는 인건비
③ 교육훈련 : 교육을 받도록 규제하는 경우, 훈련비용 및 교육참여로 인한 기회비용
④ 외부서비스 : 전문가 자문비용, 시스템 위탁비용 등 외부기관에 지출된 비용
⑤ 설비 : 기계장비 등을 갖추도록 요구할 경우, 기자재 구입에 지출된 비용
⑥ 원재료 : 규제로 인해 사용된 각종 투입재 비용
⑦ 운영 : 규제로 인해 투입한 인력이 사용하는 사무용품 등 각종 용품 및 전기요금, 교통비, 보험료 등 관리운영 비용
⑧ 지연비용 : 규제이행에 따라 사업운영이 지연됨으로 인한 영업 손실 등
⑨ 그 밖에 규제를 준수하기 위하여 피규제자가 직접 부담하는 비용

 또한, 비용관리제에서는 규제로 인한 직접적 편익만을 대상으로 한다. 피규제자가 지불했던 비용 혹은 부담이 절감, 정부보조금 등 피규제자가 직접적으로 받는 금전적 이익, 그밖에 변경된 규제의 시행 자체가 직접적 원인이 되어 피규제자에게 발생하는 영업이익 및 기업의 이윤이 직접적 편익에 해당된다. 다만, 피규제 기업에 대한 인지도 및 신뢰도 제고, 품질 향상 등으로 당해 기업이 공급하는 상품 및 서비스에 대한 수요가 증가하거나, 규제로 인해 특정원료 사용이 금지되는 경우 대체원료의 매출이 증가하는 것, 그 밖에 환경오염 개선, 국민안전, 삶의 질 개선 등 사회 전체적 편익은 비용관리제의 대상이 되지 않는다.

 이러한 직접비용은 규제가 발효된 이후 수년간에 걸쳐 생겨날 수 있는데, 이 경우 할인율을 써서 현재가치로 환산한다.

(3) 운영 절차

 규제개혁위원회에서 신설·강화 규제안를 심사할 때 부처로 하여금 신설규제에 상응하는 폐지·완화 규제를 동시에 제출하도록 한다. 다만, 동시 제출이 어려운 경우 부처는 1년 이내에 폐지·완화 계획을 제출할 수 있다.

 신설강화 규제로 발생되는 규제부담은 규제연구센터에서 1차 비용분석 검증을 거친 후, 규제조정실에 설치된 비용분석위원회에서 2차 검증을 실시한다. 다만 규제비용이 연간 직접비용 10억원 미만인 규제의 경우 부처의 규제심사 부담을 경감하기 위해 비용분석위원회의 2차 검

증이 생략된다.

　신설·강화하려는 규제와 부처에서 제시한 폐지·완화 규제 간에 규제 비용에 차이가 있는 경우에는 그 차이(규제 순비용)를 적립하여 1년 동안 부처 전체적으로 규제 순비용을 0으로 만들 수 있도록 하고 있다. 규제개혁위원회에서 신설·강화 규제안에 대하여 규제심사를 할 때 예비적으로 정산하고, 입법절차가 종료되어 규제가 확정되어 등록될 때 최종적으로 정산한다.

　부처별로 반기별로 운영 실적을 외부에 공표하도록 함으로써 경각심을 갖고 지속적으로 규제 순비용이 증가하지 않도록 관리하도록 촉구하고 있다.

3.3 개선 과제

　국민과 기업의 규제부담을 경감하기 위하여 2016년에 규제비용관리제가 도입되었으나, 여전히 비용관리제의 효과를 체감하기 어렵다는 지적이 있다. 이에 대하여 여러 가지 원인이 있겠으나 우선 규제 신설·강화와 폐지·완화가 동시에 진행되기 어렵기 때문이다. 규제가 신설 또는 강화되는 경우에는 이미 사회적 문제가 발생되고 규제를 강화해야 한다는 여론의 공감대가 존재하는 등 신속하게 진행될 수 있는 상황이 존재하지만, 기존 규제를 폐지하는 것은 신속하게 추진되기 어렵다. 규제 완화를 강력하게 요구하는 주체가 존재하지 않아 국민 공감대 형성 및 이해관계자 설득 등에 상당한 시간이 소요되게 된다. 둘째, 규제 신설·강화로 인해 이득을 얻는 주체와 규제의 폐지·완화로 인해 손해를 입는 주체가 상이하기 때문이다. 규제 폐지·완화로 인해 국민 모두가 이익을 얻는 경우라면 규제 폐지가 손쉽게 진행될 수 있겠으나 그러한 경우는 많지 않다. 따라서 규제 폐지에 반발하는 이해관계자에 대하여 정부가 설득할 수 있는 수단이 마땅히 없다는 점이다. 셋째 규제비용관리제의 적용 예외가 지나치게 많다는 점이다. 전경련 분석자료에 따르면 2016~2020년까지 신설된 규제의 8.2%에만 규제비용관리제가 적용되었다. 넷째, 규제비용 감축에 대한 인센티브나 제재가 사실상 없다는 점도 문제이다.

　향후에는 규제비용관리제의 근거를 국무총리 훈령이 아니라 법률에 격상하여 규정함으로써 제도의 권위를 높일 필요가 있으며, 규제비용관리제에 대한 예외 범위를 축소할 필요가 있다. 즉 국가적 위기사항이나 조약이행을 위한 규제의 경우에는 비용관리제의 예외로 두는 것에 어느 정도 공감할 수 있으나, 그 외에 예외 사유에 대해서는 재검토가 필요하다. 국가질서유지, 환경위기 대응, 국민의 생명·안전과 직접적으로 관련된 규제는 개념이 너무 포괄적이어서 사회적 규제 상당수가 여기에 속할 수 있다. 하지만 이들 분야에서도 동일한 목적을 추구하지만 효율성이 낮거나 효과가 낮은 기존 규제를 폐지할 수 있는 여지는 상당히 존재한다고 보인다. 또한 연도별로 부처별 규제 신설·강화 계획에 대하여 제출하도록 하고, 연도별 규제비용 절감 목표를 구체적으로 설정하여 강제하는 방안도 필요하다. 이를 위해서는 규제개혁위원회가 개별 규제별로 규제비용과 폐지·완화 가능성을 주기적으로 전수 조사하고, 신설·강화하려는 부처에게 폐지·완화 규제 리스트를 제안하는 등 시스템적 뒷받침이 필요하다고 판단된다.

제4장 규제일몰제

4.1 제도의 의의

 규제 일몰제는 법령으로 정하고 있는 행정규제에 존속기한 또는 재검토 기한을 설정하고, 기한이 도래할 경우 해당 규제의 존속여부를 심사하여 해당 법령을 폐지하거나 개선하는 제도이다. 이는 규제 목적이 달성되어 존속할 필요성이 사라진 규제를 폐지함으로써, 경제·사회 환경변화에 따른 규제의 타당성을 높이고 국민과 기업의 규제 부담을 완화하려는 것이다. 규제영향분석이 규제 신설 및 강화를 억제하는 사전적 조치라면 규제 일몰제는 규제가 생겨난 이후에 평가를 통하여 국민의 규제부담을 줄여주는 사후적 보완 장치라고 할 수 있다.

 미국, 영국 등 여러 선진국에서 규제 일몰제를 채택하고 있으며, 미국은 행정부가 제정하는 행정법규에 대해서만 10년의 기한내에 재검토를 실시하도록 하고 있다. 국회에서 행정부에 위임한 법령에 대하여 주기적으로 통제하려는 것이다. 우리나라는 행정규제기본법 제8조에서 규제를 신설하거나 강화하려는 경우에는 규제의 존속기한 또는 재검토기한을 설정하도록 규정하고 있다. 즉 시행령 이하의 행정법규 뿐만 아니라 행정부가 발의하는 법률에 대해서도 일몰제를 적용하고 있다.

4.2 제도 운영체계

(1) 일몰 설정

 원칙적으로 규제를 계속 존속시켜야 할 명백한 사유가 없는 한 모든 신설·강화 규제는 일몰제의 대상이 된다. 규제개혁위원회는 규제심사 과정에서 부처에게 일몰제 설정을 권고할 수 있다. 기존 규제의 경우에도 규제집행 상황에 대한 점검결과에 따라 규제를 계속 존치해야 할 명백한 사유가 없는 경우에는 일몰을 설정하도록 할 수 있다.

 특히 시장 진입을 제한하는 등 자유로운 경쟁을 제한하거나 피규제자의 준수비용 등 부담이 큰 규제, 융복합·신산업·신기술·각종표준 등 관련분야의 기술발전 등 급격한 환경변화에 대응할 필요가 있는 규제, 피규제자에게 직접적으로 발생하는 규제 비용이 크거나(예: 10억 이상) 간접적인 규제부담이 상당한(예: 규제영향비용 100억 이상) 규제는 신설·강화 심사시 반드시 일몰을 설정하도록 하고 있다.

 다만, 일몰제 적용이 명백히 불합리한 경우에는 일몰을 설정하지 않는다. 예를 들어 국가의 위기상황에 대응하기 위한 규제이다. 국가적 위기상황에 긴급히 대처하기 위한 규제, 외환·금융시스템 위험 방지 및 안전성 확보를 위한 규제, 환경위기 대응을 위한 규제, 국가의 질서유지, 국민의 생명·안전과 직접적으로 관련이 있는 규제 등이다. 또한 일몰설정시 오히려 법적 안정성을 저해되는 등 부작용이 클 것으로 예상되는 규제의 경우 일몰을 설정하지 않는다. 예를 들어 사회통념상 보편적으로 통용되는 규범적 성격의 규제, 외국과 체결한 조약이나 그 밖의 국제협정의 이행을 위하여 불가피한 규제, 행정 수수료·행정질서벌 및 행정제재처분 등에 대한 규제이다. 마지막으로 국민과 기업에 규제비용 부담이 미미한 규제도 일몰제를 적용하지 않는다.

(2) 일몰 유형

규제 일몰제는 효력상실형과 재검토형 두 가지 유형으로 나뉜다. 법령에서 정한 기한이 도래하게 되면 해당 규제가 자동적으로 폐지되도록 한 것은 효력상실형이고, 법령에 일정한 기한을 설정하고 기한이 도래할 경우 그 규제의 시행상황을 점검하여 필요성과 타당성을 재검토하고 그 결과에 따라 규제의 폐지, 개선 여부 등을 결정하도록 한 것은 재검토형 일몰제이다.

행정규제기본법에서는 원칙적으로 효력상실형 일몰을 설정하도록 규정하고 있다. 다만 존속 기한을 설정하는 것이 적절하지 않거나 환경변화로 인해 주기적인 재검토가 필요한 경우에는 재검토형 일몰을 설정한다.

효력상실형 일몰을 설정하는 경우는 다음과 같다. 특정한 문제해결을 위해 한시적으로 도입된 규제, 특정한 시장 상황을 전제로 만들어져 추후에는 폐지할 필요성이 높은 규제, 선진국에 없는 우리나라 특수성에 의한 고유한 규제, 행정여건에 맞지 않거나 규제의 준수도가 저조한 규제 등이다. 효력상실형은 대개 법령 부칙 등에서 유효기간에 관한 조문을 두고, "제00조의 개정규정은 0000년 00월 00일까지 효력을 가진다" 등ㅇ로 표현되고 있다.

재검토형 일몰을 설정하는 경우는 다음과 같다. 예를 들면 특정한 위기상황 혹은 공중의 압력에 의해 충분한 비용편익분석 없이 서둘러 규제가 도입되었거나, 규제의 필요성 및 효과 등에 대한 정보가 불완전하나 예방적 차원에서 도입된 경우, 신기술 관련한 규제와 같이 해당 규제와 관련된 사회적·경제적 환경이 급변하는 경우, 사회적 인식수준 등 사후에 변화할 수 있는 가변적 판단기준을 근거로 하여 만들어진 규제 등이다. 이러한 규제는 규제가 발효된 이후에 규제의 필요성, 효과, 사회적 인식 등을 재검토하여 존치 여부를 결정하는 것이 타당하기 때문이다. 재검토형 일몰의 경우에는 법령에 규제의 재검토라는 별도 조항을 두고, "00장관은 제00조에 따른 과태료의 부과기준에 대하여 0000년 00월 00일을 기준으로 3년마다 그 타당성을 검토하여 개선 등의 조치를 하여야 한다" 등으로 표현되고 있다.

일몰 설정기간은 규제 목적 달성에 필요한 최소한으로 두어야 한다. 행정규제기본법에서는 규제의 존속기한 또는 재검토 기한은 원칙적으로 5년을 초과할 수 없도록 규정하고 있다.

(3) 일몰 규제의 재검토 절차

효력상실형 일몰 규제는 존속기한이 도래한 경우 자동적으로 효력을 상실 한다. 다만 규제를 존속시켜야 할 특별한 필요성이 있는 경우에는 신설·강화 규제에 준하여 부처별 자체 규제심사 및 규제개혁위원회의 심사를 받게 된다.

재검토형 일몰 규제의 경우, 먼저 일몰 기한 도래 시 각 부처는 해당 규제의 운영성과를 분석하고, 이를 토대로 재검토 결과보고서를 작성한다. 보고서에는 규제운용 실적 및 과, 문제점 및 이해관계자 의견 등을 포함하여야 한다.

각 부처에서는 규제영향분석서 또는 재검토 결과보고서를 토대로 자체 규제심사를 실시하고, 규제의 존속기한 또는 재검토기한이 도래하기 6개월 전까지 규제개혁위원회에 심사를 요청하여야 한다. 이는 규제개혁위원회에 심사 결과에 따른 법령 개정 등 후속조치에 충분한 시간을 가질 수 있도록 한 것이다.

국무조정실은 부처에서 제출한 규제영향분석서 또는 재검토 결과보고서를 검토하고 부처와 협의를 거친 후 규제개혁위원회에 상정한다. 규제개혁위원회에서는 심사가 완료되는 즉시 그 결과를 중앙행정기관에 통보한다.

각 부처에서는 규제심사 결과에 따라 일몰기한이 도래하기 전에 규제 존속 또는 개선 등 법령 정비 절차를 진행하고 규제정보화시스템에도 해당 내용을 갱신하여야 한다.

한편, 규제의 존속기한 또는 재검토기한이 법률에 규정된 경우에는 규제의 존속기한 또는 재검토기한 도래 3개월 전까지 규제의 존속기한 또는 재검토기한 연장을 내용으로 하는 개정안을 국회에 제출하여야 한다.

4.3 한계와 개선과제

국민들의 규제부담을 줄이기 위해 일몰제가 도입되어 운영되고 있으나 몇가지 한계가 존재한다.

첫째, 일몰제를 강제할 수 있는 수단이 취약하다는 것이다. 행정부가 정하는 하위법령 뿐 아니라 법률에도 일몰을 설정하고 있는데, 법률에 일몰을 설정한 경우 일몰기간이 도래하더라도 법률을 개정·폐지하는 것이 쉽지 않다. 법률의 개정은 국회내에서의 입법 환경에 크게 영향을 받기 때문이다. 미국의 경우에는 행정부에 대한 감독과 견제 차원에서 행정부에서 제정·운영하는 시행령 이하 하위법령에 대해서만 일몰을 설정하여 운영하고 있다.

둘째, 일몰제를 관리하는 인력 문제이다. 매년 600여 건이 넘는 규제에 대하여 일몰 기한이 도래하고 있다. 그런데 이들 규제에 대하여 존속여부를 심사할 인력은 절대적으로 부족하다. 재검토 심사 T/F에 민간전문가가 일부(2020년의 경우 19명) 참여하고 있으나, 이들은 전업으로 참여하는 것도 아니며 심사해야 할 건수를 고려할 때 개별 사안별로 심층적인 검토를 하는 것은 어렵다.

셋째, 일몰제 자체에 내재적인 한계가 있다는 것이다. 행정규제기본법에서는 모든 규제에 대하여 원칙적으로 일몰을 설정하도록 하고 있으나, 법적 안정성을 해칠 수 있다는 문제가 있다. 기업들은 규제가 도입되면 기업들은 이에 순응하여 규제가 존속될 것을 예상하고 이에 맞는 대응조치를 취하고 있는데, 중간에 갑자기 규제가 폐지되거나 규제가 폐지될지도 모른다는 불안정한 상황에서는 투자 의사결정을 하기 어렵다. 이 때문에 일몰기한 도래 시점에서 실제로 폐지되는 규제가 많지 않으며, 현실적으로 많은 일몰규제가 사실상 계속해서 재연장되고 있다. 2020년의 경우 720건의 규제에 대하여 일몰심사를 실시하였는데, 실제 규제가 폐지된 것은 4건에 불과하고 556건이 아무런 변경 없이 계속해서 존속하는 것으로 결정되었다.

제5장 규제심사 제도의 한계 및 제언

5.1 규제심사의 예외 영역

(1) 의원입법을 통한 규제 신설

매년 신설되는 규제의 80% 이상이 국회에서 의원 발의 입법을 통해서 생겨나고 있다. 규제는 법령에 근거를 두기 때문에 입법권을 가진 국회에서 규제 신설에 주도적 역할을 하는 것은 당연하다고 생각되지만, 의원발의 입법안은 정교한 품질관리 절차가 마련되어 있지 않다. 정부가 법률안을 마련할 경우에는 관계부처와의 협의, 당정협의, 규제심사, 법제처 심사, 차관회의 및 국무회의 등 다단계에 걸쳐 검토가 이루어지지만, 의원 발의 법률안에 대해서는 국회 입법조사처의 검토와 법률안에 따른 비용 추계와 같이 비교적 단순한 검토만 이루어지고 있다. 국회 의원발의 법안에 대해서 규제심사와 같은 사전 스크린 절차를 마련해야 한다는 주장은 학계에서 전부터 주장되고 있으나, 실현되지 않고 있다. 이러한 사전 통제장치를 두는 것이 의원들의 입법권을 제한하는 것으로 여겨질 수 있기 때문으로 보인다.

한편 의원 입법의 경우 발의 절차가 너무 손쉬운 것도 문제라고 생각된다. 발의한 의원 외에 동료의원 9명의 동의만 있으면 법안이 발의될 수 있고, 의원 발의안에 대해서는 입법예고나 공청회를 거칠 필요가 없다. 이 때문에 매년 국회의원 발의 법안수는 증가하고 있다. 20대 국회의 경우 2만 1594건의 법률안이 발의되었고 이 중에서 규제법률이 약 20%에 달한다. 2020년부터 회기가 개시된 21대 국회에서만도 이미 3천여 건의 법률안이 발의되었다.

심지어 일부 부처에서는 친분이 있거나 법안 내용에 호의적인 의원을 찾아서, 의원입법 형식으로 신규 규제를 도입하려고 한다. 소위 청부입법인 것이다. 행정부 내부적으로 법안을 통과시키려면 입법예고, 규제심사, 법제처의 법령심사 등 여러 단계의 까다로운 절차를 거쳐야 하고 시간이 소요되지만, 의원 입법 형식을 취하게 되면 이러한 규제장치가 없기 때문이다. 의원 입장에서도 법안 발의 건수는 의정활동 실적이 되기 때문에 부처의 입법 요청에 대하여 우호적이다.

의원 발의 입법안 대개 관련 이해관계자 단체와 협의해서 의원실 자체적으로 초안을 마련하거나 의원들의 요청에 따라 국회 입법조사처에서 초안을 작성하고 있다. 입법조사처에 초안을 의뢰하는 경우에도, 약 100여명의 입법조사처의 인력으로 수많은 법안에 대하여 기존 규제와의 중복 여부, 비규제 대안 검토 등 규제의 품질까지 검토할 것을 기대하는 것은 무리가 있어 보인다.

물론 국회 본회의에서 의결하기 전에 분야별 상임 위원회 및 법사위원회에서 법안을 검토하는 절차를 두고 있다. 또 상임위 내에 법안 소위원회를 두고 있으며, 국회 입법조사처에서 법안에 대하여 검토의견을 제출하는 등 국회의 논의를 지원하고 있다. 그러나 한 번에 수십개씩 법안을 심의하는 법안 소위 및 상임위원회에서 개별 규제 사안별로 규제가 미칠

영향을 분석하거나 규제의 품질까지 고려하면서 심도있는 검토가 진행되기는 물리적으로 한계가 있어 보인다.

(2) 규제관리의 예외 영역

행정규제기본법 제3조에는 규제심사의 예외 영역을 규정하고 있다. 입법부, 사법부, 감사원, 선거관리위원회가 정하는 규제와 병역·조세·행형·국가보안에 관한 규제이다. 이들 규제에 대해서는 행정규제기본법이 적용되지 않는다. 규제를 신설·강화하는 경우에도 규제영향분석을 실시하여 국민에게 공개하여 의견을 물을 필요도 없으며, 규제개혁위원회의 규제심사를 받을 필요도 없다고 규정한 것이다. 또 규제법정주의, 비례의 원칙, 일몰제 등의 제한을 따를 필요도 없다는 것이다.

행정규제기본법이라는 명칭에서 알 수 있듯이 법 제정 당시 행정부에서 제정하거나 개정하는 규제만을 규율대상으로 삼으려고 의도한 것으로 보인다. 입법부와 사법부, 기타 헌법기관이 제정하는 규제에 대해서는 예외를 둔 것이다. 하지만 행정규제기본법이 시행된지 20여년이 지난 지금에도 신설·강화 규제의 예외 영역으로 둘 것인지는 의문이 남는다.

첫째, 3권 분립을 이유로 입법부 및 사법부에서 정하여 운영하는 규제에 대하여 예외를 인정해 줄 것인가이다. 앞서 서술하였듯이 오늘날 입법부를 통해 수많은 규제가 신설되고 있다. 규제를 가장 많이 생산하는 경로에 대하여 아무런 통제장치를 마련하지 않는다면 국민과 기업의 부담을 줄여주겠다는 신설규제 심사제도에 큰 허점을 방치하는 꼴이다.

그렇다고 입법부가 제정하는 규제에 대하여 행정부에 설치된 규제개혁위원회가 보고를 받거나 심사를 하는 것은 부적절한 측면은 있다. 그렇다면 행정규제기본법 조항 중에서 규제의 원칙과 자체 규제심사 등 3권분립의 취지에 반하지 않는 규정만 적용하면 될 것이다.

둘째, 감사원과 선거관리위원회에서 생산하는 규제에 관해서이다. 이들 기관은 헌법에서 정한 독립된 기관이기 때문에 행정부를 규율하기 위한 행정규제기본법의 예외로 둔 것이다. 이들 기관의 독립적 업무수행을 보장하기 위해서일 것이다. 하지만 독립적 업무수행을 위해서라고 한다면 공정거래위원회, 방송통신위원회 등이 운영하는 규제에 대해서도 행정규제기본법의 적용을 면제하여야 할 것이다. 헌법기관이라고 하여 이들 기관이 생산하는 규제에 대하여 규제관리의 예외로 두는 것은 타당하지 않다고 생각된다.

셋째, 병역, 조세, 형벌에 관한 규제이다. 이들은 국가의 기본적 사회질서 유지와 관련된 사안이라고 보아 예외로 둔 것으로 보인다. 또 국가안보에 관한 사항은 대외비 성격의 사안이 많기 때문에 공개적으로 규제 필요성 등에 대하여 토의하거나, 민간인 중심으로 구성된 규제개혁위원회 위원들이 심의하는 것이 적절하지 않다고 생각한 것으로 보인다. 하지만 조세와 형벌에 관한 사항은 정책목적을 달성하기 위한 수단이라는 측면에서 영업정지, 과태료 등 다른 규제와 차이가 없다. 오히려 중대재해처벌법과 같이, 환경, 노동, 안전, 금융, 부동산 분야 등에서 법령 준수를 강제하기 위한 수단으로서 여타 규제와 함께 활용되는 경우가 많아지고 있다. 영업제한 조치나 과태료 부과 등에 대해서는 규제심사를 실시하면서 보다 강력한 규제수단으로서 국민에게 영향력이 큰 조세와 형벌에 관한 규제를 규제심사에서 제외하는 것은 적절하지 않다고 생각된다.

보안에 관한 사항의 경우에도 외부 민간위원들로 구성된 규제개혁위원회의 심사를 받도록 할 것인가는 별론으로 하더라도, 자체적으로 규제심사를 실시하지 못할 것은 없다고 본다. 이 경우 지방자치단체가 제정하는 규제의 사례를 참고할 수 있을 것이다. 조례·규칙의 경우 지방자치단체의 자치권을 존중하여 규제심사는 지방자치단체 스스로 실시하되, 규제에 대하여 영향분석을 실시하여 국민들에게 공표하고 의견을 수렴하는 절차는 거치도록 의무화하고 있다. 혹은 이들 기관에 대해서는 규제관리에 관한 별도의 법률을 제정하여 시행할 수도 있을 것이다.

한편 행정규제기본법에 규정한 경우 이외에도 사안의 성격상 규제심사가 적절하지 않은 경우가 있다. 예를 들어 대통령의 정책적 결단을 반영한 규제, 최저임금 수준 혹은 원전 폐쇄 등과 같이 노사정간의 사회적 합의결과를 반영한 규제, 외국과의 협상 결과를 반영한 규제 등이다. 이런 사항은 진입 제한적인 규제와 같이 규제원칙에 맞지 않는 내용이 있더라도 규제개혁위원회에서의 심사를 통해서 다시 논의하는 것이 적절하지 않고, 규제내용을 수정하거나 철회시키는 것은 불가능하기 때문이다. 현재 이들 사안은 규제심사의 실익이 없는 사안으로 보아 중요규제의 예외로 두는 방식으로 처리하고 있는데, 이는 중요규제의 정의와는 맞지 않는다. 이들 사안은 행정규제기본법의 적용 예외 영역으로 법규에 명시하는 것이 바람직할 것이다.

(3) 권리·의무 사항이 아닌 규제

행정규제기본법 제2조에서는 규제를 국민의 권리를 침해하거나 의무를 부과하는 법령이라고 정의하고 있다. 즉 국민이 원래 가지고 있는 권리를 제한하고 침해하는 경우를 규제라고 보고 있다. 우리 헌법 37조에 따르면 국민의 권리를 침해하려면 국가안전보장·질서유지 또는 공공복리를 위하여 필요한 경우이어야 하고, 법률에 근거를 두도록 규정하고 있다. 따라서 규제관리의 대상이 헌법상 보장된 권리를 침해하거나 법적 의무를 부과하는 경우로 제한되는 것이다. 그러나 이는 규제관리의 대상을 지나치게 좁게 설정하고 있다고 생각된다. 규제개혁의 목적이 시장경제를 활성화하고 국민과 기업의 부담을 줄여주는 것이라고 한다면 규제관리의 대상을 국민이 기존에 가지고 있던 권리를 제한하거나 법적 의무를 부과하는 사항에 한정할 것은 아니라고 생각된다. 시장의 룰을 마련하거나 정부의 신규 재정지원 등 국민 불편과 경제적 영향을 끼치는 모든 경우가 포함될 필요가 있다. 미국의 경우, 규제는 법률의 위임을 받아 행정부가 정하는 법령 즉 regulation을 의미하며, 권리·의무 사항에 국한되지 않는다. 민간에 대한 정부 보조금 지원과 관련한 내용도 포함되며, 국민과 기업 등에게 경제적 영향을 미칠 수 있는 모든 법령 사항을 규제심사의 대상으로 삼고 있다. 정부가 민간에게 금전적 재정적 지원을 하는 경우에도 시장경제를 왜곡시키거나 지원을 받는 자와 못받는 자간에 차별적 효과를 가져올 수 있기 때문이다. 규제심사의 대상은 법령의 형태로 된 모든 정책수단이 되어야 할 것이다. 향후 규제의 개념이 재정립되어야 할 필요가 있다고 생각된다.

5.2 규제영향분석의 품질과 활용

 규제영향분석제도는 규제기관이 스스로 만드려고 하는 규제의 효과와 비용을 평가하도록 함으로써 불합리한 규제의 신설을 자제하고 가장 최선의 규제 대안을 선택하도록 하는 장치이다. 또한 국민에게 규제의 불가피성, 효과, 비용부담 등을 객관적으로 제시함으로써 규제에 대한 공감대와 피규제자의 수용성을 확보할 수 있는 수단이기도 하다. 규제개혁위원회에서의 효과적인 심사를 위해서도 규제영향분석은 충실하게 이루어져야 한다. 일부 부처에서는 규제영향분석을 잘하기 위하여 전문연구기관에 의뢰하는 경우도 있다.

 그러나 여전히 규제영향분석의 질이 미흡하고, 입법과정에서 제대로 활용되지 못하고 있다는 비판이 있다. 국민들도 정부가 발표하는 규제영향분석서를 그다지 신뢰하지 않는 것 같다. 규제영향분석서가 입법과정에서 논의의 토대가 되지 못하고 있는 것이다. 일부 공무원들은 규제영향분석을 규제개혁위원회의 심사를 받기 위해서 억지로 만들어야 하는 일로 여기고, 부실하게 작성하는 경우가 상당하다. 규제영향분석이 형식화되고 있는 것이다.

(1) 규제영향분석의 품질

(가) 분석기법 및 통계자료

 규제영향분석이 규제 도입 여부 및 다양한 규제 대안의 선택을 위한 근거 자료로 활용되려면, 규제로 인한 영향을 정확히 측정할 수 있어야 한다. 각 분야별로 규제가 영향을 미치는 내용이 다르기 때문에, 다양한 비용·편익의 유형과 이를 측정하는 방법론이 정립되어 있어야 한다.

 이를 위해서는 규제가 영향을 미치는 메카니즘을 정확히 파악하고 있어야 한다. 그러나 사회 각 부문 간에는 상호 영향을 미치면서 복잡하게 얽혀 있기 때문에 규제로 발생되는 영향을 예측하여 분석하는 것은 매우 어려운 작업이다. 특히 금융규제, 부동산 규제 등 시장을 상대로 하는 규제의 경우, 규제 회피행위 및 타부문 시장에 대한 풍선효과, 해외 시장 참여자들의 반응 등으로 인하여 규제의 효과 및 이로 인한 직·간접적 사회적 비용은 규제 입안자들이 예상한 것과 상당히 다른 경우도 상당하다. 그러나 규제가 영향을 미치는 메카니즘에 대한 규명 및 규제비용 측정 방법론은 충분히 개발되어 있지 못한 실정이다.

 또한, 분석에 필요한 관련 산업 현황등에 대한 통계나 데이터가 갖추어져 있지 않은 경우가 많다. 하지만 관련 산업 규모가 적고 소규모로 조직화되어 있지 않은 분야에서는 공식 통계가 없는 경우가 많고, 행정기관 내부적으로 조사하여 가지고 있는 행정통계조차 없는 경우도 상당하다. 이 경우에는 규제 순응비용과 행정 집행력 등에 대한 추정값을 신뢰하기 어렵다.

 또한 편익과 비용을 객관적으로 측정하는 것이 어려운 분야도 있다. 예를 들어 생명의 가치, 환경적 이익, 거시경제의 건전성 등과 같은 사항이다. 이들에 대한 가치는 사람에 따라 다르므로 규제 도입의 가부에 영향을 미칠 수 있다. 이 때문에 분석결과의 타당성을 확보하기 위해서는 어떻게 사회적 비용, 편익을 계량화할 것인가는 큰 숙제이다.

규제영향분석을 지원할 전문연구기관도 턱없이 부족하다. 현재 사회적 규제와 경제적 규제로 크게 나누고 전문 연구기관에게 규제영향분석의 검증을 의뢰하고 있으나 복잡하고 다양한 각 분야의 규제영향분석을 모두 아우르는 데는 한계가 있다. 향후 각 전문 분야별로 정부 출연연구소들을 규제영향분석에 참여시킬 수 있는 체계가 마련되어야 할 것이다.

(나) 분석자의 역량

외부 연구기관 등에 의뢰하여 규제영향분석을 실시하는 경우도 있지만, 대개 법령 제정·개정을 담당하는 실무 공무원들이 직접 규제영향분석서를 작성하는 경우가 많다. 법률 제·개정 후 시행시기를 6개월 후로 규정하는 등 시행령 이하 하위법령을 마련하는데 시간이 빠듯한 경우가 많고, 또한 사전 규제회피 행위 방지 등을 위하여 대안 검토 내용에 대하여 대외 보안이 필요한 사항인 경우에는 규제영향분석을 외부 기관에 맡기기 곤란하기 때문이다.

그러나 공무원들이 작성하는 규제영향분석서에서 고품질을 기대하는 것은 어렵다고 생각된다. 규제조정실에서는 비용과 편익의 유형을 제시하고 측정방법에 관한 표준 매뉴얼을 마련하여 제공하고, 매년 각 부처 직원들을 대상으로 규제개혁 교육을 실시하고 있지만 한계가 있다고 생각된다. 우리나라 공무원들은 대개 1~2년 단위로 보직이 바뀌고 규제영향분석을 할 기회가 매우 드물기 때문에 분석기법에 익숙하지 않을 뿐 아니라, 담당 업무와 관련한 전반적인 규제 체계 및 파급효과 등에 대한 이해도가 높지 않은 경우가 많기 문이다.

규제영향분석서의 품질을 높이기 위해서는 부처별로 전문 연구기관을 지정해서 규제영향분석을 위탁하는 방안이 대안이 될 수 있을 것이다. 다만, 하나의 부처도 소관 업무 범위가 넓고 다양하기 때문에 1개의 외부 전문기관이 해당부처 규제 전체에 대하여 규제영향분석을 대행하기는 어렵다고 생각된다. 또 다른 대안은 각 부처에 규제영향분석 전문 부서를 신설하는 것이다. 관련분야 전문가들을 채용하여 부처내 각 부서의 규제영향분석을 지원하거나 또는 영향분석서를 작성하는 업무를 맡기는 것이다. 그리고 이들은 전문직으로 지정하여, 순환보직 대상에서 제외하고 계속해서 규제영향분석에 대한 전문성을 쌓도록 해야 할 것이다.

(다) 규제영향분석서에 대한 검증

행정규제기본법에서는 부처의 자체 규제심사가 신뢰할 수 있는 자료에 근거하여 이루어졌는지 확인하고 규제영향분석이 부실할 경우 이를 보완하도록 해당 부처에 요구할 수 있도록 규정하고 있다. 그러나 규제영향분석이 미흡하다고 해서 모두 반려하는 것은 현실적으로 어렵다. 고시·훈령 등을 제외하고도 매년 2천여 건의 법령에 대하여 제정·개정 작업이 추진되고 있는데, 규제영향분석의 부실을 이유로 반려하게 되면 정부의 입법 일정에 큰 차질을 초래할 수 있기 때문이다.

또한 규제개혁위원들이 부처에서 작성한 규제영향분석이 제대로 되었는지를 평가하기 어렵다. 규제개혁위원들이 여러 분야의 전문가들로 구성되어 있으나, 규제영향분석 기법 및 수많은 규제와 관련한 현황을 잘 알지 못하기 때문이다. 이 때문에 한국행정연구원과 한국개발원에 규제연구센터를 설치하여 각 부처의 규제영향분석서를 사전 검토하고 컨설팅을 실시하도록 하고 있다. 이를 통해 과거보다는 규제영향분석의 품질관리가 강화된 것은 맞지만 10여명 남짓한 인력으로 연간 수천 건이 추진되는 입법안에 대하여 규제 품질관리를 하는 것에는 물리적으로 한계가 있다고 생각된다.

또한 규제영향분석에 대한 사후 검증이 강화되어야 한다. 현재 실시되고 있는 규제영향평가는 사전 예측이다. 일부 사례에서는 규제개혁위원회의 심사를 쉽게 통과하기 위하여 규제의 필요성과 효과성을 과장하는 경우가 있다. 대면회의에서 부처가 이러한 주장을 할 경우 부처의 주장내용을 현장에서 바로 검증하기 어렵기 때문에 규제개혁위원회가 이러한 주장에 크게 영향을 받기 쉽다. 따라서 실제 규제가 발효되고 나서 과연 초기에 예측한 결과대로 되었는지에 대한 사후 피드백을 해야 한다. 일부 선진국에서는 사후 규제영향평가를 실시하고 있는데, 우리도 이러한 제도를 도입함으로써 규제의 필요성과 효과성을 검증할 필요가 있다.

(2) 규제영향분석의 활용

(가) 정책대안 선택

입법예고 전에 부처에서 규제영향분석을 실시하도록 규정한 취지는 정책결정자들이 정책 대안 탐색단계에서 분석결과를 활용되도록 하자는 것이었다. 다수의 정책대안을 두고, 각각의 장단점을 상호 비교한 후 최적의 규제를 선택하도록 한 것이다.

그러나 한국의 규제영향분석은 정책대안 선택과정에 충분히 활용되고 있지 못하고 있다. 법령안 마련은 이미 선택된 정책 대안에 대하여 법령상의 근거를 마련하기 위한 사후적 절차로서 이루어지는 경우가 많다. 규제영향분석서가 법안 마련단계에서 작성되기 때문에, 부처에서는 제로베이스에서 여러 대안에 대하여 비교 분석하기보다는 이미 결정된 규제 대안의 타당성을 옹호하는 관점에서 작성되게 된다. 또한 규제개혁위원회 심사를 쉽게 통과하기 위하여, 부정적인 부분은 최소화하고 긍정적인 부분은 과장하여 규제영향분석서를 기술하려는 경향이 있다.

규제영향분석서가 부실하게 작성되는 이유 중에는 빨리빨리 입법문화의 영향도 있다. 미국의 경우에는 법률을 제정·개정하려면 상하원 양원의 의결을 거쳐야 하고, 행정부 내에서 만들어지는 행정법규도 여러 번의 심의과정을 거치기 때문에 오랜 시간이 걸리는 경우가 많다. 반면 우리나라의 경우에는 법률이 통과되고 나서 6개월 정도의 유예기간 내에 시행령, 시행규칙을 만들어 시행하는 것이 통례이다. 이렇게 빠르게 입법절차가 진행되기 때문에 정부 부처는 규제영향분석 작성 및 규제심사를 번거로운 절차라고 생각하게 된다. 또한 규제 신설 및 강화하려는 배경이 해결해야 할 문제가 긴급한 경우가 많다. 정부가 신속히 대책을 마련하도록 여론의 압박을 강하게 받는 경우 규제영향분석이 깊이있게 이루어지기 어려운 것이다.

한편 입법예고시 규제영향분석서를 공표하도록 한 것은 비용과 편익에 대한 정부당국자의 인식에 대하여 이해관계자 및 일반 국민들로부터 공개 검증을 받도록 한 것이다. 규제로 인한 비용과 편익에 대하여 공개적인 토의를 할 수 있는 기회이기도 하다. 따라서 규제영향분석은 입법과정의 초기에 이루어져야 한다. 그러나 현실은 입법 예고가 진행되는 도중에 규제영향분석서를 작성하여 첨부하는 경우도 상당하다. 심지어 긴급한 사유를 들어 규제영향분석서를 첨부하지 않고 입법 예고하는 경우도 많다. 입법 예고시에 규제영향분석서를 공표하지 않으면, 규제 도입으로 인한 비용부담과 효과성에 대해서 일반 국민과 이해관계자들이 검증할 수 있는 기회를 잃게 되는 것이다. 규제영향분석을 사후에 작성하는 것은 의미가 없다고 생각된다.

규제영향분석이 최선의 규제대안을 탐색하는 도구로서의 역할을 하려면 정책결정 과정과 입법과정이 통합될 필요가 있다. 정책을 결정하기 위한 논의과정에서 입법 대안을 반드시 같이 검토하도록 의무화해야 한다. 현재와 같이 부처의 장관 또는 대통령에 대한 대책방안 보고, 당정협의, 언론발표 등 정책에 대한 의사결정이 먼저 이루어지고 입법은 사후조치로 진행되게 되면, 더 나은 대안이 있더라도 규제영향분석에 기초하여 규제 대안을 변경하기 어렵게 된다. 규제개혁위원회가 철회 내지 개선을 권고하더라도 부처에서 이를 받아들이기도 어려운 경우도 있다. 따라서 고위 레벨에서의 정책결정 과정에서 법령(안)이 같이 검토되어야 하는 것이다. 그렇게 해야만 규제영향분석이 복수의 정책 대안에 대한 비교 분석 및 최선의 대안 선택에 활용될 수 있다. 고위급 정책결정자들도 입법과정을 사후 뒷처리라는 인식이 사라지고, 입법 과정 자체가 중요한 정책결정과정이라는 인식을 가지게 될 것이다.

(나) 규제심사에서의 활용

규제영향분석의 질을 높이기 위해서는 규제심사와 규제영향분석이 상호 일관성있게 관련되어야 한다. 규제영향분석 결과가 규제심사에 적극 활용되고 규제심사 결과에 영향을 미치게 될 때, 부처에서는 규제영향분석을 보다 충실하게 하기 위한 노력을 강화하게 될 것이다.

그러나 행정규제기본법에서는 부처 자체 규제심사가 신뢰할 수 있는 자료와 근거에 의하여 이루어졌는지를 점검하도록 규정할 뿐, 규제심사에서 영향분석결과를 기초로 심사하도록 하는 의무는 없다. 규제개혁 위원들은 규제영향분석서에 의존하기보다는 본인들이 가진 기존의 지식과 위원회에서의 토의 내용, 부처 담당자 및 이해관계자들의 답변을 토대로 판단하는 경향이 있다. 규제영향분석서에 대하여 규제연구센터 및 규제조정실의 심사관들이 제시한 의견은 참고자료가 될 뿐이다.

앞으로 규제심사는 규제영향분석서의 타당성, 신뢰성에 대한 검증을 중심으로 이루어져야 한다. 규제개혁위원회는 규제영향분석 결과를 토대로 심의결정 하도록 의무를 부과할 필요가 있다. 규제영향 분석내용에 기초하여 부처에서 제시한 규제대안의 통과 여부 및 위원회 권고내용이 결정될 때, 위원회의 결정이 객관성을 가질 수 있고, 부처에서이 수용성이 높아질 것이다.

5.3 규제심사 거버넌스

(1) 중앙집중식 외부 통제

현재 우리나라의 신설·강화 규제에 대한 관리체계는 중앙집중식 외부 통제 체계이다. 국무조정실 및 규제개혁위원회는 각 부처가 신설하거나 강화하려는 모든 규제에 대하여 감독 역할을 수행하고 있다. 신설 또는 강화되는 모든 규제는 국무조정실 규제개혁실과 사전 협의하도록 하고 있으며, 부처에서 마련한 규제영향분석서는 외부전문기관에 검증을 받도록 하고 있다. 또한 경쟁영향, 중소기업영향 등 각종 영향평가 역시도 공정거래위원회와 중소기업벤처부에 맡겨서 규제 부처 스스로가 작성한 영향평가에 대하여 감독 역할을 맡기고 있다. 그리고 중요한 규제는 이를 허용할 것인지 아닌지를 규제개혁위원회에서 대면심사를 받아서 결정하도록 하고 있다. 이러한 관리체계를 마련한 것은 그간 정부가 불필요한 규제를 생산하고 있고 이것이 국가 및 기업의 경쟁력을 저해하고 국민의 불편을 초래하고 있다는 인식에서였다. 또 사회경제적 환경변화에 맞추어 효과가 낮아진 규제에 대하여 규제기관 스스로가 정비하려고 하는 의지와 노력이 약하므로, 외부적 통제를 통해 규제를 개혁해야 한다는 인식이 강하였다. 더구나 컨트롤 타워를 민간위원 중심으로 구성하고, 민간위원들의 독립성을 강화한 것은 규제 관리에 있어서 행정부에 대한 불신에 근거하고 있는 것이다.

그러나 이러한 관리체계는 효율성과 효과성 측면에서 여러 가지 한계가 있다고 판단된다. 첫째, 매년 제정 혹은 개정되는 막대한 양의 규제 법령안을 소수의 인력으로 중앙집중식 심사를 통해 관리한다는 것은 무리가 있다. 현재 국무조정실 규제조정실에는 실무인력과 국장·과장급을 포함해서 심사인력이 채 30명이 되지 않는데 이들이 규제 관련 수많은 규제법령안을 검토하고 규제개혁위원회에 안건을 상정하는 일을 맡고 있다. 규제심사는 단순히 법령 문안의 체계를 보는 것이 아니라, 법령 문안에 숨어있는 규제를 찾아내고 향후에 규제가 발효되게 되면 국민과 기업에게 미칠 수 있는 영향을 검토하는 작업이다. 아직 규제로 인한 영향이 나타나지 않았기 때문에 관련 통계자료가 없고, 논리적 근거에 의한 분석과 전문가들의 예측에 기반하여 판단할 수 밖에 없다. 전문가 의견수렴 등에 상당한 시간이 소요된다. 물론 부처에서 작성한 규제영향분석서에 대하여 규제연구센터에서 검토하고 있고, 부처에서 입법예고시에 제출된 국민들의 의견을 보내주긴 하지만 규제조정실의 심사관 및 규제개혁위원들은 이러한 자료에만 의존하는 것은 아니다. 사실관계를 직접 확인해 볼 필요가 있는 경우도 많다. 따라서 1건의 법령안에 규제 항목이 3~4개 이상 포함되는 경우가 많은데, 1년에 수백 건의 법령안을 깊이 있게 들여다보는 것은 물리적으로 불가능하다고 보인다. 특히 법령 제정, 혹은 전면 개정의 경우에는 하나의 법령에 신설·강화되는 십여개의 규제 건수가 포함되는 경우도 많다. 이러한 사항을 철저하게 심사하겠다고 붙잡고 있게 되면 국가의 중요한 입법이 늦어지는 문제를 초래할 것이다.

둘째, 행정은 갈수록 복잡해지고 전문화되고 있고, 규제심사 대상중에는 전문적이고 기술적인 사안이 많다는 것이다. 예를 들어 약품의 규격, 건강기능식품의 규격, 환경기준과 같은 사안은 기준이 과도한지 아닌지를 판단하기 위해서는 관련 분야의 과학적 전문 지식이 필요하다. 외환에 대한 규제, 금융기관 건전성 규제, 기업 회계에 관한 규제 등 매우 전문적 사안이 많다. 이러한 사안에 대하여 충분히 이해하지 않고서는 규제심사가 형식적으로 진행될 수 밖에 없다. 그러나 규제도입에 따른 예상되는 부작용 등을 정확하게 조언해 줄 수 있는 전문가를 찾는 일은 쉽지 않을뿐더러, 설사 전문가의 조언을 받더라도 이를 규제조정실의 심사관과 규제개혁위원들이 충분히 이해하고 이를 규제심사에서의 판단기준으로 받아들이기도 쉽지 않다.

셋째, 각 부처에서 규제심사를 무사히 통과하기 위하여 여러 가지 꼼수를 부리는 경우가 있다. 예컨대 규제심사에서 삭감될 것을 감안해서 꼭 필요하지도 않은 규제 대안까지 포함해서 부풀려서 법령안을 마련하는 것이다. 예산안 심의에서도 벌어지는 일과 유사하다고 하겠다. 이 경우 불필요한 규제대안에 대한 심사에 행정력이 낭비되는 결과가 된다.

이제는 부처 스스로 자율적으로 규제안을 심사하고 관리하도록 해야 할 때라고 생각된다. 과거에는 규제를 만드는 부처에 대한 불신이 컸다고 생각된다. 부처 스스로가 엄격하게 자기 관리를 하지 않을 것이고, 규제를 만들려는 부처는 규제가 필요하다는 전제하에 어떡하든 규제심사를 통과시키고 다른 의견에 대해서는 귀를 막을 것이라는 생각이 지배적이었다. 부처에서 해당 규제안이 경쟁 제한적 성격을 갖는다는 평가를 하지 않을 어려울 것이라고 보아 외부기관에서 통제하도록 한 것이다. 그러나 그동안 20여 년간 규제개혁이 추진되었고, 정부 입법과정에서 규제심사 및 각종 규제영향평가 등을 통해 다양한 정부 내부 견제장치가 마련된 지금 신설 규제에 대한 관리체계를 계속해서 외부에 맡길 것인지는 고민할 필요가 있다고 생각된다.

미국, 영국 등 선진국들은 규제를 제정하는 기관 스스로 규제관리를 하는 방식을 사용하고 있다. 미국 대통령실 소속 OIRA에서는 규제영향분석 등에 대한 가이드라인을 마련하고 각 기관의 규제 신설 계획을 제출받고 있지만, 규제를 제정·개정하려는 부처 자체적으로 규제심사를 하도록 하고 있다. 이렇게 하는 이유는 컨트롤 타워에서 중앙집중식으로 관리하는 것이 비효율적이기 때문으로 추측된다.

다만 현재와 같은 체계로 규제심사를 부처 자율에 맡기자는 것은 아니다. 현재 부처 자체 규제심사는 민간위원 4명과 정부 고위급 위원 2명으로 심사위원회가 구성되는 것이 통례이다. 이들만으로 해당 부처의 복잡하고 다양한 사안을 제대로 심사할 수는 없는 일이다. 게다가 이들은 상근직이 아니라, 다른 본업을 가지고 있으면서 회의가 있을 때만 참여하기 때문에 피상적인 검토가 될 수밖에 없다. 또 자체 규제심사 위원은 해당 부처에서 위원 위촉 및 연임 여부를 결정하기 때문에, 독립성을 갖는데 한계가 있다. 규제 방안을 마련한 부서에서 열심히 설명하고 설득하면 반대의견을 제시하기 어려울 것으로 보인다.

규제영향분석은 전문적인 업무이다. 제대로 심사하고 분석하기 위해서는 전업으로 일할 수 있는 전문 인력을 배치하여야 한다. 규제관리를 제대로 하려면 이를 위한 비용을 지불하여야 한다. 그렇지 않으면 규제관리가 형식적으로 될 수밖에 없는 것이다. 미국의 EPA의 경우에는 자체 규제심사, 평가를 담당하는 전문부서에만 약 50명의 직원이 일하고 있다고 한다. 각 부처내에 현재의 법무담당관을 조직을 확대하여 전문인력을 배치하는 것이 바람직하다고 생각된다.

(2) 컨트롤 타워의 구성과 운영

현재 우리나라에서 신설·강화 규제 심사에 대한 최종 의결기구는 규제개혁위원회이다. 규제개혁위원회는 각 부처에서 입안하는 모든 신설·강화 규제안에 대하여 수용 여부를 결정하고 있다. 각 부처의 규제 신설 및 강화에 대한 리더쉽을 발휘하고, 감독이 제대로 이루어지려면 중앙 컨트롤 타워가 충분한 인력과 전문성을 가지고 업무에 집중할 수 있어야 한다. 또한 심의결과에 대하여 부처 및 이해관계자들의 신뢰도를 높이려면 고도의 전문성, 도덕성 및 책임성이 확보되어야 한다. 그러나 현재의 거버넌스 체제는 운영의 효율성, 전문성 및 책임성 측면에서 몇 가지 한계가 있다.

첫째, 규제개혁위원회가 전원 비상근으로 운영되고 있다는 점이다. 규제개혁 위원들은 부처의 현직 장관들과 대통령이 위촉한 민간인들로 구성되는데 이들은 모두 별도의 직업을 가지고 사회활동을 하면서 회의가 있을 때만 심사에 참여하고 있다. 이들에게 회의가 개최되기 전에 신설하려는 규제와 관련하여 자료를 찾아보거나 이해관계인들의 의견을 청취하는 등 사전준비 노력을 요구하는 것은 과도한 기대일 것이다. 국무조정실의 규제조정실에서 검토한 의견 및 회의 당일에 출석한 부처 및 이해관계자들의 발언을 토대로 상식적 수준에서 판단하는 것이 보통이다. 게다가 책임성 측면에서도 한계가 있다고 보여 진다. 규제개혁위원회는 한시적으로 위촉되는 민간위원이 다수를 구성하고 있어서 공정성을 보장하기 어렵고, 사후에 문제점이 발견되더라도 책임을 묻기 어렵다. 법 제20조에서는 공정한 심사를 위하여 위원의 제척·회피 사유를 정하고 있지만, 개별 안건과 위원들의 이해관계 여부를 확인하는 것은 거의 불가능하다. 공정성 문제는 위원들의 양심에 맡기고 있는 셈이다.

둘째, 위원회 조직이 가진 한계이다. 규제개혁위원회는 회의를 통해 토론이 이루어지고 다수결 내지 컨센서스 방식으로 의사결정이 이루어진다. 이는 수많은 규제 입법안에 대하여 위원 전원이 내용을 검토하고 토의를 통해서 결정해야 한다는 것을 의미한다. 위원회를 통한 의사결정 방식이 독임제 체제에 비하여 신중하게 의사결정이 이루어질 수 있는 장점이 있지만, 다루어야 하는 안건이 연간 수백 건이 넘는데, 한정된 시간에 수많은 안건을 제대로 심사하기에는 효율성 측면에서 무리가 있다. 게다가 전문성 문제도 있다. 규제개혁위원은 다양한 분야의 전문가들로 위촉되지만 이들 만으로는 46개 부처에서 담당하는 모든 업무 영역을 커버할 수가 없고, 개별 안건별로는 해당 안건을 제대로 이해하는 위원은 소수가 될 수 밖에 없다. 따라서 규제개혁위원회에서는 다수결 내지 컨센서스 방식으로 의결이 이루어지고 있는데 대다수의 비전문가와 소수의 전문가가 모여서 의결한 결과가 된다.

셋째, 규제조정실의 실무 공무원들의 전문성이 낮고 인력이 절대적으로 부족하다는 것이다. 연간 정부에서 법률, 시행령, 부령, 행정규칙에 이르기까지 법령 제정 혹은 개정 건수는 1천여 건에 달한다. 2020년의 경우 규제를 포함한 법령은 770건이었으며, 그 속에 1500

여건의 신설 혹은 강화 규제가 포함되어 있었다. 그러나 규제조정실의 규제심사 인력은 약 20여명에 불과하다. 규제조정실의 정원이 얼마 되지 않기 때문에 신설·강화 규제안에 대한 심사를 담당하는 인력은 대개 각 부처 또는 지방자치단체에서 파견나온 공무원들로 채워지고 있다. 이들의 파견기간은 대개 1년이기 때문에 매년 새로운 인력이 심사업무를 담당하게 된다. 게다가 심사의 공정성을 위하여 심사관의 원소속 부처의 안건에 대해서는 맡지 못하도록 상피제도를 적용한다. 결국 규제심사관들은 1년이라는 짧은 기간에 신설·강화 규제심사제도의 내용과 여러 툴을 익혀서 활용해야 하고, 본인이 담당하는 부처의 기본적인 업무 내용을 이해하는 한편 개별 규제사안에 대하여 깊이 있는 심사를 진행해야 하는 상황이다. 본인이 규제심사를 담당할 때에는 매일밤 11시 이전에 퇴근한 기억이 거의 없다. 그럼에도 불구하고 매일 새로운 규제 법안을 이해하기에도 급급했지 규제 대안을 고민할 진지하게 검토할 시간은 거의 없었다고 기억된다.

한편 규제심사제도가 도입된지 20년이 지난 오늘의 시점에서, 신설·강화 규제관리 거버넌스 체계에 대하여 고민할 필요가 있다. 신설강화규제에 대한 관리방식을 민간주도의 중앙집중식 통제방식에서 부처 자율로 변경하는 것도 검토할 필요가 있다. 그간 규제개혁위원회는 일반 국민을 대신해서 각 부처의 무리한 규제 도입에 대한 견제 역할을 담당해왔다. 이제는 국민들의 권리의식이 상당히 높아졌으며, 국회의 권한이 강화되면서 이해당사자들은 입법 단계에서 의견을 적극적으로 반영하고 있다. 따라서 각 부처에 대한 외부통제를 줄이고, 규제기관 자체적으로 규제안의 품질을 평가하고 최선을 대안을 택하도록 유도할 필요가 있다고 생각된다.

그리고 또한 업무의 효율성 차원에서 규제개혁위원회와 국무조정실(규제조정실)의 역할에 대해서도 재검토할 필요가 있다. 각 부처의 규제안은 국무조정실에서 검토하여 처리하는 것을 원칙으로 하고, 규제개혁위원회는 일부 안건에 대한 샘플 모니터링을 통하여 규제조정실에서 일을 잘하고 있는지 감시하는 체제로 전환하는 것이 바람직하지 않을까 생각된다. 한편 규제조정실의 심사인력도 확대하고 전문가 조직으로 전환할 필요가 있다. 규제조정실 규제조정실 심사인력을 대폭 늘리고, 타기관 파견인력이 아니라 정규인력으로 충원하여야 한다. 이들은 전문성을 가진 인력을 경력직으로 채용하고 순환보직 대상에서 제외해야 할 것이다. 한 자리에서 10년 이상 근무하면서 전문직 공무원제로 운영해야만 신설·강화 규제안에 대한 실효성있는 관리가 가능할 것이다.

5.4 기존 규제 정비와 연계

신설·강화 규제심사제도는 수동적이다. 부처에서 규제를 신설하거나 강화하려고 하는 경우에만 심사할 수 있으며, 아무리 불합리한 규제라고 하더라도 부처에서 개정하려고 하지 않는 경우에는 이를 심사대상으로 삼을 수 없기 때문이다.

규제심사 과정에서 심사관들이 불합리한 기존 규제의 존재를 발견하게 되는 경우가 있다. 규제의 신설·강화 필요성을 판단하기 위해서는 관련된 기존 규제를 확인하고 부처에서 제시한 규제 대안의 적절성을 검토하게 되기 때문이다. 그러나 불합리한 관련 규제가 발견되더라도 심사 요청받은 규제 신설·강화안의 적합성 여부에 대해서만 심사하게 된다. 기존 규제의 개정·폐지 등에 대한 심사를 병행할 수는 없다.

일반적으로 부처에서는 큰 사고가 발생할 때마다 해당 분야 규제의 전체적인 틀을 고민하고 수정하기보다는 이슈가 된 해당 문제만을 해결하기 위한 땜빵 입법을 하거나 과도할 정도의 규제안을 제시하는 경우가 많다. 큰 사건이 터지게 되면 정부에게 신속히 대책을 마련하라는 각계의 요구가 빗발치기 때문에 시간을 충분히 갖고 심도있게 검토하기도 어렵고, 자극적이고 강도 높은 규제 대안을 제시하지 않으면 국민들을 설득시키기도 어렵기 때문이다. 그러다보면 기존에 있는 규제는 정비하지 않고 보다 강한 규제만 도입하게 되어, 동일한 문제에 대응하기 위한 규제가 여럿 중복되면서 누더기가 되기도 한다. 특히 표준, 인증 분야에서 이런 현상이 종종 발견된다. 더 높은 수준의 표준이 마련되면 달성하기 용이한 기존 표준은 폐지되는 것이 바람직한데도 인증업무를 담당하는 기관의 이해관계 등으로 인해 계속 존속되는 경우가 있다.

신설·강화 규제심사에서는 부처가 신설하거나 강화하려고 하는 규제에 대한 제동역할을 하지만 효과가 약한 기존 규제를 정비하도록 요구하는 역할을 하지 못하고 있다. 최근 규제비용관리제를 도입하여 부처에서 규제를 신설하거나 강화할 경우, 그에 상응하여 기존 규제 중에서 폐지할 것을 함께 제시하도록 하고 있지만 전술한 바와 같이 이러한 방식은 막연하고 효과가 제한적이다.

향후에는 부처에서 규제 초안 마련 단계부터 규제조정실이 함께 참여하는 방식이 되어야 할 것이다. 단순히 주어진 규제 신설안에 대한 사후적 심사가 아니라 규제 재설계를 위한 사전 컨설팅이 되어야 할 것이다. 미국의 경우 매년 각 부처가 규제 신설 혹은 강화하려는 규제계획을 연초에 미리 제출하도록 하고, 각 부처가 마련한 규제 초안에 대하여 국민들에게 공표하기 전에 OMB에서 심사하는 방식을 취하고 있다. 우리나라도 규제조정실에서 부처와 사전 협의하는 제도는 있지만, 이는 규제심사 대상을 정하거나, 중요규제를 선정하는 일에 한정되어 있다.

제3부 기존규제 정비론

| 임택진 |

제1장 개요

 현행 행정규제기본법에 따라 기존 규제를 정비하는 추진과정을 요약하면 아래와 그림과 같다. 규제개혁위원회는 체계적이고 효율적인 규제개혁을 추진하기 위해서 매년 중점적으로 추진할 규제개혁 분야 또는 특정한 기존 규제를 선정, 정비지침을 작성하여 중앙행정기관에 통보한다. 중앙행정기관은 정비지침에 따라 수립한 해당 기관의 규제정비 계획을 종합하여 정부의 규제정비 종합계획을 수립·공표하고 있다. 중앙행정기관은 정부의 규제정비 종합계획에 의하여 소관 기존 규제를 정비하고 그 결과를 규제개혁위원회에 제출해야 한다.
 실제 기존 규제 정비는 위에서 언급한 행정규제기본법상 추진과정과는 별도로 추진되는 경우도 많다. 규제개혁을 추진하는 국무조정실 등의 주관으로 추진되기도 하고, 규제기관인 부처나 지자체 차원에서 자발적으로 매우 폭넓고 수시로 이루어진다고 이해하여야 한다.

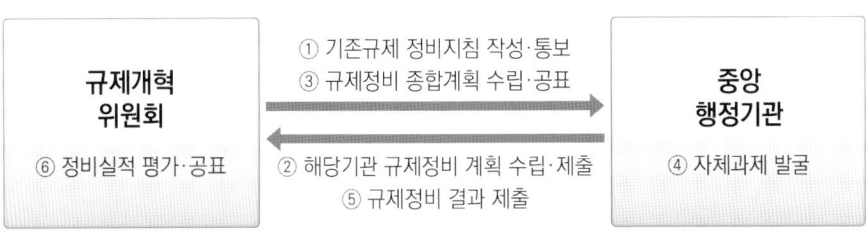

〈 그림 〉 기존 규제 정비관련 규제개혁 추진과정(행정규제기본법 근거)

 규제개혁의 관점에서 불합리한 기존 규제정비를 대상으로 개혁 추진 결과로서의 규제기관(중앙부처, 지자체 등)의 실질적인 조치는 크게 두 가지로 대분할 수 있다. 하나는 규제를 규정하고 있는 법령 등의 제·개정을 추진 것이고, 또 다른 하나는 기존 규제를 둘러싸고 법령 등의 형태로 되어 있는 해당 규정에 대한 해석을 변경하거나 규제집행에 대한 행태를 변경하는 경우 이루어진다. 규제개혁 현장의 경험에 미루어 볼 때 후자의 경우는 현재 규제개혁위원위, 국무조정실 등 규제개혁 추진조직을 통해 규제개선 성과로 발표되는 특히, 현장의 건의 등을 수렴하여 이루어지는 상향식 규제개혁(Bottom-up)의 경우 경험적으로도 약 30%정도까지 차지한다고 보여진다. 박근혜 정부기간 발표된 국무조정실 소속 민관합동 규제개선추진단에서 개선한 과제를 분석해본 결과, 그중 약 32%는 법이나 제도 규정의 직접적인 제·개정 조치와 상관없이 해당 규제기관의 규제해석 변경 등을 통해 현장에서 문제가 해결되어진 개선 성과로 밝혀진 바도 있다.
 이러한 맥락에서 먼저 제2장에서는 현재까지도 의미가 있는 규제개혁시스템적 정비수단으로서의 기존규제 정비의 주요 전략을 유형화하여 살펴보기로 한다. 여기서는 아래와 같이 역대 정부를 경험해본 필자를 포함하여 외부의 전문가들의 입장에서 역대 정부에서 가장 특징적이고 가시적인 성과가 있었던 것으로 평가·인식되고 있는 대표적인 전략을 중심으로 살펴보고자 한다.

〈표〉 역대정부별 주요 규제개혁 수단

역대 정부	규제개혁 수단(시스템)	비고(유형)
김영삼 정부	기업규제완화특별조치법	규제유예형
김대중 정부	규제기요틴	기타
노무현 정부	규제개혁기획단	수요자 참여형
이명박 정부	한시적 규제유예	규제유예형
박근혜 정부	규제개혁신문고	수요자 참여형
문재인 정부	규제샌드박스	규제유예형

아울러, 모든 분야의 규제의 신설·강화 및 기존규제 정비과정에서 도입을 요구받고 있는 '네거티브 규제' 전략도 함께 다루고자 한다.

제3장에서는 규제해석과 규제기관(공무원 포함)의 행태 등과 연관된 규제개혁을 위해 활용할 수 있는 제도를 함께 설명해보고자 한다. 여기서 특히, 규제의 해석은 규제가 법령 등의 형식을 가지고 있으므로, 일반적인 법령해석의 의의와 원칙들이 적용될 수 있다. 법령해석이란 일반적으로 법령의 제정목적에 따라 규범의 의미를 명확히 하는 이론적이고, 기술적인 일체의 작업을 이른다. 다시 말해, 법령의 구체적 적용을 위하여 법령의 의미를 체계적으로 이해하고 그 제정목적에 따라 규범의 의미를 명확히 하는 것을 말한다. 일반적으로 행정부 내에서 공식적인 법령해석에 대한 의견제시라 함은 법제처 등이 행하는 '정부유권해석'이라 할 수 있다. 규제의 해석을 두고 규제개혁을 과정에서 쟁점이 되는 경우가 빈번한 것이 사실이다. 일단 규제기관과의 규제해석(법령 등 해석의 일환으로)이 쟁점이 되는 경우 어떻게 문제점을 확인하고 개선할 것인가 하는 종합적인 원칙적 접근 절차와 방법을 이해하는 것이 중요하다고 하겠다. 아울러, 법령 해석 등과 더불어 공무원의 행태적 규제에 대한 이슈를 '적극행정' 등의 관점에서 규제개혁 추진 방향을 접근하였다.

그리고 제4장에서는 법제도의 규제 제·개정이나 법제도의 규제해석 변경 등을 위해 규제기관대상 정책조정과정에서 필요한 기본적인 내용을 정리해 보았다. 정책조정은 행정 각부처가 정부의 기능과 역할을 정부조직법 등에 의거하여 체계적으로 분담하고 있다고 하지만 완벽한 분담이란 있을 수 없는 게 사실이다. 또한 부처입장에서는 소관 분야의 공익을 대변하여 의견을 제시하는 것이 본연의 임무인 만큼 정책의 수립과 추진, 집행과정에서 부처간 이견의 발생은 오히려 자연스러운 현상이라고 볼 수 있다. 특히 정책문제가 복잡하고 다양해지면서 이에 수반되는 규제도 하나의 부처가 관여되는 개별규제가 아닌 다수의 부처가 관여되거나 다수의 부처가 하나의 인·허가 등을 통과하기 위해서는 행정 프로세스 단계별로 다수의 규제기관(부처나 지자체 등)이 규제하는 '덩어리규제'가 과거보다 더욱이 일반화되고 있는 경향이 있다. 이러한 지점에서 부처가 이견 등을 체계적으로 협의·조정·관리해나가는 정책조정시스템은 규제개혁 정책과정에서도 동일하게 적용된다고 보아야 할 것이다. 여기서는 일반적인 정책조정 체계와 단계에 대한 이해를 바탕으로 규제개혁과정에 적용할 수 있도록 종합적으로 살펴보기로 하겠다.

마지막으로 제5장에서는 기존규제 정비과정에서 그 동안 외부 전문가 등을 통해 제기되었던 문제점과 이에 따른 정책적 처방과 개선방향을 유형화하여 제시하였다.

제2장 기존규제 정비의 주요 전략

2.1 규제유예형 전략

(1) 기업규제완화특별조치법

김영삼 정부 출범 직후인 1993년 6월 11일 해당 특별조치법이 제정되고 7월 1일 시행되었다. 동 특별조치법은 여러 행정규제를 완화 또는 폐지하여 기업 발전을 통한 경제성장 도모를 위해 제정된 법이다. 그간 다양한 법률에서 규제해온 기업(특히 중소기업)의 창업, 공장입지, 안전보건 제도 등 기업활동 전반에 대한 규제대상 특례조치로서 각종 규제를 개별법률의 아닌 특별조치법으로 일괄적으로 완화(한시완화 포함)하는 내용이다. 기업활동에서의 규제부담을 줄여주는 역할을 하였다. 특별조치법 시행 초기에는 강력하면서도 획기적인 실효적 규제완화 조치로서의 기업 현장에서 높은 평가를 받았다. 그러나 제정 이후 타법 개정을 포함하여 약 100여 차례가 넘는 법 개정 중 전부개정은 단 한 차례(1995년 1월 5일)에 불과하여, 상대적으로 변화가 많은 우리나라 입법환경을 고려했을 때, 제정 당시와 비교하여 달라진 시장이나 기업 환경 등이 제도에 제대로 반영되지 않고 있다는 지적이 존재한다. 이는 특히 해당법을 소관하는 산업부 등이 부처대상 규제개혁 리더십 등의 한계로 인해 지속적인 개혁동력이 약화되고, 기존 규제완화 조치가 폐지되거나 각 부처 해당 개별법에서 직접 규제하는 형태 등 일종의 복귀현상이 일어나면서 그 실효성은 현재로선 약화된 상황이다. 대표적인 사례로 산업안전보건법에 따라 상시근로자 300인 이상 사용 대규모 사업장은 안전·보건관리업무 전담 안전·보건관리자를 각각 두어야 하지만 특별조치법에 따라 사업장 규모에 관계없이 해당 업무의 대행기관에 위탁이 가능한 상황이었다. 2020년 해당 위탁근거를 삭제하는, 동 특별조치법 개정 법안이 통과되어 2021년 10월부터 당초 산업안전보건법 취지대로 직접 선임 의무가 부활하여 시행되고 있다. 더불어 이명박 정부에서 시도된 한시적 규제유예 조치 검토과정에서 일괄입법 추진 등의 설계단계에서의 과거 유사 입법례로서의 제도적 모티브를 제공하는 역할을 하였다고 보여진다.

(2) 한시적 규제유예

전대미문의 글로벌 금융위기로 심각해진 경기불황 타개를 위해 2009년 3월 '국가정책조정회의'에서 국무총리실 주관으로 한시적(2년간) 규제유예제도 추진계획이 최초로 보고되었다. 한시적 규제유예 개념은 경제활성화에 부담이 되는 규제를 선별하여 경기회복시까지 한시적으로 규제를 유예(집행중단 또는 완화적용)하는 것으로 이해할 수 있다. 이는 규제개혁 과정에서 규제 자체의 정책적 필요성, 이해관계자 간의 논란 등으로 종국적인 폐지·완화는 부담스러운 규제가 존치되면서, 이로 인한 문제도 다수 발생하는 상황이 고려되었다. 유예기간 종료 후 규제집행력이 회복된다는 점을 명확히 하여 유예기간동안 투자창출 효과를 제고하면서도 제도변경에 대한 부처의 부담을 최소화하고 이해관계자들의 협력확보에 용이할 수 있다는 전략적 배경을 기본으로 한다. 구체적으로 당시 제시된 방안을 살펴보면 규제의 성격, 규제유예 효과 발생시기, 경기회복 시점 등을 감안하여 2년의 범위에서 유예기간을 설정하되, 유예기간 종료 후에는 규제의 집행력을 회복하는 것을 원칙으로 하였다. 구체적인 방법으로는 계획단계에서는 시행령·시행규칙 개정사항은 관련 규정의 부칙을 일괄 개정을 추진하고자 하였으며, 법률 개정사항은 '한시적 규제유예에 관한 특별법(가칭)' 제정을 검토하기도 하였다. 당시 △투자촉진 △경영부담 완화 △서민 애로해소 3개 분야 280개 과제(아래표 참조) 가 선정되었으며, 선정된 과제의 시행을 위해 국무총리실 주관으로 ▲53개 과제 시행령(39개) 일괄개정('09.6.23) ▲97개 과제는 부처에서 관련 지침 등 개정 ▲66개 과제는 법률개정 절차가 추진되었다.

〈표〉 한시적 규제유예 분야별 선정과제

3대 분야	주요 세부과제	개정 법규
창업·투자 애로 해소 (91건)	· 보전지역(녹지·농림·환경)내 공장 건폐율 상향(20% →40%) · 산업단지내 민간시행자 공장용지 개발이윤 보장(6%→15%) · 외투기업에게 도시개발사업으로 조성된 토지 수의계약 허용(금지→2년) · 경제자유구역 등 설치시설, 농지부담금 50%감면 2년연장	국계법시행령 국토부 지침 외투촉진법 농지법시행령
영업활동 부담경감 (159건)	· 관광특구내 음식점 옥외영업 허용(금지 → 2년간) · 의료법인 부대사업 범위 확대(숙박시설·서점·PC방 등) · 대기오염물질 배출허용기준 적용유예(즉시 → 1년간) · 식품·공중위생 영업자 등 교육의무 완화(집합 →온라인)	식품위생규칙 의료법시행규칙 대기환경시행규칙 각 법 시행규칙
중기·서민 부담해소 (30건)	· 중소기업에 대해 국유재산 임대료 인하(5% → 3%) · 중기 부설연구소 인정기준 완화(전담연구원 5인→3인) · 지방창업 중소·벤처기업 법인·소득세 50%감면 2년연장 · 대출학자금 연체시 채무 불이행자 등록유예(6개월→졸업후2년)	국유재산법시행령 기술개발법시행령 조세특례제한법 신용관리지침

(3) 규제형평제도

이명박 정부에서는 역대정부에서도 국민·기업들의 규제 민원을 처리하는 여러 채널이 존재하지만 개별적으로 처한 특별한 상황을 고려하여 신속하게 맞춤형으로 처리하는 데는 한계가 있다는 사실에 주목했다. 이에 대한 문제 인식에서 출발하여 '규제형평제도'를 검토하여 제도화를 추진한 바 있다. 규제법령은 예측 가능한 평균적 상황을 기준으로 획일적·일반적으로 설계되나 실제 규제현장은 예측 불가능한 수많은 특수한 사정이 얽혀 있어 충돌이 불가피하다. 따라서 획일적 기준이 일반적으로 적용되면 부당한 피해를 입은 국민 등이 발생하게 된다. ('법규범 상의 규제 일반성과 적용상의 규제 개별성의 충돌') 이러한 구체적 상황과 환경변화에 신속히 대응할 수 있는 획기적 규제개혁 시스템 도입을 검토하는 과정에서 해당 제도 도입을 추진한 것이다.

현행 규제의 일반적 타당성은 인정되나 개별·특수사정으로 특정 규제의 엄격한 적용이 피규제자에게 명백하고 중대한 피해를 주는 경우, 입법취지에 부합하며 공익을 저해하지 않는 범위 내에서 '(가칭)규제형평위원회' 결정으로 법령 개정 없이 동 규제 적용의 예외를 인정하는 개념이다. 당시 국가경쟁력강화위원회를 중심으로 관계기관 협의 등을 본격 추진하였으나 법적 안정성을 훼손할 수 있다는 우려 등으로 입법부 중심의 도입에 대한 소극적 입장이 확인되어 법제화를 통한 제도 도입은 이루어지지 않았다.

(4) 규제샌드박스30)

'규제샌드박스'는 문재인 정부에서 국민의 생명·안정 등 공익적 가치를 균형 있게 고려하면서도 4차 산업혁명 대비 신기술·신산업 육성을 위한 혁신적인 규제특례 도입의 필요성이 제기되는 가운데 마련된 제도이다. 기존 규제에도 불구하고 신기술·신산업 추진이 가능하도록 시간·장소·규모 등 일정 조건 하에서 규제를 면제·유예 시켜주는 일종의 '혁신의 실험장'을 허용하기 위한 것이다. 세부적으로는 △규제신속확인 △임시허가 △실증특례를 주요 내용으로 한다. 2019년에 ICT융합, 산업융합, 혁신금융, 규제자유특구 4개 분야에서 도입되었고, 2022년 2월 기준 스마트도시, 연구개발특구 2개 분야가 추가되어 총 6개 분야로 확대·운영되고 있다.

〈 표 〉 규제유예적 성격의 규제개혁 제도(전략) 비교

구분 (년도)	한시적 규제유예제도 (2009)	규제형평제도 (2010)	규제샌드박스제도 (2019)
개념	• 기존에 유효한 규제를 한시적으로 집행 중단 • 창업·투자·소비 활성화, 일자리 창출, 서민생활에 부담을 주는 규제 발굴	• 획일적 규제로 명백·중대한 피해 발생시, 규제적용의 예외 허용 • 규제의 적용배제가 애초의 입법취지에 부합하는 경우에 限	• 신기술·신산업이 가능 하도록 일정조건 하에 규제적용을 면제·유예 • (신속확인) 규제 여부, 내용 문의시 30일 내 회신 • (임시허가) 법령이 모호·불합리한 경우, 先허용 後허가 • (실증특례) 법령에서 금지하는 경우에도 규제 배제, 테스트 허용
취지	• '08년 경제위기 극복 • 위기상황 신속 대처	• 맞춤형 규제개혁 • 규제피해 사전 구제	• 신기술·신산업의 변화 수용→혁신성장 도모
대상	• 시행령·시행규칙 및 각종 행정규칙상 규제		• 모든 법령상 규제
입법 방식	• 개별 시행령·시행규칙 등 개정 (규제내용 직접 변경)	• 법률 제정 (운영근거 마련)	• 행정규제기본법 및 개별 6법 개정 (운영근거 마련)
심의 절차	• 민관합동 TF에서 대상 규제를 발굴하여, 소관 부처와 협의 후 확정	• 규제형평위원회의 심사를 거쳐, 행정청에 탄력적 규제적용 권고	• 규제특례심의위원회에서 자료 검토, 관계기관 협의 등을 거쳐 심의·확정
지적되는 한계	• 법적안정성 훼손 • 규제형평성 결여	• 국회입법권 및 헌법 위배 • 정책 일관성, 신뢰성, 예측가능성 등 훼손 • 사법(司法) 영역 침해 → "법치주의 훼손" 논란	• 실증특례 위주의 소극적 운영 • 접수·운영 창구 분산 • 요건 불명확

---

30) 규제샌드박스에 대한 세부 내용은 제4부(신기술·신산업규제혁신론)에서 자세히 설명하였다.

2.2 규제수요자 참여형 전략

(1) 민관합동 규제개혁조직(규제개혁기획단·규제개혁추진단·규제개선추진단)

　노무현 대통령은 2004년 6월 1일 국무회의에서 불합리한 규제정비를 위한 시스템 개선방안을 마련토록 지시하였고, 이에 따라 6월 22일 '규제개혁 시스템 개선방안'이 보고되었다. 동 개선방안의 일부로 민관합동 '규제개혁기획단' 운영방안이 확정되었다. 동 기획단은 기업경쟁력을 높이고 일자리 창출을 위한 방안으로 여러 부처와 관련된 복합규제를 일괄 정비하는 활동에 집중하였다. 수요자가 필요로 하는 규제개혁과제를 수요자와 공동으로 개선하는 참여형 규제개혁시스템 구축의 본격적인 시작을 알렸다. 이후 이명박 정부에서는 정부 초기 규제개혁 업무를 주도한 대통령직속 국가경쟁력강화위원회 산하에 '민관합동규제개혁추진단'이, 박근혜 정부에서는 국무조정실(규제조정실) 소속으로 '민관합동규제개선추진단'이 발족되어 운영되었다. 이는 문재인 정부까지도 운영되었다.

　민관합동 조직 구성을 통해 피규제자의 요구와 민간의 전문성을 규제개혁정책 추진과정에 직접 반영함으로써 정책의 신뢰성 및 현장체감도 제고에 기여하였다는 평가를 받고 있다.

(2) 규제정비 국민요청제(규제개혁신문고)

　정부는 2014년 3월부터 국민 누구나 규제애로를 직접 건의하면, 속도감 있게 해결해 주는 온라인 방식의 '규제개혁신문고'(www.sinmungo.go.kr)를 운영 중에 있다. 규제정책 수요자인 국민·기업 등이 규제애로 사항에 대하여 규제공급자인 행정기관에 기존 규제의 합리성·적절성을 검토하여 개선 또는 폐지 등 규제정비를 요청할 수 있는 제도이다. 2018년 4월 행정규제기본법 개정을 통해 '규제정비 국민요청제' 법제화를 완료하여 제도화한 것이었다.(행정규제기본법 제17조(규제정비의 요청))

〈 그림 〉 규제정비 국민요청제(규제개혁신문고) 처리절차

2.3. 기타 전략

(1) 규제기요틴

　규제기요틴(Regulatory Guillotine)은 기존 규제에 대한 대규모의 철폐 조치를 이야기한다. '규제 기요틴'방식의 규제개혁은 단두대처럼 불필요한 규제를 한꺼번에 처리하겠다는 강력

한 의도가 담긴 규제개혁방식으로 사용되어 왔다. 프랑스혁명 당시 참수형에 처할 죄수들에게 적용된 사용도구가 단두대(기요틴, guillotine)이다. 1980년대 일부 유럽국가가 대규모 규제철폐를 단행하면서 처음 사용하였고, 우리나라에서는 김대중 대통령이 "프랑스혁명 기요틴(단두대)처럼 규제를 없애겠다."고 발언하면서 처음 등장하였다. 하향식 형태의 규제개혁 방식으로 기존 규제개혁의 목표치나 대상을 정하고 그에 대한 일괄적인 조치를 취하게 된다. 해당규제를 가지고 있는 행정기관(중앙부처, 지차체)에게 규제의 존치 필요성을 입증하도록 하고 그렇지 못하는 경우에는 원칙적으로 폐지토록 하는 조치를 취한다. 김대중 정부에서 규제기요틴을 활용해 정부규제를 양적으로 50%수준으로 감축하도록 한 것이 대표적이다. 규제를 운용해 왔던 35개 부·처·청의 기존규제 11,125건중 48.8%에 해당하는 5,430건을 폐지하기로 확정하는 한편, 21.7%에 해당하는 2,411건도 규제의 수단, 방법, 절차 등을 완화하였다.

〈표〉 김대중 정부 규제기요틴 추진결과

구분	총규제수	폐지(%)	개선(%)	존치(%)
정비계획	11,125	5,430(48.8)	2,411(21.7)	3,284(29.5)

박근혜 정부에서도 2014년 12월 규제기요틴 민관합동회의를 통해 차년도 상반기까지 114건의 규제개혁을 진행하겠다고 발표하면서 또 한 번 등장하기도 하였다. 하향식으로 일괄처리하는 강력한 규제개혁 추진방식인 만큼 정부 수반 등 최상위층의 강력한 의지와 정치적 리더십이 전제되어야 실효적으로 작동할 수 있는 전략이다. 정부의 강력한 규제개혁 의지를 대외적으로 알리고 개혁의 속도와 현장 성과의 조기 실현이 중요한 경우 규제기요틴과 유사한 방식으로 규제개혁이 추진될 수 있다. 아울러, 규제총량, 즉 양적 수준의 개혁에 치우치다 보면 부처 등은 규제개혁의 실효성이 작고 상대적으로 중요성이 낮은 개혁과제에 집중하여 정작 개혁 중요성이 높은 규제의 개혁에는 소극적으로 대응하는 등의 부작용을 경계해야 한다.

(2) 규제일몰제

규제일몰제는 규제의 존속기간을 정해 기존 규제의 타당성을 주기적으로 관리하는 방식이다. 이를 위해 행정규제기본법 제19조의 2에서는 기존 규제에 대한 존속기간을 명시하는 근거를 두고 있다. 이에 따라, 중앙행정기관의 장은 기존 규제에 대한 점검 결과, 존속시켜야 할 명백한 사유가 없는 규제는 존속기한 또는 재검토기한을 설정하여 그 법령에 규정해야 한다.

(3) 네거티브 규제전환[31]

최근 10여 년간의 규제개혁 추진과정 중에서 규제관련 연구와 언론 등에서 가장 많이 회자된 규제개혁 전략 중 하나가 '네거티브 규제체계'이다. 종래 인·허가의 대부분을 차지했던 Positive(원칙금지·예외허용) 규정방식은 엄격한 진입 장벽과 불필요한 인·허가 비용이 발생하고, 감독·규제 위주 법체계로 민간의 창의와 자율을 억제할 우려가 있다. 그간 정부는 규제개혁의 일환으로 인·허가 법령에 Negative(원칙허용·예외금지) 규정방식 확대를 통해 민간의 자율성 존중 및 행정절차의 투명성과 예측가능성 향상을 추진하였다. 이명박 정부는 2010년 10월 국가경쟁력강화위원회에서 원칙허용 인허가제도 확대 방안(공정한 사회를 위한 국민중심 원칙허용 인허가제도 선진화 방안) 마련하고 발표하였다. 2011년부터 대상과제 총 149건(법률사항 83건, 하위법령 사항 66)을 발굴하여 해당 법령들에 대한 정비를 추진한 바 있다.

네거티브 규제로의 전환은 신설·강화규제의 심사나 기존규제의 정비과정에서 규제의 기본원칙으로서 적용될 수 있다. 하지만 개별법령에서 네거티브 규제로의 본격 확산은 그간의 추진경과에서도 볼 수 있듯이 일정 한계도 존재한다. 이러한 한계에 대한 또 다른 대응으로서 신산업분야를 중심으로 '포괄적 네거티브 규제'를 정립하고, 그 확대를 박근혜 정부와 문재인 정부에서 추진하였다. 이러한 맥락에서 추진되었던 대표적인 제도가 '규제샌드박스' 제도이다. 규제의 네거티브화는 포지티브 규제방식과 반대되는 입법 기술이나 정책수단의 관점 또는 규제 운영방식으로 전환이라는 관점에서 대부분 거론되는 경향이 있다. 포지티브 규제체계에서는 정부가 사전에 정해 놓은 것만이 허용된다. 민간이나 시장에서는 새로운 것을 내놓거나 시도할 때마다 그것이 제도적으로 허용되는지 살펴야 하고, 정부에 그 여부를 물어야 한다. 이런 구조에서는 민간의 혁신적인 도전이 위축되고, 경제·사회적 역동성의 축소가 불가피하다는 문제점이 지적되었다. 이러한 이유로 네거티브 규제체계는 정부가 아닌 시장의 문제해결 능력을 신뢰한다는 전제로 정부가 사전에 할 수 있는 것을 정해두는 사전적 개입과 진입의 제한이 아니라 일단 허용해 주되 시장의 사후적 일탈에 대해서는 제재로 해결한다는 논리를 포함하고 있다. 따라서 규제체계는 단순히 포지티브 규제기술(원칙금지·예외허용)에서 네거티브 규제기술(원칙허용·예외금지)로 실효적으로 전환시키고 합리적으로 규제기제가 작동되기 위해서는 일탈행위에 대한 적절한 통제가 가능한 시스템 구축이 병행되어야만 실제 도입이 가능하다.

네거티브 규제개혁은 특히 신산업분야의 규제를 개선하기 위하여 문재인 정부가 중점추진하는 방안으로서 100대 국정과제[32]에서 일자리 창출과 신기술·신산업 분야 규제개선 방안으로서 네거티브 규제전환을 강조하였다. 문재인 정부에서 추진하는 네거티브 규제방식은 금지사항을 열거하고 열거되지 않은 사항을 원칙적으로 허용하는 규제방식인 협의의 네거티브를 포함한 사후 규제체계로, 신제품과 신서비스 출시를 우선 허용하고 필요시 사후 규제

---

31) 네거티브 규제전략에 대한 세부 내용은 제4부(신기술·신산업규제혁신론)에서 자세히 다루어 설명할 예정이다.
32) 문재인정부 100대 국정과제중에서 "30. 민생과 혁신을 위한 규제 재설계"에서 네거티브 규제 전환을 통해 일자리창출과 신기술·신산업 육성을 위한 규제 개선을 추진할 것을 제안하고 있다.

하는 체계를 위한 다양한 입법방식과 혁신제도를 포괄하고 있다. 이를 위해 기존의 규제법령을 포괄적 개념정의, 유연한 분류체계, 네거티브리스트, 사후 평가·관리 방식으로 전환하는 등 입법방식의 변화를 초래하는 4가지 유형과 혁신제도를 제시하고 있다. 네거티브 규제 전환은 원칙적으로 규제 입법방식의 변화를 통해 시장의 자율성을 확대하는 개혁방식을 의미하나, 규제 입법방식의 변화는 법령 개정이 반드시 수반되어야 하므로 단기간에 효과달성이 어려우므로 기존 규제에도 불구하고 혁신제품·서비스를 시장에서 시험할 수 있도록 시범사업을 활성화하기 위한 다양한 혁신제도를 활용하는 것이 필요하다. 네거티브 규제의 개념을 그림으로 나타내면 아래와 같다. 네거티브 규제전환은 신기술이나 신산업 분야에서만 적용가능한 규제개혁 전략은 아니다. 모든 경제·사회분야의 규제에 적용될 수 있는 규제개혁 전략이다. 다만, 최근 들어 4차산업혁명에 대한 범국가적 준비가 강조되면서, 신기술·신산업분야에서 더욱 더 강조되는 측면이 있다.

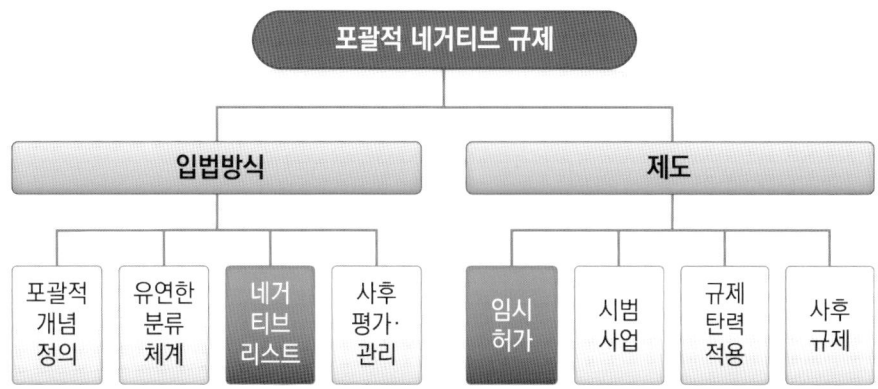

〈 그림 〉 포괄적 네거티브 규제

제3장 규제의 해석과 공무원의 행태

　여기서는 행정기관이나 공무원의 행태규제와 관련된 규제혁신 방안을 살펴보기로 한다. 먼저 △적극적인 규제해석을 통한 방안 △그 외 공무원의 행태개선(적극행정, 인허가 간주제 및 신고제도 합리화 등)을 통한 방안으로 나누어 설명하고자 한다.
　규제기관과의 정책조정과정 전후에 규제개혁 추진기관이 실제 활용할 수 있는 규제해석과 관련 정부 내 다수의 지원제도를 살펴보기로 한다. 규제개혁 추진기관뿐만 아니라 규제기관(중앙부처, 지자체 등)이 자발적으로 규제정비를 검토하는 과정에서도 유용하게 활용될 수 있다. 규제개혁을 추진하는 과정에서는 법령 해석의 접근방법과 원칙에 대한 이해를 바탕으로 1차적으로 해당 규제의 적용단계에서의 규제해석의 문제점을 발견할 수 있는 정도의 전문성을 가지고 있어야 한다고 본다. 이를 위해 규제의 해석을 위한 법령 해석의 일반적 내용을 이해할 필요가 있다고 보겠다. 물론 각 부처나 지자체 등은 개별적으로 법 해석이나 적용 등 관련 별도의 계약 등을 통해 법무법인 등을 통해 법적 자문을 받는 경우가 많다. 하지만 이와는 별도로 정부내 법제처는 규제개혁 등을 지원하기 위해 법제분야 전문성을 바탕으로 관련 제도의 운영을 통해 규제개혁을 지원하고 있으며, 실제 규제개혁 실무과정에서 많이 활용되고 있다. 대표적으로는 가장 먼저 소개되는 법령유권해석 질의제도는 가장 많이 활용되고 있으나, 어느 정도의 공식적인 성격이 강하다 보니 소요되는 시간이 상대적으로 많이 소요되고 공식적인 질의절차를 통해서만 가능하다는 점을 참고하여 다른 제도도 규제개혁을 추진하는 과정에서 그 활용이 활성화되기를 바란다.
　적극행정 등은 규제개혁에 대한 현장체감도가 낮은 원인으로 소극적인 업무행태가 그간 지적됨에 따라 공무원의 행태, 인식 전환을 가져올 수 있는 법제도 마련을 위한 정부의 추진과정에서 발전되어 오고 있는 제도이다. 그 간 입법례에서 확인된 '자동 인·허가'나 '협의 간주제' 규정도 소극적인 공무원의 행태규제에 대한 개혁방안으로 여전히 유효하게 검토될 수 있는 방안임을 밝혀둔다.

3.1 규제의 해석

　행정기관의 '법집행작용'은 구체적인 사실을 확인하고 해당 사실에 적용될 법령의 의미와 내용을 해석하여 적용하는 일련의 과정을 거친다. 이러한 법집행작용은 각 법령에 따라 각 행정기관(중앙부처, 지차체 등)이 수행하며, '정부유권해석'은 행정기관의 법집행작용을 위한 해석에 대하여 하나의 기준을 제시하여 주는 기능을 하는 것이다.
　'규제의 해석'은 곧 법령의 해석을 의미한다고 볼 수 있다. 법령해석이란 법령 등의 제정 목적에 따라 규범(대부분 규제의 형태)의 의미를 명확히 하는 이론적·기술적인 작업을 의미한다. 법령해석의 구체적인 접근방법으로는 법령 문언의 의미가 무엇인지를 탐구하는 △문리해석, 법령의 문자·용어에만 얽매이지 않고 사물의 이치·논리를 도입하여 법령을 해석하는 △논리해석, 법령의 입법목적을 고려하는 △목적론적 해석, 법체계, 법규정의 조문구조 등에 따른 일관된 원리에 따른 △체계적 해석 등으로 나누어 볼 수 있다.

어떤 사안에 대하여 법령을 해석하고 적용하기 위해서는 앞에서 언급한 법령해석 방법즉 문리해석, 논리해석, 목적론적 해석, 체계적 해석의 방법을 종합적으로 고려하여야 한다. 다시 말해 법령해석을 위해서는 궁극적으로 『종합적 해석방법의 적용(통합적 접근)』이 중요하다.

즉, 법령해석이란 궁극적으로 문화의 산물이며 어느 하나의 보편타당한 기준이 존재하는 것은 아니므로 우선, 각각의 법령규정의 문자나 문장의미를 생각하고, 그것을 당해 규정 또는 법령전체의 취지에 비추어 보면서, 나아가 그 법령의 배후에 있는 여러 가지 사회적, 경제적, 정치적 조건 등을 고려하여야 한다. 또한, 그 해석결과가 사회의 정의와 공평 내지 공공복리에 부합되는지를 검토하여 구체적인 문제에 그 법령규정을 어떤 식으로 적용하는 것이 가장 올바른 것인가를 판단·결정하여야 한다.

대법원 및 법제처 유권해석의 최근의 경향을 일반적으로 정리하면 다음과 같다. 대법원의 유권해석은 구체적 타당성과 법적 안정성을 동시에 고려하여, '문리해석을 원칙으로 하되 체계적·논리적 해석방법을 추가적으로 동원하는 것이 원칙'이다. 다만 형법 등과 같이 국민의 권리를 제한하고 의무를 부과하는 것으로 법적 안정성을 중시해야 하는 영역에서는 문리해석을, 국민에 불이익을 주지 않는 법령에 대한 해석은 목적론적 해석, 체계적 해석을 취하는 경향이 있다고 할 수 있다. 법제처의 유권해석도 대법원과 다르지 않으나 분쟁해결의 목적이 아닌 구체적인 법령의 집행과정에서 합리적인 결론을 도출하려는 목적이 더 크므로 문리해석 보다는 목적론적, 체계적 해석에 더 가치를 두는 경향이 있다고 할 수 있다.

▶ [보론] 규제해석(법령해석)의 일반원칙

1. 문리해석

가. 개념
문리해석이란 법령규정의 문자나 문장이 의미하는 바에 입각하여 해석하는 것이다. 법령문자는 원래 무의미하게 사용되고 있는 것이 아니라 법령을 만들 때에 세심한 주의를 기울여서 입안자의 의도를 정확히 표현하기 위하여 가장 적당한 문자를 사용하기 때문에 성문법의 해석에 있어서는 먼저 그 문자를 충실히 파악하여 당해 법령의 의미를 파악해야 한다. 다만, 지나치게 문리해석에만 구애되어 융통성 없는 해석을 하면 바람직하지 못한 결과가 될 가능성이 있다. 따라서 이런 경우에는 문리해석을 떠나 논리해석 등의 방법을 적용하여 법문 전체의 취지·법령 전체의 체계 등을 고려하여 바람직한 법문의 해석을 이끌어 내도록 하여야 한다.

나. 적용
문리해석을 할 때에는 첫째, 법령의 문자나 용어는 원칙적으로 일반적으로 사용되는 의미로 해석하여야 한다. 둘째, 법령의 문자·용어는 원칙적으로 그것이 제정된 당시의 의미를 파악하여 해석하되 시대의 추이에 따라 변화하였다고 할 경우에는 해석할 당시의 사고방식에 의하여 이를 해석하여야 한다. 셋째, 법령상에 사용되는 문자·용어에는 입법기술상 하나의 약속 또는 관례라고 할 수 있는 사용법이 있기 때문에 그 약속 또는 관례에 따라 해석하여야 한다. 예를 들면, 추정·간주의 구별, 적용·준용의 의미 등이다. 넷째, 법령에 사용되는 문자·용어의 의미는 절대적인 것이 아니라 상대적인 것이다. 즉, 법령에 사용되고 있는 문자·용어는 원칙적으로 사회일반의 용법·의미에 따라 사용되고 있는 것으로 해석하여야 하는 것이 타당하지만 사회일반의 용법이라 하더라도 어느 문자·용어가 반드시 하나의 의미 밖에 있는 것이 아니다. 둘 이상의 다른 의미를 가지는 경우도 많다.

2. 논리해석

가. 개념

논리해석은 법령의 문자·용어에만 얽매이지 않고 사물의 이치·논리를 도입하여 법령을 해석하여야 한다는 것이다. 법령해석은 제1차적으로 문리해석에 따라 법령의 의미내용을 파악하여야 하지만, 제2차적으로 그 해석내용이 과연 사회의 정의와 공평의 관념에 합치되는지, 또한 법의 최종목적인 공공복리의 유지·실현 방향에 합치하는지를 논리적으로 검토하는 해석을 하여야 한다.

나. 논리해석의 분류 및 적용

일반적으로 논리해석의 방법은 확장해석·축소해석·변경해석·반대해석·유추해석·물론해석 등으로 분류되고 있다.
①확장해석이란 법령규정의 문자를 그것이 일반적으로 의미하는 것보다는 확대하여 해석하는 것을 말한다. 확장해석과 관련하여 주의할 점은 형벌규정이나 개인의 권리를 제약하거나 의무를 부과하는 법령규정의 해석에 있어서는 기본적 인권의 보장이라는 원칙에 입각하여 무분별하게 확장해석을 하여서는 안 된다는 것이다. ②축소해석은 확장해석과는 반대로 법령규정의 문자·용어를 일반적으로 사용되는 의미보다 좁게 해석하는 것을 말한다. ③변경해석은 법령규정의 문언 본래의 의미를 변경하여 다른 의미로 해석하는 것을 말한다. 이러한 변경해석은 입법상의 잘못이 명백하다든가 그 밖에 그와 같은 해석이 인정될 만한 사정이 매우 확실한 경우에 한하여 허용되어야 하고, 확장해석의 경우와 마찬가지로 그와 같은 변경해석에 의하여 개인의 권리의무에 현저하게 불리한 영향을 미칠 가능성이 있을 때는 함부로 변경해석을 하여서는 안 된다고 할 것이다. ④반대해석은 어떤 법령에 어떤 사항이 규정되어 있는 경우에 그 규정내용과 반대의 경우에는 반대의 효과가 생기는 취지의 규정까지도 포함하고 있는 것으로 해석하는 방법이다. 예를 들면, 민법 제808조제1항에서 미성년자가 혼인을 할 때에는 부모의 동의를 얻어야 한다는 규정에서 성년의 자의 혼인에 대해서는 부모의 동의여부에 관한 특별한 규정이 없다하더라도 부모의 동의를 요하지 아니하는 취지로 해석하는 것이다. ⑤유추해석은 A와 A'와 같이 서로 유사한 내용에 대하여 A에 대하여만 명문규정이 있고 A'에 대하여는 명문규정이 없는 경우에 A에 관한 규정과 같은 취지의 규정이 A'에 대하여도 있는 것으로 보는 방법을 말한다. 이것은 일반적으로 법령규정에서 예컨대 지방재정법 제12조에서 지방채의 발행에 관하여는 「상법」제479조·제484조·제485조 및 제487조의 규정을 준용한다와 같이 지방채의 발행에 관하여 상법상의 제규정이 지방재정법에 있는 것처럼 보도록 명문으로 "준용한다"라고 규정하는 것과 차이가 없다. 그러나 형벌규정이나 개인의 권리를 제약하거나 의무를 부과하는 법령규정의 해석에 있어서는 가급적 제한적으로 해석하여야 한다. 특히 형벌규정의 해석과 관련하여 죄형법정주의는 국가형벌권의 자의적인 행사로부터 개인의 자유와 권리를 보호하기 위하여 죄와 형을 법률로 정할 것을 요구하고, 피고인에게 불리하게 성문규정이 표현하는 본래의 의미와 다른 내용으로 유추해석하는 것을 금지하고 있다. ⑥물론해석이란 어떤 법령규정의 입법목적·취지 등으로 보아서 명문의 규정은 없으나 그것과 같은 취지의 규정이 있다고 해석하는 것이 조리상으로 보아 당연한 것으로 생각되는 경우에 취하여지는 해석방법이다.

4. 목적론적 해석

법령 또는 해당 규정의 입법목적 또는 입법 취지를 고려하여 판단하는 해석방법이다. 모든 법령은 목적없이 제정되는 것이 아니라 각각의 법령이 제정되지 않으면 안되는 목적, 즉 입법이유·입법목적을 갖고 있기 때문에 법령 규정의 해석에 있어서는 항상 이와 같은 입법목적에 합치하도록 해석하여야 한다. 특히 행정기관의 입장에서는 이러한 입법목적이 결국 해당 정책의 실현이라는 행정목적이기도 하다. 대부분의 법령에서 규정하고 있는 목적규정은 당해 법률의 각 규정을 해석함에 있어서 그 지침으로서 중요한 역할을 한다. 그 밖에 입법당시의 공포이유서, 제안자의 설명자료, 국회에 있어서의 질의응답 기록, 원안에 대한 심의경과 등도 법령해석에 있어서 중요한 자료가 된다. 이러한 목적론적 해석은 문리해석과 논리해석의 방법을 결합하여 법문의 의미를 입법의 목적, 언어와 체계, 역사 등 모든 측면에서 파악하는 해석방법이라 할 수 있다. 이는 독일의 전통적인 법해석론의 하나로서 법령의 해석에 있어서 관련되는 모든 중요한 요소를 함께 고려하여야 한다는 것이다.

5. 체계적 해석

법체계 전반 또는 다른 법과의 관계, 법 규정의 조문 구조 등에 따른 일관된 원리를 통하여 법규와 법질서의 모순을 방지하고, 법령의 의미를 이해하고자 하는 해석방법이다. 특히 행정법령의 해석에 있어서는 당해 법령뿐만 아니라 다른 법령과의 관계를 충분히 파악하여 법질서 전체의 조화를 도모할 수 있도록 항상 생각하여야 한다. 즉, 각각의 법령은 결코 다른 법령과 무관하게 존재하고 있는 것이 아니라 그 전체로서 국법질서의 일부를 이루고 있고, 이들이 서로 모여 하나의 통일적인 법질서를 만들어 내고 있기 때문에 개개의 법령규정을 해석하는 경우에도 항상 다른 법령과의 관계에 주의하여 법질서 전체의 조화를 흩뜨리지 않도록 하여야 한다. 예를 들면, 「지방공무원법」은 지방공무원의 임용 그 밖의 근무조건 등을 중심으로 지방자치단체의 인사행정 형태의 기준에 대하여 정한 것인데 그 해석에 즈음해서는 동법은 물론이고 국가공무원에 대하여 거의 같은 사항을 규정하고 있는 「국가공무원법」과의 관계도 생각하여야 한다. 특히, 그 제정경위를 보면 「지방공무원법」은 「국가공무원법」을 모범으로 하여 만들어진 사정이 있기 때문에 「지방공무원법」의 해석에 있어서는 항상 「국가공무원법」의 해당규정이 어떻게 해석되고 있는지를 검토하여 이것과의 조화를 항상 생각하지 않으면 안 된다(물론 이 양자의 차이가 분명한 부분에 대하여는 상이하게 해석하여야 함은 당연하지만 이는 조화를 흩뜨리는 게 아니다).

3.2 규제개혁 과정에서 법령해석 지원제도

(1) 법령유권해석

(가) 개 요
- (의의) 행정기관의 법령해석에 대한 의문이나 다른 행정기관의 관장업무와 관련된 법령에 대한 해석이 서로 엇갈리는 경우에 정부견해의 통일을 위하여 정부 전체 차원에서 법령해석에 대한 전문적인 의견 제시
- (근거) 행정기본법 제40조 및 법제업무 운영규정
- (대상) 법률·대통령령·총리령, 부령, 훈령, 예규 등

- ○ (해석주체) 법무부(민사·상사·형사, 행정소송, 국가배상 관계 법령 및 법무부 소관 법령과 다른 법령의 벌칙조항에 대한 해석) 및 법제처(법무부 소관을 제외한 모든 행정관계 법령의 해석)

(나) 처리절차
① 신청주체
- ○ (중앙행정기관33)) 소관법령 및 타부처 소관법령(소관 부처의견을 먼저 들어야하며 유권해석 요청시 소관부처에 통보)에 대해 독자적으로 해석 요청
- ○ (지방자치단체) 1차 소관부처 해석요청 및 회신 → 소관부처 회신내용 첨부(소관부처 1개월내 미회신시 미첨부) 후 법제처 유권해석 요청
- ○ 민원인 : 1차 소관부처 해석요청 및 회신 → 소관부처에 법제처 법령해석 요청 의뢰 → 소관부처가 법제처에 요청(부처 회신내용 첨부. 소관부처가 1개월내 미요청시 민원인이 직접 법제체에 요청 가능)
 * (법령해석 요청사항 아닌 경우) 정립된 판례나 법령해석기관의 법령해석이 있는 경우, 구체적 사실인정에 관한 사항인 경우, 정책적 판단사항, 소송 계속 중인 경우 등
② 법제처 단계별 처리 절차
- ○ 접수(법령해석총괄과) → 검토 → 심의(법령해석심의위원회) → 회신

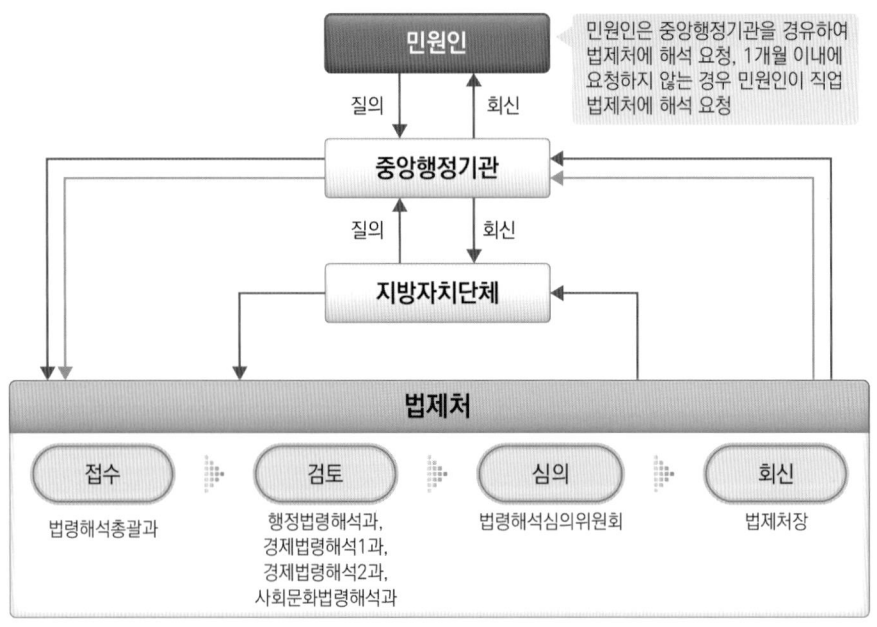

〈 그림 〉 법령유권해석 절차

---

33) 부, 처, 청, 위원회 등을 말하며 소속기관, 산하기관 불포함

(다) 효 과
- ㅇ (사실상 구속력) 행정기관인 법제처의 정부유권해석은 법원의 사법해석과 달리 관계 행정기관을 법적으로 구속하는 효력은 없음
- - 다만 법제처 유권해석은 정부 견해의 통일성과 행정 운영의 일관성을 위한 기준을 제시한다는 점에서 관계 행정기관이 유권해석과 달리 집행할 경우 부적절한 집행으로 인한 징계나 감사 등 책임 가능

(2) 법령 의견제시 제도

(가) 개요
- ㅇ (의의) 정부나 지자체가 적극행정34) 등 정책을 추진하는 과정에서 행정법령에 대한 쟁점으로 자문이나 상담이 필요할 때, 행정법령을 총괄하는 법제처에서 전문적·객관적 의견을 신속히 제시하는 제도
- ㅇ (근거) 적극행정 운영규정 제10조(적극행정 법제지원)
  * '법제처장은 중앙행정기관이 적극행정을 추진하는 과정에서 법령의 입안, 정비, 해석 등에 관하여 자문이나 상담, 교육 등을 요청하는 경우에는 신속하게 필요한 지원을 해야 한다'
- ㅇ (대상) 행정법령에 대한 법리적 쟁점
  * 법령 유권해석과 달리 구체적 사실 인정사항, 정책적 판단 사항 등도 요청 가능

(나) 처리절차

① 신청주체
- ㅇ (중앙행정기관) 소관부처 및 소관사항의 집행을 위해 타부처 소관 법령에 대해 검토 필요한 경우, 국조실·감사원 등 다수부처 관련 업무를 관장하는 경우(법령 소관부처 의견 첨부)
- ㅇ (지방자치단체) 시·도·교육청 자체감사기구 또는 적극행정위원회에 사전컨설팅 요청된 사안 또는 적극행정 추진 중 자문이 필요한 사안
  * 기초지자체의 경우 해당 광역지자체에 사전컨설팅 요청사안에 대해 광역지자체가 요청
② (처리 절차) 메일, 전화, 방문 신청(법령의견제시과) → 신속한 검토 후 메일로 회신 ('20년 222건 회신, 평균 5일이내)

---

34) 공무원이 불합리한 규제를 개선하는 등 공공의 이익을 위해 창의성과 전문성을 바탕으로 적극적으로 업무를 처리하는 행위

(다) 효 과
- ㅇ 해당기관의 정책결정 지원제도로 법제처 의견은 참고자료로 활용
  (중앙부처 및 지자체의 긴급 자문변호사 역할)

(3) 자치입법 검토지원 제도

(가) 개요
- ㅇ (의의) 관련 중앙행정기관이 요청하는 경우 법제처가 자치입법(안) 및 기존 자치법규에 대한 법적검토를 지원하는 제도
- ㅇ (근거) 법제처 내부방침(공문시행)
- ㅇ (대상) ① 자치입법(안) 해석, ② 자치입법(안)의 법령 위반 여부 및 법령 취지 부합 여부 판단, ③ 바람직한 입법대안 제시 등
  * 처분의 위법·부당 여부나 구체적 사실인정에 관한 사항인 경우 등 제외

(나) 처리절차
- ㅇ (신청주체) 자치입법(안) 관련 중앙행정기관의 장
- ㅇ (처리 절차) 온나라 공문으로 요청(자치법제지원과) → 소관 중앙행정기관 및 지차체 협의 및 검토 → 회신

(다) 효 과
- ㅇ 대상 자치입법(안)에 관한 중앙행정기관의 권고·지도 등의 참고 자료로 활용

(4) 자치법규 의견제시 제도

(가) 개요
- ㅇ (의의) 지자체가 소관 자치법규의 제·개정 내용이나 해석에 대하여 자문을 요청하는 경우, 법제처가 의견을 제시함으로써 지자체의 입법 및 해석을 지원하는 제도
- ㅇ (근거) 법제처 자치법규에 대한 의견제시 업무 운영규정
  *「법제업무운영규정」제29조의3제4항(자치입법 지원)의 위임에 의한 훈령
- ㅇ (대상) 현행 자치법규 자체에 대한 해석상의 의문 사항(자치법규가 법령에 위반되는지에 대한 의문사항은 제외), 입안단계 자치법규의 법령위반 여부 및 입법기술상의 의문사항

* 처분의 위법·부당 여부나 구체적 사실인정에 관한 사항인 경우, 자치법규의 입안에 대한 안건으로서 이미 지방의회의 의결이 있거나 공포된 경우 등 제외

(나) 처리절차
ㅇ (신청주체) 지자체장(교육감 포함) 및 지방의회의장
  * 지방자치단체의 소속기관·산하기관(예: 보건소)은 직접 요청할 수 없고, 필요한 경우에는 그 기관이 속해 있는 지방자치단체의 장이 요청
ㅇ (처리 절차) 온나라 공문으로 요청(자치법제지원과) → 검토 → 의견제시심사위원회 심의 → 회신('20년 254건 회신, 약 15일~1개월 소요)

(다) 효 과
ㅇ 지자체에 대한 자문기능을 수행하는 지원제도로 지자체는 자치법규에 대한 법제처 의견에 구속되지 않으며 참고자료로 활용

<표> 정부의 법령 해석 및 법제 지원 제도 비교

구분	해석지원			제·개정 지원		
	법령유권해석	법령의견제시	자치입법 검토지원	자치법규 의견제시	법령입안 지원제도	참고 자치법규안 자문제도	자치법규 입법컨설팅 제도
의의	정부 전체 차원에서 법령해석에 대한 전문적인 의견 제시	적극행정 등 지원을 위해 행정법령을 총괄하는 부처에서 전문적, 객관적 의견을 선속히 제시	자치입법에 대한 중앙부처의 합리적 지도감독 및 자치법규의 보정을 위해 중앙부처 업무와 관련된 자치입법에 대한 법적 검토 의견을 제시	자치체가 자치법규의 제·개정 내용이나 해석에 대하여 자문을 요청하는 경우, 법제처가 의견을 제시함으로써 자치체의 법 및 해석을 지원하는 제도	법령에서 자치법규로 위임하는 규정을 두었을 때 소관 부처가 자치체에 참고할 수 있도록 제공하는 자치법규 입안안	법령에서 자치법규구안 위임하는 규정을 두었을 때 소관 부처가 자치체에 참고할 수 있도록 제공하는 자치법규 입안안에 대해 법제처가 종합적 의견제시	자치체의 조례 제·개정안에 대해 자치체의 문의 발생할 때 종합적 검토를 지원
근거	행정기본법 제40조 및 법제업무 운영규정 제26조	적극행정 운영규정 제10조(적극행정 법제 지원)	법제업무운영규정 제29조의3 제5항 및 자치법규에 대한 의견제시 업무운영규정	법제업무운영규정 제29조의3 제5항 및 자치법규에 대한 의견제시 업무운영규정	법제업무운영규정 제29조 제1항	법제업무운영규정 제29조의3 제4항	법제업무운영규정 제29조의3
신청 주체	중앙행정기관, 지자체, 민원인	중앙행정기관, 지자체(광역)	중앙행정기관	지자체(교육감 포함), 지방의회	중앙행정기관	중앙행정기관, 지자체	지자체

구분	해석 지원				제·개정 지원		
	법령유권해석	법령의견제시	자치입법 검토지원	자치법규 의견제시	법령안 지원제도	참고 자치법규안 자문제도	자치법규안 입법컨설팅 제도
대상	행정법령	행정법령	현행 자치입법 또는 자치입법 제·개정안	자치법규	법령안 (행정규칙, 조례, 의원입법 발의안 제외)	참고 자치법규안	자치법규안
	법무부소관 (민사, 상사, 형사, 행정 등) 법령 및 자치법규 제외	법령해석 뿐만 아니라 구체적 사실 인정사항, 정책적 판단사항 포함	기존 자치입법 및 입법(안)에 대한 해석, 법령위반여부, 입법대안 제시 등	자문의 부분, 사실인정, 자치법규의 법령위반 여부 등 제외	입안 단계의 법령안(사전심사나 법령심사 전)	중앙부처가 작성한 참고 자치법규안, 이미 배포한 참고 자치법규안	입안 자치법규의 법령위반여부, 위임근거, 다른 조례와 충돌 여부 등
처리 절차	접수→검토→ 심의(법령해석 심의위)→회신	메일, 전화, 방문 신청 →신속검토 후 메일로 회신	온나라 공문 신청→소관부처 협의→공문 회신	온나라 공문 신청→검토→ 심의(의견제심의위) →공문 회신	입안지원요청함 또는 공문, 메일로 신청 (대면상담도 가능)	공문으로 요청 →공문 회신	온나라공문 신청→안건등록 →검토→공문 회신
성격 (효과)	정부유권 해석 (사실상의 구속력)	자문 또는 지원 (참고자료)	자문 또는 지원 (참고자료)	자문 또는 지원 (참고자료)	자문 또는 지원 (참고자료)	자문 (참고자료)	자문 또는 지원 (참고자료)
법제처 소관과	법령해석 총괄과	법령의견제시과	자치법제지원과	자치법제지원과	법제지원총괄과	자치법규입안지원팀	자치법규안 지원과

제3장 규제의 해석과 공무원의 행태

▶ (정책사례) '법해석 변경'을 통한 규제개혁

□ 지구단위계획구역간 연계 건축허용
(※제1차 규제개혁장관회의(2014.3.17) 발표)

도시계획 목적을 훼손하지 않는 범위에서 연접되어 있는 지구단위계획 구역간 연계건축이 허용되도록 관련 규제가 개선되었다. 기존에는 서로 다른 지구단위계획구역에 걸쳐 하나의 건축물을 설치하려는 경우 도시계획 취지에 반하는 것으로 보아 건축허가가 불허되었다. '국토계획법' 상 명문의 금지 규정은 없었으나, 유권해석을 통하여 제한되었다. 삼성전자는 산업단지와 인근 택지개발지구에 걸쳐진 공장용지에 반도체라인을 건립할 계획이었으나, 그간 '지구단위계획에 따른 각 지구단위계획 범위에서만 건축만 허용한다'는 규제에 막혀 어려움을 겪고 있었다. 대상 부지는 반도체 생산용지로 활용 중이나, 일반산단과 택지개발지구(지구단위계획구역 및 계획 결정)로 각각 계획·운영되고 있어 공동건축을 제한 받았던 것이다. 도시계획상 용도가 다른 구역에 걸쳐진 용도에 대한 단일 건축물 설치가 허용되지 않으며 이를 해결하기 위해서는 결국 수년간의 관련 행정절차를 통해 구역간 조정·편입이 불가피했던 것이다. 규제개혁을 위한 정책조정과정을 거쳐 국토부는 해당 규제 관련 법규에 대한 유권해석을 변경, 도시계획 목적을 훼손하지 않는 범위에서 두 구역간 연계건축이 가능하도록 유권해석 변경하고 이러한 내용의 공문을 전국 지자체에 시달함으로써 본격 시행되었다. 이러한 정부의 규제개혁 조치로 삼성전자는 생산라인을 확대할 수 있게 되었던 것이다. 이후 이를 통해 일반산업단지 내 소재한 부지와 택지개발지구내 공장용지를 연결하는 대규모 반도체생산라인이 결국 건설되었다. 또한 다른 산업단지내 필요한 연결시설 설치가 가능해짐에 따라 각각의 생산라인을 연결하는 무인 물류이동시스템인 '클린룸 브릿지'도 설치할 수 있게 되었다. 발표 당시 규제개혁 성과에 따른 생산라인 확대로 약 7조원 규모의 투자와 8천명의 신규 일자리 창출 효과가 예상되었다.

〈 사진 〉 규제개선 전·후의 반도체라인 모습

3.3 공무원 행태규제의 개혁

(1) 적극행정

역대 정부에서 적극행정에 대한 강조는 규제혁신의 추진성과 및 기업·국민의 현장 체감도 제고를 위해 일선 공무원들의 적극적인 규제혁신 활동을 독려하기 위해 이루어졌다.

특히, 문재인 정부가 들어선 직후, 신산업 분야에 대한 규제혁신 방안으로서 포괄적 네거티브 규제원칙과 규제샌드박스 제도화에 주력하였으며, 관련 법제도 정비가 이루어진 2019년 직후부터 규제혁신제도의 효과적 운영을 위한 적극행정의 필요성을 새롭게 강조되었다. 2019년 초, 대통령의 적극행정 강조 발언 이후, 2019년 3월 14일에 관계부처 합동으로 적극행정 관련 4대 추진방향 및 17개 핵심과제가 발표되었고, 2019년 8월 6일에는 대통령령으로 '적극행정 운영규정'을 제정하여 적극행정의 정의 및 적극행정 실행계획의 수립, 관련 교육, 법제정비, 적극행정 지원위원회 등의 내용을 담았다.「적극행정 운영규정」은 그해 3월에 발표한 적극행정 추진방안의 핵심 내용을 제도화하였다. 다음과 같이 항목별로 주요 내용을 정리할 수 있으며, 제9조와 제10조에서 적극행정 수행과 관련한 법령정비의 부분이 규정되고 있는 점이 앞선 추진방안에 비해 차별적이다. 제7조의 적극행정 실행계획 수립과 관련해, 주요 내용으로 적극행정 추진과제 발굴 및 시행, 우수공무원 선발 및 우대, 교육 및 확산, 사전컨설팅 및 면책제도 운영, 소극행정 예방 및 근절이 규정되고 있으며, 현행 적극행정 추진방안의 핵심적 내용으로 파악된다. 아울러, 2019년에 범정부적 차원의 적극행정 추진방안이 발표되면서 각 부처별로 가장 먼저 추진된 사항이 적극행정위원회의 구성이었다. 적극행정위원회의 역할은 기관 내 업무 담당자나 단독 또는 기관 자체적으로 판단하기 어려운 사항에 대해, 외부 전문가가 참여하는 위원회 형식의 의사결정체계를 마련하여 적극적인 의사결정을 지원하는데 있다. 이러한 취지를 반영하여, 현행 '적극행정 운영규정' 제11조(적극행정위원회)에서는 적극행정 실행계획의 수립 및 개별 공무원의 사전컨설팅 요청, 감사기구의 장에 의한 자문요청, 적극행정 우수공무원 및 우수사례 선정, 우수공무원의 면책 건의, 기타 적극행정 과제 발굴 등 적극행정 관련 정책의 수립·추진 사항을 위원회의 심의 대상으로 하고 있다.

〈 표 〉「적극행정 운영규정」에 규정된 적극행정 추진방안 요약

항목	관련 조문	주요 내용
기관장 책무	제4조(중앙행정기관의 장의 책무)	- 기관장의 주도적 역할·책무 강조
사전컨설팅	제5조(의견 제시 요청) 제13조(위원회에 대한 의견 제시 요청)	- 외부 감사기구 및 내부 위원회를 통한 사전컨설팅 요청
추진체계	제6조(전담부서의 지정) 제7조(적극행정 실행계획의 수립) 제11조(적극행정 지원위원회) 제12조(위원회의 구성 및 운영)	- 전담부서 및 적극행정 지원위원회 설치 - 실행계획 수립을 통한 제도운영 관리(과제발굴, 인센티브, 교육 및 확산, 사전컨설팅 및 면책, 소극행정 근절 등)
교육	제8조(적극행정 관련 교육)	- 연 1회 적극행정 교육수행 및 관련 교육프로그램 개발
법령정비	제9조(적극행정 법제) 제10조(적극행정 법제 지원)	- 법제처 법령정비에 따른 후속조치, 유권해석 가능성 - 법령취지와 다른 규제부담 방지
인센티브	제14조(적극행정 우수공무원 선발 등) 제15조(인사상 우대 조치 등)	- 적극행정 우수사례 경진대회를 통한 우수공무원 선정 - 우수공무원에 대한 인사상 우대조치 의무화
사후면책	제16조(징계요구 등 면책) 제17조(징계 등 면제)	- 적극행정 결과에 대한 사후면책, 사전컨설팅 수행에 따른 면책요건 발생
지원활동	제18조(적극행정 추진 공무원에 대한 지원)	- 구상권 행사 반영, 법률전문가를 통한 소명 지원, 소송비용 지원
소극행정	제19조(소극행정 예방 및 근절) 제20조(소극행정 예방 지원)	- 소극행정 예방 및 근절을 위한 교육 및 홍보, 소극행정에 대한 징계 등 필요조치

정부의 적극행정 업무 추진체계와 관련하여 아래 그림과 같이 살펴볼 수 있다. 국무조정실의 규제조정실에서 범정부 적극행정에 대한 정책총괄 기능을 수행하며, 감사원과 법무부, 국민권익위원회, 법제처에서 각각 면책 및 사전컨설팅, 소송지원, 소극행정신고센터 운영, 법제지원 등 개별적인 적극행정 지원 프로그램의 운영을 담당하고 있다. 인사혁신처와 행정안전부, 교육부, 기획재정부는 대상 기관의 유형에 따라 각각 중앙행정기관 및 지방자치단체, 교육청, 공공기관에 대한 적극행정 확산 업무를 추진하고 있다.

〈 그림 〉 적극행정 범정부 추진체계(문재인 정부)

적극행정의 활성화가 수요자 중심의, 변화에 유연하며, 선제적이고 신속한 규제혁신 활동에 긍정적으로 작용할 가능성을 예상할 수 있다. 적극행정을 규제기관(공무원 포함)의 행태 규제를 혁신할 수 있는 하나의 기제로 강조되고 있는 이유이다.

(2) 인·허가 간주제 및 신고제도 합리화

대표적인 진입규제인 인·허가 신고는 전체 민원사무중 가장 큰 비중을 차지하고 있다. 2016년 기준 전체 민원사무 5,077건 중 2,003건(약 40%)이 인허가 관련 민원이고 이중 인가 185건, 허가 500건, 신고 1,318건 등이다. 일선 규제집행 과정에서 발생하는 빈번한 처리지연 등은 행정의 예측가능성과 신뢰성 저하를 야기하고 이로 인한 현장의 규제개혁체감도 제고의 걸림돌로 작용한다는 의견이 확인되었다. 대표적으로 지적된 유형은 아래와 같다.

- 처리기간이 없거나, 처리기한이 있음에도 미준수
- 처리기간 연장 시 연장 사유나 처리완료 예정일 미통보
- 기관간 협의가 필요한 복합민원*에서 기한내 미회신으로 처리지연
   * 여러관계기관 또는 관계부서의 인가·허가·승인·협의 또는 확인 등을 거쳐 처리되는민원
- 행정청의 수리없이 영업이 가능한 신고임에도 수리 거부

당시 소극행태 개선의 일환으로 인허가·신고제 합리화 추진을 결정하고 다음과 같은 구체적인 개선방안을 확정한 바 있다. 확정발표된 추진방안을 요약하면 아래와 같다.

① 인허가 간주제 확대도입

인허가 간주제란 행정청이 처리기간 내에 인허가 여부를 통보하지 않고 일정기간이 지나면 인허가를 받은 것으로 간주하는 것이다. 개인이나 기업의 영업활동관련 허가 또는 연간신청 건수가 많은 인허가 등 국민생활 밀착형 인허가에 해당 간주제 확대도입을 추진하였다. 이를 통해 옥외광고물 허가 등 62개 인허가에 처리기간 미준시 간주제를 도입하였다.

② 인허가 투명화방안

인허가 처리기간 설정, 처리지연 및 연장처리기간 통보근거를 마련하거나 명확히 하였다.

③ 협의 간주제

다수부처가 관련되어 협의지연가능성이 높은 허가, 적기 승인이 중요한 대규모 개발계획 승인 등을 중심으로 협의간주제를 확대하였다. 건축허가 등 기관간 협의가 필요한 28개 복합민원대상 협의간주제를 도입하였다.

④ 신고제 합리화

수리를 요하는 신고와 요하지 않는 신고를 법령상 명확히 구분하도록 하였다. △'수리를 요하는 신고'란 행정청에 대해 일정한 사항을 통지하고 행정청이 이를 수리함으로써 법적효과가 발생하는 신고를 말한다. △'수리를 요하지 않는 신고"란 행정청에 대해 일정한 사항을 통지하고 도달함으로써 법적 효과가 발생하는 신고(자기완결적 신고)를 말한다. 행정청에 수리가 필요한 신고(85개)는 기한내 처리의무와 수리간주제를 도입하고, 수리가 불필요한 신고(15개)는 즉시 접수·처리 의무를 규정하였다.

제4장 규제개혁과정에서의 '정책조정'

　1990년대에 이르러 규제개혁이 우리 정부의 핵심과제로 인식된 이후, 역대 정부는 규제개혁을 위한 여러 가지 노력을 경주하여 왔다. 제도적 관점에서 보면 행정규제기본법은 그러한 노력의 시발점이라 할 수 있다. 규제개혁은 법제나 제도 변화가 심한 우리나라에서는 정부에 관계없이 부단하고, 지속적인 과제일 수밖에 없으며, 그래야 한다고 생각한다. 어떠한 규제 품질을 가지고 있는가는 국가경쟁력과 직접적으로 관련이 있고, 규제개혁을 통해 각 정부마다 국정 분야를 어떠한 철학과 방향에 우선적인 중심을 가지고 추진해갈 것인가는 변함없는 국가적 과제이기 때문이다. 더 나은 규제(the Better Regulation)의 구현과 국정 방향에 부합하는 합리적인 제도(규제)를 만들어 가는 과정에서 '정책조정'은 가장 중요하고 핵심적인 과정이다. 각 정부에서의 중요한 규제개혁 성과들을 분석해보면 이해관계자의 저항 등이라는 이유로 오랜 기간 개혁이 쉽지 않았던 과제들이며, 이러한 도전적 상황을 '정책조정' 과정을 거쳐 개선이 확정된 과제라는 공통점을 쉽게 발견할 수 있다. 따라서 역대 정부마다 경주된 규제개혁 노력의 시금석이 되는 과정도 바로 정책조정이라고 생각한다.

　하지만 그동안 규제개혁 정책을 다루어온 여러 연구 등에서 이 부분을 다루기가 쉽지 않았다. 연구자 등 중에서는 먼저 다수의 정책조정을 규제개혁 현장에서 직접 경험한 분들이 거의 없으며, 하나의 방법론이나 틀을 가지고 그 과정을 일반화하여 설명하기가 어려운데 기인한다. 정책조정을 하나의 대립되거나 상충되는 이해관계를 조정하는 '협상의 과정'으로 이해한다면 협상당사자가 어느 정도 준비를 하였고 어떠한 전략을 가지고 임하느냐에 따라 그 결과가 달라지는 '예술(art)'의 경지에 버금가는 과정이라고도 할 수 있다. 오랜 기간 규제개혁 정책 현장에서 고민해온 입장에서 정책조정분야의 암묵지를 활자화하여, 설명하기에는 한계가 있음을 먼저 고백한다. 정책조정과정의 참여는 해당 공무원만에게만 주어지는 경험이고, 이 부분에 대한 대외공개는 공무상 비밀엄수를 요구받는 공무원 입장에서는 민감할 수 밖에 없다. 규제개혁 추진과정의 다양한 규제개혁 성과를 이끌어낸 정책조정 사례는 추후 개별적인 사례연구 등을 통하여 유형화되고 체계화될 필요가 있다고 본다.

　앞에서도 언급하였지만 규제개혁 정책과정을 설명하면서 이 부분을 언급하지 않을 수는 없었다. 그래서 타협적인 선에서 정책조정에 대한 일반론적 사항을 중심으로 규제개혁 정책과정의 핵심활동으로서의「정책조정」을 다루고자 한다. 다시 말해, 경험에 미루어 규제개혁 추진과정에서 바로 응용이나 적용이 가능한 일반화된 정책조정에 대한 내용으로 대신하고자 한다. 정부내 핵심적인 주요 역할로써 '정책조정' 기능을 수행하고 있는 국무총리실(국무조정실)이 기존 제정하여 시행하였던 관련규정35) 등도 참고하였다.

---

35) '정무업무조정 등에 관한 규정(총리훈령)'이 2003년 10월 제정되었으나 2008년에 폐지되었다.

4.1 정책조정의 개념과 조정체계

 행정부와 입법부 등 공식적 정책참여자 뿐만 아니라 이익집단을 비롯한 다양한 이해관계집단이 참여하므로 정책과정에서 참여자들간의 갈등은 그 형태가 복잡·다양해지고 그 증폭이 확대되고 있는 행태적 양상을 가진다. 규제를 둘러싼 정책갈등과 마찬가지이다. 그 행태는 행정부와 입법부간 갈등, 행정부처간 갈등, 중앙정부와 지방정부와의 갈등, 소관행정기관과 이익집단간의 갈등, 이익집단간의 갈등 등 다양하다. 규제개혁과정에서 가장 흔히 볼 수 있는 갈등은 여러 부처가 관련되어 있는 복합규제 등인 경우 각 부처들은 정책변동의 일종인 규제개선을 미루거나 회피하려고 한다. 이때 이러한 정책과정상의 부처간 대립과 갈등은 흔히 '부처할거주의(sectionalism)' 때문에 더욱 심화되는 경향이 있다. 부처할거주의는 하나의 부처 내에서도 국·과간에서도 동일하게 적용된다. 이러한 경향에서 비롯된 규제를 '칸막이 규제'라고도 말하기도 한다. 여기서는 규제개혁 과정 속에서 부처할거주의에 기인한 행정부처간 갈등에 대응할 수 있는 현행 정책조정 기제를 일반적인 정책조정 중심으로 설명하고, 지적되고 있는 운영상의 문제점을 부언하고자 한다.

 다시 한번 강조하지만 정책 문제가 복잡·다양해지고, 국민 등 정책수요자의 정책참여가 확대됨에 따라 과거 권위주의적 시대에서와 같은 일방적·하향적 의사결정이 불가능할 뿐만 아니라 일방적 추진은 그 추진과정에서도 과도한 비용을 초래하기도 한다. 정책을 계획·수립하는 각 부처 등은 이해관계자와의 충분한 협의를 통한 정책조정의 중요성이 더욱 부각되고 있는 상황이다. '정책조정'은 법률상이나 강학상으로 명확히 정의되고 있는 것은 없지만, 일반적으로 정부 내에서는 정책 수립 과정에서 부처간(또는 부서간) 이견을 체계적으로 협의·조정·관리해나가는 제반 절차와 과정을 이야기한다.

 일반적으로 정부의 공식적인 정책조정단계는 단계별 조정절차에 따른다. ①(부처간 자율조정) 부처간 이견 등 발생시 주관행정기관 당사자간 조정→②(책임부처조정) 분야별 책임부처의 조정→③(국무조정실 조정) 국무조정실 조정이라는 3차에 걸친 조정을 그려볼 수 있다.

 규제개혁을 추진해온 정책조정 현장에서 보았을 때 ①부처간 자율조정과 ②책임부처조정 단계는 부처간 수평적 관계에서의 한계 등으로 상대적으로 활성화가 부족하다는 평가가 가능할 것으로 보인다. 이에 반해 정부조직법상 정부 수반으로서 각 중앙행정기관의 장을 지휘·감독하는 대통령이나 대통령의 명을 받아 각 중앙행정기관의 장을 지휘·감독하는 국무총리를 중심으로 하는 대통령실 또는 국무총리실(국무조정실)을 통한 부처대상 수직적 관계에서의 조정이 최종적으로는 더 효과적일 수 있다.

4.2 정책조정의 구분

 우리나라 행정부 내에서의 정책을 둘러싼 부처간 갈등 등을 조정하기 위한 정책조정은 수직적·강제적 차원의 조정과 수평적·자발적 차원의 조정으로 대분할 수 있다. 먼저 수직적·강제적 정책조정자로 대통령, 국무총리 그리고 부총리를 생각해볼 수 있다. 수평적·자발적

정책조정을 위한 협의체로 국무회의, 관계장관회의 등을 들 수 있다. 부처간 조정은 실제로는 국무조정실, 차관회의나 대통령실의 사전조정을 거친 후 각 분야별 장관회의나 국무회의에 회부된다고 할 수 있다.

(1) 수직적·강제적 정책조정

(가) 대통령에 의한 정책조정

대통령은 행정부의 최고책임자로서 하부단위 조직인 부처간의 정책갈등을 해소할 수 있는 공식적 권위를 가진다. 또한 해당 정부의 국정철학과 국정방향이라는 국정기조를 가지고, 개별부처의 이해관계를 넘어 국가 전체차원의 일관되면서도 가장 강력한 정책조정이 가능하다. 대통령에 의한 정책조정은 예산(기획재정부), 조직(행정안전부), 감사(감사원), 평가(국무조정실) 등 중앙관리기능을 수행하는 공식 행정기관을 매개로 하는 경우도 있으며, 대통령의 권위를 배경으로 대통령 보좌진이나 대통령실에 의한 정책조정도 수시적이고, 비공식적으로 이루어지는 경우가 많다.

(나) 국무총리에 의한 정책조정

우리나라 헌법은 순수한 대통령제가 아닌 내각제적 요소가 가미된 대통령제를 규정하고 있는데 국무총리가 이러한 내각제적 요소의 하나라 국무총리는 대통령의 명을 받아 행정 각 부를 통할하도록 되어 있다. 이러한 헌법 상 역할은 대통령의 의사에 따라 그 실질적 범위가 정해지는 구조적 한계를 가지지만, 정책조정 역할은 국무총리실[36]을 통해 어느 정도의 제도화가 이루어져 있다고 볼 수 있다. 하지만 부처간 이견을 해소 할 수 있는 실질적 수단인 행정부 내의 부처평가 이외에는 예산, 조직, 인사, 감사에 관한 권한이 없어 헌법규정상의 상위기관이라는 사실 하나에 의존하여 부처간의 합의를 이끌어 낼 수밖에 없다는 정책조정의 실효성 관점에서 한계가 있다는 지적이 있다. 이러한 한계를 극복하기 위해서는 대통령실과의 명확히 구분되는 정책조정 범위에 대한 대통령의 권한 위임이 있어야 하며, 행정부처를 통제할 수 있는 효과적이고 실질적인 수단을 가지고 있어야 한다고 보인다.

이러한 국무총리에 의한 정책조정의 실효적 한계는 실제 국무조정실 내 규제조정실이 규제개혁위원회의 지원조직의 역할을 수행하는 현행 규제개혁 추진체계를 고려할 때 우리나라 규제개혁정책 전개 과정에서의 부처 등 대상 정책조정의 한계와도 연결될 수 있다.

(다) 부총리에 의한 정책조정

정부조직법에 의한 부총리의 역할은 국무총리의 위임을 받아 특정 정책분야 관련 부처들의 업무를 총괄·조정하는 것이다. 국무총리는 장관들에 대해 헌법상 상급관청에 해당하지만

---

[36] 현재 국무총리실은 정부조직법 상 2개 조직(국무조정실과 국무총리비서실)으로 이루어져 있다. 국무조정실(장관급) 보좌를 통해 국무총리는 정책조정자 역할이 확대되었으며, 국무총리비서실(차관급)은 행정부와 국회의 당·정간의 협조업무를 총괄 조정하는 역할을 하고 있다.

정부조직법 상 부총리와 다른 장관들의 관계는 상하관계가 아니며 서로 대등한 관계이다. 부총리제는 다만 부처간 정책조정문제를 장관보다 상위계층인 부총리의 위계적 권위를 통해 해결하고자 하는 정책조정 기제로 이해할 필요가 있다.

(2) 수평적·자발적 정책조정

(가) 국무회의에 의한 정책조정

국무회의는 행정부 내의 심의기구로서 대통령이 의장이 되고 국무총리 및 15인 이상 30인 이하의 국무위원으로 구성이 된다. 국무위원은 각 부처의 장관들이 겸임하므로 결국 각 부처의 장관 등 행정부의 최고정책결정권자들의 회의라고 할 수 있다. 이러한 국무회의는 그 자체가 부처간 사전적·예방적 정책조정을 할 뿐만 아니라 국무회의 의결은 관련 부처들 간 대립되는 의견을 해소시키는 역할을 수행하기도 한다. 국무회의의 심의를 거쳐야하는 사항은 헌법에 명시되어 있으며 대통령이 결정하는 거의 모든 중요한 사항이 포함된다. 국정의 기본계획, 정부의 일반정책, 법률안이나 예산안, 결산안 등이다. 그러나 국무회의는 부처 간 정책을 조정하는 의결기관이 아니며 심의기관[37]이다. 또한 실제 정책조정은 다른 곳에서 이루어지고 국무회의는 이미 조정된 정책을 마무리하는 행정부 내 최고 정책조정기제로서의 의결기능을 이해해야 한다. 하지만 앞에서도 언급했지만 실질적인 심의기능을 제한하는 정책조정이나 의결에 있어서의 '국무회의의 형식화'에 대한 문제가 지적되고 있다.

(나) 차관회의에 의한 정책조정

법률안과 대통령안에 대한 법제처 심사가 완료되면 그 법령안은 차관회의와 국무회의의 심의를 거친다. 이와 같이 국무회의를 위한 사전심의 기관으로서 차관회의는 정부의 중요한 사항을 거의 모두 심의한다. 이 과정에서 정책조정의 역할이 수행된다. 각 부처의 차관들이 전문적이고 실무적인 의견을 제시하는 토론하는 자리이기도 하다.

(다) 기타 협의체에 의한 정책조정

□ 국무총리 주재 국정현안점검조정회의(약칭 '현안조정회의')

정책갈등이 첨예한 사안이나 주요 국정현안에 대하여 부처 간 이견을 조정하여 정부차원의 입장을 신속히 결정하기 위해 도입된 회의체로 국무총리가 주재하고 관계부처 장관 등이 참석한다. 참여정부 시절 비공식적 회의체 형태로 현안을 논의해오다가 이명박정부 시절에는 공식적으로 '국가정책조정회의'가 열렸으며, 박근혜 정부는 2013년 4월 대통령령으로 '국가정책조정회의 규정'을 제정했다. 문재인 정부에서는 2017년 6월부터 그 명칭을 '국정현안점검조정회의'로 변경하여 운영 중에 있다. 통상 주 1회 또는 격주로 개최된다.

---

[37] 행정부의 중요 안건은 대통령 결재 이전에 국무회의 의결을 거쳐야 한다는 점에서 단순한 대통령 '자문기관'도 아니며, 국무회의 의결결과를 대통령이 반드시 따라야 하는 구속력도 없기 때문에 '의결기관'도 아니다.

□ 사안별 각종 위원회(수시)

다수 부처가 관련되고 민간의 의견수렴이 필요한 범정부 차원의 정책을 협의조정하기 위하여 각종 위원회 등이 설치·운영되고 있다.

□ 행정협의조정위원회

행정협의조정위원회는 지방자치법에 근거한다. 중앙행정기관과 지방자치단체간 이견의 협의·조정을 담당하며, 국무총리실 소속의 정부위원회로 행정안전부가 주관하고, 위원장 포함 13인 이내로 구성된다. 조정 및 의견 절차는 ①조정절차: 서면신청→②실무위 사전심의→③위원회 심의·조정→④통보의 순서이다. 위원회에서 협의조정한 결정사항에 대해서 관계 중앙행정기관의 장과 당해 지방자치단체장은 이행의무가 존재한다.

▶ 규제개혁과정에서의 정책조정: 실무급 및 고위급 정책조정

(1) 실무급 정책조정

법령이나 제도, 즉 규제를 담당하고 있는 담당자나 담당과를 상대로 이루어지는 정책조정이다. 중요성과 시급성을 기준으로 그 정도가 상대적으로 낮은 경우에 이루어 지거나 고위급 정책조정이나 공식적 정책조정기구 상정의 사전단계에서 이루어지는 경우도 있다. 보통 제도나 규제 소관하고 있는 담당자나 담당과장 등을 대상으로 실제 이루어진다. 규제개혁 추진과정에서는 국무조정실내 규제조정실 등이 부처나 지자체 등을 상대로 수시로 실시하고 있다. 물론 부처나 지자체가 자발적인 규제개혁을 추진하는 과정에서 관계부처나 기관 등을 상대로 협의가 이루어지는 과정도 여기에 해당한다. 실무급 정책조정을 통해 이해관계자, 각 부처의 입장과 규제개혁 추진상의 쟁점, 관련 사실확인 등이 더욱 보완되고 명확해진다. 상당수의 규제개혁 대상과제가 여기서 정책조정이 이루어지고 최종 조정결과가 도출된다. 국무조정실 조정 사전단계로 아직 정부내 일반적이고 보편적인 절차로 활성화는 안되었지만 법제처가 주관하는 '정부입법정책실무협의회'에서도 규제개혁 과제가 논의되어 일부 조정되는 경우가 있다. 이는 규제를 포함한 입법과정 중 부처가 이견이 발생하여 정부의 통일된 의견을 마련하기 위한 협의체로 소관기관/관계기관이 요청하는 경우도 있고, 법제처 직권으로 상정하는 경우도 있다.

(2) 고위급 정책조정

실무급 정책조정을 거쳤음에도 불구하고 규제개혁 추진을 위해 확인된 쟁점에 대해 합의에 이르지 못하는 경우에는 고위급 정책조정 단계로 넘어가서 다루어진다. 규제개혁을 총괄추진하고 있는 국무조정실인 경우 규제조정실 고위공무원 주관으로 관계부처 고위공무원 등을 상대로 이루어진다.

▶ 규제정비과정에서의 「정책조정」 실제

○ 규제개혁 과정에서 존재하는 정책조정 주체와 협의체는 상기에서 언급한 것 이외에도 매우 다양하다. 공식적인 절차이외에도 비공식, 상시적인 부처간 실무급 정책조정이나 고위급 정책조정을 통해 실제적으로 규제개선 방안이 최종 결정되는 경우도 많다. 이런 경우 공식적인 협의체는 실무급 또는 비공식적 회의체 등을 통해 일차적으로 결정된 규제개혁 방안을 관계부처장관 등이 참여하여 최종 확정발표되는 채널로 활용되어지는 것이 일반적이다. 규제개혁 개선방안이 확정되면 해당 내용을 언론 등을 통해 국민 등 대상 알리고 확산하기 위한 일련활동(공보)을 전개된다. 이러한 홍보 활동이 이러한 공식적인 회의체 안건 발표(이벤트)를 계기로 추진하게 된다.

○ 규제를 포함한 정부의 정책결정과 집행에 대한 일반국민, 이해관계자, 시민단체 등의 목소리가 높아지면서 다양한 형태의 공공갈등이 증가되고 있으며, 이에 따른 국가적 사회적 비용도 증대되고 있다. 특히, 최근 택시업계와 충돌한 '타다' 사태에서 보듯이 과학기술 혁신에 기반한 새로운 형태의 서비스나 상품의 등장과 새로운 정책 갈등의 출현 한가운데에 '규제정책'이 자리잡고 있다. 이러한 주요 규제개혁 과제와 연계되어 소통능력을 바탕으로 하는 '갈등관리'에 대한 이해와 역량[38]이 규제개혁 정책현장에서 더욱더 중요해지고 있음을 밝혀둔다.

4.3 조정과제의 발굴 및 예비분석

(1) 정책조정 과제 발굴

다양한 채널과 이유로 정책조정 과제는 발굴되고 관리된다. 부처간 이견이나 이해관계자 저항 등으로 정책문제가 심각해지거나 악화되기 전에 선제적으로 발굴·관리하는 경우 정책갈등의 예방적 관리가 가능하다. 일반적으로 과제가 발굴되는 경로는 부처나 지자체의 공식적인 조정신청 이외에도 △유관기관 정책참고 자료 △상급자의 지시 △언론보도 △유관업무 수행과정시 발굴 등이 있다고 볼 수 있다.

(2) 조정과정 예비분석

먼저 조정과제가 어떠한 성격의 과제이며 포함하는 범위가 무엇인지를 검토한다. 업무소관에 대한 조정, 정책방향 조정, 자원·예산 배분조정, 사회갈등 조정 등이 대표적인 과제성격 유형이며 각 조정과제의 성격에 따라 고려해야 할 사항과 효과적인 조정대응 전략이 선택될 수 있다.

아울러 예비분석단계에서는 조정대상 정책의 추진상황이 일반적인 정책의 단계(정책형성·정책결정·정책집행)에 어느 단계에 해당하는지 확인할 필요가 있다. 정책형성단계에서는 다양한 정책대안을 구상 할 수 있고, 정책결정단계에서는 비교적 시급히 처리해야 할 경우가 많을 수 있다. 정책집행단계인 경우는 매몰비용과 책임문제 때문에 선택할 수 있는 정책대안이 제한적일 수 있음을 고려해야 한다. 또한 부처가 문제해결을 위해 관계부처 등과 그동안 어떤 노력을 했는지도 확인함과 동시에 갈등의 주체 즉 이해관계 기관을 정확히 확인할 필요가 있다. 이러한 예비분석 단계에서 해당 조정 필요과제의 시급성과 중요성을 종합적으로 판단하도록 하여야 한다.

---

38) 규제정책을 수립추진할 때 해당규제가 국가·사회적으로 미치는 정책갈등 요인을 예측·분석하고 예상되는 갈등에 대한 대책을 강구, 정책문제를 해결하는 능력

4.4 기타 정책조정단계별 체크리스트[39]

조정단계	주요 점검 사항
I. 조정과제의 발굴 및 예비분석	
1. 조정과제의 발굴유관기관 정책참고 자료	
유관기관 정책 참고자료	• 정보수집·분석자료를 통해 수시로 부처간 이견 등으로 문제가 되는 사항을 확인
상급자 지시	• 종합대책 수립등의 지시가 계기가 되는 경우
언론보도	• 소관분야 언론보도 중 부처간 이견·갈등에 관한 사항을 모니터링하고, 진위 여부를 확인
유관 업무 수행시	• 규제심사, 정책평가, 차관회의 안건검토 등을 통해 이견 조정 여부 확인
연두업무보고 검토시	• 각 부처 연두업무보고 내용 검토시, 부처간 협의가 부족하거나, 실제 정책추진 시점에서 갈등소지가 높은 예비 조정 과제를 발굴하고, 지속 점검
부처의 조정 신청	• 부처간의 자율조정에 진척이 없는 경우 「정부업무등의조정에 관한규정」에 따라 5대 책임부처 또는 국무조정실로 조정신청
2. 조정과제의 예비분석	
① 조정과제의 성격	• 업무소관 조정, 정책의 방향조정, 자원·인력·예산 배분의 조정, 사회갈등 조정인지 검토 → 조정과제의 성격 분석은 적정 조정절차의 설계, 조정기관 결정 등 초기 계획수립에 유용
② 조정과제의 진행상황	• 조정 필요과제의 진행 정도가 정책형성 단계인지, 결정단계인지, 집행단계인지 검토 → 진행 정도에 따라 조정 가능 범위, 조정의 시급성 등에 대한 판단이 가능 • 부처의 자율조정 노력 정도 검토 → 시급한 조정이 필요하지 않고, 자율조정 노력도 충분하지 않은 경우에는 우선 부처간 조정을 독려

---

[39] 출처는 국무조정실(2007), "정책조정메뉴얼"이다. 동 체크리스트 일반적 정책조정관련 내용이나 현재시점에도 규제개혁 조정과정에서도 바로 적용이 가능하다고 판단된다.

조정단계	주요 점검 사항
③ 갈등의 주체	• 갈등 당사자가 「중앙정부 vs. 중앙정부」, 「중앙정부 vs. 지자체」, 「지자체간 갈등」, 「중앙정부, 지자체, 민간의 복합갈등」인지 등 갈등 주체의 유형 파악 → 중앙정부와 지자체간의 갈등은 지방자치법에 따라 「행정협의조정위원회」에서 검토 → 복합갈등의 경우 「공공기관의 갈등예방과 해결에 관한 규정」에 따라 갈등영향분석, 연구기관 지원 등도 가능
④ 갈등의 심각성	• 조정과제의 '시급성'과 '중요성'에 따라 4가지 유형으로 구분 | 구 분 | 시급 | 비시급 | |---|---|---| | 중요 | Ⅰ | Ⅱ | | 비중요 | Ⅲ | Ⅳ | → '시급하고 중요한 과제(Ⅰ)'의 경우 고위급 논의를 거쳐 바로 조정하거나, 국조실이 초기 단계부터 개입하는 등 조정 유형 검토에 활용

3. 조정방식 및 주체의 결정

조정단계	주요 점검 사항
① 부처간 자율조정	• 조정과제는 부처간 자율조정을 우선 추진 • 부처의 조정신청이 있는 경우에도 시급성과 중요성이 모두 떨어지거나, 부처간 자율 조정 노력이 미흡하다고 판단될 경우 → 일정 시한을 정하여 부처간 조정을 우선 독려 → 자율 조정 결과를 검토하여 다음 단계를 진행
② 분야별 책임장관 조정	• 경제, 과학기술, 인적자원 개발 등 특정분야의 정책조정은 책임장관에게 조정 우선 신청
③ 주관부처 지정	• 정부 차원의 종합대책 수립 등에 있어 사안에 대한 전문성 등을 고려하여 특정부처가 관계부처와 협조하여 종합 관리할 필요가 있는 경우, → 과제에 대한 주관부처를 지정, 과제수행시 팀장 역할을 수행하며, 관계부처간 1차 조정역할 담당 → 주관부처 조정이 안될 경우에는 국조실, 국정현안조정회의 등을 통해 조정
④ 국무조정실 조정	• ▲ 시급하고 중요한 사안, ▲ 여러 분야에 걸친 범부처적 과제의 조정, ▲ 자율조정 및 5대 책임분야 조정이 실패한 경우 등 → 국조실 또는 국무총리 주재 국정현안정책조정회의 등을 통해 조정 추진

조정단계	주요 점검 사항
Ⅱ. 조정의 틀 설계	
1. 조정 수행 계획 수립(Planning)	
① 조정의 당사자	• 조정의 당사자를 확인·분석하는 것으로 조정과정에서 협상테이블에 누가 앉을 것인가를 분석하는 것 • 관계부처 뿐만 아니라, 과제와 관련된 이해집단을 파악하는 것도 중요
② 조정의 목표	• 조정의 계획 수립시 제일 중요한 것은 조정의 목적을 명확히 하는 것임 • 목적이 명확하지 않으면 조정이 단순 절충에 그칠 수 있음
③ 조정 시한 및 일정	• 기획단계에서 조정방법(회의체, 회의참석자, 회의 횟수 등)과 대강의 조정 일정(데드라인 등)을 구상함
2. 조정과제의 분석(Analysis)	
① 예비분석의 재확인	• 예비분석 단계에서 수행하였던 조정과제의 성격, 진행상황, 갈등의 주체 및 심각성 등을 재확인
② 사실 분석 (Fact Findings)	• 무엇이 사실이고 무엇이 해석인지 파악 　* '시끄러운 환경'은 개인적인 평가지만, 90 데시벨의 소음은 사실(fact) • 사실 확인과 더불어 이견·갈등의 원인을 파악 → 문제의 발생원인 뿐만 아니라 문제의 해결을 어렵게 하는 원인, 갈등 고조의 원인 등은 다를 수 있으므로 이러한 사항도 함께 파악
③ 이해관계자 분석	• 이해관계자란 갈등에 의해 영향을 받는 모든 집단을 말하며, 이들 집단들 입장, 진정한 이해관계, 이해간의 상호 관계 등을 파악 • 특히, 겉으로 드러나는 입장 외에 진정한 이해관계 파악에 중점을 둘 필요가 있음 • 원인분석, 갈등분석은 갈등층 모형, 갈등지도, 갈등나무 등의 분석기법을 적절히 활용

조정단계	주요 점검 사항
3. 조정과제의 심도 있는 학습	
① 유용한 문서	• 각 부처 입장이 정리된 보고서, 관계법령, 과제관련 언론보도 사항, 연구보고서, 통계자료 등을 수집·검토
② 관계자 사전 면담	• 문서 검토 외 관계자 면담을 통해서 정책의 배경과 발전사, 조정과제에 영향을 미칠 수 있는 사람·집단, 문제의 향후 전개방향 등에 대해 분석
4. 조정 의제의 설정	
① 조정 의제 결정	• 분석에서의 최종 단계는 조정시 무엇을 논의할지 「조정의제」를 결정하는 것 • 조정의제는 조정과정에서 논의될 「논쟁포인트」와 「핵심쟁점」임

III. 정책조정(Coordination)

1. 조정절차 및 Ground Rule

조정단계	주요 점검 사항
① 조정절차의 설계	• 본격적인 조정에 들어가기 전에 대강의 조정 절차와 방식을 설계 • 특히, 1차 조정회의를 통해서 조정 절차, 조정방식에 대한 합의를 이끌어 내는 것이 우선 필요
② 조정절차의 기본규칙 (Ground Rule)	• 조정과정에 참여하는 이해당사자가 모두 합의하는 절차규범(Ground Rule)을 마련, 조정절차 개시전에 합의
③ 외부전문가 참여 및 공동조사 검토	• **외부 전문가의 활용** 전문가의 구성범위, 선출기준, 특정 전문가의 선출 등에 대해 합의 필요 • **공동조사** 특정 사실관계에 대해서 전문가의 입장이 서로 다른 경우, 사실관계 자체에 이견을 보이는 경우 등에 활용

조정단계	주요 점검 사항
2. 조정자의 역할과 회의진행 요령	
① 조정자의 기본적 임무	• ▲ 문제해결에 대한 열정과 의지, ▲ 건설적 대화의 촉진자, ▲ 당사자간 해결의 조력자, ▲ 합리적 조정절차의 관리자로서의 역할
② 조정과정에서 유형별 대응방안	• 회의 진행요령, 유형별 대응 기술 등 원활한 조정 절차 진행을 위한 기술적 요소 습득도 중요
3. 조정 대안의 개발	
① 조정 대안 개발	• 대안 개발을 위해 BATNA 보다 더 좋은 대안을 제시할 수 있으면 성공적인 대안이 될 수 있음 • 다양한 대안을 비교·분석하기 위해서는 Brainstorming 기법, Trading 기법 등을 활용
② 조정 대안 평가	• 각 대안을 비교할 합의된 객관적 기준을 정하고, 조정의 목표, 정책효과 등을 고려하여 각 대안들을 평가하여 최적안을 결정
③ 합의 초안 작성 및 합의	• 최종 조정안에 대해서는 단일협상문서(single text) 방식 등을 활용하여 미세 조정

IV. 조정의 종결 및 사후관리

1. 조정의 종결

- 조정 대안에 대해 합의한 경우 이를 명확히 하기 위해 합의안을 문서화할 필요

2. 사후관리

① 이행상황의 확인	• 정기적인 추진상황 점검 • 규제심사, 정책평가, 차관회의 안건 검토 등을 통해서 조정안대로 이행되는지 확인
② 조정의 만족도 조사	• 정기적으로 조정 만족도 조사를 실시하여 문제점 및 보완사항, 우수사례 등을 도출하여 개선 및 교육자료로 활용

제5장 향후 과제와 개선방안

5.1 규제개혁위원회 실효성 제고 중심으로

그간 지속적으로 제기해 온 규제개혁의 문제점을 분석해보면 결국 주로 규제개혁 추진체계상의 한계와 문제에 맞닿아있다. 이미 앞에서 일부 언급한 것처럼 현재의 규제개혁 추진체계는 행정규제기본법에 근거한, 규제개혁위원회를 중심으로 하고 있다. 규제개혁 추진의 정책과 실무를 관장하고 행정규제기본법을 운영하는 범정부적 규제개혁 담당기구인 규제개혁위원회가 공식행정기관이 아닌 민관합동의 행정위원회라는 문제점은 반드시 극복되어야 한다는 외부의 지적이 제기되어 왔음을 밝혀둔다. 바로 이 문제점으로 인하여 행정규제기본법 집행의 실효성 확보, 규제심사 결과의 법적 효력, 규제심사 기구의 권한과 행정적 책임 간의 괴리, 규제심사의 전문성 확보 등 다양한 분야에 걸쳐 논란과 문제점이 파생된다고 보기 때문이다. 매번 정부가 출범할 때마다 각 정부별로 중요 규제 등 기존규제 개혁을 위해 규제개혁위원회와는 별개의 규제개혁 추진체계를 가지고 가는 경향이 있었다. 노무현 정부의 규제개혁기획단, 이명박 정부의 국가경쟁력강화위원회, 박근혜 정부의 규제개혁장관회의 등이 대표적이다. 이러한 이원화된 추진체계는 실제적으로 신설·강화규제에 대한 규제심사를 주로 수행해온 규제개혁위원회의 구조적 한계에 기인한다고 볼 수 있다. 기존 규제정비를 위해 각 정부별로 각 정부의 국정 기조나 방향에 맞춘 규제개혁 추진체계를 가지고 갈 수밖에 없는 불가피성이 있었다고 볼 수 있다. 특히, 경제·사회적으로 파급효과가 크지만 이해관계가 첨예하여 정책갈등이 예상되는 민감한 규제개혁 과제의 조정 및 개선과정에 비상임기구로서의 규제개혁위원회의 적극적인 역할을 수행하기에는 일정 한계가 노정한다는 지적이 존재한다. 하지만 이러한 불가피성이 일부 인정된다고 하지만 기존 규제정비의 상당 역할을 해당 정부기간동안 일시적으로 설치·운영되는 테스크포스 형태의 조직이나 협의체를 통해 감당하게 하는 이러한 이원화된 규제개혁 추진체계는 개혁을 추진하는데 문제점도 동시에 지적되고 있다. 정부에 관계없이 지속적으로 필요한 규제개혁 전략과 방법 등의 노하우나 경험이 정부 내에 축적되지 못하고, 정부가 바뀔 때마다 해체와 구성을 반복함으로써 기존 규제대상 지속가능한 안정적 개혁기반 형성에 필수적으로 요청되는 정부 내에 규제개혁 친화적인 전문 관료의 양성에도 전혀 도움이 되지 않는다는 것 등이 그것이다. 이처럼 규제개혁위원회가 기존에 해왔던 신설·강화 규제의 심사기능을 넘어서 현행 법제에서 규정하고 있는 기존 규제의 정비까지 적극적인 역할을 수행하기 위해서는 범정부차원의 새로운 규제개혁 추진체계로의 재편이 필요하다는 그간의 연구와 현장의 일관된 목소리에 다시 한번 귀 기울일 필요가 있다. 그러한 목소리에 정책적 적극 대응으로 화답이 긴요한 시점이다.

아울러, 규제개혁위원회 사무국 역할을 수행하고 있는 국무총리실 내 규제조정실의 독립성 및 전문역량 강화도 규제개혁 추진체계 상의 해결해야 할 또 다른 도전적 과제이다. 행정규제기본법 제31조에 의하면 규제개혁위원회의 사무처리를 위해 전문성을 갖춘 사무기구를 두도록 하고 있다. 이에 대해 정부에서는 국무총리실 내 규제조정실을 규제개혁위원회의 사무국으로 운영하고 있다. 이런 규제개혁추진체계에서 사무국의 형태는 규제개혁위원회가 설치된 이후 지속되었던 것으로 김대중 정부와 노무현 정부에서는 규제개혁조정관실, 이명박 정부에서는 규제개혁실, 박근혜 정부와 문재인 정부에서는 규제조정실로 그 명칭만 조금씩 변화하여 오늘에 이르고 있다. 그런데 이런 규제개혁위원회의 사무국인 규제조정실은 현재 비상임의 위원회로 운영되고 있는 규제개혁위원회를 고려한다면, 실질적으로 정부의 규제개혁 관련 기능을 수행하는 핵심적인 역할을 수행한다고 볼 수 있다. 이러한 중요한 역할에 비해 일반공무원과 같이 순환보직에 따른 잦은 담당 관료의 교체나 부처 등으로부터의 파견받은 비정규 인력이 다수 포함된 인력 구조는 규제개혁 업무에서 우선적으로 고려되어야 하는 중립성·독립성의 제고나 전문성 강화 측면에서 그 한계로 지적되고 있다.

▶ **범정부 규제개혁 추진체계의 실효성 제고방안***
*(*학계 등 외부에서 제기된 규제개혁위 재편방안을 예시적으로 재구성)*

그동안 외부에서 제시된 규제개혁 담당기구를 행정기관으로 재편하는 방안으로는 다음의 세가지 유형으로 정리해 볼 수 있다.

(1) 제1안 : 「합의제 행정기관」
규제개혁위원회를 공정거래위원회와 같은 독립된 합의제 중앙행정기관으로 재편하는 방안이다. 장관급의 규제개혁위원장을 기관장으로 하는 중앙행정기관을 창설하여 일정수의 상임위원과 비상임위원을 두고 그 보좌기관으로 사무총장이 지휘하는 사무처를 설치하는 것이다. 이는 1997년 행정규제기본법 제정 당시에 산업계에서도 건의한 내용으로서 지금도 관련 학계의 지지를 받고 있는 방안이다. 그러나 OECD 국가 중에서는 규제개혁 담당기구를 합의제 행정기관으로 설치한 사례가 없으며 세계적으로도 유사한 사례를 찾아보기 어렵다. 이 방안은 다음과 같은 장점을 기대할 수 있다. 첫째, 범정부적 규제개혁담당기구를 행정기관화 함으로써, 규제심사의 권한과 결과에 대한 행정적 책임을 일치시키고 심의/의결내용의 법적 효력을 안정적으로 확보할 수 있다. 규제심사의 권한과 책임을 자문적 성격이 강한 민간 주도의 위원회에서 행정기관으로 이관한다는 것이다. 둘째, 행정규제기본법 및 규제개혁 추진체계의 운영과 집행의 실효성을 제고할 수 있다. 위원장이 국무회의에 참석하여 안건을 제출하고 발언권을 행사할 수 있다는 점도 위원회의 위상을 높이는 데 도움이 될 것이다. 셋째, 합의제 의사결정을 통하여 이해당사자간 갈등의 소지를 최소화하고 중대한 사안에 대한 전문적 판단과 사회적 합의를 도출하는 데 유리하다. 넷째, 독자적인 사무처의 운영을 통해 전문인력을 충원·육성함으로써 규제개혁 추진체계 전반의 전문성을 제고 할 수 있다.

그러나 이 방안에는 고려되어야 할 중요한 문제점이 있다. 첫째는 새로운 중앙행정기관을 창설하는 데 대한 정치적 부담이 크고, 외국의 사례가 없어 새 제도의 운영에 대한 불확실성이 높다는 점이다. 둘째 우리나라 행정문화의 특성에 비추어볼 때 대통령이나 국무총리 소속이 아닌 행정기관이 규제사안에 대한 부처간 이견을 조정하고 행정기관 전체를 통제·감독하는 제도가 현실적으로 실효성을 확보할 수 있는가 하는 의문이 제기된다. 즉, 이 기관이 대통령소속의 감사원이나 국무총리 소속의 국무총리실과 같은 수준의 통솔력과 집행력을 확보할 수 있는가 하는 것에 대한 의문이다.

(2) 제2안 : 「독임제 행정기관」 및 「독립 민간자문기구」
규제개혁 담당기구를 법제처와 같은 단일 지휘체계의 행정기관으로 설치하고, 각계의 대표와 민간전문가로 구성된 자문기구를 별도로 두어 규제정책의 방향과 규제심사의 기준 등에 대한 민간의 의견을 수렴하는 방안이다. 국무총리 산하에 차관급을 기관장으로 하는 중앙행정기관(가칭 규제개혁처)을 신설하고, 전문성을 갖춘 공무원들로 하여금 규제개혁처장을 보좌하도록 하는 것이다. 이 경우, '작은정부'의 원칙을 유지하는 차원에서 업무의 성격과 연관성이 높은 법제처를 흡수·통합하여 '규제개혁법제처'로 재편하는 방안도 상정해볼 수 있다. 아울러 현재의 규제개혁위원회는 정부의 규제개혁 정책기조와 중요한 규제사안의 심사기준 등을 자문하는 독립 민간기구로 개편하고, 여기에 소수의 상임위원을 두어 운영의 효율성을 기하는 방안도 상정해 볼 수 있다. 이러한 체계는 영국의 사례에서 찾아볼 수 있다. 영국은 기업·혁신·기술부(BIS)와 선진규제처(BRE)가 독임제 행정기관으로서 범정부적 규제개혁을 관장하고 있으며, 내각 차원의 규제정책을 자문하는 민간자문기구인 규제정책위원회(RPC)와 BRE의 민간자문기구인 위험·규제자문위원회(RRAC)를 두고 있다. 이 방안의 장·단점은 '합의제' 부분을 제외한 '제1안'과 유사하나 법제처와 통합하여 설치할 경우 기관 신설에 대한 정치적 부담이 상대적으로 적고 영국의 운영 사례를 참고하여 새 제도의 불확실성도 줄일 수 있다. 다만 대통령 소속인 규제개혁위원회를 민간자문기구로서 유지하더라도 '제1안'과 마찬가지로 대통령 및 국무총리 직속의 기관에 비해 행정부 내에서의 통솔력과 집행력을 확보하는데는 불리하다는 한계가 있을 것으로 예상된다.

(3) 제3안 : 「국무총리실」및 「독립 민간자문기구」

국무총리실이 규제개혁 담당기구를 겸하고 각계의 대표와 민간전문가로 구성된 자문기구를 별도로 두어 규제정책의 방향과 규제심사의 기준 등에 대한 민간의 의견을 수렴하는 방안이다. 국무총리실에 차관급(규제개혁 차장 가칭)을 설치하여 전문성을 갖춘 공무원들의 보좌를 받도록 하는 것이다. 현재의 규제개혁위원회는 민간전문가로 구성된 독립자문기구로 개편한다. 국무총리실이 규제개혁 담당 기구로서의 권한과 책임을 직접 감당하도록 한다는 점에서 규제개혁위원회의 사무를 보좌하는 현재의 국무총리실 규제개혁실 체제와는 조직의 개념이 다르다. 이러한 체계는 미국의 사례와 유사하다 미국의 규제개혁 담당기구는 대통령실의 연방관리예산처(OMB)와 정보·규제실(OIRA)로 구성된 독임제행정기관이며, 부통령과 백악관의 주요 참모진으로 구성된 자문그룹(Advisor Group)이 정책기조와 주요 심사기준 등을 논의하여 결정한다. 규제심사의 중립성과 독립성은 OIRA의 실장(Administrator)을 상원과 대통령이 협의하여 임명함으로써 보장한다. 이 방안의 가장 큰 장점은 별도의 기관을 신설하지 않고 국무총리실의 행정기관에 대한 통솔력과 집행력을 그대로 활용할 수 있다는 점이다. 단점으로는 독립 기관장이 아닌 규제개혁 차장이 독자적인 규제심사를 수행하기가 현실적으로 쉽지 않고, 국무총리실 내부의 순환보직으로 인하여 담당 공무원들의 전문성을 확보하는데 불리하다는 점 등을 들 수 있다. 한편, 이를 국무총리실보다는 대통령실이 수행하는 것이 더 낫다는 견해도 있겠으나, 국정의 전반을 두루 지휘·통솔해야 하는 대통령실의 업무가 과중하여 자칫 규제개혁 업무가 소홀히 다루어질 우려가 있고 대통령실이 집행업무까지를 담당하는 것은 무리라는 점 등을 감안할 때, 타당성이 부족할 수 있다.

〈표〉 규제개혁위원회 재편방안별 비교

구 분	현 행	재 편 방 안		
		제1안	제2안	제3안
정책기구	규제개혁위원회 (민관합동 행정위원회) *국무총리실이 사무 보좌	규제개혁위원회 (합의제행정기관) *사무처 설치	규제개혁위원회 (민간자문위원회)	규제개혁위원회 (민간자문위원회)
집행기관			규제개혁·법제처 (독임제행정기관)	국무총리실 (독임제행정기관, 규제개혁차관 신설)

이상 세 가지 대안의 최종적 전략적 선택의 기준으로는 기관의 독립성, 상징성과 더불어 기관의 규제개혁 집행력을 최대화하면서도, 정부조직법상의 실현 가능성 등이 되어야 한다는 주장이 지배적이다.

5.2 행정규제기본법 법제 개선 중심으로

(1) '행정규제기본법 적용제외' 범위 재검토

행정규제기본법은 감사원을 제외한 모든 행정기관과 지방자치단체를 이 법의 적용 대상으로 하고 있어 특정 기관이 규제관리체계에서 누락되는 문제점은 발생하지 않는다. 아울러 행정기관의 사무 중에서도 국가안보, 외교·통일, 형사·행형, 조세 등 이른바 '국가 고유권한' 성질의 사무를 적용대상에서 제외한 취지에도 의문의 여지가 없다. 그러나 이러한 '국가 고유권한'의 사무를 행정적으로 집행하기 위한 절차·기준·요건·기한의 설정 등 전형적인

'행정적 사무'까지 포괄적으로 적용 대상에서 제외한 현행 법제는 개선되어야 한다는 지적은 설득력이 있다고 생각한다. 이는 '총체적 규제관리'를 지향해야 하는 규제개혁추진체계의 '공식적인 사각지대'에 해당하기 때문이다. 법제상 신설·강화 규제 심사나 기존규제정비 대상의 사각지대를 보완하려면 현행 행정규제기본법의적용 제외 대상 사무 가운데 '행정 규제적 사무'를 배제하여 적용제외 사무의 범위를 최소화하여 적극적으로 규제개혁에 임할 수 있어야 한다.[40]

역대 정부의 대표적인 규제개혁 성과로 알려지고 있는 전통주 산업의 활성화나 입국장 면세점 허용은 만약 정부가 현행 법제상의 공식적인 규제개혁 적용대상 범위에 안주한 규제개혁 정책을 펼쳤다면 추진될 수 없었던 과제였음을 되새길 필요가 있다고 하겠다.[41]

아울러, 규제의 개념을 단지 '침익적 규정'에 한정하는 것이 아닌 '행정부가 만드는 모든 규정'으로 확대하여 행정 내부규제나 지원행정에서 유발되거나 될 수 있는 국민의 권리를 제한하거나 의무를 부과하는 내용을 기존규제 정비대상으로 확대할 필요가 있다. 그리고 이러한 방향에 대한 법제화도 적극 추진할 필요가 있다.

(2) '규제법정주의' 실질적 구현 추진

규제법정주의 원칙은, 법률의 명시적 근거 및 위임 없이는 규제를 제정할 수 없다는 원칙과 규제는 반드시 법률 또는 그 위임을 받은 법규명령의 형식으로 제정되어야 한다는 원칙으로 구성된다. 이중 '행정규칙에 의한 규제'의 제정은 후자의 원칙에 위배되므로 금지하는 것이 원칙이다. 그럼에도 불구하고 현행 행정규제기본법은 우리나라의 행정의 현실을 고려하여 '불가피한' 경우 고시 등 행정규칙으로도 규제를 정할 수 있도록 하고 있다.

행정규제기본법의 제정 취지 중 하나가 행정기관의 행정편의적 규제의 신설이나 강화를 방지함을 목적으로 한다는 점을 감안한다면 이러한 근원적 조치의 필요성에 대해서는 인정된다고 볼 수 있다. 그러나 우리 행정법학계에서는 '법령 보충적 행정규칙'이 존재하고 있는 '현실'을 인정하는 견해가 다수이다. 행정현실에 있어서도 행정규칙의 형식으로 제정·운영되고 있는 금융감독·식품안전 등 관련 규제들을 일괄적으로 규제법정주의에 맞게 상향 입법하는 것이 행정의 계속성이나 신속성 확보의 측면에서 쉬운 작업은 결코 아니다. 최근 '행정규칙으로의 도피' 현상이 심각하게 나타나고 있는 만큼 법제개편 과정을 검토하는 과정에서 이 규정의 개선이나 개선방안에 대한 심도 있는 논의가 필요해 보인다.

---

40) 헌법재판소가 반복하여 밝힌 위헌법령 판결내용이 그 근거가 될 수 있다. 헌법재판소는 특히 상당수의 '조세의 부과·징수'에 관한 법령의 조문들을 위헌으로 판시하면서, 그 이유를 대부분 징세 행정의 편의만을 고려하여 '합리적 이유 없이 국민의 부담을 가중 시키거나 불평등한 부담을 부과하였다'고명시한 바 있다. 행정입법에 대한 통제의 주요 목적이 행정기관에 의한 '행정편의적 행위'를 억제하는 것에 있다는 점을 감안 할 때, 이러한 사례가 매우 빈번하게 지적된 세무행정법령 즉 '조세의 부과·징수'에 관한 법령은 규제심사 및 기존 규제 정비의 대상으로 공식적으로 편입될 필요가 있다.
41) 전통주의 인터넷 판매는 주세법, 입국장면세점 허용은 관세법에 근거한 규제를 개선한 사례이다.

5.3 규제개혁정책 품질관리 지향을 중심으로

우리나라의 규제개혁 추진방식이나 수단 즉, 규제개혁시스템은 법제화된 규제개혁위원회와 규제영향평가 제도 등으로 대표되며 OECD와 같은 국제기구의 발표에서도 보듯이 국제적인 모범사례로 선정되고, 평가도 우수하다고 인정을 받는다. 하지만 국민이나 기업 등 현장에서 느끼는 규제에 대한 체감도나 국가경쟁력 지표 등을 보면 한국의 규제환경은 여전히 부정적인 평가가 존재한다.[42] 규제개혁시스템은 우수한데 규제개혁이 아직도 국내외적으로 미흡하다는 평가를 받는 이유를 현행 도입된 국내의 규제개혁을 위한 규제시스템의 느슨하거나 부실한 운영에서 찾는 외부의 지적이 많다. 그간의 규제개혁 노력에도 불구하고 우리나라의 규제문제의 본질은 그 양(總量)이 아니라 질(品質)이 문제라고 보아야 한다. 다시 말해, 규제가 많아서가 아니라 규제의 품질이 나쁘기 때문이고 이러한 불량규제의 개선하는 시스템이 도입되어있지만 제대로 작동하지 않고 있다는 것이다. 역대 정부에서 30여년 이상 규제개혁을 외쳐왔고 추진하였지만 현장에서 그 효과를 체감하지 못하는 것은 규제 숫자 줄이기에만 집중한 숫자놀음식 규제개혁 성과의 한계로 인해 규제의 내용과 그 집행·행태측면에서 여전히 현장에는 불량규제들이 남아 있고 계속 생산되고 있다는 시각이다.

규제개혁은 단순히 규제완화를 의미하는 것이 아닌 양질의 규제를 통해 국민 불편을 해소하고 국가경쟁력을 강화하는 것을 의미한다고 볼 수 있다. 인·허가요건이 구체적이고 명확하지 아니한 경우에는 인·허가의 절차 신속성을 저해하고 과도한 재량 부여로 부패를 유발할 우려 또한 상존한다. 법률, 하위법령, 행정규칙 간 규율내용의 적정한 분배 및 입법과정에서 법령 위계에 따른 구체화 수준의 표준화를 통한 투명성 확보가 긴요하다고 볼 수 있다.

아울러, 규제 설정의 타당성과 규제의 적정성을 평가하는 데 있어 규제비용을 명확하게 반영할 필요가 있다. 모든 규제는 국민경제적 비용을 유발하는데, 그 경제적 비용에는 규제집행 비용 외에 피규제자의 규제 준수 비용과 그 밖의 부작용 비용 등이 모두 포함되는데, 이런 비용을 모두 합한 비용을 고려하더라도 규제가 정당화되는 경우에만 규제를 도입하거나 강화하도록 유의할 필요가 있겠다. 규제완화 또는 규제개혁이 새로운 대안으로 자율규제(self-regulation)의 도입 등 협력적 규제방식에 대한 적극적 도입도 검토할 수 있겠다. 규제개혁은 이러한 필요성에 대한 공감부터 시작되어야 한다. 과거 규제개혁이란 정부 주도의 양적인 차원에서 단순히 불필요한 규제를 혁파하고 감축하는 규제완화 차원이 아닌 규제의 전 생애주기, 다시 말해 규제의 생성과 집행, 평가와 폐지의 전 과정을 규제관리 차원에서 다루는 접근방법이 요구되고 있다. 규제품질을 담보할 수 있는 정부의 역량제고 및 규제시스템을 효율적이고 총괄적으로 운영할 수 있는 규제관리 시스템의 구축 등이 최종적인 규제개혁정책의 목표에 가장 가깝다고 할 것이다. 결론적으로 규제품질 관리에 궁극적 목표를 둔 규제개혁시스템의 실효성 제고가 가장 중요하게 다루어야할 우선적 규제개혁 정책 목표로 제시할 필요가 있다.

---

[42] IMD(2020)에 따르면 2019년 한국의 국가경쟁력순위는 조사대상 63개국중 23위로 2010년이후 20위권에서 머물고 있다.

5.4 규제개혁 현장 중심으로

(1) 유사규제 등 규제개혁 사각지대 해소

법령상 규제인 행정규제는 행정규제개혁위원회 등록하도록 되어 있어 점검이 쉽고, 신설·강화하고자 하는 경우 규제심사를 거치기 때문에 규제관리 대상범위에 포함되어 있다고 할 수 있다. 그간 법제에서 규제개혁의 주로 행정규제를 대상으로 하고 있고 규제개혁에 대한 노력과 활동 대부분은 행정규제에 집중되고 있다. 이러한 이유로 규제개혁의 사각지대가 여전히 남아있다. 규제개혁 현장에서 바라보았을 때 대표적인 문제는 앞에서 언급한 행정규제 이외에도 국민과 기업을 옥죄는 다수의 △유사규제, △행정내부규제, △중복규제 등이 존재한다는 것이다.

유사규제는 정부 산하기관, 유관단체, 협회 등이 각종 정관이나 내규 등의 규정으로 국민, 기업, 회원 등을 대상으로 각종 부담을 추가하거나 의무를 부담하는 것을 말한다. 행정기관의 위임이나 위탁 업무가 증가하고 규제환경이 복잡해짐에 따라 이러한 불필요하거나 불합리한 규정이 지속적으로 현장에서는 확인되고 있다. 정부 위임사무를 수행하면서 관련 협회 회원사나 비회원사간 불합리한 수준의 차별을 두어 협회가입을 유도하는 등의 사례가 대표적이다 할 것이다. 과거 이러한 유사행정 규제정비를 시도한 바 있다. 특히, 2005년에는 유사행정의 집중적인 정비를 위해 '유사행정규제 정비지침'을 마련하여 시행한 바도 있다.

훈령, 예규 등 행정기관 내부업무 기준인 행정규칙은 각급 행정기관에서 행정의 일차적 집행기준으로 활용되기 때문에 경제·민생현장에서 미치는 영향이 법규 이상일 수도 있다. 이러한 행정내부규제는 법령과 달리 여전히 관계부처 협의, 규제개혁위원회와 법제처 심사 등을 거치지 않고 각 부처에서 제정·운영되고 있는 경우가 있다. 이러한 행정내부규제의 적법성 확보를 위한 제도로 법제업무운영규정을 통해 법제처 홈페이지 등에 올리도록 하고 있으나 누락되어 있는 경우가 존재한다. 실제 이들은 발령 후 오래도록 방치되어 현실에 맞지 않거나 존재여부가 불확실한 경우도 많다. 이로 인한 행정부담이나 현장 혼란을 유발하는 경우도 확인되고 있다.

〈 표 〉 행정내부규제 개선유형

유 형	내 용
법규명령으로 정할 사항을 훈령·예규 등으로 정한 경우	국민의 권리의무에 변동을 초래하거나 국가정책·국민생활에 중요한 영향을 미치는 사항을 행정규칙으로 정한 경우
훈령·예규 등의 내용이 위임근거가 미비한 경우	법규명령이 아닌 훈령·예규 등의 형식으로 정하는 것 자치는 타당하다고 하더라도 법규명령의 위임이 없는 경우
훈령·예규 등의 내용이 관계법령에 저촉되는 경우	훈령·예규 등의 내용이 그 근거가 되는 상위법령이나 관계법령에 저촉되는 경우
훈령·예규 등의 내용이 불합리한 경우	훈령·예규 등으로 정할 수 있는 사항을 정했지만, 그 내용이 불합리한 경우

중복규제는 일반적으로 한 피규제자 또는 한 개 행위에 대해 다수의 규제권자가 존재하는 경우를 말한다. 즉, 하나의 사안에 대한 여러 부(또는 부처 내 여러 부서)가 규제하는 것을 의미한다. 동일하거나 유사한 내용의 보고나 검사, 교육 의무 등이 반복되어 이루어지거나, 서로 상충되는 규제내용이 혼재되어 의무화되어 있는 경우가 대표적인 사례이다. 중복규제는 기술 융합이등 규제환경의 복잡화로 인해 소관영역이 모호해지기 때문에 생기는 불가피성도 있지만 규제권한이 강할수록 부처의 위상이 커지는 데서 비롯한 부처 간 경쟁에서 기인하는 경우도 있다. 또한 권한이 수직적으로 분화되고, 지방분권강화 추세에 따른 지방으로의 권한 분산과정에서도 발생하고 있다. 중복규제 문제를 해결하기는 규제가 규제권자에 주는 편익이 큰 반면, 부처간 (또는 부처·지자체간) 자율적인 갈등 조율이나 조정이 쉽지 않기 때문이다.

따라서 규제개혁 체감도를 높이기 위해서는 상대적으로 개혁에 대한 노력이 미흡했으면서도 국민 등에 과도하고 불합리한 수준의 부담을 주는 유사규제 등에 대한 규제개혁 사각지대 해소에 더욱 노력을 경주할 필요가 있겠다.

▶ 대표적인 중복규제 사례 : 토지이용규제

○ 토지는 국민과 기업의 경제활동에 가장 지대한 영향을 미치는 부분이다. 각 토지의 건폐율과 용적율의 기준이 되는 용도지역 이외에도 각 부처, 지자체의 정책적 필요에 따라 개별 법령, 조례에서 규제를 수반하는 지역·지구 등을 수시로 신설·운영함에 따라, 토지이용 규제의 규제내용이 복잡해지고, 규제대상이 분기되며, 규제방식도 다양화 추세이다. 이는 가장 대표적인 중복규제 사례이다. 중복규제가 그 자체만으로 불합리한 것은 아니다. 토지이용규제간 체계성 부족 등으로 지속적인 현장의 불편이 제기되고 있는 것이 문제이다. 불합리한 규제로 현장의 혼란과 비효율로 인한 규제자(정부기관)와 피규제자(국민·기업) 입장에서 문제 제기가 점증되고 있다고 할 수 있다. 특히, 중첩적 토지이용규제[43]로 인해 국민의 토지이용 불편을 초래하고, 기업의 투자의욕을 저해하는 등 각종 폐해 발생하고 있는 것으로 확인된다.

〈표〉 복잡·다기·다양화된 토지이용규제 현황(2017년 기준)

구 분	기관 수	법령·조례 수	지역·지구 등 수
부 처	16개	104개	286개
지자체	17개	202개	420개
소 계	33개	306개	706개

○ 이러한 불합리한 중복규제에서 비롯되는 규제폐해를 예방하기 위해 정부는 규제내용의 단순화·투명화·정보화를 위한 2005년부터 '토지이용규제기본법[44]' 제정·운영 중에 있다. 그간 소기의 성과에도 불구하고, 부처간 조정 및 협력체제 보완이 필요한 상황이다. 부처간 협력을 전제로한 개선과제의 규제조정이나 실행력 확보측면에서 일부 한계가 지속적으로 노정되어온 것이 사실이다. 이런 맥락에서 토지이용규제기본법 상에 운영되고 있는 제도들과 그간의 성과들을 객관적인 정책으로서의 정책평가 과정을 통해 제도의 보완이나 개선을 추진할 필요가 있다는 점을 부언해 둔다.

---

[43] 토지이용규제 중복(중첩) 유형: △공간(지정)중첩 △목적중첩 △내용(행위제한)중첩 △절차중첩 △처벌중첩
[44] 「토지이용규제기본법」주요 내용
 - 토지이용규제 단순화 : 규제수반 지역·지구 등 신설 제한, 정기적 재평가
 - 토지이용규제 투명화 : 주민의견 청취 및 지형도면 고시 의무화
 - 토지이용규제 정보화 : 토지이용절차 안내서비스 제공(온라인)

(2) 지역밀착형 지방규제 개선을 위한 지방자치단체의 역할 강화

현장중심의 규제개혁을 실현을 위해서는 지방현장 중심의 규제개혁이 중요하다. 이를 위해서는 규제개혁을 둘러싼 지방자치단체 중심의 역할 재정립이 필요하다. 현행 지방자치단체의 규제개혁 활동은 과거보다는 더욱 확대되고 있음은 분명하지만, 아직까지는 중앙부처 중심의 규제개혁 정책을 단순히 지원하거나 수동적인 수준에서 머물러 있는 경우가 대부분이다.

앞으로 그려볼 수 있는 규제개혁 추진과정에서의 이상적인 지방자치단체의 역할(To-be 모습)은 지금보다는 더욱 확대되고 강화될 필요가 있다. 지자체는 지역의 시각에서 규제와 관련된 지역밀착형 다양한 경제·민생 현안을 발굴, 적극적으로 규제개혁의 논리와 규제 대안을 중앙정부에 제시함으로써 정부의 규제개혁 정책을 주도적, 선제적으로 대응이 중요하다. 아래 〈표〉는 평소 지방규제 개선을 담당하면서 필자가 정책 현장에서 생각해온 규제개혁을 추진하는 실무단계별 바람직한 지자체의 역할을 정리한 것이다. 이를 지방행정의 중요한 한 축(軸)으로 실현해 가기 위해서는 인력 및 지원 측면에서도 자치단체의 규제개혁 전담조직 신설과 강화가 우선되어야 할 것으로 판단된다.

〈 표 〉 규제개혁 실무단계별 지방자치단체의 역할

규제개혁 추진단계	지자체 역할
① 과제발굴 및 검토	· 개선 필요 과제 발굴 · 현장문제 제시 및 제도개선 근거 개발(1차)
② 부처 의견확인 및 정책조정	· 제도개선 필요성 제시(개선효과 증심) · 제도개선 구체적 근거 개발(2차)
③ 개선방안 확정 및 개선조치 이행	· 개선방안의 정합성 확인(현장문제 해결측면) · 개선사항 일선 전파 및 타 지역 확산
④ 이행점검 등 사후관리	· 현장착근 여부 공동점검 · 체감성과로 연결 위한 추가과제 발굴 · 규제개선 효과 분석·평가 주도적 참여

(3) 자치법규 규제정비 집중

헌법과 지방자치법에서는 지방자치단체 또는 지방자치단체의 장은 법령의 범위에서 그 권한에 속하는 사무에 대하여 조례 또는 규칙, 즉 자치법규를 제정할 수 있다고 규정하고 있다.[45] 자치법규는 현재 기준으로 법령상 위임사무와 자치사무를 지방의회 의결로 제정하는 조례(약 8만개)와 조례위임사항을 자치단체장이 정하는 규칙(약 2.5만개)로 구성되어있다.

---

[45] 지방자치단체가 자치법규를 제정할 수 잇는 권한을 '자치입법권'이라 한다.

이중 규제사항은 약 3.5만 건으로 파악되고 있다. 이런 자치법규 이외에도 지자체 행정규칙 (약 1.7만개, 고시·훈령 등)이 있으나 지자체 조직이나 활동을 규율하는 것으로 파악된다. 역대 정부에서 중앙부처의 법령이나 행정규칙 등을 중심으로 규제개혁 활동이 집중되어왔다. 하지만, 법령 등을 정비하더라도 그 사항이 자치법규에 적시에 반영되지 않거나 자치법규로 또 다른 규제를 신설·강화할 경우 규제혁신 성과의 현장체감이 반감될 수 있다는 지적이 지속적으로 제기되고 있다. 더욱이 법령 등에 의한 규제인 경우에도 국민과 기업입장에서는 정부의 규제의 집행되는 현장은 지자체의 일선 행정인 경우가 대부분이다. 이러한 이유로 지방자치단체의 자치법규 정비와 지자체 공무원의 행태규제가 규제개혁 대상으로서 그 중요성이 더욱 커지고 있는 상황이다.

〈 표 〉 불합리한 자치법규 유형

유 형	내 용
법령 등 미근거	법령에 근거 없이 권리를 제한하거나 의무를 부과하는 경우
법령 등 미반영	법령에서 정한 위임범위를 벗어나서 자치법규에 규제내용을 규정하는 경우
법령 등 일탈	규제(제도) 개선 사항을 미반영하거나 소극적으로 규정하는 경우

(4) 규제개혁 성과의 현장 이행점검 강화

규제개혁 개선안을 마련한 이후에 이행절차, 행태 및 후속 조치 등에 대한 일선 현장에서의 불만이 존재하는 점도 여전히 문제로 지적되고 있다. 규제개선 계획 발표는 있었지만 이에 따른 진척이 지연되거나 없는 경우, 규제가 개선되었으나 이를 적용하는 일선 행정현장에서는 기존 제도를 답습하는 경우가 대표적인 경우이다. "발표만 하고 시행은 하지 않는다.", "제도는 바뀌어도 현장은 똑같다."는 식의 불만이 현장에서 나타나게 된다.

따라서 국민들이 체감할 수 있는 규제개혁이 되기 위해서는 규제개혁 방안이 확정되는 경우 정부에서는 법령 제·개정 등 후속조치를 신속히 마무리할 수 있도록 점검할 뿐만 아니라, 현장 시각에서 개선내용이 현장착근 여부를 확인해야 한다. 이를 통해 일선 규제 집행 단계에서 절차 및 관행을 개선하여 인·허가 등 민원처리가 수요자 입장에서 적극적으로 이루어지도록 해야 한다. 기존에도 이행점검이 강조되지 않은 것은 아니지만, 기존규제 개혁을 추진해온 조직 등이 다수 존재하고 담당 공무원의 교체 등으로 현장의 요구를 철저하게 반영해오지 못했다는 것이 일부 인정된다. 철저한 이행점검을 강화할 수 있도록 제도적, 조직적 개선방안 마련도 필요하다고 보인다.

5.5. 4차 산업혁명 시대의 기술혁신을 위한 규제혁신[46]을 중심으로

우리가 살고 있는 이 세상은 무엇에 의해 변화되어 왔으며, 우리의 삶을 지배할 미래 세상을 바꾸는 주요한 동인(動因)[47]은 무엇인가? 이러한 질문에 단골 대답으로 등장하는 것 중에 하나가 과학기술이다. 이러한 기술결정론적 관점에서도 국가의 미래를 대비해야 하는 우리 정부의 입장에서는 규제를 둘러싼 딜레마에 봉착하기도 한다. 일반적으로 혁신(innovation)과 규제(regulation)는 서로 상충되거나 반비례의 긴장관계로 파악되고 이해되는 것이 일반적이다. 혁신은 새로운 위험을 초래 할 수 있기 때문에 위험방지를 위한 규제가 불가피하고 이러한 규제는 혁신을 저해하기 때문이다.

최근 혁신기술을 적용되는 신산업 분야에서 규제를 둘러싸고 이해관계 갈등이 지속적으로 심화되고 있다. 대표적으로 차량공유 서비스인 '타다'와 관련하여 기존 택시업계와의 치열한 이해 갈등이 사회적으로 큰 문제를 불러왔으며, 앞으로도 원격진료 등 신기술기반의 신산업으로 각광 받은 분야에서 사회적 갈등이 강화되고 확산될 경향이 있다. 신산업은 기존 사업과 마찰을 빚고 기존산업의 수익성을 악화시킬 수 있다. 반면, 혁신이 기본적으로 파괴적 성격을 가지기에 당연히 나타날 수 있는 현상으로 무조건적으로 사회후생이 약화된다고 보기에는 어렵다는 주장도 존재한다. 기존 산업과 신산업간의 불평등한 규제가 이루어질 경우 전체 시장의 질적 하락을 유발해 사회후생 감소로 이어질 수 있음을 주의해야 한다. 예를 들어 일반 숙박업의 경우 숙박업 관련 위생, 안전, 세금관련 규제를 받지만 에어비앤비의 숙박공유 공급자는 숙박업으로 등록하지 않기에 규제를 받지 않는다. 규제적용 관점에서 볼 때 '불공평한' 규제로 숙박공유 공급자는 '규제공백'에 따른 '규제차익'을 보고 이를 통해 상대적으로 쉽게 성장이 가능하다. 이러한 원인으로 인한 공유경제의 성장이 주를 이룬다면 경쟁이 왜곡되고 시장전체의 질적인 하락이 나타나 궁극적으로는 사회 전체의 후생 감소로 이어질 수 있다. 이런 경우 전문성이 낮고 일시적 공급자라는 공유숙박 공급자의 특성을 고려한 '거래량 연동규제[48]' 도입 등을 통해 규제대상 간 규제 형평을 유지시키려는 정부의 개입 또는 조정 노력이 필요하다고 하겠다. 결론적으로 정부의 역할과 관련해서는 기존 산업과 신산업간 '규제 역차별' 해소를 위해 '규제 형평성' 제고에 초점을 둔 규제정책이나 규제개혁 방향 설계가 핵심임을 주지할 필요가 있다.

---

46) 제4부(신기술·신산업 규제혁신론)에서 각론으로 논의를 전개하였다.
47) 미래변화에 대한 이해를 구하는 미래학 분야의 연구에서는 일반적으로 세상을 변화시키는 3大 동인(動因)으로서 기술, 기후, 인구를 꼽기도 한다.
48) 공급자의 거래량이 일정 한도 이하일 경우 비교적 낮은 규제를 적용하는 식의 제도이다. 미국 일부지역에서는 공유숙박업체 경우 일정기간 이상의 영업을 제한하거나, 그 수준 이상일 경우 추가적인세금 부과 규제사례가 존재한다.

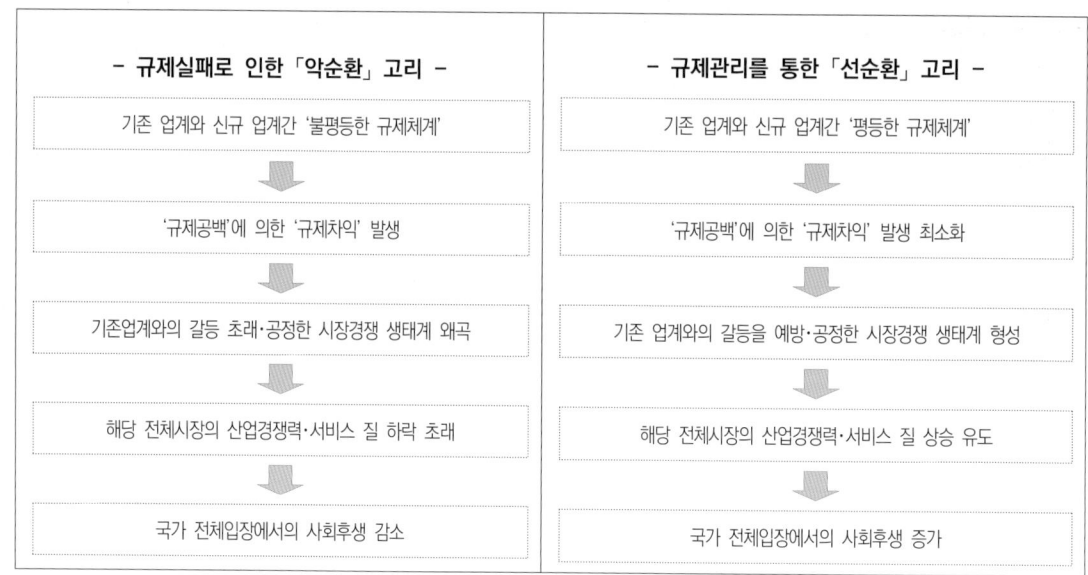

〈그림〉 기술혁신을 위한 규제정책 고려사항

　기술혁신을 둘러싸고는 두려움과 기대가 공존한다. 이와 관련 적극적인 정부의 개입을 주장하는 입장에서는 과학기술의 혁신으로 인한 새로운 산업생태계의 등장, 전통적 가치와 윤리관의 붕괴, 환경의 훼손 등을 우려하려 적극적인 역할을 주문한다. 시장경제의 효율성을 추구하면서 정부의 최소 개입을 주장하는 입장에서는 새로운 기술혁신에 의한 편익을 더 크게 평가하고 무규제나 규제의 최소화를 주장하기도 한다. 일부에서는 새로운 과학기술로 인한 위험은 본질적으로 그 입증이 어렵기 때문에 새로운 위험은 과소평가되는 경향이 있다는 주장도 제기한다. 4차 산업혁명시대에 과학기술의 혁신을 저해하지 않으면서 동시에 이러한 과학기술의 혁신이 야기할 수 있는 제반 위험을 적정한 수준에서 통제할 수 있는 방법은 무엇인가? 이러한 문제의식에 입각해서 기술혁신의 효용을 향유하고 지속가능한 산업혁명을 추동하기 위한 규제패러다임과 제도적 방안을 모색하기 위한 논의가 우리뿐만 아니라 전세계적으로 활발히 이루어지고 있다. 규제샌드박스 제도 도입을 비롯한 최근 우리 정부가 신산업·신기술 규제체계의 패러다임 전환을 위한 다양한 규제혁신의 시도를 이러한 맥락으로 이해할 수 있다.

　특히, 과학기술의 혁신은 기존의 규제체계와 다각적으로 갈등을 유발한다. 과거 과학기술 발전의 역사 속에서 혁신이 기존의 규제와 충돌하여 사회적 갈등관계를 야기한 수많은 사례가 존재하며, 가장 논쟁적인 주제를 제공하기도 하였다. 과학기술의 혁신은 새로운 산업·사회생태계와 경제구조를 낳고 기존의 산업·사회 생태계의 붕괴를 초래할 수가 있다. 기존 생태계의 주체들은 당연히 새로운 생태계의 등장을 반대하게 됨으로써 규제를 둘러싼 정책갈등을 유발하는 경향이 있다. 우리는 기술의 발전에 따른 혁신이 가져올 경제·사회적 구조의 변화에 규제가 적절히 대응하지 못하면 국가공동체의 발전과 미래를 포기하는 우를 범할 수도 있음을 명심해야 한다. 이러한 정부의 정책딜레마를 극복하기 위해서는 정부의 갈등 조정 역할의 그 어느 때보다 중요하다고 할 수 있다. 미래 4차 산업혁명의 견인을 위한 새로운 규제혁신 패러다임의 모색과 정부의 갈등관리 역량의 강화는 향후 규제개혁 정책추진 과정에서 지속적으로 최우선적 관심이 요청된다고 하겠다.

제4부 신기술·신산업 규제혁신론

| 이헌우, 류준호 |

제1장 신산업과 규제혁신

1.1 신산업의 정의와 범주

신산업에 대해 법적 정의나 학계에서 합의된 정의는 존재하지 않지만, 그 의미상 기존산업(혹은 구산업)과 구분되면서 새로운 기술과 아이디어를 바탕으로 출현하는 산업 중 발전가능성이 매우 큰 산업을 의미한다고 볼 수 있다. 국무조정실 신산업투자위원회에서는 '새롭게 창출된 산업 부문 중에서 시장성, 파급효과, 성장 잠재력과 국민경제 발전에 대한 기여도가 높은 새로운 산업'으로 신산업을 규정하고 있으며, 혁신산업, 신성장동력 산업 등도 유사한 개념으로 볼 수 있다. 이를 감안할 때, 신산업이란 ①기존 산업과의 '차별성', ②새로운 기술 혹은 새로운 아이디어에 기반한 '혁신성', ③향후 성장 가능성과 파급효과가 클 것으로 기대되는 '잠재력' 등을 특성으로 하는 산업영역으로 볼 수 있을 것이다.

이러한 신산업이 구체적으로 어떠한 산업을 의미하는지는 국가별, 시대별 특성에 따라 다양하다. 현재의 주력산업은 과거의 어느 시점에서는 신산업이었고, 현재의 신산업은 미래의 어느 순간에는 기존산업이 될 것이다. 수없이 출현하는 신산업이 국가경제를 이끌고 국민의 삶을 개선하는 미래 주력산업이 되기 위해서는 시장에서 경쟁 과정을 거쳐 그 유효성을 입증하고 확산되면서 새로운 수요와 산업구조가 형성된 후 일정시기가 지나면 쇠퇴하게 된다. Klepper, Audretsch & Feldman 등이 발전시킨 산업수명주기 이론(industry life-cycle model)에 따르면 기업이나 산업구조는 진입기(introduction), 성장기(growth), 성숙기(maturity), 쇠퇴기(delcine)의 4단계(그림)를 거치며, 각 단계마다 혁신의 양상과 정도가 달라진다. 신산업은 이 중 진입기에 있는 산업 중 향후 성장기로 진입할 가능성이 높은 산업으로 볼 수 있다.

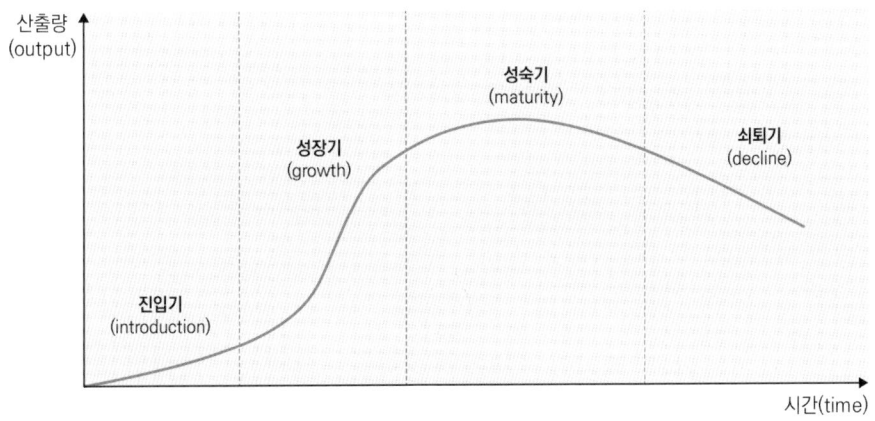

〈 그림 〉 산업수명주기

신산업이 중요한 의미를 가지는 이유는 미래 성장동력으로서 경제성장을 이끌고, 국민의 삶을 개선하게 될 잠재가치가 매우 클 것으로 기대되기 때문이다. 특히, 우리나라의 경우 고도성장기를 거쳐 경제수준이 성숙기로 접어들면서 잠재성장률 하락 등이 우려되고 있는 실정으로 새로운 성장동력을 발굴하고 육성하는 것이 매우 중요하다. 경제성장을 이끌어 오던 반도체, 조선, 중공업, 화학 등 주력산업들은 중국, 아세안, 인도 등 신흥경제국의 거센 추격을 받고 있고, 고용 창출에 기여하던 제조업은 글로벌 공급망이 재편되면서 저임금을 찾아 국외 이전 현상이 심화되고 있으며, 저출산고령화에 따른 인구구조 변화 등도 우리 산업의 미래에 심각한 위험요인이 되고 있다. 기존의 추격전략(follow-up)은 한계에 직면했고, 선도형 경제(first mover)로 전환을 통해 새로운 도약이 필요한 시점에 있는데, 이러한 선도형 경제를 이끌어 갈 주체가 신산업이다.

최근의 신산업의 범주를 논의하고 이해하기 위해 가장 중요한 키워드는 4차 산업혁명과 코로나19일 것이다. 4차 산업혁명(4th industrial revolution)은 "인공지능, 빅데이터 등 디지털 기술로 촉발되는 초연결 기반의 지능화 혁명(4차산업혁명위원회)"으로 규정되고 있다. 4차 산업혁명이라는 개념은 독일 정부가 제조공정에서 생산 자동화를 목표로 2011년 시작한 'Industrie 4.0' 프로젝트에서 착안하였는데, 'Industrie 4.0'은 정보통신 기술을 바탕으로 한 기계 및 제조공정의 지능형 네트워크를 의미하며, 생산공정 유연화(Flexible production), 공장 전환(Convertible factory), 고객기반 문제해결(Customer-oriented solutions), 공정 최적화(Optimized logistics), 데이터 활용(Use of data) 등에 활용된다. 독일은 'Industrie 4.0'을 실행하기 위하여 다양한 이해관계자들이 참여하는 플랫폼을 구성하고, 자율성(Autonomy), 상호작용성(Interoperability), 지속가능성(Sustainability)를 축으로 하는 실행전략(그림)을 마련하였다.

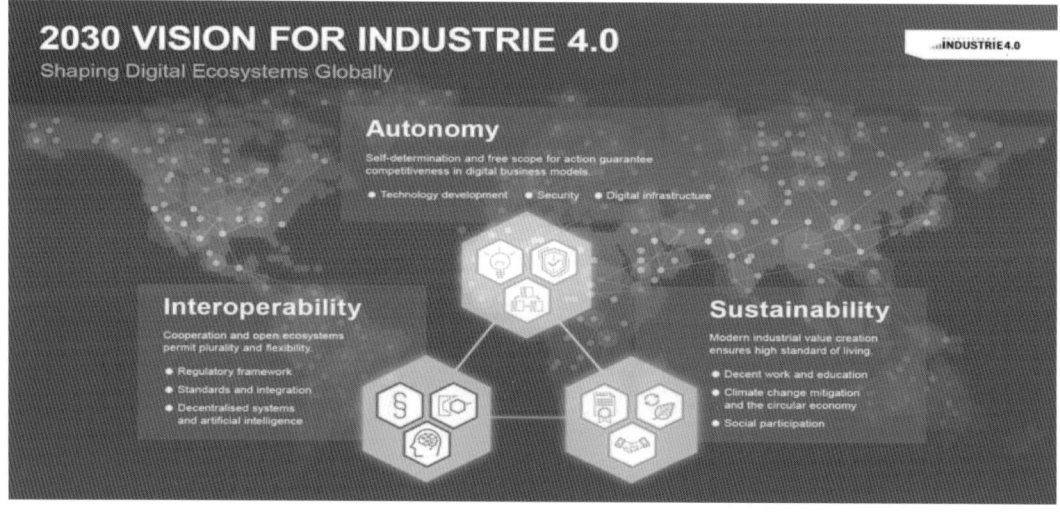

〈그림〉 독일의 2030 VISISON FOR INDUSTRIE 4.0

독일의 공학자이자 경제학자로서 세계경제포럼(WEF)을 창립한 클라우스 슈밥(Klaus Schwab) 의장은 이에 착안하여 2016년 세계경제포럼에서 4차 산업혁명의 중요성을 역설하였다. 18세기 1차 산업혁명은 기존의 인간 노동력을 증기기관 기반의 기계로 대체하면서 주로 미국과 유럽에서 면직물, 철강, 농업, 광업 등에 영향을 미치며 사회적으로는 중산층 계급을 등장시키게 되었다. 19~20세기 초 2차 산업혁명은 기술혁명으로도 불리는데, 광범위한 전기 보급으로 대량생산 방식을 도입하게 되었으며, 철도와 전신이 확대되면서 신속한 노동력과 아이디어 확산을 가능하게 했다. 한편, 사회적으로는 생산성의 비약적인 향상으로 공장 노동자가 기계로 대체되면서 실업을 유발하는 결과를 가져왔다. 20세기 후반 3차 산업혁명은 디지털 혁명으로도 불리며 컴퓨터와 인터넷 기반의 지식정보 혁명으로서 기계가 인간의 노동력 자체를 대체하기 시작한다. 4차 산업혁명 시대에서는 하드웨어, 소프트웨어, 바이오 기술이 융합하고, 커뮤니케이션과 연결성이 더욱 심화되며 산업간 경계가 허물어지고 초연결 지능사회가 도래하게 된다. 클라우스 슈밥은 4차 산업혁명 시대가 도래하면서 로봇, AI, 나노기술, 양자컴퓨팅, 생명공학, 사물인터넷, 5세대 통신기술, 3D 프린팅, 자율주행차 등의 산업이 폭발적으로 성장하고, 우리 사회의 각 분야에 미치는 충격의 범위와 깊이가 전례없는 수준일 것으로 예상하고 있다. 그동안의 산업혁명이 우리의 손과 발을 대체하는 수준이라면, 4차 산업혁명은 두뇌를 대체하는 수준이라는 주장이 나오고 있는 것이다.

〈 그림 〉 4차 산업혁명 특성

4차 산업혁명이 신기술 출현에 따른 기존 산업구조의 변화를 추세적으로 포괄하는 개념이라면 코로나19는 이러한 변화를 폭발적으로 가속화하는 사회적 촉매(triggering device) 역할을 할 것으로 보인다. 코로나19는 예상하지 못한 속도와 범위로 일하는 방식과 소비하는 방식, 방역체계와 정부역할 등에 대한 근본적인 변화를 가져오고 있는데, 특히 비대면 사회를 가속화하는 한편, 광범위하고 신속한 방역 과정에서 빅데이터가 활용되고 백신 개발과 치료과정에서 혁신적인 바이오기술이 집중적으로 활용되고 있다. 4차 산업혁명을 이끌어 갈 것으로 지목되어 온 로봇, AI, 빅데이터, 생명공학, 자율주행차 등 상당수의 산업들이 이러한 변화와 직간접적으로 연계되어 있다. 이는 포스트코로나 시대를 이끌어 갈 신산업이 출현하고 성장하는 과정을 과거보다 더욱 앞당길 것이라는 예측을 가능케 한다. 국내 연구기관에서 4차 산업혁명과 포스트코로나 시대 등을 감안해 제시한 주요 미래변화 트렌드(표1, 신산업 규제정비 기본계획)들은 이러한 변화를 요약하여 나타내 주고 있다.

〈표〉 4차 산업혁명, 코로나19 사태 관련 주요 미래변화 트렌드

※ KAIST 문술 미래전략대학원 '미래 트렌드 연구', KISTEP '포스트코로나 시대의 미래 전망 및 유망기술' 등 참고

☐ (로봇) 향후 산업별 로봇 활용 확대로 자동화·무인화가 진전되고, 제조업 뿐만 아니라 서비스 분야의 로봇활용도 확대 전망
  * 「Will robots really steal our jobs?」 (PwC 컨설팅, '18년) 등

☐ (인공지능) AI 기술의 비약적 발전으로, '30년 전후 인간 수준의 지적 활동(의사결정·창작 등)까지 가능한 수준으로 발달 전망
  * 인공지능 기술 발전 전망 (4차산업혁명委, '18년)

☐ (가상증강현실) 10년 내에 ▲홀로그램 영상통화 ▲실감형 교육 ▲실감형 게임·영화 등 상용화 전망
  * 「2025년, 대한민국을 이끌 100대 기술과 주역」 (한국공학한림원, '17년)

☐ (바이오·의료) ▲유전자 기술을 통한 난치병(에이즈 등) 치료 ▲로봇 수술 상용화 ▲바이오 인공장기 상용화 등 전망
  * 「2025년, 대한민국을 이끌 100대 기술과 주역」 (한국공학한림원, '17년)

☐ (공유·플랫폼 경제) 공유경제의 확산과 더불어, 모바일을 기반으로 공급자·수요자를 중개하는 플랫폼 경제 시장 지속 성장 전망

☐ (교육) 온라인 개학이라는 사상 초유의 경험을 토대로 원격교육 인프라 확충, 초실감 체험형·몰입형 학습, 양방향 맞춤형 교육 등 에듀테크 발전 전망

☐ (교통) 초소형 이동수단(Micro Mobility) 및 자율주행차에 대한 수요 증가 전망 → 개인교통수단 활용이 증가할 것으로 보이며, 원활한 교통수요 관리 필요

☐ (제조) 글로벌 공급망 위험회피를 위한 지역 공급망 구축 및 리쇼어링 정책 부상, 제조공장·장비의 스마트화 및 원격작동·관리 수요 증가

☐ (환경) 신종 감염병·질병 출현 및 환경오염 심화 등 인간-동물-환경 상호작용, 의료폐기물 발생량 증가 및 비대면 사회 도래로 일회용품 사용 증가

☐ (문화) 홈엔터테인먼트 소비 증가로 게임, OTT 서비스 등 콘텐츠 산업 발전, 실감·소통형 콘텐츠 기술 및 저작권 보호, 위변조 대응 기술수요 증가

신산업은 새로운 기술과 아이디어에 기반한 혁신성을 바탕으로 하기 때문에 새로운 기술 발전과 밀접하게 연계되어 있고, 기술발전의 흐름과 범위, 파급력은 이미 국경을 넘어 이뤄지고 있다. 특히, 소규모 개방경제로서 수출입 비중이 큰 우리 경제구조상 이러한 국제적인 기술변화가 경제와 사회 구조에 큰 영향을 미치기 때문에 4차 산업혁명과 코로나19와 같은 전세계적 변화는 우리나라의 신산업에 직접적인 영향을 미친다.

이처럼 신산업은 그 특성상 범위를 명확하게 정의하기 힘들고, 시대별 상황에 따라 변화하며, 각 정부의 국정철학에 따라 우선순위나 추진방식이 변화하기도 한다. 정부는 이러한 신산업을 육성하기 위한 정책을 지속적으로 추진해왔는데, 김대중 정부 이후 역대 정부의 신산업 정책을 종합적으로 검토해 본다면 몇 가지 특징적인 흐름들을 발견할 수 있다.

첫째, 정부에 따라 세부적인 신산업 선정은 변화해왔지만, 전반적으로 디지털 산업, 바이오 산업, 저탄소 산업 등의 범주로 귀결되고 있다는 점이다. 디지털 산업은 4차 산업혁명을 촉발시키고 있는 데이터 혁명, 정보통신 기술 발전 등과 깊이 연관되어 있고, 바이오 산업은 생명공학 기술의 발전, 저탄소 산업은 탄소절감을 위한 국제적 노력과 연관되어 있다.

둘째, 기술 중심 단위산업에서 서비스 산업, 융복합 산업으로 범주가 넓어지고 있다는 점이다. 김대중 정부의 21세기 프론티어 사업이 부품 및 소자, 단말기, 유전자, 소재 등 단위 기술 사업에 집중되었으나, 이후 정부에서는 지능형 로봇, 미래형 모빌리티 등 보다 포괄적인 산업 단위에서 접근하고 있고, 헬스케어, 교육 등 서비스 분야로도 신산업 정책을 확장하고 있다.

셋째, 신산업 육성을 위한 정책 수단이 다양화되고 있다. 과거 해당 신산업에 대한 R&D 지원이나 세제 혜택 등을 주로 추진해왔다면, 최근에는 혁신 환경 조성을 위하여 전문인력 육성과 교육환경 변화, 규제개혁 등 다양한 정책수단을 조합하여 활용하고 있다. 이러한 신산업 정책의 특성들은 신산업이 기술 발전을 기반으로 하지만 국내외 정책환경 변화와 밀접하게 연관되어 있음을 의미한다.

이러한 흐름은 4차 산업혁명의 특성과 궤를 같이 한다. 즉, 데이터 혁명을 바탕으로 ICT 및 생명공학 기술발전 등이 단위산업 차원을 벗어나 산업간 융합을 촉진시키고 있으며, 이러한 기술발전이 상용화 단계에 이르러 서비스 산업을 변화시키고 있다. 정부 정책도 이에 맞춰 보다 융합적으로 다변화되고 있는 것이다.

1.2 신산업과 규제

(1) 신산업 발전과 규제와의 관계

신산업과 규제는 상호간 일방향적인 영향을 미친다기보다는 상호작용한다고 볼 수 있다.

규제체계는 신산업의 출현과 발전에 영향을 미치게 되는데, 이는 정부가 규제를 통해 사적 영역에 개입함으로써 나타나는 필연적인 현상이다. 그 영향은 규제의 형태에 따라 다양하게 나타날 수 있다. 예컨대, 기존 규제체계가 전면적으로 금지하는 행위에 기반한 산업은 원칙적으로 새롭게 출현하기 힘들다. 전면적으로 금지하지는 않더라도 면허총량을 규제하는 등 높은 진입규제를 설정하거나, 관련활동에 과도한 추가의무를 부여하거나, 각종 지원·육성수단에서 배제되는 산업에는 상대적으로 혁신에 기반한 신산업이 발전하거나 확산되기 힘들다.

역으로 신산업이 출현하고 이용이 늘게 되면 규제체계에 영향을 미치게 된다. 새로운 사업형태가 출현함에 따라 그에 맞는 업역을 설정하고, 생명·재산·환경 등에 미치는 부작용을 방지하기 위해 안전기준을 만들거나 소비자 보호를 위한 새로운 규제체계를 설정하는 것이 이에 해당한다.

신산업 규제체계는 이렇듯 상호작용 하에 동태적으로 발전하게 된다. 기술의 변화로 새로운 산업이 촉발되면 이에 대응하여 규제체계도 발전하면서, 동시에 규제체계 자체가 신산업의 발전양상에 영향을 미치는 순환적 관계를 설정하고 있다고 볼 수 있다. 특히, 이러한 과정을 거치면서 신산업을 둘러싼 이해관계가 새롭게 형성되고 신규 이익집단이 발전하며, 이에 대한 국민적 인식과 정치적 지지가 변동하게 되는 과정도 거치게 되는 등 규제체계 자체뿐만 아니라 이를 둘러싼 경제적·정치적 구조도 변화하게 된다.

(2) 신산업 분야의 규제지체 현상

(가) 정의

규제체계와 신산업은 상호작용하며 발전하게 되는데 그 과정에서 중요한 이슈 중 하나는 규제지체 현상(Regulatory lag)이다. 규제지체 현상은 일반적으로 규제체계가 기술발전을 따라가지 못하면서 양자간 불일치가 발생하는 현상을 의미한다. 신산업은 그 속성상 발전양상을 예측하기 힘들고 발전속도는 매우 빠르며, 기존에 참고할만한 규제기준이 없는 경우가 많아 규제체계 정비에 상당한 시간과 자원이 소요되기 때문에 규제지체 현상이 자주 발생하고, 이것이 신산업 발전에 미치는 영향이 매우 크기 때문에 특히 문제시된다.

(나) 발생원인

규제지체는 규제와 기술의 특성에 본질적인 차이가 있기 때문에 발생한다. 먼저, 규제는 법제도의 일부로서 규제법정주의에 따라 원칙적으로 법령에 근거하여야 한다. 따라서 법적 안정성과 예측가능성이라는 요소를 본질적으로 내재하고 있고 비례원칙, 명확성의 원칙, 평등원칙 등과 같은 헌법적 대원칙을 충족시켜야 한다. 게다가 대부분 법령 형식을 취하기 때문에 규제의 설계와 집행에는 입법부, 행정부, 사법부 등 법령의 입안과 심의, 집행과 해석 등 일련의 절차에서 공식적 권한을 지닌 기관이 관여하게 되며, 민주적 절차에 따를 것을 요구하기 때문에 규제형성 과정에는 이해관계자가 참여하게 되면서 정치적 속성을 띄게 된다. 정부가 시장에 관여하는 작용으로서 사적 자치와 자율을 제한하는 행위이기 때문에 이렇듯 정형화된 공식적인 절차와 엄격한 통제장치를 두게 되는 것이다.

반면, 기술발전과 확산은 성장과 혁신을 지향하게 되며 창의성과 역동성에 기반하는 활동이다. 불확실성에 기반하며 고도의 리스크를 수반한다. 사회에 수용되고 확산되는 과정은 시장에 참여하는 다양한 주체들의 자발적인 이용의사에 기반하기 때문에 본질적으로 시장과 사적 자치의 영역이다. 정부가 특정한 기술발전을 유도하고 권장할 수는 있지만 궁극적으로 시장에서 수용되고 확산되지 않는다면 신산업으로 발전하고 확산되기 힘들다. 이로 인해 불확실성, 비정형성, 가변성이라는 특성을 지닌다.

한편, 규제체계와 기술발전을 담당하는 주체의 차이도 실제 중요한 의미를 지닌다. 일반적으로 규제의 설계와 집행은 공적기구, 특히 행정부에 속한 규제담당기관이 중요한 역할을 담당하게 되는데, 법적 안정성과 신뢰성 등을 중요시하게 되면서 본질적으로 위험회피적(risk-averse) 성향을 띠게 된다. 이와 더불어 규제체계가 성공할 경우 발생하는 효용(예컨대, 특정산업 발전으로부터 발생하는 경제적 이익 등)은 불확실하고 분산되어 발생하면서 규제담당기관의 입장에서 느끼는 체감도는 상대적으로 낮지만, 실패할 경우 발생하는 비용(예컨대, 대형사고 발생)은 집중적이고 책임자가 특정가능한 경우가 많아 규제기관의 담당자에게는 그 체감도가 매우 높다. 이로 인해 일반적으로 규제기구는 규제설계와 집행에 매우 신중하고 위험도를 최소화하는 경향을 띠게 된다.

반면, 기술발전은 혁신적 기업가(Innovative entrepreneur)가 추구하면서 위험선호적(risk-seeking) 성향을 띠게 된다. 이들은 기술혁신이 성공할 경우 선도적 지위를 향유하게 되면서 발생하는 효용의 상당부분을 향유할 수 있게 된다. 물론, 실패의 비용도 모두 해당 기업가에게 귀속되지만, 위험선호적 성향은 이러한 실패비용 보다 기술혁신 추구활동의 효용을 높게 평가하게 되며, 개별기업 초기단계의 실패로서 다른 부문으로 비용이 전가되지 않아 사회 전체로 볼 때 상대적으로 체감도가 낮다. 게다가 이들은 보다 빠르고 과감한 변화를 추구하기 때문에 규제체계의 변화에 대해 만족도가 낮은 경우가 대부분이다.

이렇듯 규제와 기술은 기본속성과 추구하는 가치, 담당주체의 가치관과 효용감이 다르기 때문에 규제체계는 상대적으로 느리고 신중하며 예측가능하게 변화하는 반면, 기술은 상대적으로 빠르고 불확실성을 띠면서 예측불가능하게 발전하는 속성이 있다. 그로 인해 규제체계가 기술발전을 따라잡지 못하는 현상이 발생하는 것은 어느 정도 자연스러운 현상으로 볼 수 있는 측면이 있다. 하지만, 신산업 분야는 이러한 규제지체 현상이 1) 상대적으로 심각하고 광범위하게 발생할 가능성이 크고, 2) 해당 산업발전에 미치는 영향도 크기 때문에 보다 긴밀한 대응이 필요하다.

(다) 유형과 문제점

규제지체 현상의 유형은 학계 등에서는 1) 규제공백, 2) 적용의 불명확성, 3) 불필요한 규제비용 발생 등으로 나타난다고 보고 있다. 먼저, 1) 규제공백은 새로운 상황에 대응한 규제 자체가 없는 상태이다. 새로운 제품과 서비스에 대한 규제가 그 필요성에도 불구하고 아직 마련되지 않은 경우 특히 문제가 될 수 있다. 예컨대, 자동차 기술 발전으로 초소형 차량이 등장하였으나, 기존 자동차 분류에 해당하지 않아 각종 안전기준 등을 적용할 수 없어 차량 출시가 불가능한 경우가 있을 수 있다. 다음으로 2) 적용의 불명확성은 기존 규제체계가 새로운 제품이나 서비스에 적용할 수 있는지 여부가 분명하지 않은 경우이다. 기존 규제체계에 유사한 규정은 있지만 그 취지나 입안배경을 감안할 때 적용하기에 적합하지 않은 경우가 발생할 수 있는데, 문제는 이러한 경우 규제당국의 자의적인 판단이 개입할 가능성이 커지고, 이는 기업의 입장에서는 사업 추진에 있어 상당한 불확실성으로 작용하게 되는 것이다. 종국적으로 사법부의 해석이 필요하며, 그 과정에서 해당 산업은 불확실성이라는 상당한 비용을 치러야 한다. 마지막으로 3) 불필요한 규제비용 발생은 신산업 발전으로 기존 규제체계가 더 이상 적용될 가능성이 없어지거나 중요하지 않아 불필요해진 상황을 의미한다. 즉, 규제공백과 반대로 규제를 적용해야 할 대상이 더 이상 존재하지 않는 상황이다. 직접적인 피해나 문제점은 발생하지 않을 수 있지만, 기존의 규정이나 규제기구가 지속적으로 존속하게 됨으로써 규제역량이 불필요한 부문에 쓰이게 되므로 규제공백에 못지않게 상당한 부작용이 발생하게 된다. 무엇보다 이러한 상황은 명시적이고 체감도 높은 폐해를 발생시키지 않아 정비의 우선순위가 낮아져서 지속될 수 있는 가능성이 큰 것이 문제이다.

(라) 규제지체와 신산업

이러한 규제지체 현상은 특히 신산업에 상당한 문제를 일으키게 된다. 기존 산업, 주력산업의 경우도 일정부분 규제지체 현상이 발생하며 이에 대한 대응이 필요하지만, 기존 산업의 경우 기본적으로 산업발전이 성숙단계에 있어 급격한 변화가 발생할 가능성이 낮고, 이에 대한 규제체계도 안정화되어 있다. 점진적인 기술발전에는 이미 규제체계가 변화하고 대응할 수 있는 역량을 갖추고 있다고 볼 수 있기 때문에 규제지체 현상이 상대적으로 덜하고, 그 폐해도 대응 가능한 수준일 가능성이 높다.

반면, 신산업의 경우 1) 발전속도가 빨라 규제지체 현상이 심각하게 전개될 가능성이 있고, 2) 규제지체 현상이 발전 초기에 있는 신산업에 장기적으로 부정적 영향을 미칠 소지가 매우 크며, 3) 최근 4차 산업혁명으로 신산업 발전속도는 더욱 빨라지고, 산업간 경계를 허물며 발전하는 특성으로 인해 기존 규제체계가 가지는 한계가 더욱 심화되며, 4) 신산업 분야는 스타트업 등이 중심이 되는 경우가 많아 상대적으로 규제대응 역량이 취약하여 그 폐해가 심각해질 가능성이 크기 때문이다.

(3) 규제혁신의 지체

규제지체 현상이 가지는 문제점을 감안할 때 신산업의 발전을 위해서는 1) 신속한 규제혁신을 통해 규제지체 현상을 최소화하여야 하며, 2) 불가피한 규제지체 현상이 발생하더라도 신산업이 우선 시도될 수 있도록 제도적 장치를 마련할 필요가 있다. 하지만, 경직적인 규제체계와 이해갈등은 신속한 규제혁신을 저해하는 주요 원인으로 지목되고 있다.

(가) 경직적 규제체계: 포지티브 규제체계와 규제담당기관의 소극성

규제체계는 앞서 언급한 바와 같이 기본적으로 법령에 기반하고 안정성과 예측가능성을 추구하기 때문에 기술발전에 비해 상대적으로 경직적일 수 밖에 없다. 하지만, 규제체계 자체의 속성이 이러한 경직성을 가중시키는데, 특히 우리나라의 경우 기본적으로 포지티브(positive) 규제체계가 많아 이러한 경직성이 가중되고 있다.

포지티브 규제체계는 "원칙금지 예외허용"으로도 불리는데, 법령상 특정 분야나 행위에 대해 일반적인 금지의무를 부과하고 예외적으로 허용되는 사항을 열거하는 체계로서 허용사항이 법령에 포함되지 않을 경우 규제기관에 의해 금지하는 것으로 해석되는 결과를 가져온다. 이와 반대되는 개념이 네거티브(negative) 규제체계인데, 명시적으로 금지되지 않는 한 모든 것이 허용된다고 보는 규제방식을 의미한다.

포지티브 시스템 하에서는 법령상 명시된 사항만이 허용되기 때문에 기존 법령체계에 규정되지 않는 신산업이 등장하면 기본적으로 법령에 위반되는 것으로 해석되는 경우가 많다. 이 경우 규제당국은 해당 산업을 허용하지 않게 되고, 이는 신산업의 발전을 막는 제도적 장애물로 작용하게 된다. 포지티브 시스템 하에서는 신산업 발전에 따라 해당 규제체계를 신속히 정비해야 하나 규제정비에는 필연적으로 시간과 자원이 투입되기 때문에 신산업 변화 속도를 규제정비 속도가 따라 잡기에는 근본적인 한계가 있다.

반면, 네거티브 규제체계에서는 기본적으로 법령상 명시된 사항만이 금지되기 때문에 이러한 금지규정에 해당하지 않는 산업은 허용된다. 따라서 기존 법령체계에 규정되지 않는 신산업이 등장하게 되더라도 산업발전에 미치는 장애요소가 상대적으로 적다. 물론, 네거티브 규제체계라 하더라도 신산업 발전이 성숙하게 되면 새로운 규제정비 소요가 발생하게 된다. 다만, 특히 신산업 발전 초기에 새로운 시도를 막을 가능성은 낮기 때문에 그만큼 신산업 발전에 미치는 부정적인 영향은 포지티브 체계에 비해 적다고 할 수 있다.

우리 규제체계가 포지티브 체계를 취하고 있는 것은 법령체계가 대륙법계를 취하고 있는 영향이 크다. 대륙법계는 기본적으로 성문법 체계에 기반하고 있고, 불문법에 기반한 큰 영미법계에 비해 명시된 규정을 중시한다. 불문법 체계에서는 기존 규정이 모호하거나 불비할 경우 판례가 사실상 새로운 규정을 창시할 수 있어 성문법 체계에 비해 기존 규제체계가 신산업 발전에 장애물로 작용할 가능성이 상대적으로 낮다.

이와 함께, 그동안 정부 주도 경제개발의 영향으로 정부 역할과 범위가 과도하게 설정된 영향도 존재한다. 정부가 민간 영역에 과도하게 개입하게 되면 필연적으로 규제의 설정범위나 해석 등에 있어 정부가 우월적 역할을 하게 된다. 이 경우 예측가능성과 안전성을 중시하는 규제담당기관에게 부여된 재량을 토대로 현행 규제를 포지티브 방식으로 과도하게 해석하거나 적용하게 되면 신산업 분야에 장애물로 작용할 가능성이 커지는 것이다.

(나) 이해갈등 : 이익분배체계 변화

규제는 자유로운 경쟁을 제한하면서 기본적으로 지대(rent)를 발생시키게 된다. 이러한 지대의 크기는 규제의 강도와 경직성과 비례하는 경우가 많은데, 규제로 인해 달성되는 공익이 지대보다 커야 한다는 것, 즉 규제의 효용이 비용(지대)보다 커야 해당 규제의 정당성을 인정받을 수 있다. 문제는 규제로 발생하는 지대가 관련 집단의 이해관계를 형성하게 된다는 것이다. 규제에서 발생하는 지대로 인해 이익을 보는 집단은 해당 규제를 지지하는 입장을 취하게 되는 반면, 지대를 부담하게 되어 현실적인 피해를 보는 집단은 해당 규제를 반대하게 된다. 그렇기 때문에 규제로 인해 이익을 보는 집단의 지지가 피해를 보는 집단의 반대 보다 큰 경우 해당 규제가 현실에서 형성되고 지속적으로 유지될 가능성이 높다. 이러한 정당성과 현실성, 즉 규제가 달성하고자 하는 목적이 비용(지대) 보다 크면서, 규제에 대한 지지가 반대 보다 큰 상황이 기존 규제체계의 우월적인 균형(superior equilibrium)을 담보해준다.

신산업의 등장은 이러한 균형을 무너뜨리는 동력으로 작용하게 된다. 즉, 새로운 산업체계가 등장하게 되면 필연적으로 기존 규제체계에 대한 변화를 요구하게 된다. 즉, 기존 규제체계로 인해 달성되는 공익에서 지대(비용)를 제외한 순효용이 더 이상 극대화되지 못하는 경우가 발생하기 때문에 규제체계 변화를 통해 새로운 균형점을 찾을 것을 요구하게 된다. 대부분 이러한 요구는 신산업을 추진하고자 하는 사업자나 관련 집단으로부터 나오게 된다. 하지만, 많은 경우 기존 규제에서 발생하는 지대(rent)를 향유하고 있는 집단은 규제 변화를 반대하게 된다. 신산업 등장으로 인한 규제체계의 변화는 대부분 기존 사업자 집단의 이익규모를 줄어들게 할 가능성이 크기 때문에 이러한 변화에 대한 반대는 해당 집단의 입장에서는 합리적인 반응이다.

규제체계의 균형이 정당성과 현실성으로부터 도출된다고 볼 때, 문제는 신산업의 등장으로 규제의 순효용 극대화라는 정당성이 더 이상 충족되지 못하고 있는 상황이 심화되고 있는 상황에서 기존 규제를 지지하는 집단의 강력한 반대로 인해 규제체계 균형이 지속적으로 유지된다는 것은 사회 전체적인 관점에서 바람직하지 못하다는 점이다. 특히, 신산업의 등장을 지지하면서 규제체계 변화를 요구하는 집단은 대부분 스타트업이나 소수 전문가 등 상대적으로 미약한 자원을 보유하는 경우가 많아 기존 집단에 비해 정치적 영향력이 비교할 수 없을 정도로 미약한 경우가 많다. 이로 인해 규제체계가 변화하는 정치적 과정에서 소외되거나 균형 있게 대표되지 못하는 경우가 많다.

특히 이러한 양태는 진입규제나 총량규제 등 규제의 강도가 큰 영역에서 나타나는 경우가 많다. 강력한 규제는 지대의 크기를 키우고, 이 지대를 향유하는 강력한 이익집단을 등장시키게 된다. 신산업이 기존 규제체계에 대한 변화를 요구하더라도 기존 규제체계를 지지하는 강력한 이익집단은 이를 무력화할 수 있는 충분한 자원을 동원할 수 있게 되고, 그 결과 이해갈등은 대부분 기존 규제체계를 지지하는 집단의 승리로 귀결될 가능성이 크다. 즉, 기존 규제체계의 균형이 지속되는 경우가 많고 이는 사회적으로 바람직하지 않은 결과를 가져옴으로써 결과적으로 열등한 균형(inferior equlibrium)이 유지되는 것으로 볼 수 있다.

⟨ 표 ⟩ 규제균형의 변화와 신산업

기존 산업구조				결과
정당성	이익(A)	비용(B)	순효용(A-B) > 0	규제체계 ↓ 최적 균형
현실성	지지집단(a)	반대집단(b)	a의 정치자원 - b의 정치자원 > 0	

⇩

기존 산업구조 + 신산업 등장				결과
정당성	이익(A*)	비용(B**)	순효용(A*-B**) < 0	규제체계 ↓ 열등 균형
현실성	지지집단(c)	반대집단(d)	c의 정치자원 - d의 정치자원 > 0	

1.3 역대 정부의 신산업 규제혁신

(1) 이명박 정부

이명박 정부는 시장에 대한 신뢰를 바탕으로 기업친화적(business friendly) 정책기조를 실현시킬 핵심수단으로 규제개혁을 추진했으며, 국가경쟁력위원회를 설립하여 기존 규제개혁위원회와 함께 핵심규제 개선을 추진하였다. 다양한 규제개혁 작업이 추진되었는데, 특히, 신산업 육성을 위해 규제개혁을 직접적인 수단을 활용했다는 점이 특징적이다. 신산업 규제혁신과 직접적으로 관련된 사항으로 2009년 11월 발표한 '신성장 동력 확충을 위한 규제개혁 추진계획'이 있고, 아울러 신산업 규제에 있어 중요한 원칙인 네거티브 규제 전환을 본격적으로 적용하여 2010년 10월 발표한 '국민중심 원칙허용 인허가 제도 도입' 등이 있다.

(가) 신성장 동력 확충을 위한 규제개혁 추진계획(2009.11.19)

2009년 5월 발표한 '신성장동력 종합 추진 계획'은 24조 5천억원의 재정지원 방안을 포함하고 있었으나 정책효과를 높이기 위해서는 광범위한 규제개혁 작업이 선행되어야 할 필요가 있었다. 이에 ① 기술 개발에 맞추어 기술 기준 등 선제적인 조치가 필요한 분야, ② 시장 형성과 수요 확대를 위해 제도개선이 요구되는 분야, ③ 사업자의 투자와 경영 활동에 애로가 되고 있는 분야를 대상으로 규제개혁을 추진하였고, 중소기업 참여를 감안하여 추진과제를 검토하였다. 17개 신성장 동력 중 규제개혁이 필요한 8개 분야(신재생 에너지, 그린 수송 시스템, 방송 통신 융합, 글로벌 교육, 바이오/의료기기, 컨벤션/전시/관광, 글로벌 헬스케어)를 중점 분야로 선정하여 집중적인 규제개혁을 추진하였다.

추진과정을 살펴보면, 국무총리실을 중심으로 2009년 6월 중점 분야별로 전문가 TF를 구성해 약 30회의 전문가 간담회를 개최하여 기업의 애로사항을 청취하고, 전경련 등 경제단체, 관계부처, 지자체 등으로부터 의견을 수렴하여 2009년 7월 총 550여개의 개선과제를 발굴하였다. 이후 소관 부처별 검토를 거친 후 조정·협의 과정을 거쳐 2009년 11월 국무총리 주재 '규제개혁위원회·관계장관 합동회의'를 거쳐 '신성장 동력 확충을 위한 규제개혁 추진계획'을 발표하였다.

최종적으로 총 175건의 추진과제를 마련하였는데, 분야별로는 의료 분야 53건, 방송통신 분야 24건, MICE·관광 분야 14건, 그린 수송 시스템 관련 16건, 신재생 에너지 관련 15건 등이다.

〈표〉 신성장 동력 산업 분야별 규제 개혁 주요 과제

구분	주요 과제
의료분야 (글로벌 헬스, 바이오제약/의료기기)	·의약품 생산기업 이전시 GMP 인증기간 단축 ·희귀의약품 지정기준 완화 ·고주파이용 의료기기 이중규제 개선 ·의료기관 평가제도 개선(의무평가→자율신청평가) ·U-헬스 의료기기 평가 가이드라인 마련 ·줄기세포 이용 화장품 원료배합 허용 ·방사선의약품의 신약재심사 대상 면제요구
신재생에너지	·기존 발전소 부지내 신재생에너지 시설 설치허가 면제 ·녹색성장기업에 대한 보증사업에 바이오 디젤 생산업종 포함 ·바이오가스의 자동차 연료 제조기준 제정
방송통신	·모바일 인터넷 숫자주소체계 개선 ·이동통신 설비기준 마련 ·방송통신분야 수평적 규제체계 개선
그린수송시스템	·수소충전소 설치 관련 안전기준 수립 ·플러그인 하이브리드차 충전관련 전기요금 반영방안 마련 ·경량전철에 맞는 시설기준 마련
MICE/관광	·고궁 등 문화재를 국제행사 시설로 제한적으로 개방 ·국제회의 개최시설 기준완화(옥내면적 2천㎡→ 총면적 2천㎡)
기타	·LED를 이용한 전자게시대 설치 허용 ·온라인 게임서비스에 대한 결제한도 제한 개선 ·U-City의 효율적인 운용을 위한 공공자가통신망 연계제도 마련

(2) 박근혜 정부

박근혜 정부는 최초로 '신산업'을 규제혁신의 주요 분야로 선정하여 신산업 규제혁신을 위해 '신산업투자위원회'를 설치하고, 신산업 분야를 대상으로 네거티브 규제체계를 집중적으로 도입하는 방안을 마련하는 등 신산업 규제혁신을 체계화하고 본격적으로 추진하였다.

(가) 신산업투자위원회를 통한 본격적인 신산업 규제혁신 추진

① 추진배경

2016년 2월 제9차 무역투자진흥위원회를 통해 '원칙개선 예외소명'의 규제 검토방식을 적용한 '신산업투자위원회' 운영이 결정되었고, 이후 효과적인 추진을 위하여 2016년 3월에 국무조정실로 이관하여 확대개편하게 되었다.

② 신산업 규제혁신 추진방향

신산업투자위원회는 ① 官이 아닌 民이 주도하는 규제 시스템 확립, ② '원칙개선, 예외소명'의 규제 심사 방식 도입, ③ 국제적 수준에서의 규제 최소성 달성이라는 규제개혁 패러다임 3대 원칙 하에 신산업 규제를 원점에서 재검토하였다.

이를 위해 첫째, 민간 주도의 규제 시스템 확립 차원에서 민간의 규제개선 건의과제를 민간의 관점에서 검토할 수 있도록 산업계, 학계 등 민간전문가 70명으로 구성된 신산업투자위원회를 규제개혁위원회 산하에 신설하였다. 융복합적인 신산업의 특성을 감안하여 특정 업종에 국한하지 않고 경험과 노하우를 지닌 신기술·신서비스 분야 전문가들이 위원회에 참여하였으며, 총괄위원회 산하에 5개 분과(무인이동체 분과, ICT융합 분과, 바이오헬스 분과, 에너지·신소재 분과, 신서비스 분과)가 구성되었고, 국무조정실 규제혁신기획관이 간사 역할을 담당하였다. 둘째, 원칙 개선·예외 소명의 규제 검토 방식을 도입하였는데, 이는 신산업의 경우 생명·안전 분야를 제외한 모든 규제는 원칙적으로 폐지 또는 개선한다는 원칙으로서 이를 통해 신속한 규제 개선을 추진하고자 하는 것이었다. 셋째, 선진국과 비교해 동등하거나 낮은 수준으로 규제정비를 추진하였다. 규제수준이 다른 국가 보다 높아 신기술·신서비스의 시장 진출이 저해되지 않도록 모든 규제를 국제 최소성 원칙하에 재설계하여 국내 신산업이 국제경쟁에서 우위를 점할 수 있도록 지원하고자 하였다.

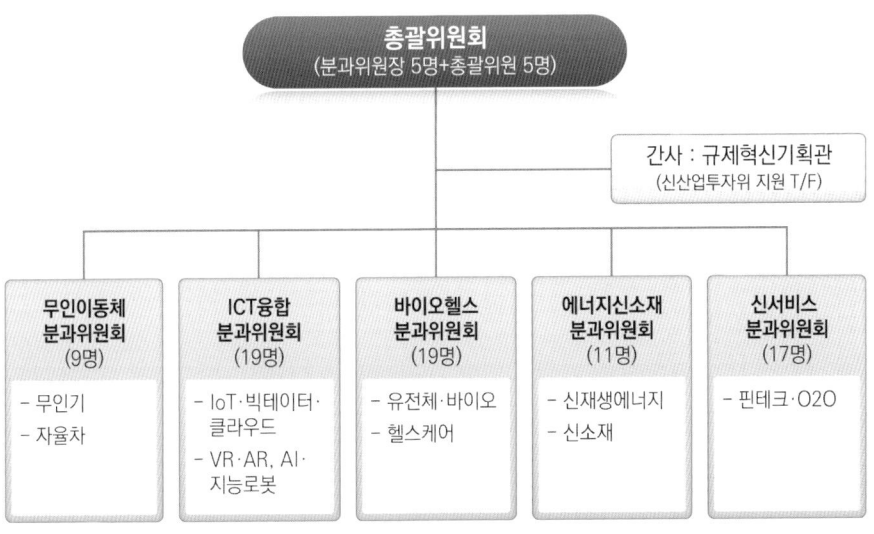

〈 그림 〉 신산업투자위원회 구성도

③ 추진경과

신산업투자위원회는 9대 국가전략프로젝트와 19대 미래성장 동력 등 신산업 분야를 대상으로 관계 부처 및 업계·협회와의 간담회, 중소기업 옴부즈만, 융복합신산업촉진 옴부즈만 등과 협업을 통해 규제개선 과제에 대한 전수조사를 실시하였다. 또한, 규제정보포털(www.better.go.kr)에 '신산업 규제애로' 코너를 신설하여 직접적인 규제 개선 건의를 받았다.

이를 통해 2016년 상반기에는 드론, 자율차, 의료용 3D 프린팅, 바이오헬스 등 분야를 대상으로 151건의 규제개선 과제를 발굴하였고, 2016년 하반기에는 가상현실, 핀테크, 크라우드펀딩, 신소재, 신재생에너지, 의료정보 등 분야를 대상으로 120건의 규제개선 과제를 발굴하였다. 이를 토대로 2016년 상반기 14회, 하반기 17회에 걸친 위원회 회의 및 실무회의 등을 통해 총 271건 과제를 검토하여 이 중 255건 과제에 대한 개선방안을 마련하였다. 이러한 성과는 2016년 5월 제5차 규제개혁장관회의(대통령 주재)와 2017년 2월 신산업 규제혁신 관계장관회의(대통령 권한대행 주재)에 보고되었다.

〈표〉 2016년 발굴과제 및 조치결과

구분	발굴과제(a)	해결(b)	미해결	존치	수용률(b/a, %)
상반기	151	141	2	8	93.4
하반기	120	114	-	6	95.0
계	271	255	2	14	94.1

(나) 네거티브 규제 전환

① 추진배경

기업환경 개선 및 투자활성화 차원에서 네거티브 규제방식의 전면적인 확대를 시도하였다. 이를 위해 2차에 걸쳐 기업활동 규제 제로베이스 검토, 법령 전수조사 등을 거쳐 대상 과제를 발굴하고 법령개정을 추진하는 한편, '국민부담 경감을 위한 행정규제 업무처리 지침(2016.3월)' 제정을 통해 경제규제 분야에 대한 원칙허용·예외금지 방식의 우선적용을 명시하는 법령을 제정하였다.

② 추진경과

국무조정실 중심으로 기업환경 개선 및 투자활성화를 위해 네거티브 규제방식 또는 네거티브 수준의 규제완화를 목표로 「네거티브 규제방식 확대」 추진(2013.5.14, 6.25, 국무회의 보고)을 내용으로 하는 기본방향을 마련한 후 관계부처와 법제처 협업을 통해 네거티브 전환 프로젝트를 진행하게 된다.

⟨표⟩ 네거티브 전환 추진방식 개요

대상분야/대상기관	추진체계	과제발굴	과제검토	최종발표
전체분야/전체기관	· 국조실 주관 + 관계부처 협업	· 기업활동 규제 전체*(1,845건) 제로베이스 검토 * 기업관련 법률(736개) 및 하위법령 중 기업활동 직접 관련 규제('13.6월 기준)	· 부처별 개선방안 마련 및 국조실 주관 조정(7~8월)	총리 주재 국가정책조정회의 (13.8월)

이를 통해 네거티브 적용 597건, 네거티브 수준 규제완화 228건, 재검토 일몰 825건 등 총 1,650건에 해당하는 개선과제를 확정하게 된다. 이는 전체 기업활동 규제 1845건 중 89%에 해당하는 1,650건에 대해 개선을 추진한 것이다.

⟨표⟩ 네거티브 전환 추진결과

주요 분야	추진결과					
	구분	전체	네거티브 규제방식 적용	네거티브 수준 규제완화	재검토 일몰	현행유지
①기업 입지여건 ②창업 활성화 ③의료·관광 등 서비스산업 ④방송·통신 융합촉진 ⑤농축산 부문 규제 합리화 ⑥행정적 규제 ⑦국민생활 관련규제	총계	1,845 (100)	597 (32.4)	228 (12.4)	825 (44.7)	195 (10.5)
	진입요건*	746 (40.4)	298 (39.9)	103 (13.8)	416 (55.7)	29 (3.8)
	기업경영**	1,099 (59.6)	299 (27.2)	125 (11.4)	409 (37.2)	166 (8.9)

* 입지, 창업, 자금, 인력 부문
** 기술기준, 영업활동, 물류, 행정절차, 보건·환경, 부담금, 기타 부문

(3) 문재인 정부

문재인 정부의 신산업 규제혁신 추진은 크게 두 가지 특징을 가진다. 첫째, 기존에 단위 과제 수준에 머물렀던 신산업 규제혁신을 규제개혁의 전략으로 격상했다는 점이다. 일반적으로 기업부담 완화 등 경제활력 제고 분야의 세부분야 혹은 과제 차원을 넘어 이제 신산업 규제혁신이 별도의 추진전략 수준으로 자리잡은 것이다. 둘째, 제도화·체계화하여 신산업 규제혁신을 접근했다는 점이다. 규제샌드박스, 규제혁신 로드맵, 포괄적 네거티브 전환과 같은 규제혁신 플랫폼으로 도입하여 신산업·신기술에 대해 '우선허용-사후규제' 원칙 구현을 본격 추진했다.

총리 주재 국정현안점검조정회의에서 발표한 '새정부 규제개혁 추진방향(2017.9.7)'을 보면, '신산업·신기술 분야 규제 과감히 혁파', '미래 신산업 지원'이라는 명목으로 신산업 규제혁신을 주요 추진전략으로 제시하였고, 이를 추진하기 위해 네거티브 규제전환이나 규제개선 로드맵 등을 추진하는 것을 기본방향으로 정하였다.

추진 목표	민생과 혁신을 위한 규제 재설계로 4차 산업혁명 선제적 대응 및 국민 개개인 삶의 질 향상

추진 전략	新산업·新기술 분야 규제 과감히 혁파
	일자리 창출 저해 규제 집중 개혁
	민생불편과 부담 야기 규제 적극 해소

추진 과제 (12 + 1)	미래 新산업 지원	일자리 창출 지원	민생부담 해소	국민편익 증진
	신산업 분야 네거티브 규제 전환	일자리 프로젝트 규제 개선	소상공인· 중소기업 규제부담 감면	생명·안전· 환경 규제 관리 강화
	신산업 규제개선 로드맵 구축	서비스산업 규제 개선	국민생활 불편 규제 발굴·해소	행정조사 정비를 통한 규제부담 경감
	창업·벤처기업 규제 혁파	경쟁제한적 규제 개선	지방발전· 분권을 위한 규제 개선	규제 개선 국민참여 및 정보제공 확대

규제개혁위원회 투명성·민주성 강화

〈 그림 〉 문재인 정부 규제개혁 추진방향

(가) 규제샌드박스 추진

  규제샌드박스는 기존 규제에도 불구하고 기존 규제에도 불구하고 신산업·신기술 시도가 가능하도록 일정 조건에서 규제를 적용하지 않는 신산업 규제혁신 플랫폼이다. 안전성·유효성 등을 고려하여 실증특례, 임시허가를 부여하고, 규제 신속확인을 통해 규제가 없는 경우 빠른 시장출시를 지원하게 된다. 이 중 실증특례는 '테스트'에 중점을 둔 것으로 허가의 기준·요건이 없거나 허가가 불가능한 경우 시장 테스트를 허용하는 것이며, '임시허가'는 '허가'에 중점을 둔 것으로 허가 기준·요건이 없으나 안전성은 입증된 경우 시장 출시를 먼저 허용하고, 법령 개정을 착수한다. '신속확인'은 규제 유무에 대한 '유권해석'에 중점을 둔 것으로 규제 유무를 30일 이내에 회신하여, 미회신시 규제없음으로 간주하여 시장출시를 가능하게 하는 것이다.

  규제샌드박스는 2021년까지 총 6개 분야('19년 ICT융합, 산업융합, 혁신금융, 규제자유특구 시행, '20년 스마트도시, 연구개발특구 추가)에 도입되었고, 국무조정실 총괄하에 5개 부처(과기정통부, 산업통상자원부, 금융위원회, 중소벤처기업부, 국토교통부)가 협업하여 운영하고 있다. 민간접수 창구로 대한상의 지원센터(20.5월 출범)를 두어 신청업체 접수와 컨설팅 등을 지원하고 있다.

2019.1월 출범 후 2021년 말까지 632건이 승인되어 투자 4.8조원 유치, 매출 1,561억원 증가, 고용 6,355여명 창출 등 상당한 성과를 거두고 있으며, 기존 규제에 막혀 시장출시가 되지 못했던 신기술·신서비스에 혁신의 실험장으로 역할을 하는 한편, 비수도권 규제자유특구를 통해 균형발전을 지원하고, 실증특례를 통해 안전성이 입증된 과제에 대한 법령정비를 통해 규제개혁의 수단으로서의 역할을 하고 있다.

(나) 신산업 규제혁신 로드맵 수립

'신산업 규제혁신 로드맵'은 신산업·신기술의 미래 전개양상을 예측하여 규제이슈를 선제적으로 발굴하고 규제혁신계획에 따라 체계적으로 정비하는 접근방식이다. 규제지체 현상이 심화되지 않도록 미래 규제이슈에 미리 대비하는 방식이며, 과거 규제개혁 추진이 문제가 제기될 때마다 건별로 해결하는 방식으로 적시 대응이 곤란하다는 문제점을 해결하기 위해 기술발전을 사전에 예측하여 문제가 불거지기 전에 선제적으로 규제를 개선하고자 하는 것이다.

국무조정실 총괄 하에 신산업을 담당하는 주무부처가 산·학·연·관 공동연구를 수행하여 미래 기술시나오를 수립하고, 이에 근거하여 구체적인 규제이슈를 선별하고 개선방향과 일정을 마련하게 된다. 로드맵 수립은 1회에 그치는 것이 아니라, 신산업의 발전양상을 감안하여 원칙적으로 2년 주기로 개정하여 규제개선 성과를 점검하고 규제이슈를 업데이트하게 된다. 2021년 말까지 총 7개 분야(자율주행차, 드론, 수소차·전기차, 가상·증강현실 로봇, AI, 자율운항선박)에 대한 로드맵을 마련하였으며, 1개 분야(자율주행차 2.0)에 대해서는 개정을 완료하였다.

(다) 네거티브 규제 전환

'네거티브 규제 전환'은 법령 개정 없이도 신산업·신기술을 인허가·허용할 수 있도록 규제체계를 '원칙허용-예외금지'를 실현하기 위한 네거티브 규제시스템으로 전환하는 방식이다. 2019.7월 행정규제기본법을 개정하여 세부유형을 법제화하였고, 신설 규제는 입법단계부터 네거티브 규제시스템을 적용토록 하였다.

국무조정실 주관으로 신산업 네거티브 규제 발굴 가이드라인 발표(2017.10월) 후 관계부처·지자체·경제단체 대상 설명 및 과제발굴 후 관계부처 검토 및 국무조정실 협의·조정을 거쳐 최종 개선방안을 마련하는 방식을 추진하였다. 그 결과, 총 5차례에 걸쳐 중앙정부 법령, 자치법규, 공공기관 규정을 대상으로 583건 전환을 추진하게 된다.

(라) 신산업 현장애로 해소

신산업투자위원회를 신산업규제혁신위원회로 확대개편하고, 신산업 분야에서 기업들이 현장에서 직면하는 애로를 지속적으로 개선하였다. 이를 위해 기업들의 건의과제에 대해 관계부처에서 1차적으로 수용여부를 검토한 후, 수용곤란 과제 중 일부 과제는 국무조정실의 조정 및 규제개혁위원회 산하 신산업규제혁신위원회 논의를 통해 개선방안을 마련하였다. 문재인 정부 출범 이후 8차례, 369건의 신산업 현장애로과제를 발표하였으며, 21.12월 기준으로 이 중 301건(82%)은 완료했고, 68건(18%)은 추진 중이다.

◆ **(근 거)** 행정규제기본법 시행령 제21조, 규제개혁위원회 운영세칙 제18조*, 신산업규제혁신위원회 운영지침

  * 규제개혁위원회에 3개 자문기구(신산업규제혁신위, 비용분석위, 기술규제위) 설치

◆ **(역 할)** 규제개혁위원회의 자문기구

  ○ 신산업 분야 규제 안건에 대해 사전 검토·조정 등을 지원

◆ **(구 성)** 총괄위와 5개 분과위(산·학·연 민간전문가 120명)로 구성

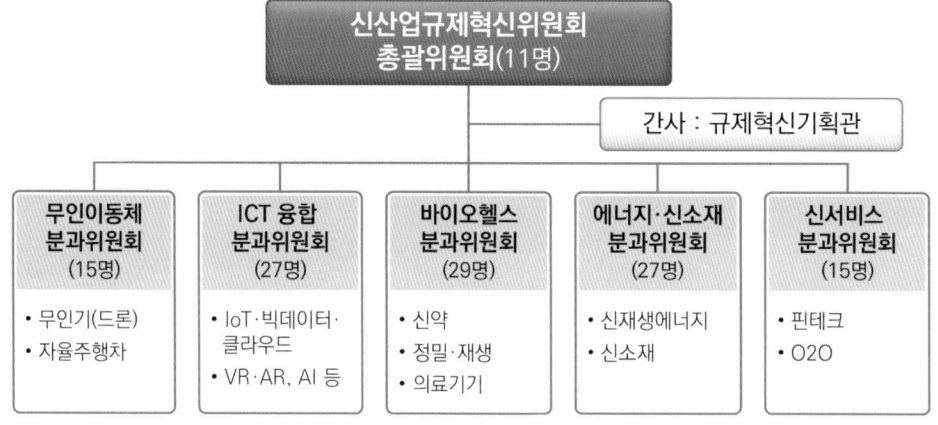

◆ **(운 영)** 위원회가 이해관계자, 관계부처와 함께 심층 토론을 주도, 실질적 개선방안을 마련하여 관계부처에 권고

  ○ 신산업규제혁신위를 통해 마련된 개선방안은 규제개혁위원회에 보고, 총리 주재 현안조정회의를 통해 발표(年 2회)

◆ **(추진현황)** 신산업규제혁신위 140회 개최 → 현장애로 369건 해소

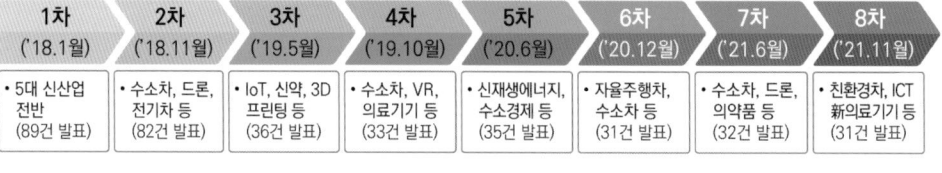

〈 그림 〉 신산업규제혁신위원회 개요

제2장 신산업 규제혁신 방법론

2.1 기본방향

(1) 접근방식 개관

(가) 규제지체 대응을 위한 접근방식 : 제도적 접근과 행태적 접근

신산업 분야가 다른 규제개혁 분야와 다른 측면은 앞서 살펴본 바와 같이 '규제지체' 현상이 심각하게 발생할 가능성이 크다는 점이다. 규제정비 속도가 모든 산업 분야에 동일하다고 가정할 경우, 발전속도가 빠른 신산업 분야에는 '규제지체' 현상이 더욱 심각해지는 것은 당연하다. 하지만, 아무리 신속하게 규제를 정비해 나가더라도 산업계의 요구를 수렴하여 필요한 규제를 정비해나가는 기존 규제정비 방식으로는 이러한 '규제지체' 현상에 적절히 대응하기 어렵다. '규제지체' 현상이 심각해지게 되면 신산업의 발전 자체에 부정적 영향을 미치게 되기 때문에 기존산업에 대한 규제개선과 차별화된 별도의 접근방식이 반드시 필요하다.

규제지체 현상은 규제정비 속도와 산업발전 속도와의 차이가 크기 때문에 발생하는데, 이 차이를 줄이기 위해서는 규제정비 속도를 높이는 방식을 우선 생각해 볼 수 있다. 하지만, 규제정비 속도를 아무리 높이더라도 문제인식 - 해결방안 검토 - 대안 마련 - 규제개선 등의 일련의 과정을 거쳐야 하고, 특히 규제는 기본적으로 법령 형태를 지니기 때문에 제·개정에 소요되는 절차와 시간이 상당하다는 점을 감안한다면 한계가 있다. 신산업 규제혁신을 위한 별도의 접근방법이 반드시 필요한 이유이다.

① 제도적 접근

신산업 규제혁신에 있어 규제지체 현상의 발생 가능성과 그 부작용을 줄이기 위한 접근방식은 크게 제도적 접근과 행태적 접근으로 구분할 수 있다. 먼저, 제도적 접근은 ① 규제지체 현상이 발생하더라도 신산업 발전에 영향을 최소화하는 규제체계를 설계하는 방식과 ② 규제정비 수요를 미리 예측하여 선제적으로 정비해 나감으로써 규제지체 현상을 최소화하는 방식, ③ 규제정비를 최대한 신속히 진행하는 방식이 있을 수 있다.

이 중 ①에 속하는 방식은 규제지체 현상의 불가피성을 인정하면서 기존 규제체계가 신산업에 적합하지 않아 산업 발전을 저해할 가능성을 최소화하는 방식으로 규제체계를 재설계하는 것으로 볼 수 있는데, 대표적으로 규제샌드박스 제도(regulatory sandbox)와 네거티브 규제시스템 전환(negative regulatory system)이 있다. 규제샌드박스라는 용어는 영국에서 유래했는데, 아이들이 마음껏 뛰어놀 수 있는 모래 놀이터를 의미하며, 융복합적으로 발전하는 빠르게 발전하는 신산업의 특성을 감안하여 기존 규제로부터 자유롭게 혁신적인 신산업을 시도해볼 수 있는 장을 마련하기 위한 것이다. 이는 해당 신산업에 적용되는 규제 자체를 사전에 정비하는 방식이 아니라 일종의 규제특례를 부여함으로써 기존 규제로는 시

도가 불가능했던 신산업을 일단 시도해볼 수 있도록 허용해주는 제도이다. 한편, 네거티브 규제 시스템 전환은 기존 규제 자체를 변화시키는 방식이다. 협의의 네거티브 규제체계로 전환하여 금지되는 사항만 아니면 시도가 가능하도록 규제체계를 정비하거나 포괄적인 개념 정의를 신설하는 등의 방식으로 기존 규제체계 내에서도 신산업이 허용될 수 있도록 규제 조항 자체를 정비하는 방식을 의미한다.

②에 속하는 규제정비 수요를 미리 예측하여 규제지체 현상을 최소화하는 방식에는 대표적으로 신산업 규제혁신 로드맵이 있다. 신산업 규제혁신 로드맵은 미래 기술발전 양상을 예측하여 신산업 발전 시나리오를 도출하고, 이를 토대로 신산업 발전을 저해할 것으로 예상되는 규제이슈들을 미리 정비하는 방식이다. 현재 당장 정비가 필요한 수요가 없더라도 신산업 발전에 따라 정비 필요성이 예측되는 사항에 대한 장기플랜을 마련하여 해당 신산업이 상용화 단계에 이르는 시기에 규제 이슈로 인해 산업발전을 저해하는 경우가 없도록 미리 규제를 정비하는 방식을 의미한다. 따라서 필연적으로 정확한 미래 예측 시나리오와 적절한 규제정비 시기 결정이 중요하다.

③에 속하는 규제정비를 최대한 신속히 진행하는 방식으로는 현장 기반 규제애로 해소가 있다. 규제정비는 기본적으로 해당 규제법령을 관할하는 소관 부처에서 이뤄지는데, 규제정비 소요 제기 → 소관 부처 검토 → 관계부처 협의 → 규제법령 정비의 단계를 모두 거치게 되면 상당한 기간이 소요될 뿐만 아니라 정비과정에서 당초 사업자가 제기한 요구내용이 왜곡될 위험성도 있다. 따라서 규제개혁을 총괄하는 기관에서 현장의 건의사항을 바탕으로 규제정비를 보다 신속히 진행함으로써 규제 지체 현상을 최소화하는 접근이다.

② 행태적 접근

행태적 접근에 있어서는 ①규제를 담당하는 공무원의 소극적이고 무사안일한 행태를 타파해나가는 적극행정 추진, ②규제 필요성에 대한 입증을 사업자가 아닌 규제 담당기관에 부과하는 규제입증책임 전환이 있다.

먼저, ①적극행정 방식의 경우, 현장에서 규제를 담당하는 공무원의 행태가 규제의 실제 작동방식과 기업의 체감도에 큰 영향을 미친다는 인식에서 출발하고 있다. 규제는 대부분 법령형식으로 규정되는데, 법령은 실제 발생하는 모든 행태를 세세히 규정할 수는 없기 때문에 해석과 적용에 있어 규제 집행을 담당하는 공무원에게 상당한 재량을 부여하고 있는 경우가 대부분이다. 문제는 이러한 재량이 피규제자의 입장에서 최적화되어 활용되기 보다는 규제를 담당하는 공무원의 입장에서 활용되는 경우가 많다는 것이다. 특히 신산업의 경우 과거 발생했던 이슈와 다른 이슈가 발생할 가능성이 높기 때문에 규제 담당 공무원의 입장에서는 섣불리 허용할 경우 사후책임 문제를 직면할 가능성이 높은 반면, 허용에 따른 인센티브는 약한 실정이다. 그 결과 보수적인 규제 운용 행태가 발생하게 되어 신산업 분야 기업에게는 큰 규제부담으로 작용하게 된다. 이러한 소극적인 행태를 탈피하기 위해 공직자에게 적극행정을 위한 인센티브를 부여하고 적극행정 과정에서 나타날 수 있는 책임에 대해 면책을 부여하는 등 다양한 유인책을 마련해야 한다.

②규제 입증책임 전환은 해당 규제의 존속 필요성에 대한 입증을 사업자가 아닌 규제 당

국에 부과하는 것이다. 신산업의 경우 기존 규제를 정비해야 할 수요가 매우 많지만, 문제는 과거 존재하지 않았던 새로운 사업 활동이 많기 때문에 규제 정비의 효과나 부작용 등에 대한 근거자료가 충분치 않은 경우가 많다. 게다가 이러한 자료를 확보하여 제출하더라도 규제 담당 공무원은 앞서 언급한 바와 같이 신산업 허용에 부담으로 인해 보수적인 행태를 보일 가능성이 높고, 이는 규제정비 필요성에 대한 입증책임을 사업자에게 전가하는 방식으로 나타난다. 게다가 규제 당국은 해당 사업자 외에도 다양한 사업자로부터 정보를 취득할 수 있기 때문에 규제 당국과 사업자는 정보 비대칭 상황에 있는 경우가 많다. 규제 입증책임 전환은 이러한 상황을 감안하여 정비 소요가 제기된 규제를 규제 당국에 존치시키고자 할 경우 해당 규제의 존속 필요성을 규제 당국이 입증하도록 하는 것이다.

〈 표 〉 신산업 규제혁신 접근방법

	접근방법	특징
제도적 접근	규제샌드박스 (규제자유특구 포함)	신산업 대상 실증테스트가 가능하도록 규제특례 부여
	네거티브 규제시스템 전환	기존 규제체계 재설계로 신산업에 대한 규제 부담 최소화
	신산업 규제혁신 로드맵	기술발전 양상을 예측하여 선제적인 규제 개선
	현장애로 해소	신산업 분야 특정 규제에 대한 신속한 규제정비 추진
행태적 접근	적극행정	규제 담당 공무원의 소극적 행태 타파
	규제 입증책임 전환	정보 비대칭 상황을 감안, 규제 존치 필요성에 대한 입증책임을 규제 당국에 부과

(나) 갈등 해소

신산업 규제혁신에 있어서 또 다른 중요한 측면은 신산업 발전에 따른 갈등이 문제시 된다는 점이다. 앞서 언급한 바와 같이 신산업은 기존 이해관계에 변화를 주기 때문에 규제혁신으로부터 발생하는 이익을 향유하는 집단과 비용을 부담하는 집단간 갈등이 발생할 가능성이 높다. 규제의 강도와 폭이 큰 진입규제와 총량규제 등이 적용되는 분야일수록 기존 규제체계로부터 발생하는 이익이 집중되는 집단이 존재하기 때문에 새로운 산업 발전에 따라 이익 재분배가 현실화되면서 기존 이익집단이 반발할 가능성이 높아진다. 대표적으로 진입규제와 총량규제가 직접적으로 존재하여 전문자격 집단이 발달한 분야에서 이러한 갈등이 발생하게 될 가능성이 크다.

이러한 갈등이 적절히 해소되지 않을 경우 신산업 발전을 저해할 뿐만 아니라 국가 전체적인 손실로 귀결될 가능성이 커진다. 특히 집단간 갈등이 심각해져 합리적인 토론과 대안 마련이 힘들 정도로 갈등이 격화되는 상황이 발생할 수 있다. 이 경우 규제혁신 과정이 과도하게 정치화되면서 기존 규제체계에 대한 변화가 조금도 시도되기 힘들어지게 되는데, 이로 인해 신산업 발전을 저해할 뿐만 아니라, 이해관계에 큰 변화가 없는 단순 규제정비 사항에도 상당한 시간과 노력이 필요해지면서 규제체계가 최적화되기 힘들다.

갈등은 그 특성상 제도적 장치를 통해 해결하기 힘들다. 갈등의 원인이 다양하고 정치성을 띠는 경우가 많아 그 맥락과 이해관계 특성을 감안해야하기 때문에 일률적인 제도적 접근을 통해 해소하기는 힘들고, 개별 사례 마다 그 특성을 감안한 접근이 필요하다. 이해관계가 있는 조직화된 집단이 대립할 경우 양 집단간 상생방안 모색을 정부가 중재해야 할 경우도 있을 수 있고, 조직화된 집단과 조직화되지 못한 공익이 대립할 경우 정부가 공익을 대표하여 조직화된 집단과의 타협을 모색해야 할 경우도 있을 수 있다.

특히, 신산업의 경우 신산업을 대표하는 집단은 양적, 질적으로 성숙되지 못하여 정치과정에서 소외될 가능성이 있기 때문에 갈등 상황에 있어 적절한 대응을 하지 못할 경우가 발생할 수 있다. 따라서 이러한 집단의 역량을 스스로 배양하는 것은 물론, 정부가 이들을 적절히 대표할 수 있는 방안을 모색할 필요가 있다. 그 과정에서 앞서 언급한 규제혁신 제도들을 적절히 활용함으로써 갈등의 합리적인 해결을 모색해 나가는 것이 중요하다.

(2) 신산업 규제정비 기본계획

신산업 분야 규제혁신은 앞서 언급한 신산업 규제혁신의 특성을 감안하고, 다양한 규제혁신 제도를 활용하여 보다 전략적이고 입체적으로 접근할 필요가 있다. 이에 따라 2019.4월 행정규제기본법이 개정되면서 범정부 차원에서 3년 단위 신산업 규제정비 기본계획을 수립토록 하는 제19조의4(신산업 규제정비 기본계획의 수립 및 시행)가 신설되었고, 이에 근거하여 국무조정실에서 2020.12월 최초로 1차 계획을 발표하게 된다.

제19조의4(신산업 규제정비 기본계획의 수립 및 시행) ① 위원회는 신산업을 육성하고 촉진하기 위하여 신산업 분야의 규제정비에 관한 기본계획을 3년마다 수립·시행하여야 한다.

② 제1항에 따른 기본계획에는 다음 각 호의 사항이 포함되어야 한다.
1. 신산업 분야의 규제정비의 목표와 기본방향
2. 신산업 분야 육성을 위한 규제정비에 관한 사항
3. 신산업 분야 규제의 우선허용·사후규제 방식으로의 전환에 관한 사항
4. 신산업 분야의 규제정비와 관련하여 관계 중앙행정기관 간 정책 및 업무 협력에 관한 사항
5. 그 밖에 신산업 분야의 규제정비에 필요한 사항

③ 위원회는 제1항에 따른 기본계획이 수립된 때에는 지체 없이 이를 관계 중앙행정기관의 장에게 통보하여야 한다.
④ 관계 중앙행정기관의 장은 제1항에 따른 기본계획에 따라 연도별 시행계획을 제20조에 따른 규제정비 계획에 반영하여야 한다.

(가) 추진경과

신산업 규제정비 기본계획은 경제인문사회연구회 협동연구를 통해 진행되었는데, 과학기술정책연구원이 주관기관으로, 한국법제연구원과 한국행정연구원이 협력연구기관으로 참여했고, 산업연구원 등 전문가 그룹도 참여했으며, 정기회의 9회, 착수보고회 1회, 중간보고회 1회, 최종보고회 1회 등을 거쳐 연구용역 작업이 진행되었다.

연구는 우선 1단계로 신산업 규제정비 국내외 현황 분석, 정부별 규제정비 평가, 관련 전문가 설문조사, 해외 규제정비 사례 분석 등 신산업 규제정비에 대한 포괄적인 현황 분석이 진행되었다. 2단계로 신산업 규제정비 기본계획 수립을 위한 목표와 전략을 검토하였고, 이를 통해 5대 분야 20개 신산업 동향과 전망 도출, 중점분야별 목표 설정 및 중점추진과제 도출 등이 정리되었다. 마지막 3단계로 기본계획 실효성 제고를 위한 정책과제 점검과 규제정비 체계 등이 검토되었다. 이러한 연구용역결과를 토대로 국무조정실 주관으로 기본계획안을 수립하여 관계부처 협의를 거쳐 2020.12월 총리 주재 국정현안점검조정회의에서 최종 확정·발표 되었다.

(나) 주요 내용

신산업 규제정비의 기본방향은 '도전적 규제정비, 상생형 규제정비, 선제적 규제정비'로 설정하였다. '도전적 규제정비'를 위해 규제샌드박스와 규제 네거티브화를 확대하여 선허용-후규제 원칙을 확실히 정착시키고자 한다. 이를 위해 규제샌드박스를 5개 분야(ICT, 산업융합, 금융, 규제자유특구, 스마트시티)에서 7개 분야(R&D, 모빌리티 추가)로 확대하고, 지원조직을 정규화한다. 특히, 규제샌드박스 승인기업들이 안정적으로 사업을 추진할 수 있도록 실증특례 결과 안전성이 확보되고 법령정비 필요성이 인정된 경우 특례기한을 기존 2+2년에서 추가연장할 수 있도록 법 개정을 추진한다. 또한, 제도 시행 2년을 맞아 사업승인과 발굴은 물론, 해당 사업을 가로막고 있던 규제 자체를 속도감 있게 정비할 계획이다. 규제 네거티브화를 위해서는 규제·법제심사 단계에서 네거티브화 적용 여부를 엄격히 심사하고, 규제혁신 로드맵 등과 연계하여 분야별로 전환과제를 발굴·추진한다.

〈 표 〉 규제샌드박스 체계 확산·발전방향(신산업 규제정비 기본계획)

	현행	2021 ~ 2023년
대상분야	5+1 체계 (ICT, 산업융합, 금융, 규제자유특구, 스마트시티)	7+1 체계 (기존 + R&D, 모빌리티)
특례기한	2+2년	2+2년 후 임시허가 전환 / 실증특례 연장* * 안전성 확보 + 법령정비 필요성 인정시
지원조직	한시 조직	정규 조직
규제특구	지자체 신청 기반 Bottom-up 특구 지정	국책과제 연계 Top-down 특구지정 방식 추가
중점사안	대상사업 발굴·승인	대상사업 발굴·승인+해당규제 정비

'상생형 규제정비'는 이해관계자가 갈등이 첨예하거나 사회윤리적 가치가 충돌하는 분야를 대상으로 갈등 수준별 조정모델을 적극 활용하여 추진한다. 사회적 파급력이 큰 이슈는 목요대화 등 국무총리 주재 회의를 통해 공감대 형성을 우선 추진하는 한편, 갈등이 지속되거나 지연되는 과제들은 국무조정실장 주재 회의 등을 통해 관계부처간 추진방향을 조속히 정리한다. 한걸음모델, 해커톤, 규제샌드박스 실증특례도 적극 활용하여 갈등을 최소화하면서 단계적 제도화를 추진한다.

'선제적 규제정비'를 위해 신제품·신기술에 대한 규율체계가 없어 시장 활성화가 지연될 가능성이 있는 분야는 미리미리 규제를 정비하여 기업의 불확실성을 해소키로 하였다. 이를 위해 기술발전 및 시장동향 예측을 통해 산업 표준이나 안전기준 등 규제를 미리 정비하는 선제적 규제혁신 로드맵을 확대하고 업그레이드한다.

이러한 기본방향을 토대로 5대 분야 20개 핵심 신산업(67개 추진과제)을 선정하여 집중 정비키로 하였다. 집중육성 중인 신산업 중 규제혁신 파급력이 높은 분야를 대상으로 기업·민간단체 의견수렴, 경제인문사회연구회 협동연구(과학기술정책·행정·법제연구원), 부처협의 등을 거쳐 대상 분야와 과제를 선정하였으며, 2020.7월 발표한 한국판 뉴딜계획의 기본축인 디지털 뉴딜과 그린 뉴딜의 성과가 신산업 전반으로 확산될 수 있도록 하는 규제환경을 조성하는 것에 중점을 두었다.

DNA 산업 분야는 ① 빅데이터, ② 인공지능, ③ 지능형 로봇, ④ 핀테크를, 비대면 산업 분야는 ① 가상·증강현실, ② 원격교육, ③ 디지털콘텐츠를, 기반산업 스마트화 분야는 ① 스마트도시, ② 스마트그린산단, ③ SOC 스마트화, ④ 자율주행차, ⑤ 드론, ⑥ 공유경제를, 그린 산업 분야는 ① 신재생에너지, ② 친환경차, ③ 녹색 인프라, ④ 친환경 농어업을, 바이오의료 산업 분야는 ① 디지털 헬스케어, ② 유전자 검사·치료, ③ 신의약품·의료기기을 각각 포함하고 있으며, 각 핵심 신산업별로 3~5개 추진과제를 마련하여 총 67개 추진과제로 구성되어 있다.

1 DNA 산업	2 비대면 산업	3 기반산업 스마트화	4 그린 산업	5 바이오·의료산업
1 빅데이터	1 가상·증강현실	1 스마트도시	1 신재생에너지	1 디지털 헬스케어
2 인공지능	2 원격교육	2 스마트 그린산단	2 친환경차	2 유전자 검사·치료
3 지능형 로봇	3 디지털콘텐츠	3 SOC 스마트화	3 녹색 인프라	3 新의약품·의료기기
4 핀테크		4 자율주행차	4 친환경 농·어업	
		5 드론		
		6 공유경제		

〈 그림 〉 5대 분야 20개 핵심 신산업(신산업 규제정비 기본계획)

제1차 신산업 규제정비 기본계획은 행정규제기본법에 근거한 법정계획으로 대통령 소속 규제개혁위원회 의결을 거쳐 2020.12.10. 국무총리 주재 국정현안점검조정회의에서 확정·발표되었다. 향후 과제별 소관 부처에서는 연간 시행계획을 수립하여 연도별 규제정비 종합계획에 포함시켜 추진하게 되고, 국무조정실에서는 이행상황을 점검·관리하게 된다.

신산업 규제정비 기본계획 개요

목표: 신산업 규제혁신을 통한 혁신동력 창출로 4차 산업혁명과 포스트코로나 시대 선도국가 도약

기본방향

- 先허용-後규제, 네거티브化를 실천하는 **도전적 규제정비**
- 사회적 공감대를 바탕으로 한 **상생형 규제정비**
- 사회적 공감대를 바탕으로 한 **선제적 규제정비**

신산업 규제혁신 제도 발전방향

도전적 규제정비

① 규제 샌드박스 확대
- (분야) 5+1 → 7+1 체계 (R&D·모빌리티 추가)
- (특례) 2+2 → 2+2+α년
- (조직) 한시 → 정규조직화
- (특구) 국책과제 연계특구 지정
- (중점) 사업승인 → 규제개선

② 포괄적 네거티브 정착
- (신규규제) 규제·법제심사 강화
- (기존규제) 기관별 → 분야별 정비

상생형 규제정비

① 갈등 조정체계 강화
- 범위·파급력 감안, 총리 주재 회의/국조실장 협의회 가동
- 한걸음 모델 확산 / 실증특례·임시허가 활용

② 현장소통 채널 활용
- 총리 주재 현장대화 활용 (의견수렴·해결방안 모색)
- 신산업규제혁신위 상시가동 (Top-down + Bottom-up)

선제적 규제정비

① 규제혁신 로드맵 확대
- (기존) 5개 분야 →
- (추가) AI, 바이오헬스, 자율운항선박 추가
- * 20개 신산업 전반 추가 검토

② 로드맵 주기적 재설계
- 기술·시장환경 변화 반영 2년 주기 재설계
- *('21) 자율주행차 ('22~'23) 드론, 친환경차, VR·AR, 로봇 등

전략

5대 분야, 20개 신산업 집중 정비
→ 규제특성·갈등상황을 감안한 규제혁신 제도 집중 적용

집중정비 분야

① DNA 산업
① 빅데이터
② 인공지능
③ 지능형 로봇
④ 핀테크

② 비대면 산업
① 가상·증강현실
② 디지털콘텐츠
③ 원격교육

③ 기반산업 스마트화
① 스마트도시
② 스마트그린산단
③ SOC 스마트화
④ 자율주행차
⑤ 드론
⑥ 공유경제

④ 그린 산업
① 신재생에너지
② 친환경차
③ 녹색 인프라
④ 친환경 농·어업

⑤ 바이오·의료산업
① 디지털 헬스케어
② 유전자 검사·치료
③ 新의약품·의료기기

한국판 뉴딜 성과가 **신산업 전반으로 확산**될 수 있는 **규제환경 조성**에 중점

〈 그림 〉 신산업 규제정비 기본계획 개요

2.2 주요 신산업 규제혁신 제도

(1) 규제샌드박스

(가) 의의

규제샌드박스(Regulatory Sandbox)는 "사업자가 신기술을 활용한 새로운 제품과 서비스를 일정 조건(기간·장소·규모 제한)하에서 시장에 우선 출시해 시험·검증할 수 있도록 현행 규제의 전부나 일부를 적용하지 않는 것을 말하며 그 과정에서 수집된 데이터를 토대로 합리적으로 규제를 개선하는 제도"를 의미한다.

2016년 영국에서 금융 분야에 최초로 도입하였고, 현재 우리나라는 비롯해 60여개 국가에서 운영하고 있다. 아이들이 모래 놀이터(sandbox)라는 제한적인 장소에서 안전하게 마음껏 뛰어 놀 수 있는 것처럼 낡은 규제체계로 인해 시장에 출시되기 힘든 상황에 처한 새로운 신기술, 신서비스가 제한적인 조건 하에서 실증이 가능하도록 하여 신산업 발전을 촉진하는 동시에 실증을 통해 안전성 문제 등을 검증함으로써 규제 개선을 추진하기 위한 취지이다.

규제특례를 부여하는 다양한 제도가 그동안 운용되어 왔지만, 규제샌드박스는 현재 유효하게 존재하는 규제에도 불구하고 신산업·신기술에 대해서는 규제특례위원회의 결정만으로 일단 사업을 개시할 수 있도록 규제특례를 부여하는 제도라는 점에서 다른 규제특례 제도와 차별성을 지닌다. 즉, 기존의 규제특례 제도는 해당 규제법령에 존재하는 구체적인 근거에 기반하여 규제특례가 부여되기 때문에 규제특례 부여의 범위가 제한적이었으며, 규제법령에 근거가 있어야하기 때문에 필연적으로 해당 규제를 소관하는 부처에서만 제한적으로 운영될 수 있다. 이에 반해, 규제샌드박스 제도는 규제특례 부여가 가능한 분야에 원칙적으로 한계가 없고, 해당 규제법령 상 구체적 근거를 요하지 않기 때문에 규제부처가 아닌 산업 진흥을 담당하는 부처에서 운영할 수 있는 규제특례 제도이다.

〈표〉 기존 규제특례 제도와 규제샌드박스 제도 비교

	기존 규제특례 제도	규제샌드박스 제도
법적 근거	개별 규제법령	규제샌드박스법
규제특례 범위	한정적	원칙적으로 제한 X
운영주체	해당 규제를 담당하는 부처	규제샌드박스 운영부처

(나) 도입연혁

2017년 9월 7일 발표한 '새 정부 규제개혁 추진방향(국무조정실)'을 통해 규제샌드박스 도입을 확정하고, 2018년 3월 ICT융합, 산업융합, 혁신금융, 규제자유특구 관련 법안이 발의되었다. 이후 2018년 9월 ICT융합, 산업융합, 규제자유특구 법안, 2018년 12월 혁신금융 법안이 국회를 통과하여 2019년부터 본격 시행되게 된다.

2019년 2월 11일에는 최초로 규제샌드박스 특례심의회(산업융합 분야)가 개최되어 도심지역 수소충전소 설치, 전기차 충전용 과금형 콘센트 허용 등 4건의 과제에 규제특례가 부여되었다. 7월에는 행정규제기본법에 일반적인 근거가 신설되었고, 7월 23일에는 최초로 부산, 대구, 세종 등 7개 광역지자체를 대상으로 규제자유특구가 지정되게 된다.

2020년 5월 12일에는 대한상공회의소에 샌드박스 지원센터가 출범함으로써 민간접수 창구가 개설되었고, 12월에는 연구개발특구 분야 규제샌드박스가 시행되게 된다.

〈 표 〉 규제샌드박스 주요 연혁(규제샌드박스 백서, 2022)

- `17.9.7.` 　규제샌드박스 도입 논의 (새 정부 규제개혁 추진방향)
- `17.12.27.` 　규제샌드박스 도입 확정 (2018년 경제정책방향)
- `18.3.6.` 　규제샌드박스 도입을 위한 법률 제·개정안 발의
  　　* 정보통신융합법, 산업융합촉진법, 규제자유특구법 개정안, 금융혁신지원특별법 제정안
- `18.9.20.` 　정보통신융합법, 산업융합촉진법, 규제자유특구법 개정안 국회 본회의 의결
- `18.12.7.` 　금융혁신지원특별법 제정안 국회 본회의 의결
- `19.1.17.` 　ICT융합, 산업융합 분야 규제샌드박스 시행
- `19.2.11.` 　최초 규제샌드박스 특례심의회 개최 (산업융합 분야)
  　　* 도심지역 수소충전소 설치, 전기차 충전용 과금형 콘센트 허용 등 4건의 과제
- `19.3.28.` 　행정규제기본법 개정안 국회 본회의 의결
  　　* 규제 신속확인, 규제특례(임시허가, 실증특례)의 부여 근거 규정
- `19.4.1.` 　혁신금융 분야 규제샌드박스 시행(금융혁신지원특별법 시행)
- `19.4.17.` 　규제자유특구 분야 규제샌드박스 시행(규제자유특구법 시행)
- `19.4.25.` 　규제샌드박스 시행 100일 계기 제도 보완
  　　* 법령정비 요청제도 신설, 동일·유사사례 처리 패스트트랙 도입 등(국정현안점검조정회의)
- `19.7.17.` 　행정규제기본법 개정안 시행
- `19.7.17.` 　규제샌드박스 시행 6개월 계기 제도 보완
  　　* 특허지원 등 사업화 지원대책 마련 보완
- `19.7.23.` 　규제자유특구 1차 지정
  　　* 부산(블록체인), 대구(스마트웰니스), 세종(자율주행), 강원(디지털 헬스케어),
  　　　충북(스마트 안전제어), 전남(e-모빌리티), 경북(차세대 배터리 리사이클링)
- `19.11.12.` 　규제자유특구 2차 지정
  　　* 광주(무인 저속 특장차), 대전(바이오메디컬), 울산(수소그린모빌리티),
  　　　전북(친환경 자동차), 전남(에너지 신산업), 경남(무인선박), 제주(전기차 충전)
- `20.1.9.` 　경북 규제자유특구 투자유치 협약식
- `20.1.9.` 　2020 규제혁신 포럼(한국형 규제샌드박스 시행 1년 성과와 향후과제)
- `20.2.27.` 　스마트도시 분야 규제샌드박스 시행(스마트도시법 개정안 시행)

▶ `20.2.27.   규제샌드박스 발전 방안 발표(국정현안점검조정회의)
            * 민간 접수기구 신설, 원활한 시장진출을 위한 금융·세제 지원, 특허, 혁신조달 등
▶ `20.5.12.   대한상공회의소 샌드박스 지원센터 출범
▶ `20.6.17.   전남 규제자유특구 투자유치 협약식
▶ `20.7.6.   규제자유특구 3차 지정
            * 부산(해양모빌리티), 대구(이동식 협동로봇), 울산(게놈서비스 산업), 경북(산업용헴프),
              강원(액화수소산업), 충남(수소 에너지 전환), 전북(탄소 융복합산업)
▶ `20.9.18.   모빌리티 분야 규제샌드박스 도입 법안 발의
▶ `20.10.10. 강원 액화수소 규제자유특구 업무 협약
▶ `20.11.13. 규제자유특구 4차 지정
            * 광주(그린에너지 ESS발전), 울산(이산화탄소 자원화), 경남(5G 활용 스마트공장)
▶ `20.11.19. 규제샌드박스 기업인 간담회 개최
            * 국무조정실 규제조정실장 주재
▶ `20.12.10. 연구개발특구 분야 규제샌드박스 시행(연구개발특구법 개정안 시행)
▶ `21.1.12.   2021 규제혁신 포럼(규제샌드박스 2년이 가져온 일상의 변화)
▶ `21.2.2.   규제샌드박스 2주년 성과보고회(규제샌드박스 기회의 문을 열다)
            * 국무총리 주재
▶ `21.2.9.   규제샌드박스 시행 2년 사례집 발간
▶ `21.3.1.   기술보증기금 우대보증 대상 확대(임시허가 → 실증특례, 임시허가)
            * (일반) 보증비율 85%, 보증료율 0.5~3.0%
              (Track 1) 규제자유특구 소재기업, 규제샌드박스 승인기업
                       → 보증비율 90%, 보증료율 0.3%p 감면
              (Track 2) 규제자유특구 소재 규제샌드박스 승인기업
                       → 보증비율 95%, 보증료율 0.5%p 감면
▶ `21.7.1.   규제자유특구 5차 지정
            * 강원(정밀의료), 충북(그린수소), 충남(탄소저감 건설소재), 경북(스마트 그린물류)
▶ `21.11.4.   규제자유특구 6차 지정
            * 부산(암모니아 친환경에너지)
▶ `21.12.29. 규제샌드박스 기업인 간담회 개최
            * 국무조정실 국무2차장 주재
▶ `19 ~   규제샌드박스 T/F 회의 21회 개최
            * 국무조정실 규제조정실장 주재

(다) 구성요소

 규제샌드박스 제도는 기본적으로 ① 실증특례, ② 임시허가, ③ 신속확인의 3개 요소로 구성되어 있는데, 이 중 임시허가나 신속확인은 각 분야별 규제샌드박스의 특성에 따라 다양하게 적용되고 있다.
 먼저, 실증특례는 신기술을 활용한 사업을 하기 위한 허가 등의 근거 법령에 필요한 기준이나 요건 등이 없거나 기존 규정을 그대로 적용하는 것이 맞지 않을 경우, 혹은 다른 법령

에 의한 허가 등의 신청이 불가능한 경우 일정 조건 하에 시장에서 실증 테스트를 허용하는 것이다. 실증 테스트 결과에 따라 이후 규제 개선 필요성이 인정될 경우 정부가 관련 규제를 정비하게 된다. 실증특례는 규제샌드박스의 본질적인 요소로서 영국의 규제샌드박스 제도를 원형으로 하고 있다.

정보통신융합법 제38조의2(실증을 위한 규제특례) ① 신규 정보통신융합등 기술·서비스를 활용하여 사업을 하려는 자는 다음 각 호의 어느 하나에 해당하여 사업 시행이 어려운 경우 해당 기술·서비스에 대한 제한적 시험·기술적 검증을 하기 위하여 과학기술정보통신부장관에게 관련 규제의 전부 또는 일부를 적용하지 않는 실증을 위한 규제특례를 신청할 수 있다.
 1. 신규 정보통신융합등 기술·서비스가 다른 법령의 규정에 의하여 허가등을 신청하는 것이 불가능한 경우
 2. 허가등의 근거가 되는 법령에 따른 기준·규격·요건 등을 적용하는 것이 불명확하거나 불합리한 경우
⑥ 과학기술정보통신부장관은 제5항에 따른 관계기관의 장의 검토결과를 붙여 실증을 위한 규제특례의 지정 여부를 심의위원회에 상정하여야 한다. 이 경우 심의위원회는 다음 각 호의 사항을 고려하여 심의·의결하여야 한다.
 1. 해당 기술·서비스의 혁신성
 2. 관련 시장 및 이용자 편익에 미치는 영향 및 효과
 3. 국민의 생명·안전의 저해 여부 및 개인정보의 안전한 보호·처리
 4. 실증을 위한 규제특례의 적정성
 5. 그 밖에 실증을 위한 규제특례의 지정에 필요한 사항

산업융합촉진법 제10조의3(실증을 위한 규제특례) ① 산업융합 신제품·서비스를 시험·검증하기 위한 목적으로 사업을 하려는 자는 다음 각 호의 어느 하나에 해당하는 경우에 산업통상자원부장관에게 해당 산업융합 신제품·서비스의 실증을 위한 규제특례(이하 이 조에서 "규제특례"라 한다)를 신청할 수 있다.
 1. 허가등의 근거가 되는 법령에 해당 산업융합 신제품·서비스에 맞는 기준·규격·요건 등이 없는 경우
 2. 허가등의 근거가 되는 법령에 따른 기준·규격·요건 등을 해당 산업융합 신제품·서비스에 적용하는 것이 맞지 아니한 경우
 3. 다른 법령의 규정에 의하여 허가등을 신청하는 것이 불가능한 산업융합 신제품·서비스에 대하여 제한된 구역·기간·규모 안에서 실증이 필요한 경우
⑥ 규제특례심의위원회는 다음 각 호의 사항을 고려하여 규제특례 구역·기간·규모 및 허용 여부를 심의하여야 한다.
 1. 사업실시계획서
 2. 해당 산업융합 신제품·서비스의 혁신성 및 이용자의 편익
 3. 향후 관련 시장의 성장 가능성
 4. 실증으로 인하여 회복하기 어려운 손해의 발생 가능성 및 손해배상 방안의 적절성
 5. 국민의 생명·건강·안전 및 환경·지역균형발전의 저해 여부와 개인정보의 안전한 보호·처리
 6. 그 밖에 규제특례 부여에 필요한 사항

임시허가는 신기술로 인한 안전성에 문제가 없는 경우로서 허가 등의 근거가 되는 법령에 기준·요건 등이 없거나 기존 규정을 그대로 적용하는 것이 맞지 않을 경우 우선 시장 출시가 가능하도록 임시로 허가하고 정부는 관련 규제를 개선하게 된다. 임시허가는 해당 사업이 안전 등 문제가 없는데도 제도 정비가 이뤄지지 않은 경우 적용되는데, 본질적으로 '허가'에 해당하기 때문에 타 법령상 명시적으로 금지된 사안에 대해 적용하기 힘들고, 우선적으로 허가를 내준 후 사후에 해당 사업이 가능하도록 규제를 정비하게 되는 것이다.

정보통신융합법 제37조(임시허가) ① 신규 정보통신융합등 기술·서비스를 활용하여 사업을 하려는 자는 다음 각 호의 어느 하나에 해당하는 경우 해당 기술·서비스의 시장출시 등 사업화를 위하여 과학기술정보통신부장관에게 임시로 허가등(이하 "임시허가"라 한다)을 신청할 수 있다.
1. 허가등의 근거가 되는 법령에 해당 신규 정보통신융합등 기술·서비스에 맞는 기준·규격·요건 등이 없는 경우
2. 허가등의 근거가 되는 법령에 따른 기준·규격·요건 등을 적용하는 것이 불명확하거나 불합리한 경우

산업융합촉진법 제10조의5(임시허가) ① 산업융합 신제품·서비스를 활용하여 사업을 하려는 자는 다음 각 호의 어느 하나에 해당하는 경우에 산업통상자원부장관에게 해당 산업융합 신제품·서비스에 대하여 임시허가를 신청할 수 있다.
1. 허가등의 근거가 되는 법령에 해당 산업융합 신제품·서비스에 맞는 기준·규격·요건 등이 없는 경우
2. 허가등의 근거가 되는 법령에 따른 기준·규격·요건 등을 해당 산업융합 신제품·서비스에 적용하는 것이 맞지 아니한 경우
⑥ 규제특례심의위원회는 다음 각 호의 사항을 고려하여 임시허가 여부를 심의하여야 한다. 이 경우 규제특례심의위원회는 안전성 등을 확보하기 위하여 전문인력과 기술을 갖춘 기관 또는 단체에 의한 시험·검사를 명하는 내용 등 필요한 조건을 붙일 수 있다.
1. 사업실시계획서
2. 해당 산업융합 신제품·서비스의 혁신성 및 이용자의 편익
3. 산업융합 신제품·서비스로 인하여 회복하기 어려운 손해가 발생할 가능성 및 손해배상 방안의 적절성
4. 국민의 생명·건강·안전 및 환경·지역균형발전의 저해 여부와 개인정보의 안전한 보호·처리

신속확인은 신기술을 활용한 사업을 하려는 기업이 규제 유무가 불분명하다고 생각될 경우 규제 해당 여부에 대해 신속확인을 신청하면 규제부처가 30일 이내 규제 유무를 확인해 주는 제도로서 규제 불확실성을 최소화하기 위한 제도이다. 규제를 담당하는 부처가 기한 내 회신하지 않을 경우 규제가 없는 것으로 간주한다. 규제체계가 모호하거나 복잡하여 신기술이 적용된 사업에 규제가 적용되는지 여부가 기업 입장에서 불확실한 경우가 많기 때문에 이러한 불확실성을 신속히 해소하기 위한 제도이다.

> 정보통신융합법 제36조(신규 정보통신융합등 기술·서비스의 신속처리) ① 신규 정보통신융합등 기술·서비스를 활용하여 사업을 하려는 자는 과학기술정보통신부장관에게 해당 사업에 대한 신규 정보통신융합등 기술·서비스와 관련된 법령에 따른 허가·승인·등록·인가·검증 등(이하 "허가등"이라 한다)의 필요 여부 등을 확인하여 줄 것을 신청할 수 있다.
>
> 산업융합촉진법 제10조의2(규제 신속확인) ① 산업융합 신제품·서비스를 활용하여 사업을 하려는 자는 산업통상자원부장관에게 해당 신제품 또는 서비스와 관련된 허가등의 필요 여부 등을 확인하여 줄 것을 신청할 수 있다.

이러한 3가지 구성요소의 특성을 감안하여 규제샌드박스 제도는 개념적으로는 다음과 같이 정리할 수 있다. 신기술을 적용한 사업에 대해 규제 특례를 받고자 하는 사업자는 우선 신속확인 제도를 통해 규제 존재 유무에 대한 확인을 받을 수 있다. 규제가 없다고 확인되는 경우 즉시 시장출시가 가능하다. 규제가 있다고 확인되는 경우에 그 규제가 모호하고 불합리하며 해당 사업이 안전에 문제가 없을 경우 임시허가를 통해 우선 시장에 출시하고 이후 해당 규제를 정비하게 된다. 규제가 있고, 그 규제가 모호하고 불합리하지만 해당 사업의 안전 여부도 불확실할 경우, 혹은 해당 사업이 법령상 금지되어 있는 경우에는 시장에서 실제 테스트를 할 수 있도록 규제특례를 부여하여 해당 사업의 안전성을 테스트할 수 있고, 테스트 결과 안전성에 문제가 없을 경우 법령을 정비하여 정식허가를 받게 된다. 물론, 테스트 결과 안전성에 문제가 있다고 판단되는 경우 등에는 해당 규제가 유지될 것이다.

(라) 신청 및 심의 절차

규제샌드박스는 ①사전컨설팅, ②신청, ③규제부처 협의, ④심의 절차 순으로 진행된다. 사전컨설팅 단계에서는 규제샌드박스 대상과제에 해당하는지, 준비해야 할 사항은 무엇인지 등에 대해 신청자에게 설명하고 관련 서류 등 준비를 지원한다. 이후 신청서류가 접수되면 해당 샌드박스를 주관하는 부처(과기정통부, 산업통상자원부, 금융위원회, 중소벤처기업부, 국토교통부)에서 관련 규제를 담당하는 부처(규제부처)와 규제특례 부여에 대한 협의를 진행한다. 이후 샌드박스를 주관하는 부처에서 규제특례 부여를 위한 위원회를 개최하여 최종적으로 특례 부여 여부를 심의·결정하게 된다.

심의위원회에서 특례부여가 결정되면 신청자는 사업 개시를 하게 되고, 이후 실증결과를 토대로 관련 규제법령 개선을 추진하게 된다.

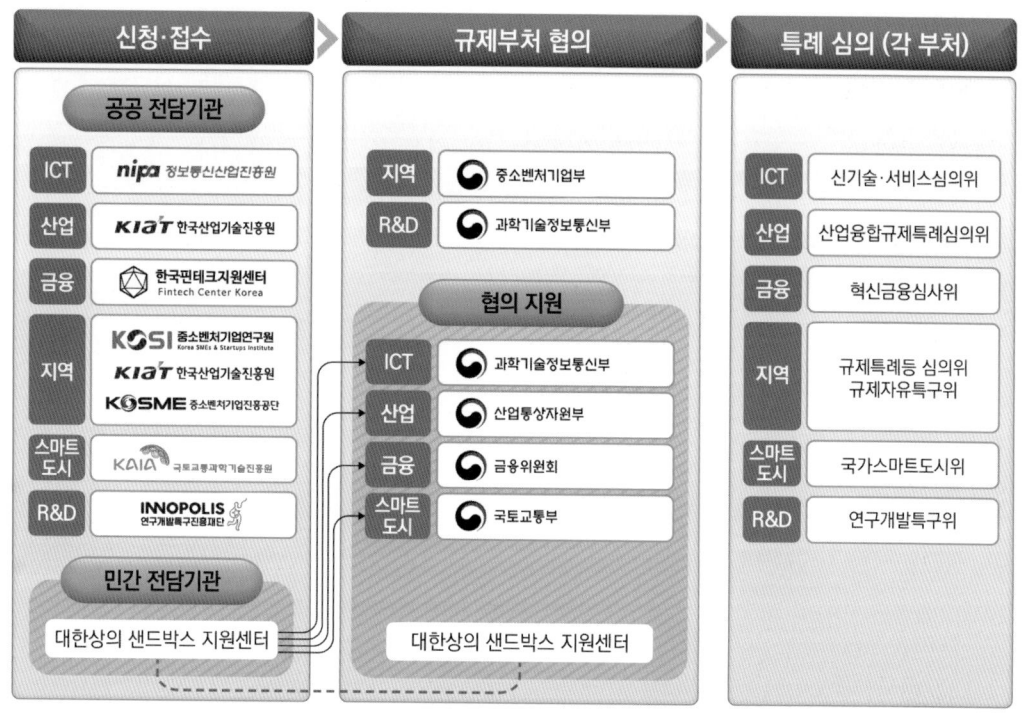

〈 그림 〉 규제샌드박스 신청 및 심의절차

(마) 한국형 규제샌드박스의 특징

영국 등 다른 나라의 규제샌드박스 제도에 비해 우리나라는 더욱 발전·확대한 모델을 운영하고 있다. ① 다른 국가의 규제샌드박스는 '실증특례' 방식으로 운영하지만, 우리나라는 즉시 시장에 출시할 수 있는 '임시허가', 규제 유무를 정부에서 확인하여 기업에 신속히 알려주는 '신속확인' 제도를 추가하여 운영하고 있다. ② 다른 국가는 주로 금융 분야를 대상으로 적용하고 있으나, 우리나라는 실물경제 분야(ICT, 산업, 스마트시티 등)에 확대하여 적용하고 있다. ③ 다른 국가는 규제부처가 운영하는 경우가 많지만, 우리나라는 진흥부처(과기정통부, 산업통상자원부 등)로 확대하여 운영하고 있다. ④ 다른 국가와 달리 대한상의에 민간 접수창구를 운영하고 있다.

이 중 한국형 규제샌드박스에 있어 가장 중요한 특성은 ②주관부처라고 볼 수 있다. 우리나라는 국무조정실 총괄하에 주로 신산업 분야에 있어 산업진흥을 담당하는 부처(과기정통부, 산업통상자원부, 중소벤처기업부)나 산업진흥과 규제를 동시에 담당하는 부처(금융위원회, 국토교통부)가 규제샌드박스 운영을 주관하고 있다. 이는 총리실에서 규제샌드박스 운영을 직접 담당하는 일본이나 주로 규제기관에서 규제샌드박스를 담당하는 영국, 싱가폴 등과 다르다. 이러한 구조는 특히 주관부처가 주도적인 역할을 담당하는 과제 발굴 및 심의과정에 있어서 규제기관의 보수적인 접근을 벗어나 진흥부처의 적극적인 과제 발굴과 특례부여를 가능케 하는 구조이다. 그 결과, 규제샌드박스를 담당하는 다른 국가보다 과제 승인건수에 있어서는 월등한 성과를 보이고 있다.

(2) 네거티브 규제 시스템 전환

(가) 개념과 정의

네거티브 규제는 '명시적으로 금지되지 않는 한 허용'을 원칙으로 하는 규제체계로 포지티브 규제(명시적으로 규정된 것에 한해서 허용)의 반대 개념이다. 무역규제 분야에서 통용되어 온 포지티브 리스트 시스템(positive list system)-네거티브 리스트 시스템(negative list system) 구분에서 유래하였는데, 포지티브 리스트는 수출입 허용품목만을 명시하고, 그 밖에 품목은 수출입을 제한·금지하는 반면, 네거티브 리스트는 수출입 제한·금지 품목만 명시하고 그 밖에 품목은 허용한다. 그 결과, 시장에서 새롭게 등장하는 수출입 품목은 네거티브 리스트에서 일단 허용되나, 포지티브 리스트에서는 일단 금지된다. 이러한 체계를 규제 법령 전반에 적용하자는 것이 기본적인 네거티브 규제 시스템 전환의 취지인데, 이는 시장에 대한 신뢰를 전제로 금지범위를 최소화하면서 특히 미래에 출현할 새로운 기술, 사업, 서비스 등이 기존 규제체계에 막혀 금지되거나 지연되지 않도록 사전적 정비를 추구하는 것이다.

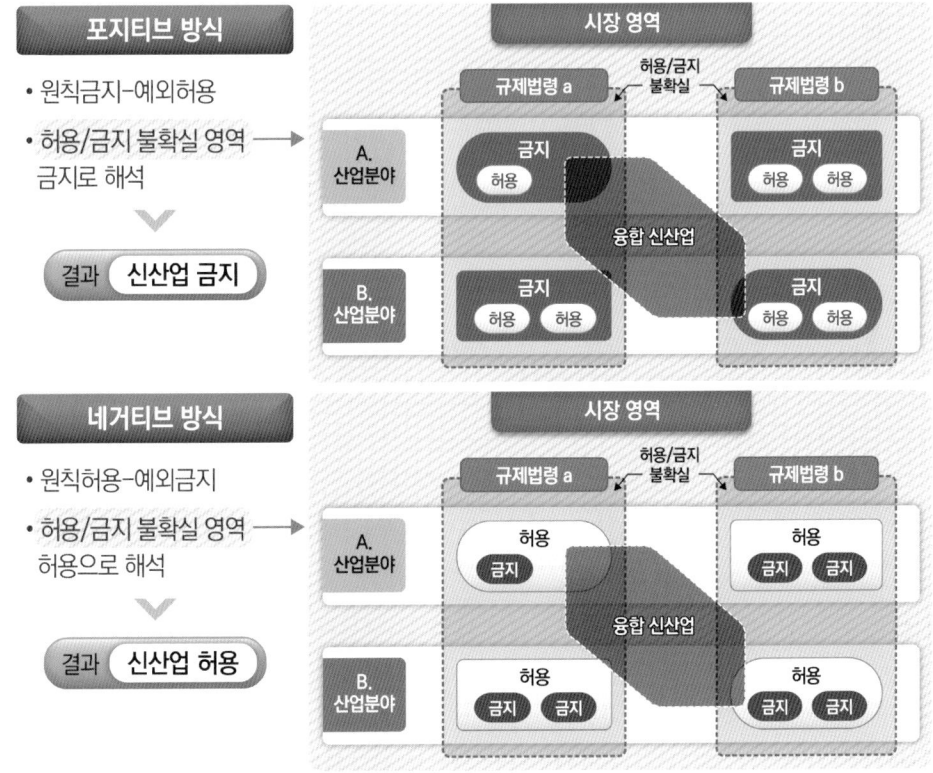

〈 그림 〉 포지티브 방식 - 네거티브 방식 비교

네거티브 규제 시스템이라는 용어는 법적·정책적·학문적으로 명확한 정의가 정립되지 않았고, 국제적으로도 통용되지도 않지만, 국내에서는 대체로 '원칙허용-예외금지', '우선허용-사후규제'를 강조하는 규제원칙으로서 다양한 범위를 포괄하고 있다. 금지사항을 열거하고 열거되지 않은 사항을 원칙적으로 허용하는 법령 규정방식을 의미하는 '네거티브 리스트'(최협의), 네거티브 리스트를 포함하여 포괄적 정의 등으로 규제법령을 유연화하는 법령 정비 방안을 의미하는 '포괄적 네거티브' 규제체계(협의), 허용을 '원칙'으로 하여 허용범위를 최대한 확대하는 규제정비 방안과 적극적인 법령해석 등 실제 법령적용 방식·행태를 유연화하는 방식을 포괄하는 '원칙허용-예외금지'(광의), 허용을 원칙으로 하고 문제가 되면 사후에 규제하는 방식으로 접근하는 규제체계를 의미하는 '우선허용-사후규제'(최광의) 등과 같은 다양한 용어들이 네거티브 규제로 이해되고 있다. 각각의 개념 범위는 혼재되어 있지만, '우선허용-사후규제' 〉 '원칙허용-예외금지' 〉 '포괄적 네거티브' 〉 '네거티브 리스트' 순으로 넓은 의미로 이해 가능한데, '우선허용-사후규제'는 기본적으로 '현재' 허용범위가 최대화되어 있는 상황(네거티브 리스트 + 법령체계 유연화 + 적극해석 등으로 실현 가능)을 전제로 하고 금지사항에 대한 우선허용을 위한 규제특례(샌드박스 등)까지 포괄할 수 있기 때문이다.

(나) 필요성

우리나라 규제체계가 포지티브 중심으로 설계되어 기업의 과도한 규제 부담이 문제시되어 근본적인 규제체계 혁신수단으로 네거티브 규제 시스템의 필요성이 지속적으로 제기되고 있다. 이를 구체적으로 구분해보자면 첫째, '경제적 자유 확대' 차원에서 규제개혁의 기본목표인 시장·기업·개인의 자율성 확대를 위해 적합한 규제체계라는 점, 둘째, '신산업 육성' 차원에서 빠르고 융합적으로 발전하는 신산업은 포지티브 규제체계 하에서는 시도조차 금지되는 경우가 많아 산업발전을 저해한다는 점, 셋째, '법령정비 부담' 차원에서 포지티브 체계 하에서는 허용범위에 대한 지속적인 정비가 필요하여 법령 개정소요가 많아지고 행정부담이 증가한다는 점, 넷째, '이해갈등' 차원에서 포지티브 체계 하에서 허용범위에 속한 기존 이해집단과 신규진입을 원하는 집단간 구분이 뚜렷해지면서 갈등 확대가 우려된다는 점 등이 있다.

(다) 한계

이러한 네거티브 규제 시스템의 장점에도 불구하고, 국내의 법령·규제체계, 기존사례 등을 고려할 때 전면적인 네거티브화는 상당한 위험성과 행정비용을 수반할 우려가 있다는 지적이 제기된다. 이러한 우려를 정리해보면 첫째, 우리나라 규제법령은 대륙법·성문법 체계에 기반한 법령구조를 지니고 있다는 점이다. 네거티브 규제는 시장의 자유를 중시하며 성문법에 의한 사전규제 보다는 불문법과 판례 중심으로 운영되는 영미법계에서 적합하며 사적 자치와 시장의 자유를 보장하기 위해 사전규제를 최소화하되 금지사항 위반시 징벌적 배상 등 강력한 제재를 통해 균형을 도모하는 방식이다. 성문법 중심 규제체계가 발달한 대륙법계에서 전면적인 네거티브 전환을 추진할 경우 발생할 규제공백에 대해 사전에 충분한 안전장치를 마련하는 것이 필수적이나, 그 실현 가능성에는 일정부분 한계가 있다. 둘째, 네거티브 전환시 발생할 상당한 규제공백은 특히 국민의 생명, 안전, 재산, 환경 등과 관련되어 있을 경우 심각한 문제를 야기할 가능성이 있다는 점이다. 현재 헌법 및 행정규제기본법 등에 따라 규제부담이 큰 주요 규제법령은 대부분 이러한 생명, 안전, 재산, 환경 등과 밀접한 연관성이 있어 네거티브 전환시 발생하는 규제공백은 필연적으로 생명, 안전, 재산, 환경 등 위험성과 직결될 가능성이 상당하다. 셋째, 추진방식 상 한계와 함께 전환비용이 막대하다는 점이다. 전면적인 네거티브 규제전환은 해당 규제형식, 사후관리 및 제재수단, 기관간 역할 재설정 등 전면적인 개편이 수반되어야 할 작업으로서 행정부뿐만 아니라 입법부, 사법부의 역할 범위에 대한 재검토도 필요하여 행정부 차원에서 실현가능성에 한계가 있다. 또한, 오랜 기간 운영되어온 전통적인 규제법령 등은 가치와 이해관계 등이 복잡하게 얽혀있어 섣부른 전환시 심각한 갈등이 우려되고, 그동안 수많은 적용사례와 해석방식 등이 누적되어 단순한 변화라도 예상하지 못한 혼란과 부작용 발생도 가능하다.

(라) 법적 근거

네거티브 규제 시스템의 기본취지는 이미 우리나라 헌법과 법률에 반영되어 있다. 헌법의 경우, 명시적인 근거는 없으나, 헌법 제10조의 일반적 행동자유권과 제37조의 기본권 제한 사유에서 헌법적 근거를 찾는 것이 일반적이다. 특히, 헌법 제37조는 국민의 자유·권리를 포괄적으로 천명(원칙허용)하면서 국가안보·질서유지·공공복리를 위해 필요시 법률로써 제한하되 본질적 내용에 대한 침해를 금지(예외금지, 최소금지)하여 네거티브 규제원칙과 가장 부합하는 조항으로 볼 수 있다.

> 헌법 제37조 ① 국민의 자유와 권리는 헌법에 열거되지 아니한 이유로 경시되지 아니한다.
> ② 국민의 모든 자유와 권리는 국가안전보장·질서유지 또는 공공복리를 위하여 필요한 경우에 한하여 법률로써 제한할 수 있으며, 제한하는 경우에도 자유와 권리의 본질적인 내용을 침해할 수 없다.

법률의 경우, 행정규제기본법과 규제샌드박스 법률에 '우선허용·사후규제 원칙'이 입법화되어 있으나 세부내용은 다소 차이가 있다. 우선 행정규제기본법의 경우, 규제의 기본원칙을 통해 최소금지를 명시(제5조)하고, '우선허용·사후규제 원칙'(제5조의2)을 통해 신산업분야 포괄적 네거티브 규제방식(네거티브 리스트/포괄적 개념정의/유연한 분류방식/사후규제)의 우선적용을 규정하고 있다. 규제샌드박스 4개 분야 법률(ICT융합, 산업융합, 규제자유특구, 연구개발특구)에도 관련 내용이 규정되어 있는데, 세부내용은 포괄적 네거티브 보다는 '원칙허용-예외금지'의 일반원칙을 선언하는 수준에 가깝다.

> 행정규제기본법 제5조(규제의 원칙) ① 국가나 지방자치단체는 국민의 자유와 창의를 존중하여야 하며, 규제를 정하는 경우에도 그 본질적 내용을 침해하지 아니하도록 하여야 한다.
> ② 국가나 지방자치단체가 규제를 정할 때에는 국민의 생명·인권·보건 및 환경 등의 보호와 식품·의약품의 안전을 위한 실효성이 있는 규제가 되도록 하여야 한다.
> ③ 규제의 대상과 수단은 규제의 목적 실현에 필요한 최소한의 범위에서 가장 효과적인 방법으로 객관성·투명성 및 공정성이 확보되도록 설정되어야 한다.
>
> 제5조의2(우선허용·사후규제 원칙) ① 국가나 지방자치단체가 신기술을 활용한 새로운 서비스 또는 제품(이하 "신기술 서비스·제품"이라 한다)과 관련된 규제를 법령등이나 조례·규칙에 규정할 때에는 다음 각 호의 어느 하나의 규정 방식을 우선적으로 고려하여야 한다.
> 1. 규제로 인하여 제한되는 권리나 부과되는 의무는 한정적으로 열거하고 그 밖의 사항은 원칙적으로 허용하는 규정 방식
> 2. 서비스와 제품의 인정 요건·개념 등을 장래의 신기술 발전에 따른 새로운 서비스와 제품도 포섭될 수 있도록 하는 규정 방식
> 3. 서비스와 제품에 관한 분류기준을 장래의 신기술 발전에 따른 서비스와 제품도 포섭될 수 있도록 유연하게 정하는 규정 방식
> 4. 그 밖에 신기술 서비스·제품과 관련하여 출시 전에 권리를 제한하거나 의무를 부과하지 아니하고 필요에 따라 출시 후에 권리를 제한하거나 의무를 부과하는 규정 방식
> ② 국가와 지방자치단체는 신기술 서비스·제품과 관련된 규제를 점검하여 해당 규제를 제1항에 따른 규정 방식으로 개선하는 방안을 강구하여야 한다.

> 정보통신 진흥 및 융합 활성화 등에 관한 특별법 제3조의2(우선허용·사후규제 원칙) ① 누구든지 신규 정보통신융합등 기술·서비스를 활용하여 사업을 할 수 있으며, 국가와 지방자치단체는 신규 정보통신융합등 기술·서비스를 활용하는 과정에서 국민의 생명과 안전을 저해하는 경우에 이를 제한할 수 있다.
> ② 국가와 지방자치단체는 정보통신융합등 기술·서비스 관련 소관 법령 및 제도가 제1항의 원칙에 부합하게 정비되도록 노력하여야 한다.

(마) 추진방식

규제개혁이 본격 추진된 김대중 정부 이후 모든 정부는 네거티브 규제 시스템 전환의 필요성을 인식하며 네거티브 전환을 추진 해왔다. 그 방식은 일부 차이가 있으나 몇 가지 공통적인 흐름을 보인다. 첫째, 경직적인 포지티브 규제체계의 문제점을 지속적으로 인식하고 네거티브 규제전환을 위한 노력을 강화해왔다는 점이다. 네거티브 규제 시스템 전환은 목표·지향에서 추진전략으로, 개별과제에서 범정부 프로젝트로, 특정유형에서 산업전반으로 확대하는 등 추진의 수준과 분야가 지속적으로 확대되어 왔다. 둘째, 네거티브 규제 전환은 기본적으로 국무조정실, 국가경쟁력강화위원회, 법제처 등 범정부 규제개혁 담당기관을 중심으로 추진되어 왔다. 관계부처 자체발굴, 경제단체 건의 등도 활용하면서 국조실 자체발굴과 법제처 법령전수조사 방식 등으로 전환과제 발굴을 확대해 왔다. 셋째, 초반에는 협의

의 네거티브 전환을 목표로 하였으나, 한계성 등을 감안, 일반적 규제개선도 포함하는 등 범위를 확대해 왔다. 그 결과, 양적 성과에 있어서는 어느 정도 성과를 보였다. 다만, 기대효과 정리, 분야별 분류 등 체감도 제고를 위하여 다양한 방식을 시도했음에도 체감도 높은 성과 창출에는 한계가 있었다는 지적도 제기되고 있다.

〈표〉 15 역대 정부 네거티브 전환 추진 개요 및 성과

구분	추진주체	대상분야	발굴방식	추진성과	비고
이명박 정부	국경위 (법제처)	인허가 규제	·법제처 법령전수조사	·242건 과제(네거티브 200, 인허가 폐지 27, 신고등록 전환 15개)	
박근혜 정부	국조실 (규제실)	기업활동 전반	·기본방향 제시 ·경제단체 건의 ·법제처·부처 발굴 ·국조실 자체발굴	·(1차) 1,650건(네거티브 규제 방식 적용 597건, 네거티브 수준 완화 228건) ·(2차) 43건(네거티브 전환 9건, 규제완화 대상 35건)	·행정규칙 반영
문재인 정부	국조실 (규제실)	신산업 *3차 이후 기존 산업 포함	·가이드라인 제시 ·경제단체 건의 ·부처·지자체·공공기관 발굴 ·국조실 자체발굴 ·법제처 법령전수조사	·(1차) 부처 대상 38건 ·(2차) 부처 대상 65건 ·(3차) 부처 대상 132건 ·(4차) 지자체 대상 142건 ·(5차) 공공기관 대상 206건 →네거티브+포괄정의+분류유연화+사후관리 포함	·행정규제 기본법 반영

(3) 신산업 규제혁신 로드맵

(가) 의의

신산업 규제혁신에 있어서 가장 중요한 요소 중 하나는 규제지체 현상의 최소화이다. 즉, 융합적으로 빠르게 발전하는 신산업의 특성을 감안하여 낡은 규제가 신산업 발전에 장애물로 작용하지 않도록 신속하게 정비하는 것이 중요하다. 하지만, 규제개선 건의를 받아 규제정비에 나서게 되면 이미 해당 이슈가 상당한 문제를 일으킨 경우로 볼 수 있고, 아무리 규제정비 속도를 높이더라도 규제법정주의에 따라 기본적으로 법령의 형태를 지니고 있는 규제를 정비하는 과정에는 상당한 시간과 자원이 필요하다. 이러한 문제점을 감안할 때, 규제가 문제를 일으키기 전에 미리 신산업의 전개양상을 예측하고 미리 규제정비에 나서는 것이 중요하다.

이러한 규제정비 방법론 중 대표적인 것이 '신산업 규제혁신 로드맵'이다. 즉 미래에 도래할 신산업·신기술의 전개양상을 예측하여 문제가 불거지기 전에 미리 규제이슈를 발굴하여, 선제적·체계적으로 정비를 추진한다. 따라서 신산업 분야의 미래 상용화 일정을 제시하고, 그 일정을 역산하여 시기별 추진목표, 예상되는 핵심규제이슈, 이슈별 개선방안 등을 제시하는 것이 핵심이다.

(나) 핵심요소

이러한 취지를 구현하기 위해서 신산업 규제혁신 로드맵 수립은 △미래예측 △융합연구 △연동계획이라는 3대 요소가 필수적이다.

첫째, 미래예측의 경우, 신산업 분야는 미래 기술발전 시나리오가 매우 유동적이고 관련 시장도 불확실성이 크기 때문에 선제적인 규제정비를 위해서는 정교한 미래예측이 매우 중요하다. 이를 위해 해당 신산업 관련 정부정책이나 기술개발 로드맵 등을 감안하는 한편, 관련 전문가를 통해 향후 기술개발 및 상용화 전개방향과 일정에 대한 시나리오를 우선 작성하고, 이를 토대로 규제개선 계획을 수립하게 된다.

둘째, 융합연구의 경우, 신산업은 기술개발, 제도·인프라, 서비스 확산 등 다분야가 융복합되는 발전양상을 고려하여 분야간·부처간 긴밀한 협업이 필수적이다. 이를 위해 정부, 연구기관, 산업계, 학계 등이 포함된 산학연관 협업체계를 구축하여 로드맵 수립을 추진하게 되며, 산학연관 공동 연구용역과 로드맵 초안에 대한 관계부처, 전문가 및 관련 업계가 참여한 협의과정을 통해 이러한 협업을 실현하게 된다.

〈표〉 신산업 규제혁신 로드맵 협업체계

- **(정부)** 연구방향 및 정책 활용방향 제시, 규제 개선내용·일정 검토·조정 등
- **(연구기관)** 해외사례 검토, 시나리오 작성, 규제이슈 도출 및 로드맵 초안 작성
- **(산·학)** 기술수준 등을 고려, 기업, 연구소 등에서 실제 적용가능성 검토

셋째, 연동계획의 경우, 신산업은 빠르게 변화하고, 관련 규제이슈 역시 이러한 변화에 영향을 받기 때문에 로드맵 수립이 1회성에 그쳐서는 실질적인 효과를 기대하기 어렵기 때문에 주기적인 개정이 중요하다. 따라서 미래 기술발전 양상, 여건 변화에 따라 당초 수립한 로드맵에 대해 일정한 시기가 지나면 개정·보완함으로써 미래변화에 탄력적으로 대응해 나가야 한다. 이러한 개정 과정에서 기존 로드맵에 포함된 추진과제에 대한 점검과 평가가 이뤄지고, 이를 반영하여 보다 실효성 있는 로드맵을 마련하게 된다.

(다) 기대효과

신산업 규제혁신 로드맵은 당장의 규제를 개선하는 작업은 아니지만 미래 예측 가능한 규제이슈를 미리 정비한다는 점에서 규제지체 현상을 최소화하고 규제불확실성을 감소시키는 효과가 기대된다. 기업의 입장에서는 예측가능성을 제고하여 신산업 투자 불확실성을 해소하게 되고, 국민의 입장에서는 신기술·신서비스에 대한 수용성을 확대하게 되며, 정부 입장에서는 부처 칸막이 규제를 극복하게 되고, 효율적인 규제체계 설계를 위한 단계적인 준비를 가능케 할 것으로 기대된다.

로드맵 수립자체도 중요하지만, 로드맵 수립과정에서 산·학·연·관이 함께 미래 규제이슈에 대해 고민하고 개선방향을 논의하게 되는 점은 상당한 의미가 있다. 신산업은 새로이 등장하면서 빠르게 발전하기 때문에 산업계와 규제기관 간 상호이해와 소통이 효과적인 규제체계 설계에 있어 매우 중요하다. 로드맵 수립 과정에서의 소통을 통해 상호이해를 높이고 공감대를 형성하게 되면 규제불확실성을 해소하는 것은 물론, 향후 구체적인 규제설계 과정에서 보다 긴밀한 협력이 가능해진다.

제3장 신산업 규제혁신 추진사례

3.1 개요

이 장에서는 문재인 정부에서 추진한 신산업 규제혁신 주요 정책사례를 구체적으로 살펴보고자 한다. 문재인 정부 시기에는 데이터·AI를 중심으로한 4차 산업혁명의 도래, 코로나19로 인한 비대면 사회 가속화, 전 세계적인 탄소중립 정책 추진 등으로 인해 신산업의 발전이 두드러졌다. 이에 정부는 기업·국민의 건의를 받아 규제를 해결하는 전통적인 규제혁신 방식 외에 3가지 '규제혁신 플랫폼'을 통해 규제혁신을 추진하였다. 규제샌드박스, 선제적 규제혁신 로드맵, 네거티브 규제전환이 바로 그것이다.

첫 번째로 규제가 있음에도 불구하고 일정한 한도 내에서 새로운 상품·서비스를 판매할 수 있게 해주는 '규제샌드박스'를 도입하였다. 법령 등의 개정에는 시간이 많이 소요되기에 그 전에 일정한 기간·장소·규모 내에서 시장출시 또는 실증을 허용해주는 제도이다. 2019년 1월 제도가 도입된 이래 3년간 총 632건이 규제샌드박스를 통해 승인을 받아 사업을 진행중에 있다.(2021년 12월 기준) 규제샌드박스는 단지 몇 년간의 실증을 허용해 주는 것에 그치지 않고, 실증 데이터를 통해 안전성 등을 입증하여 규제를 개선하는 것까지를 목표로 한다. 규제샌드박스 없이도 해당 사업을 할 수 있도록 규제법령을 개선하는 것이 최종목표인 것이다.

두 번째로 기술 발전을 예측하여 규제를 미리 개선하는 정비계획인 '선제적 규제혁신 로드맵'을 추진하였다. 예를 들어 시스템이 주로 운전하는 레벨3 자율주행차의 상용화 시점이 2022년으로 예측된다면 적어도 2021년까지는 관련 규제를 개선할 수 있도록 계획을 수립하는 것이다. 일반적으로 로드맵은 향후 10 여년의 기술 발전 시나리오를 예측하고 이에 따라 예상되는 단기, 중기, 장기 규제 이슈와 그 개선계획으로 구성된다. 2018년 첫 로드맵인 자율주행차 로드맵을 수립한 이래로 드론, 인공지능 등 7개 신산업에 대해 규제혁신 로드맵을 수립하였다.

세 번째로 신산업이 원칙적으로 허용될 수 있도록 법령 등을 정비하는 '네거티브 규제 전환'을 추진하였다. 현행 법체계에서는 할 수 있는 사업형태를 규정하고 나머지는 원칙적으로 금지하는 포지티브식 규정이 많다. 예를 들어 여객 운송사업의 경우 택시, 버스 등의 형태를 규정하고 그 외에 자가용 등을 활용하는 운송사업은 금지하고 있다. 포괄적 네거티브 규제란 신산업이 국민 생명·안전 등에 위해가 없다면 원칙적으로 허용하는 네거티브 방식 또는 그와 유사한 효과를 내도록 규정된 규제를 의미하는데, 2018년 1월부터 총 5차례에 걸쳐 583건의 포지티브 규제를 포괄적 네거티브 방식으로 전환하는 대책을 발표하였다.

문재인 정부는 규제혁신 플랫폼 외에 기업 등의 건의를 받아 검토하여 해결하는 전통적인 방식의 규제혁신도 지속 추진하였다. 2018년 1월 제1차 신산업 현장애로 규제혁신을 시작으로 매년 2차례 대책을 발표하여, 총 8차에 걸쳐 369건의 규제정비 방안을 발표하였다.

이하에서는 4가지 제도의 내용과 실제 개선사례 등에 대해 자세히 살펴보고자 한다.

3.2 규제샌드박스

(1) 규제샌드박스 개념과 도입

규제샌드박스란 기존 규제(법령 등)에도 불구하고 신기술·신산업을 실증하고 시장에 출시할 수 있도록 일정조건(시간, 장소, 규모) 아래에서 규제를 면제·유예하는 제도를 말한다. 어린이가 안전을 위해 제한된 환경 안에서 자유롭게 활동할 수 있도록 하는 모래놀이터(Sandbox)에서 유래된 용어이다.

물론 기업입장에서는 규제를 바로 없애거나 수정하는 등의 즉각적인 조치를 보다 환영할 것이다. 하지만 규제가 정말로 고칠 필요가 있는지 그 과정에서 예상되는 부작용은 없는지 등을 검토할 필요가 있다. 신산업의 경우 아직 판매를 하거나 서비스를 제공해 보지 못했기 때문에 안전성이나 효과성에 대한 데이터가 거의 없다. 규제샌드박스를 통해 현행 규제법령으로 인해 할 수 없는 사업을 일정 정도 허용해줌으로써, 해당 제품이나 서비스가 안전한지, 국민에게 편익이 있는지 등에 대한 데이터를 얻을 수 있다. 이러한 데이터는 규제개선의 근거가 된다. 추측이 아닌 실증 데이터를 통한 규제개선, 여기에 규제샌드박스의 첫번째 존재 이유가 있다.

이런 데이터를 통해 규제 개선의 필요성이 어느 정도 인정된 경우에도 실제로 법령 등을 개정하는 데는 시간이 걸린다. 20대 국회를 기준으로 법률의 국회 제출부터 최종 처리까지 평균 577.2일, 다시 말해 1년 7개월 정도가 소요된다.(국회입법조사처 '제20대 국회 입법활동 분석' 정책보고서, 2021). 행정부 내에서 처리되는 대통령령이나 부령의 경우에도 입법예고, 규제심사, 법제심사 등으로 인해 상당 시간이 소요된다. 기업 입장에서는 당장 제품·서비스를 출시해야하는데 규제가 고쳐지기까지 기다리기 힘들다. 규제샌드박스는 규제법령의 개정 전에 일정 조건하에서 사업을 허용함으로써 신산업의 신속한 시장출시를 도울 수 있다. 이것이 규제샌드박스의 두 번째 존재 이유이다.

정부는 규제샌드박스를 통해 신산업의 신속한 시장출시와 실증을 통한 규제개선을 추진하고자 하였다. 신산업은 우선허용하고 사후에 규제를 개선한다는 행정규제기본법의 원칙을 가장 잘 담고 있는 제도라고 할 수 있다.

(2) 규제샌드박스 제도

(가) 제도 내용

한국의 규제샌드박스는 신속확인, 실증을 위한 규제특례(이하 '실증특례'), 임시허가로 구성된다. 먼저 신속확인이란 기업 등이 하고자 하는 사업에 허가 등이 필요한지 규제로 금지되는 것은 아닌지 확인하는 단계이다. 기업의 신속확인 신청에 대해 정부에서 현행법상 근거가 없거나 금지된다고 답변하는 경우 기업은 실증특례나 임시허가를 신청하게 된다. 혹자의 경우 '신속확인이 필요 없는 절차가 아닌가?' 하는 생각을 할 수 있다. 법령을 살펴보면 법령이 내가 하려는 사업을 금지하고 있는지 아닌지는 쉽게 알 수 있다고 생각하는 것이다. 하지만 신산업의 경우 그렇지 않은 경우가 많다. 신산업은 기존 산업의 경계를 허물며 발전하기 때문에 기존 산업의 규제가 적용되는지, 적용된다면 그 규제가 사업을 제한하는 지가 불분명한 경우가 많은 것이다. 보통 특정 사업모델이 법으로 금지되는지 보려면 4~5개의 법령을 살펴야하고, 법령 문구만으로는 명확하지 않아 담당 부처 공무원에게 질의를 해야하는 경우도 발생한다. 이런 상황에서 신속확인이라는 제도는 매우 실효성이 있다. 신청만 하면 30일 내에 담당 공무원이 하고자 하는 사업이 현행법상 가능한지, 불가능 하다면 어떤 규정으로 인해 불가능한지 알려주기 때문이다. 여기서 혁신적인 점은 30일 내에 답변이 없는 경우 규제가 없는 것으로 간주한다는 점이다. 보통 30일이라는 기한이 있어도 부처에서 답변을 차일피일 미루는 경우가 있을 수 있다. 하지만 신속확인의 경우 답변이 없으면 규제가 없다고 간주한다는 규정이 있기 때문에 부처에서는 30일 내에 답변할 수 밖에 없다. 이 점이 신속확인이라는 제도가 정말 '신속'할 수 있도록 하는 백미이다.

> ▶ 현행법상 이 사업을 할 수 있는 게 맞나?(신산업 규제의 복잡성)
>
> 예를 들어 택시로 작은 화물을 배송하는 사업의 사례를 살펴보자. 먼저 택시에 대해서 규정하고 있는 법인 '여객자동차 운수사업법'이 있다. 해당 법령에서는 고속버스 등 노선버스로 소화물을 배송하는 사업은 허용하고 있다. 반면 택시와 같은 구역사업자가 소화물 배송사업을 할 수 있는지에 대해 직접적으로 규정하고 있는 부분은 없다. 다음으로 화물 운송에 대해서 규정하고 있는 '화물자동차 운수사업법'을 살펴보자. 해당 법령의 경우 트럭과 같은 화물자동차를 사용하는 경우만 규정하고 있어서 승용차인 택시의 소화물 배송을 제한하는 규정은 없다. 여기까지만 살펴보면 해당 사업은 관련 규정이 없는 상태, 즉 '규정 공백'에 해당하는 것으로 보인다. 2019년 경에는 언론에서도 해당 사업 관련 규정이 없기 때문에 모호하기는 하지만 금지 할 수는 없다고 분석하였다. 이에 따라 사업을 하려는 사업자들이 있었다. 하지만 결론적으로 현행법상 택시가 소화물을 배송하는 것은 금지되어 있어 사업자는 해당 사업을 할 수 없었다. '여객자동차 운수사업법 제85조 제1항 제6호'에서는 택시 등 운수 사업자가 '업무범위'를 위반하여 사업을 하는 경우 면허 취소·정지 등을 할 수 있도록 규정하고 있기 때문이다. 택시의 '업무범위'는 해당 지역의 사람을 운송하는 것이기 때문에 소화물을 배송하는 경우 '업무범위'를 벗어난 사업행위로서 금지된다는 것이다. '업무범위'에 대한 해석은 법령 자체에는 나오지 않아 국토교통부를 통해 확인해야 알 수 있었다. 이렇듯 법령을 자세히 살펴보고 확인하기 전에는 내가 하려는 신산업이 법령상 제한되는 것인지 알기 어렵다.

> 산업융합촉진법 제10조의2(규제 신속확인) ① 산업융합 신제품·서비스를 활용하여 사업을 하려는 자는 산업통상자원부장관에게 해당 신제품 또는 서비스와 관련된 허가 등의 필요 여부 등을 확인하여 줄 것을 신청할 수 있다.
> ② 산업통상자원부장관은 제1항에 따른 신청이 다른 기관의 소관 사항인 경우 관계 행정기관의 장에게 통보하여야 한다.
> ③ 제2항에 따라 통보를 받은 관계 행정기관의 장은 30일 이내에 소관 업무 여부 및 허가 등의 필요 여부를 산업통상자원부장관에게 회신하여야 한다. 30일 이내에 회신하지 아니할 경우 소관 업무에 해당하지 아니하거나 해당 관계 행정기관의 장의 허가 등이 필요하지 아니한 것으로 본다.

다음으로 실증특례와 임시허가가 있다. 실증특례와 임시허가는 위원회의 심의를 거쳐서 2년(일반적으로 2년 연장하여 총 4년까지 가능)의 규제특례를 준다는 점에서 동일하다. 차이점은 임시허가의 경우 규제특례와 더불어 담당 부처에 규제 법령을 정비하도록 하는 의무까지 부과한다는 점이다. 또한 특례기간이 만료되었음에도 아직 법령이 정비되지 않을 경우 법령 정비시까지 특례가 연장되는 효과도 있다. 따라서 임시허가를 주면 사실상 규제를 풀어주는 효과를 가진다고 봐도 무방하다는 말이 나오는 것이다. 대신 임시허가의 경우 제도가 보장해주는 것이 많은 만큼 받을 수 있는 대상도 제한된다. 첫 번째, 다른 법령에서 명확히 금지하는 경우 임시허가 대상에서 제외된다. 다른 법령에서 명확히 금지함에도 임시이긴 하지만 '허가'를 주게 되면 입법권 침해가 아니냐는 비판을 받을 수 있기에 설정한 것으로 생각된다. 두 번째, '안전성'이 검증된 경우에만 임시허가를 받을 수 있다. 이 요건은 상당히 까다롭다. 샌드박스를 신청하는 신산업의 경우 아직 시장에 출시 된 것이 아니기 때문에 안전성이 완전히 보장되기 어렵기 때문이다. 이러한 엄격한 요건들로 인해 임시허가가 실증특례에 비해 매력적임에도 불구하고 현재 규제샌드박스 승인을 받은 632건 중 89건만 임시허가를 받았다. 502건은 실증특례를 받았다.

> 산업융합 촉진법 제2조(정의) 이 법에서 사용하는 용어의 뜻은 다음과 같다.
> 8. "실증을 위한 규제특례"란 산업융합 신제품 또는 산업융합 서비스(이하 "산업융합 신제품·서비스"라 한다)가 다른 법령에 따라 허가·승인·인증·검증·인가 등(이하 "허가등"이라 한다)을 신청하는 것이 불가능하거나 허가등의 근거가 되는 법령에 기준·규격·요건 등이 없거나 법령에 따른 기준·규격·요건 등을 적용하는 것이 맞지 아니하여 사업 시행이 어려운 경우 해당 신제품 또는 서비스에 대한 시험·검증 등을 하기 위하여 규제의 전부 또는 일부를 적용하지 않도록 하는 것을 말한다.
> 9. "임시허가"란 산업융합 신제품·서비스에 대한 허가등의 근거가 되는 법령에 기준·규격·요건 등이 없거나 법령에 따른 기준·규격·요건 등을 적용하는 것이 맞지 아니한 경우로서 안전성 측면에서 검증된 경우 일정한 기간 동안 임시로 허가등을 하는 것을 말한다.

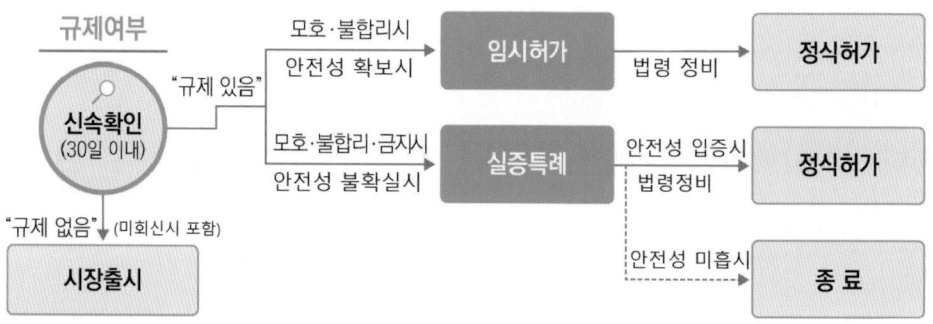

출처 : 규제샌드박스 백서, 국무조정실 등(2022)

숫자에 민감한 사람이라면 샌드박스 승인 건수를 보고 고개를 갸웃할 수 있다. 규제 특례가 나간 과제 전체가 632건인데 임시허가와 실증특례를 합쳐도 591건 밖에 되지않기 때문이다. 나머지 41건은 무엇일까? 나머지 41건은 '적극해석'을 통해 사업을 허용해준 건수이다. 규제샌드박스 검토과정에서 담당 부처가 보니 '어? 특례를 주거나 규정을 개정하지 않아도 규정을 조금만 넓게 해석하면 신산업을 허용해 줄 수 있겠는데?' 하는 경우에 적극해석이 나가게 된다. 이때까지는 현행법을 좁게 해석하여 해당 신산업을 금지해왔으나, 적극행정의 일환으로 넓게 해석하여 신산업을 허용해주는 것이다. 엄밀히 말해 규제에 대해 특례를 주는 규제샌드박스는 아니지만 특례심사 위원회의 승인을 거쳐 사업을 허용해준다는 점에서 효과는 동일하기에 과제로 관리하고 있다. 현행법령의 해석을 넓혀 허용하는 것이기 때문에 기업은 즉각적으로 사업을 할 수 있게 된다.

물론 모든 신산업이 규제샌드박스를 받을 수 있는 것은 아니다. 해당 사업모델의 혁신성 및 이용자의 편익, 시장 성장 가능성, 국민의 생명·안전 및 환경 미치는 영향 등을 감안하여 승인여부가 결정된다. 승인 여부는 정부의 장·차관 및 민간위원들로 구성된 위원회에서 결정한다. 이 과정에서 국민의 안전에 위해를 가할 우려가 있어 부결된 안건도 8건이 있다. 또한 승인된 안건들도 안전을 위한 여러가지 부가조건을 부여하여 승인하게 된다. 더불어 승인기업들은 혹시 있을 수 있는 사고 등에 대비하여 의무적으로 '보험'에 가입해야한다. 기존의 법령이 있음에도 불구하고 특례를 주는 만큼 다양한 안전장치가 있는 것이다. 오히려 부가조건이 과도하여 기업의 발목을 잡는다는 비판도 있는데, 이에 대해서는 후술하도록 하겠다.

참고로 규제샌드박스는 신청기업을 기준으로 건수를 관리한다. 예를 들어 기업1이 A규정에 대해 특례를 받고, 기업2가 같은 A규정에 특례를 받는 경우 2건으로 계산한다. 다만, 여러 기업이 하나의 사업을 합동추진하기 위해 신청한 경우는 1건으로 본다.

(나) 법적 근거 (1+6)

규제샌드박스라는 명칭으로 부르지만 사실 법으로 보면 총 7개의 법으로 구성되어 있다. '우선허용, 사후규제' 원칙에 대한 규정을 담은 행정규제기본법과 실제 규제 특례 규정들을 담고 있는 6개 법으로 구성된다. 6개 법들은 그 대상과 세부규정이 조금씩 다르기는 하지만 신산업에 대해 규제특례를 부여한다는 점에서 규제샌드박스로 통합 관리되고 있다. 기업에서는 각 법에 따라 6개 부서에 규제샌드박스를 신청할 수 있다. ICT융합 샌드박스의 경우 정보통신 기술이 포함되기만 하면 신청할 수 있고, 산업융합 샌드박스의 경우 기술과 산업이 융합되는 경우 신청할 수 있다. 최근 등장하는 신기술·신서비스의 경우 대부분 정보통신 기술을 포함하고 있고 그 과정에 기존 산업과 정보통신기술을 융합한다. 다시말해 일반적으로 생각하는 신산업의 경우 ICT융합 샌드박스와 산업융합샌드박스 모두 신청하여 특례를 받을 수 있다. 나머지 4가지 샌드박스는 특정 분야 등에 특화된 샌드박스이다. 혁신금융은 금융분야 신산업으로 그 대상을 한정하고 있다. 규제자유특구의 경우 산업의 제한은 없지만 그 신청 주체가 지방자치단체가 된다. 지방자치단체가 기업과 협업하여 신청하는 형태를 가진다. 따라서 승인 이후 사업을 추진하는 과정에서 지자체의 협조가 보장된다는 장점이 있다. 스마트도시의 경우 스마트도시를 위한 사업만 신청할 수 있다. (하지만 많은 신산업이 스마트도시와 관련성이 있기 때문에 사실상 ICT융합, 산업융합 샌드박스와 비슷하게 대부분의 신산업이 신청 가능하다고 보면 된다.) 또한, 다른 샌드박스와 특례기한이 다르다. 다른 샌드박스는 초기 2년에 2년 연장을 받아 총 4년을 할 수 있으나 스마트도시 샌드박스는 초기 4년에 2년 연장을 받아 6년까지 할 수 있다는 장점이 있다. 연구개발특구의 경우 연구개발 과정에 필요한 실증을 하려는 자로 제한된다. 이렇듯 6개 법은 신청자, 대상사업 등에 차이가 있지만 신산업을 위해 다른 법령의 규정에 대해 특례를 준다는 점에서 규제샌드박스라는 공통의 이름으로 운영되고 있다. 국무조정실에서는 6개 제도를 총괄 관리하며 법이 동일하게 추진 될 수 있도록 조정하고 있다.

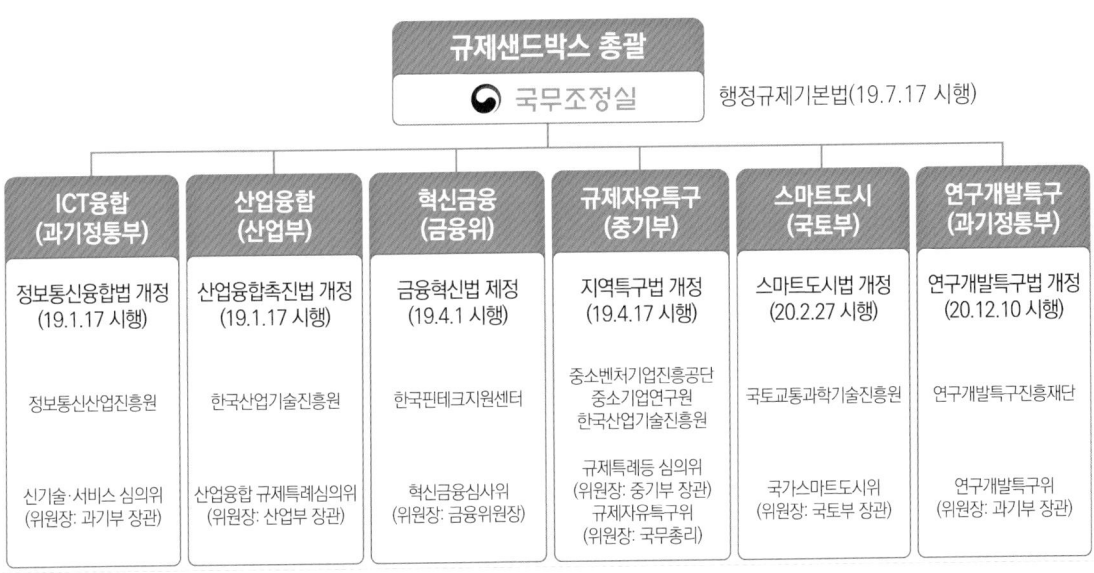

출처 : 규제샌드박스 백서, 국무조정실 등(2022)

(다) 다른 규제특례와의 차이점

여기까지 읽은 독자들은 이런 의문을 가질 수도 있다. 법을 통해 다른법에 대해 특례를 주는 조항들은 예전부터 있지 않았나? 이런 특례조항들은 규제샌드박스와 어떻게 다르기에 규제샌드박스가 2019년에 처음 도입되었다고 하는 것인가? 하는 의문이다.

이에 대해서는 다양한 견해가 있을 수 있겠지만 필자는 명확한 차이가 있다고 생각한다. 핵심적인 차이는 특례의 대상이 되는 규제법령이 특정되어 있는지 여부이다. 규제샌드박스 이전의 특례 조항들은 어느 법에 대해서 특례를 줄 것인지 명확하게 정해져 있다. 다음 사례를 보자.

> 자율주행자동차 상용화 촉진 및 지원에 관한 법률(이하 '자율차법')
> 제9조(여객의 유상운송에 관한 특례) ①「여객자동차 운수사업법」제81조에도 불구하고 사업용 자동차가 아닌 자율주행자동차를 활용하여 시범운행지구에서 유상으로 여객의 운송용으로 제공하거나 임대할 수 있다.
> 11조(자동차 안전기준에 관한 특례) 조향장치, 제동장치, 좌석 등 국토교통부령으로 정하는 구조적 특성으로 인하여「자동차관리법」제29조제1항 및 제2항에 따른 자동차안전기준, 부품안전기준을 충족하기 어려운 자율주행자동차는 대통령령으로 정하는 바에 따라 국토교통부장관의 승인을 받아 시범운행지구에서 운행할 수 있다.

자율차법에서는 자율차 실증을 위해 '여객자동차법 제81조' 및 '자동차관리법 제29조 제1항 및 제2항' 등의 규정 등에 대해 특례를 부여하고 있다. 따라서 자율차법에 따라 다른 두 법의 해당 규정에도 불구하고 자율차를 운행하고 자율차를 활용하여 사업할 수 있도록 규제특례를 줄 수 있다. 하지만 자율차법은 규제샌드박스법이 아니다. 특례가 되는 대상 조항을 구체적으로 명시하고 해당 규정에 대해서만 특례를 줄 수 있기 때문이다. 아무리 자율차의 실증을 위해 필요하다고 해도 자율차법에 규정되지 않은 다른 법령에 대해 특례를 줄 수는 없다.

반면, 규제샌드박스는 특례를 줄 수 있는 법령을 구체적으로 규정하지 않고 '해당 신제품·신서비스를 검증하기 위한 경우'라고 상당히 포괄적으로 규정하고 있다. 이에 따라 어떤 법령이든 신산업 검증을 위해서 특례를 줄 수 있다.(물론 국민의 생명·안전 등에 우려가 있는 경우는 안되겠지만...)

다시 말해 규제샌드박스 이전에 규제특례를 주던 법령들은 특례를 줄 수 있는 대상 법령을 명확히 규정하여 그 법령에 대해서만 특례를 줄 수 있었고, 샌드박스는 대상 법령의 제한이 없다. 산업간 경계를 허물며 새롭게 등장하는 것이 신산업이다. 언제 어떤 방향의 융합이 일어나 검증을 위해 또 다른 법령의 규제특례를 요구하게 될지 모른다. 특례 대상이 되는 법령을 특정하지 않은 규제샌드박스가 신산업 맞춤형 제도라고 불릴만한 이유가 여기 있다.

(3) 규제샌드박스 성과

2019년 1월 제도가 도입된 이래로 총 632건이 위원회 심의를 거쳐 승인되었다. 승인기업들은 규제샌드박스 승인을 기반으로 사업을 추진하고 투자를 유치하는 등 상당한 성과를 거두었다. 특히 승인기업들은 총 4조 8,837억원의 투자를 받는 등 투자유치에서 큰 성과를 거두었다. 신산업의 경우 아이디어가 좋아도 규제가 언제 개정될지 불확실하면 투자를 받기 어렵다. 규제샌드박스는 신산업의 불확실성을 상당부분 해소해주어 투자 유치에 큰 도움을 준 것으로 보인다. 그 외에도 직접적으로 매출이 1,561억원 증가하고, 6,355명의 고용을 창출하는 등 가시적인 성과가 상당했다.

특히 승인기업중 65%가 중소·벤처기업이었다는 점이 상당한 의미가 있다. 대기업 뿐만아니라 중소·벤처기업에서도 신산업으로의 시도와 기술혁신이 성공하고 있다는 것이기 때문이다. 샌드박스가 규제로 인한 진입 문턱을 낮춰줌으로써 혁신의 생태계가 다양해진 것으로 볼 수 있겠다.

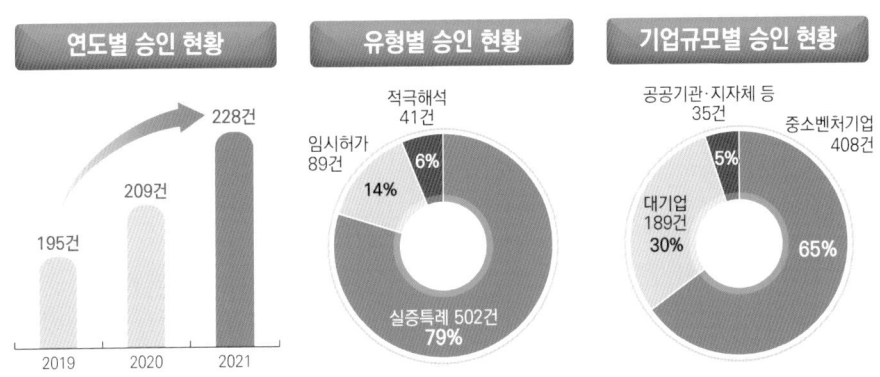

출처 : 국무조정실 등 관계부처, 규제샌드박스 백서(2022)

주요 승인 사례는 아래와 같다.

□ 220V 콘센트를 전기차 충전소로!

상품·서비스명	스마트 전기자동차 충전콘센트		
상품·서비스 내용	일반 220V 전기콘센트에 '스마트 충전 콘센트'를 설치, 전기차를 충전할 수 있도록 하여 손쉽게 충전과 과금을 할 수 있도록 서비스 제공		
관련 규제	①전기자동차 충전사업자 등록 요건상 과금형 콘센트를 활용한 충전사업 불가(전기사업법) ②전기차 충전용 과금형 콘센트 형식승인을 위한 기술 부재 및 자동차 충전기에 '표시장치' 강제(계량에 관한 법률)		
유 형	임시허가	진행상황	법령 개정 완료 (2021.1.1 시행)
특례 기간	2020.2.19 ~ 2021.11.22(1년10개월)	개시일	2020.2.19
실증조건	전력량의 정확성 계측 여부에 대해 국가기술표준원의 성능 검증 이후 사업 착수 등		

☐ 공유주방, 소자본 자영업자들의 창업 접근성을 높였다

상품·서비스명	공유주방 기반 요식업(F&B) 비즈니스 플랫폼		
상품·서비스 내용	요식업(Food & Beverage) 창업 및 신메뉴 개발 등을 원하는 개인·기업들을 대상으로 주방 및 관련 시설을 온라인 기반으로 대여·공유하는 서비스		
관련 규제	식품 제조·조리·판매하려는 영업자는 영업소별 또는 주방 구획별로 하나의 사업자만 영업 신고 가능		
유 형	실증특례	진행상황	법령 개정 완료 (2021.12.30. 시행)
특례 기간	2019.8.1 ~ 2021.7.31.(2년) 2021.8.1 ~ 2023.7.31.(2년)	개시일	2019.8.1
실증조건	위생관리를 위한 위생관리 책임자 별도 지정·운영, 이용 업체 전체의 연평균 매출액을 5억원 이하로 제한 등		

☐ 똑똑똑, 자율주행 로봇이 배달왔어요!

상품·서비스명	실외 자율주행 배달로봇		
상품·서비스 내용	실외 자율주행 로봇 실증특례를 통해 자율주행 로봇과 운영시스템에 대한 기술 검증 및 안전성 확보 추진		
관련 규제	①실외 자율주행 로봇의 보도·횡단보도 등에서의 통행 제한(도로교통법) ②정보 주체의 동의가 없는 식별 가능한 개인정보의 수집·이용 제한 (개인정보보호법)		
유 형	실증특례	진행상황	실증 진행중
특례 기간	2020.3.1 ~ 2022.2.28(2년) 2022.3.1 ~ 2024.2.28(2년)	개시일	2020.3.1
실증조건	책임보험 의무화, 경찰청에서 제시한 주행 안전성 확보를 위한 제반 조치의 이행 필요 등		

☐ 나만을 위한 영양식, '개인 맞춤형 건강기능식품'

상품·서비스명	개인 맞춤형 건강기능식품 추천·판매		
상품·서비스 내용	개인별 영양 건강에 필요한 설문, 웰니스기기 측정, 건강나이 분석, DTC 유전자 검사 결과 등 기반으로 추천 알고리즘을 통한 건강기능식품 추천, 소분·판매하는 서비스		
관련 규제	판매업자가 건강기능식품 소분 판매 불가(건강기능식품법) 제품에 의무 표기 사항 인쇄·각인 필요(식품 등 표시·광고법)		
유 형	실증특례	진행상황	실증 진행중
특례 기간	2020.6.29 ~ 2022.6.28.(2년)	개시일	2020.6.29
실증조건	책임보험 가입, 건강기능식품 소분·포장과 관련한 품질·안전성 확보 등		

□ 금융기관 대출 비교 서비스, 343만명의 시간을 아꼈다

상품·서비스명	나에게 맞는 대출 찾기		
상품·서비스 내용	은행 대출 상품의 금리와 한도를 한번에 비교해 주는 서비스		
관련 규제	대출모집인은 1개의 금융 회사 대출 상품만 취급 가능 (대출모집인제도 모범규준)		
유 형	실증특례	진행상황	법령 개정 완료 (2021.3.25 시행)
특례 기간	2019.5.2 ~ 2021.5.1.(2년)	개시일	2019.8.5.
실증조건	앱 가입자 중 만 23세 이상 대출 수요자 대상으로 업무 수행		

3.3 선제적 규제혁신 로드맵

(1) 로드맵의 개념 및 필요성

선제적 규제혁신 로드맵(이하 '로드맵')은 분야별로 향후 10여 년의 기술 발전 시나리오를 도출하여 시기별로 문제가 될 규제와 그 해결방향을 담은 규제개선 계획이다. 기술 발전에 따라 시장에는 새로운 제품 및 서비스가 등장하게 될 것인데, 불행히도 신산업의 새로운 제품과 서비스의 경우 현행 규제하에서는 출시 될 수 없거나 적용할 기준이 없는 애매한 경우가 많다. 예를 들어 현행법상 배달 로봇은 공원이나 인도 등을 통행할 수 없다. 이 경우 자율주행 로봇을 개발하는 회사는 언제 어떻게 규제가 개선될지 모르는 규제 불확실성 아래 놓이게 된다. 기업에게 있어 규제 불확실성은 일종의 리스크이기 때문에, 기업은 기술개발에 섣불리 투자하기가 어려워진다. 기껏 자율주행 로봇을 개발해봤자 보도나 공원 통행이 허용되지 않는다면 그 노력이 물거품이 될 수 있는 것이다. 따라서 규제를 선제적으로 개선해주거나 개선이 언제, 어떠한 내용으로 진행될 것인지에 대한 정보를 기업에게 제공하는 것이 중요하다. 이러한 정보를 담은 로드맵은 기업의 기술투자를 촉진할 것으로 예상된다. 로드맵이 필요한 또 하나의 이유는 사회적 비용을 줄이기 위함이다. 로드맵과 같은 준비 없이 신기술이 상용화되는 시점에서 규제개선을 검토하는 경우 제품 출시 지연, 기존산업과의 갈등 등으로 인해 많은 사회적 비용이 발생하기 때문이다. 이에 미래에 도래할 신산업·신기술의 전개 양상을 미리 내다보고 향후 예상되는 규제 이슈를 발굴하여, 문제가 불거지기 전에 선제적으로 정비하는 로드맵 수립을 추진하게 되었다

문재인 정부는 2018년 11월 자율주행차 로드맵 수립을 시작으로 핵심 신산업에 대해 로드맵을 추진하였고, 2021년말 기준, 자율주행차, 드론, 친환경차, 가상·증강현실, 로봇, 인공지능, 자율운항선박 등 총 7개 분야에 대해 로드맵을 수립하였다.

제도 초기에는 선제적 규제 '혁파' 로드맵으로 명명하였다가, 4번째 로드맵인 가상·증강현실 로드맵부터 선제적 규제 '혁신' 로드맵으로 명칭을 바꾸었다. 신산업의 경우 규제를 없애는 것도 있지만 제품 출시를 위한 새로운 기준·규제를 만들어주는 과제도 다수 있다. '혁파'는 전자에 치중된 느낌이 있다는 의견이 있었다. 이에 기존 규제의 혁파, 새로운 규제의

형성을 모두 포괄할 수 있는 '혁신'이라는 단어로 수정하게 되었다. 최근에는 로드맵이 신산업 분야를 대상으로 수립되는 점을 강조하여 '신산업 규제혁신 로드맵'으로 명칭을 변경하였다

(2) 로드맵 방법론

로드맵의 3대 핵심 요소는 미래예측, 융합연구, 연동계획이다. 먼저 '미래예측'을 통해서 해당 산업의 발전양상에 대해 다양한 시나리오를 도출하고 그에 따라 규제이슈를 발굴한다. 미래예측을 함으로써 제품이 언제쯤 상용화 되는지, 규제는 어떤 규제부터 어느 시점에 개선해야하는지 분석할 수 있게 된다. 이러한 미래예측은 '융합연구'를 통해 수행된다. 융복합적으로 성장하는 신산업을 제대로 예측하기 위해 관련 분야의 산·학·연·관 협업체계 구성하여 연구를 추진한다. 협업체계하에서 산·학·연은 주로 기술발전 양상을 연구하고 규제 이슈를 발굴하고 대안을 제시하며, 국조실을 비롯한 관계부처는 해당 규제에 대한 정책대안을 검토하고 확정하여 로드맵이 수립된다.

로드맵은 한번 수립함으로써 완성되는 것이 아닌 연동계획(Rolling Plan)으로서, 2~3년 주기로 업그레이드된다. 수립 후 실제 기술발전 속도, 시장형성, 신규 사업모델 등장 등 여건 변화을 반영하여 미래 변화에 탄력적으로 대응하는 것이다. 최초의 선제적 규제혁신 로드맵인 자율주행차 로드맵의 경우 2018년 수립 이후 실제 기술발전 등 여건변화를 반영하여 2021년 자율주행차 로드맵 2.0으로 개정되었다. 2022년에는 드론, 친환경차, 가상·증강현실, 로봇 등 4개 로드맵의 개정이 계획되어 있다.

(3) 로드맵별 주요내용

(가) 자율주행차 선제적 규제혁파 로드맵(2018년 11월 발표)

정부는 첫 번째 로드맵 대상으로 '자율주행차 분야'를 선정하였다. 연평균 41%의 급격한 성장이 예상되는 대표적 ICT융합 신산업이며, 제작안전·교통·보험·통신보안·개인정보 등 다양한 규제이슈가 포함되어 있고, 당시에 구체적인 상용화 일정이 제시되는 등 단계적인 발전양상 예측이 가능한 분야이기 때문이었다.(규제개혁위원회, 2018 규제개혁 백서)

로드맵 수립을 위해 총 22개 기관이 참여하였다. 업계(제조사·통신사 등), 학계·연구계(과학기술정책연구원·한국법제연구원·자동차안전연구원 등), 정부(국무조정실·국토교통부·경찰청 등)가 모두 참여하는 산·학·연·관 협업체계 하에 자율주행차 기술발전 시나리오와 규제 이슈를 도출하고 개선계획을 수립하였다.

운전주체(사람→시스템), 신호등 유무, 주행장소(시범구간→고속구간→전체도로)라는 세가지 핵심 요소의 발전을 예측하여 기술발전 시나리오를 제시하였다. 이에 따라 2020년에는 시스템이 주도하는 조건부 자율차(레벨3, Lv.3)가 출시될 것으로 예측했다. 2025년에는 비상상황도 시스템이 대응할 수 있는 고도 자율차(Lv.4), 2035년에는 모든 도로에서 시스템이 운전하는 완전 자율차(Lv.5)가 상용화 될 것으로 예측했다.[49]

자율주행 기술단계(Lv.)

레벨3부터 자율주행차로 분류

레벨구분	Lv.0	Lv.1	Lv.2	Lv.3	Lv.4	Lv.5
명칭	無 자율주행 (No Automation)	운전자 지원 (Driver Assistance)	부분 자동화 (Partial Automation)	조건부 자동화 (Conditional Automation)	고도 자동화 (High Automation)	완전 자동화 (Full Automation)
운전주시	항시 필수	항시 필수	항시 필수 (조향핸들 상시 잡고 있어야 함)	시스템 요청시 (조향핸들 잡을 필요X, 비상시에만 운전자가 운전)	작동구간 내 불필요 (비상시에도 시스템이 대응)	전 구간 불필요
자동화 구간	-	특정구간	특정구간	특정구간 (예: 고속도로, 자동차 전용도로 등)	특정구간	전 구간
예시	사각지대 경고	조향 또는 감가속 중 하나	조향 및 감가속 동시작동	고속도로 혼잡구간 주행지원시스템	지역(Local) 무인택시	운전자 없는 완전자율주행

출처: 국무조정실 보도자료

    로드맵 구성은 다음과 같다. 시기적으로는 2020년 Lv.3 자율차 상용화를 지원하기 위한 단기 규제개선 과제 15개, 2025년 Lv.4 자율차 상용화를 지원하기 위한 중기 규제개선 과제 10개, 2035년 Lv.5 자율차 상용화를 지원하기 위한 장기 규제개선 과제 5개 등 총 30개 과제로 구성되었다. 내용적으로는 자율차 생산, 운행 등 전 과정에서 장애가 될 수 있는 규제를 포괄하기 위해 4대 영역(운전주체, 차량·장치, 운행, 인프라)에 걸쳐 규제를 발굴하고 개선방안을 마련하였다. 4대 영역별 주요 과제는 다음과 같다.

◆ 운전주체 → 자율주차시 운전자 이석 허용, 모드별 운전자 주의의무 완화, 간소면허 신설 등
◆ 차량·장치 → 자율주행 외부 표시 의무화, 사고기록시스템 구축, 좌석배치 등 장치기준 개정 등
◆ 운행 → 민·형사 책임소재 정립, 보험규정 정비, 군집주행 차량 요건 신설 등
◆ 인프라 → 자율주행 정밀맵 허용, 자율주행시스템 보안기준 마련 등

(나) 드론 선제적 규제혁파 로드맵(2019년 10월 발표)

    2번째 로드맵은 '드론' 분야를 대상으로 추진되었다. 초기 드론은 취미용이나, 촬영 등 단순한 상업적 용도로 사용되어 왔다. 2010년대 후반에 접어들면서 드론 기술이 급격히 발전하고 각종 정보통신 기술과의 결합을 통해 다양한 분야에서 드론 활용이 시도되고 있었다. 정부는 이런 상황에서 로드맵을 수립하여 드론 활용을 위한 인프라를 마련하고 상업·운송·공공·레저 등 분야별로 드론의 활용을 저해하는 규제를 개선하여 드론 산업의 체계적인 발전을 이끌고자 하였다.
    드론 로드맵의 경우 국무조정실·국토교통부를 중심으로 과학기술정보통신부, 항공우주연

---

49) 세계적으로 통용되는 자율주행 6단계(Lv.0~Lv.5) 중 Lv.0은 주행을 지원하는 시스템이 전혀 없는 차량을 말하고 Lv.1~Lv.2는 운전자가 주도하되 시스템이 속도유지, 차선변경 등을 보조하는 수준이다. Lv.3부터 시스템이 주도하는 자율주행이 이루어지므로 Lv.3~Lv.5를 자율차로 본다.

구원, 주요 기업, 협회 등 30개 기관이 협업체계를 구성하여 미래예측, 규제이슈 발굴, 개선계획 수립 등을 추진하였다.

먼저 드론의 3대 기술변수인 비행방식, 수송능력, 비행영역의 발전 양상을 종합하여 5단계 시나리오를 도출하였다. 세부 시나리오는 다음과 같다.

〈표〉 드론의 기술 발전 5단계 시나리오

단계	1단계	2단계	3단계	4단계	5단계
연도	현재 ~ 2020	2021 ~ 2024	2025 ~ 2027	2028 ~ 2030	2031 ~
비행 방식	조종 비행		자율 비행		
	원격 조종	부분 임무위임	임무위임	원격감독	완전자율
	직접 조종	고난도 임무만 사람이 직접 조종	사람 임무 부여 → 드론 자율비행	드론 자율비행, (필요시) 사람 개입	드론 자율비행
수송 능력	화물 적재		사람 탑승		
	화물 10kg 이하 5km 미만	화물 50kg 이하 5~50km	2인승(200kg) 5~50km	4인승(400kg) 50~500km	10인승(1톤 이상) 500km 이상
비행 영역	인구희박지역	인구밀집지역			
	비가시권 비도심 지역	가시권 도심지역	비가시권 도심지역 관제국 이용		전파 비가시권 도심 전파음영 지역

출처: 규제개혁위원회, 2019 규제개혁백서

기술발전 시나리오에 따라 인프라영역과 활용 영역에서 총 35건의 규제이슈와 개선계획을 수립하였다. 먼저 인프라영역에서 국민안전을 고려하는 동시에 사업활성화를 지원할 수 있도록 19건의 규제개선 계획을 수립하였다. 시기별 주요 과제는 다음과 같다.

> ◆ 1단계(안정적인 운용·관리) → 드론 원스톱 비행정보 시스템 구축, 안티드론 도입 제도 마련 등
> ◆ 2단계(본격적인 활용) → 도심 내 드론 비행운영기준 마련, 글로벌 인증 지원 체계 등
> ◆ 3단계 이후(드론의 고도화) → 중대형 드론의 이착륙장 기준, 수소·전기 충전시설 기준 마련 등

다음으로 활용도가 높은 모니터링, 운송 분야 등을 대상으로 16개의 규제개선 계획을 수립하였다. 시기별 주요 과제는 다음과 같다.

> ◆ 1단계(단순 임무) → 시설점검, 교통경찰, 수색구조 등의 모니터링과 근거리 농약살포 등
> ◆ 2단계(고기능 임무) → 센서 고도화, 장거리 비행을 통한 해양생태 모니터링, 인공 강우 등
> ◆ 3단계 이후(고난도 배송·운송) → 인구밀집지역 비행, 드론 택배, 드론 택시, 레저드론 등

(다) 친환경차(수소차·전기차) 분야 선제적 규제혁파 로드맵(2020년 4월 발표)

친환경차(발전 전망, 산업 파급력 등을 고려하여 수소차·전기차로 한정)는 우리 기업의 세계시장 선도가 기대되는 분야로서 신속한 기술력 확보 및 보급 확대를 위한 선제적 규제혁신이 필요한 분야이다. 친환경차는 지속적으로 성장하여 2030년부터 전 세계 차량 판매 비중의 20~30%를 차지할 전망이며, 향후 기술·성능 고도화, 차종 및 보급량 확대에 따라 친환경차와 관련한 다양한 규제 이슈가 대두될 것으로 예측된다. 로드맵을 통해 선제적으로

규제를 정비함으로써 우리 기업의 친환경차 분야 경쟁력을 유지하고자 하였다. 친환경차 로드맵을 위해 국무조정실·산업통상자원부를 중심으로 현대차 등 주요 기업과 협회, 국가산업융합지원센터, 한국법제연구원 등 25개 기관이 협업체계를 구성하였다.

먼저 수소차, 전기차 각각의 특성에 맞춰 별도의 기술발전 시나리오를 도출하였다. 수소차는 ①연료전지 성능 ②수소 생산·공급 방식 ③활용 영역에 따라 3단계로 시나리오를 도출하였다. 전기차는 ①배터리 성능 ②충전 속도·방식 ③활용 영역에 따라 3단계로 시나리오를 도출하였다.

〈 표 〉 수소차 기술발전 시나리오

출처: 국무조정실 보도자료(2020)

〈 표 〉 전기차 기술발전 시나리오

출처: 국무조정실 보도자료(2020)

수소차·전기차 기술발전 시나리오에 따라 단계별 규제를 발굴하였다. 수소차 분야는 내연기관 위주의 차량 관련 제도 정비, 수소 생산·운송·저장·활용 등 생태계 구축을 위한 밸류체인별 기준 신설, 충전소 등 인프라 구축 등 3대 영역 24개 과제로 구성된다. 3대 영역별 주요 과제는 다음과 같다.

◆ 차량 관련 → 수소차 정비기준 신설, 수소차는 배출가스 정밀검사 제외, 전용보험 개발 등
◆ 수소 생태계 → 수소 튜브트레일러 압력·용적 제한 완화, 재생에너지 연계 수소생산 안전기준마련, 수소 굴삭기·철도·선박 등 다양한 기관 관련 안전기준 마련 등
◆ 보급 인프라 → 수소충전소에 주유소 등 추가 설치시 기준완화, 충전소 복층 건설 허용 등

전기차 분야는 차량 관련 기존 규제 개선, 충전 및 배터리 관련 과제, 개인형 이동수단 관련 과제 등 3대 영역 16개 과제로 구성된다. 3대 영역별 주요 과제는 다음과 같다.

◆ 차량 관련 → 초소형 전기차 자동차 전용도로 주행 허용, 전기차 정비기준 신설 등
◆ 충전 및 배터리 → 400kW급 급속충전 및 무선충전 표준 마련, 배터리 재사용 기준 마련 등
◆ 개인형 이동수단 → 기본법 제정, 저속(25km/h 이하)제품 안전관리 확대 등

정부는 친환경차 로드맵이 2025년까지 누적 15만명의 고용 창출, 2030년까지 우리 기업의 친환경차 세계시장 점유율 10% 달성 등에 있어 핵심적인 역할을 할 것으로 기대하고 있다. 세부적으로는 친환경차의 대중화, 전후방 산업육성 및 기업투자 촉진, 온실가스 감축 등의 효과가 기대된다.

(라) 가상·증강현실(VR·AR) 분야 선제적 규제혁신 로드맵 (2020년 8월 발표)

가상·증강현실(Virtual Reality·Augmented Reality, 이하 'VR·AR') 기술은 현실과 유사한 높은 수준의 실감도·몰입감·쌍방향성을 제공하는 실감 콘텐츠로서, 특정 체험에 수반되는 시·공간 및 비용을 최소화하면서 사용자의 경험·지식을 확장하고 자유로운 활용을 가능하게 한다. VR·AR 기술은 D·N·A(Data, Network, AI)와 결합하여 향후 문화, 교육, 교통, 제조, 의료 등 다양한 분야에서 우리 생활을 획기적으로 바꿀 것으로 예상된다. 특히, 코로나19로 인해 비대면 사회가 가속화되는 상황에서 선제적으로 규제를 개선하여 기술혁신과 새로운 비즈니스의 출현을 촉진할 수 있도록 로드맵을 추진하게 되었다.

VR·AR 로드맵을 수립을 위해 국무조정실·과기정통부를 중심으로 정보통신정책연구원, 관련 기업 등이 참여하여 협업연구를 추진하였다. VR·AR 적용 영역 등 미래예측을 수행하였고 이를 기반으로 분야별 규제이슈 및 규제개선 계획을 구체화하여 로드맵을 마련하였다. VR·AR 로드맵은 국무총리 주재 규제혁신 현장간담회를 통해 발표되었는데, 참석자 중 2명은 간담회 현장이 아닌 본인의 사무실에서 VR기술을 통해 참석하였다. 이들이 가상공간에서 국무총리와 악수하고 발언하는 모습은 꽤나 신선했다.

VR·AR 기술의 주요 요소인 사용성(인터페이스), 플랫폼, 지능화 측면에서 3단계로 미래 기술 변화상을 도출하였다. ①인터페이스는 시청각 중심에서 오감 및 뇌 상호작용으로 확대될 것으로 예측하였다. ②플랫폼은 단일 사용자 환경에서 다중 사용자 환경으로 발전할 것으로 보았다. ③지능화 수준은 콘텐츠를 일방 수용하는 형태에서 사용자와 시스템간의 상호소통이 가능한 형태로 발전할 것으로 예측하였다.

⟨표⟩ VR·AR 기술발전 시나리오

구분	1단계	2단계	3단계
연도	2020~2022	2023~2025	2026~2029
사용성	시·청각 중심	표정·햅틱 입출력	오감·뇌 입출력
플랫폼	단일 사용	다중 사용(원격 협업)	
지능화	콘텐츠 일방 수용	사용자 ⇌ 시스템 상호소통	

출처: 국무조정실 보도자료(2020)

VR·AR 기술발전 시나리오에 따라 단계별 규제를 발굴하였다. 로드맵은 총 35개의 규제 이슈와 개선 계획으로 구성되어 있다. 먼저 인프라 등 공통영역에서 국민안전을 보장하고 사업 활성화를 지원하기 위한 과제를 10건 발굴하여 개선방안을 수립하였다.

◆ 데이터 기반 → 영상정보 활용기준 마련, 3차원 공간정보 해상도·좌표값 활용기준 완화 등
◆ 콘텐츠 체계 → 기능성 VR·AR의 게임물 분류 완화, 비디오물과 구분되는 등급체계마련 등

다음으로 산업 및 서비스 유형에 따라 ①엔터·문화 ②교육 ③제조 등 산업일반 ④교통 ⑤의료 ⑥공공 등 6개 분야에서 25개 규제를 발굴하여 개선방안을 수립하였다.

◆ 엔터·문화 → 도심 내 VR 시뮬레이터 규모 기준 완화, VR영상 제공업 시설규제 등 규제 완화
◆ 교육 → 교육현장 VR·AR 지침 마련, 원격학원 시설규제 완화, 학교 내 네트워크 사용 규제 완화 등
◆ 제조 → VR·AR 활용 원격 안전점검·검사 기준 마련, 고난도 기술·훈련 디바이스 표준 마련 등
◆ 교통 → 운전중 착용형(스마트글래스) 영상장치 허용, HUD등 영상표시장치 안전기준 마련
◆ 의료 → VR·AR 의료기기 품목 신설, 재외국민 비대면 진료 서비스 시 AR 활용 등
◆ 공공 → 경찰서·소방서의 VR·AR 활용 근거 마련, 송수신 기능 있는 장비의 영내 사용 허용

정부는 VR·AR분야 선제적 규제혁신 로드맵을 통해 디지털 뉴딜을 뒷받침하고, 실감콘텐츠 등 관련 산업육성을 적극 지원할 계획이다. 이를 통해 2025년에는 국내 실감콘텐츠 시장 규모가 14.3조원(2018년 기준 8,590억원) 수준까지 성장할 것으로 기대된다.

(마) 로봇 산업 선제적 규제혁신 로드맵 (2020년 10월 발표)

로봇은 스스로 인식하고 제어하여 자율적으로 작동하는 기계장치를 의미한다. 로봇산업은 4차 산업혁명의 주요 신산업으로 주력산업 혁신과 생산성 제고를 위한 핵심요소이자 인공지능과 융합하여 다양한 서비스 분야의 기반이 되는 산업이다. 특히 코로나19로 인해 급격하게 성장한 '비대면 사회'를 실현하는 주요 수단으로서 수요 확대가 가속화될 전망이다. 특히 자율주행로봇의 경우 규제샌드박스를 통해 12건의 실증을 추진 중일 정도로 수요가 많다. 이러한 상황에서 로봇 기술 및 비즈니스 모델의 상용화 시기를 예측하고 이에 필요한 시기별 제도개선 계획을 담은 선제적 규제혁신 로드맵을 추진하게 되었다.

로봇 로드맵을 위해 국무조정실·산업통상자원부를 중심으로 한국로봇산업진흥원, 한국산업기술평가관리원, 한국법제연구원, 관련 기업 등이 참여하여 협업체계를 만들었다. 로봇 로드맵의 경우 핵심 협업체계와 더불어 관련 전문가 100여 명으로 구성된 로봇산업 전략네트워크를 구성하여 비즈니스 모델을 도출하고, 기술개발 시나리오 및 규제를 구체화하였다. 완성된 로드맵은 국무총리 주재 규제혁신 현장간담회를 통해 발표되었다.

로봇 기술의 주요 요소인 인식, 제어, 환경 및 적용 측면에서 미래 기술 변화상을 도출하였다. 이에 따라 로봇의 역할은 3단계(①단순 보조 → ②인간 협업 → ③자율 수행)로 발전해 나갈 것으로 예측하였다.

〈표〉 로봇 기술발전 시나리오

구분	1단계	2단계	3단계
연도	2020~2022	2023~2025	2026~
로봇역할	단순 보조/노동력 대체	인간 협업/공존	자율 수행
인식	개별 센서 성능 중심	AI, 클라우드 기반 알고리즘 중심	
제어	개별로봇, 원격제어	다중 로봇 반자율	다중 로봇 자율
적용	[부품] 고도화/내구성 강화 [완제품] 실증 기반 적용성 확대	[부품] 스마트화/염가화 [완제품] 서비스 기반 제품화	
활용 환경	실내, 정형 환경	비정형 환경 (일상환경 중심)	비정형 다양한 환경 (고위험 환경 등)
		실외 확대	실내외 연계

출처: 국무조정실 보도자료(2020)

로봇 기술발전 시나리오에 따라 단계별 규제를 발굴하였다. 로드맵은 총 33개의 규제이슈와 개선 계획으로 구성되어 있다. 먼저 산업 및 서비스 유형에 따라 ①산업 ②상업 ③의료 ④공공 등 4개 분야에서 22개 규제를 발굴하여 개선방안을 수립하였다.

◆ 산업 → 제조 협동로봇 설치시 안전규제 개선, 원격제어 건설로봇 활용 허용 등
◆ 상업 → 배달로봇 공원·승강기·보도 통행 규제 완화, 주차로봇 허용, 수중로봇 활용 청소업 허용 등
◆ 의료 → 재활로봇 실증 및 수가 기준 개선, 돌봄(배변, 식사 등)로봇 급여 지원제도 개선 등
◆ 공공 → 방역로봇 성능·안전성 기준 마련, 재난안전로봇 운용을 위한 근거 마련 등

다음으로 인프라 등 공통영역에서 국민안전을 보장하고 사업 활성화를 지원하기 위한 과제를 11건 발굴하여 개선방안을 수립하였다.

◆ 안전성 검증 → 분야별 안전성 평가방법 개발, 로봇사고 신고 시스템 구축 등
◆ 데이터·통신망 활용 → 개인정보 수집 및 활용 가이드 마련, 5G 활용 제조로봇 평가기반 구축 등
◆ 활용기반 구축 → 서비스로봇 대규모 실증 거점 구축, 표준산업 분류 신설, 로봇윤리 제정 등

정부는 로봇산업 선제적 규제혁신 로드맵을 통해 코로나19로 인한 위기의 안정 및 비대

면 로봇 경제 육성을 적극 지원할 계획이다. 이를 통해 2025년에는 매출 1천억원 이상 로봇전문기업이 20개(2018년 기준 6개) 수준으로 늘어나고, 국내 로봇시장 규모가 20조원(2018년 기준 5.8조원) 수준으로 성장 할 것으로 기대된다.

(바) 인공지능(AI) 법·제도·규제 정비 로드맵(2020년 12월 발표)

인공지능과 타 분야와의 융합으로 인해 디지털 전환이 가속화되는 가운데, 인공지능은 새로운 부가가치 창출과 기존산업 혁신, 국민생활 편의 증진 등에 기여하고 있다. 그러나 동시에 데이터·알고리즘의 불공정, 고용구조의 급격한 변화, 계층 간 격차 확대 등 부작용에 대한 우려도 제기되고 있다. 이에 인공지능 활용·확산을 통한 혜택·효과를 극대화하면서 역기능은 최소화할 수 있도록 현재의 인공지능 기술 수준, 국내외 법제 정비 동향 등을 분석하여 종합적·선제적인 법·제도·규제 정비 로드맵 마련을 추진하였다.

인공지능 로드맵을 위해 과기정통부를 중심으로 산업계·법조계·학계 전문가 법제정비단을 구성하였다. 데이터, 지식재산권, 책임, 알고리즘, 금융, 플랫폼사업, 노동, 의료, 포용·복지 등 9개 분과별 회의를 통해 주요 분야 및 과제를 도출하였다. 개인정보위 등 18개 정부 부처는 발굴된 규제 및 개선방안을 검토하였다. 보통 하나의 로드맵에 관련되는 부처는 10개 정도이다. 인공지능의 경우 4차산업혁명의 기반기술로 거의 모든 산업영역에 활용될 수 있다보니 관련되는 정부부처도 다른 로드맵에 비해 많았고, 부처간 이견도 많았다. 국조실은 다수 관계부처간 이견을 조정하고 종합하여 최종 로드맵을 확정하였다. 로드맵은 국무총리 주재 국정현안점검조정회의를 통해 발표되었다.

인공지능의 기술적 특성을 기반으로 분야별 현황 및 해외사례를 분석하고 전망에 기반해 규제이슈와 개선 계획을 마련하였다.

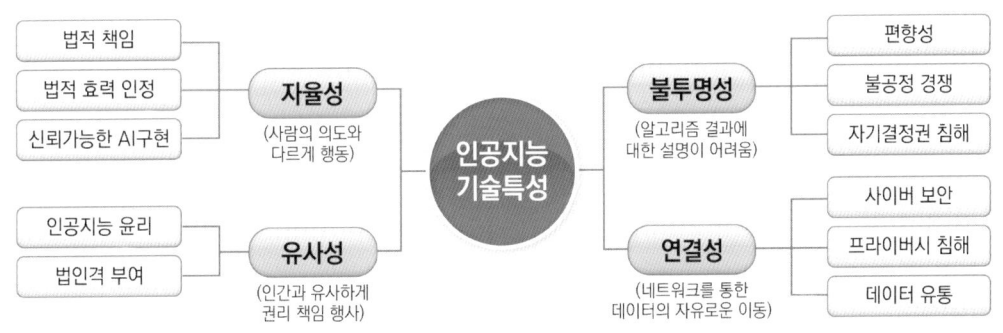

〈 그림 〉 인공지능의 기술적 특성과 법적 이슈

출처 : KISDI, '인공지능 시대의 법제 정비 방안'('19)을 재구성

먼저 인공지능 공통기반 영역에서 국민안전을 보장하고 사업 활성화를 기반이 되는 과제를 17건 발굴하여 개선방안을 수립하였다.

- 데이터 기반 → 자동화된 의사결정에 대한 대응권 도입, 데이터마이닝을 위한 저작물 이용 허용
- 알고리즘 투명성·공정성 → 자율적 관리·감독 환경 조성, 영업비밀 보장을 위한 공개기준 마련 등
- AI 법인격 → AI 창작물의 권리관계 정립, AI 법인격 부여 방안 정립
- AI 책임체계 → AI에 의한 계약의 효력 명확화, AI 행위에 대한 손해배상 방안 마련 등
- AI 윤리 → AI 윤리기준 정립, AI 윤리교육 커리큘럼 개발

다음으로 산업 및 서비스 유형에 따라 ①의료 ②금융 ③행정 ④고용 ⑤포용 등 5개 분야에서 13개 과제를 발굴하여 개선방안을 수립하였다.

- 의료 → AI 의료기기 국제기준 개발, AI 활용 의료행위의 건강보험 적용 개선
- 금융 → 금융기관간 이상금융거래 정보 공유 근거 마련, 결제·인증 서비스의 안전성 강화
- 행정 → AI 활용 자동화 행정 근거 마련, AI 행정에 대한 권리구제 절차 마련 등
- 고용 → AI로 인한 일자리 변화 대응을 위한 고용보험 확대, 플랫폼 종사자 보호 방안 마련 등
- 포용 → 디지털포용 정책 추진 법적 기반 확립, 고위험 분야 AI 기술기준 마련 등

(사) 자율운항선박 선제적 규제혁신 로드맵(2021년 10월 발표)

자율운항선박은 인적 해양사고 75% 절감, 물류비용 22% 절감, 환경오염 최소화 등을 통해 해운물류분야 전반에 패러다임의 전환을 가져올 신산업 분야이다. 세계 각국에서 해당 시장 선점을 위해 경쟁하고 있고 우리 정부도 「K-조선 재도약 전략」(2021.9) 등을 통해 기술개발을 추진하고 있다. 정부는 이에 더해 기술 상용화에 맞춰 관련 규제와 제도를 선제적으로 정비하기 위한 자율운항선박 로드맵을 추진하였다.

자율운항선박 로드맵 수립을 위해 해양수산부를 중심으로 한국선급, 주요 기업, 한국해양수산개발원 선박해양플랜트연구소 등이 참여하여 산·학·연·관 협업연구를 추진하였다.

국제해사기구(IMO, International Maritime Organization)의 자율운항선박 등급 기준이 있지만 해당 기준에 대해서는 IMO 내에서도 개정 논의가 있는 상황이었다. 로드맵 연구반에서는 해당 기준을 기반으로 하되, 운항방식·정비방식·운항해역의 3대 변수를 조합하여 현실 적용가능성이 높은 3단계 시나리오를 도출하였다.

자율운항선박 기술발전 3단계(세부 7단계) 시나리오

기술단계	부분운항자율 ~2025			부분운항자율 2026~2030			완전자율 2031~
	Lv.2-①	Lv.2-②	Lv.2-③	Lv.3-①	Lv.3-②	Lv.3-③	Lv.4
운항방식	선원(원격운항자에 의한 운항 지원)			시스템(원격운항자에 의한 관리)			시스템
정비방식	선원정비			원격지원정비			원격정비
운항해역	대양	연안	항내	대양	연안	항내	모든 해역
시스템 기능		경제운항, 충돌회피, 지능형 항로 의사 결정					
			선박 원격운항, 선원 지원				
				선박 원격 유지보수 및 정비			
				선박 이·접안 기능 및 도선 지원			

기술발전 시나리오를 기반으로 민간기업 수요조사, 관련 기관 및 전문가 의견 수렴 등을 거쳐 산업 활성화와 해양안전 확보를 위한 규제이슈를 발굴하였다. 국조실을 중심으로 12개 정부 부처는 발굴된 규제 및 개선방안 검토하고 종합하여 최종 로드맵을 확정하였다.

로드맵은 ①운항주체, ②선박장치, ③선박운용·인프라, ④해양안전 총 4개 영역 31개의 규제이슈와 개선 계획으로 구성되어 있다.

◆ 운항주체 → 자율운항선박 정의 및 자율등급 기준 정립, 운항주체 정의 및 역할 정립 등
◆ 선박장치 → 자율운항선박 실증을 위한 규제 특례 마련, 자율운항 시스템 인증 및 사용기준 마련 등
◆ 선박운용·인프라 → 원격검사 제도 확대, 자율운항선박 배상·보상 및 보험체계 정립 등
◆ 해양안전 → 사이버공격 대응기준 개발, 자율운항선박 사고대응 가이드라인 마련 등

정부는 자율운항선박 신산업 규제혁신 로드맵을 통해 자율운항선박 분야의 육성기반 구축과 해운물류분야 패러다임 전환을 적극 지원할 예정이다. 로드맵을 통해 2030년까지 세계 자율운항선박 시장의 50%를 차지하는 등 미래선박 분야에서 조선강국 입지를 견고히 해나갈 계획이며, 이를 통해 2035년까지 약 42만명 고용 증대, 약 56.5조원의 조선산업 경제적 파급효과 창출 등이 기대된다.

(아) 자율주행차 규제혁신 로드맵 2.0(2021년 12월 발표)

앞서 언급한 바와 같이 정부는 기본적으로 2~3년 단위의 주기적인 개정(Rolling Plan)을 통해 로드맵을 발전시켜 나간다는 방침을 가지고 있다. 로드맵 수립 이후 실제 기술발전 및 시장형성 상황을 반영하고, 이에 다른 새로운 규제이슈를 포함시켜 각 분야별 로드맵 2.0을 마련하는 것이다. 정부는 2018년 11월 수립된 자율주행차 로드맵을 전면 보완하여 2021년 12월 자율주행차 로드맵 2.0을 발표하였다.

기존 자율주행차 로드맵(2018년 11월 수립)에 따라 자율차 관련 안전기준 정비 등 선제적으로 자율차 안전기준을 마련하였고, 자율주행시 영상장치 조작 허용, 자동주차기능(Lv.2) 활용을 위한 운전자 이석 허용 등 규제사항을 정비하여 30개 과제 중 15개 과제를 완료하였다. 이를 통해 2020년부터 Lv.3(레벨3) 자율차를 출시할 수 있게 되었다.

하지만, 기존 자율차 로드맵은 차량의 출시와 운행에 중점을 두고 있어 서비스 분야의 규제에 대한 고려가 부족했다. 자율주행차를 활용한 서비스시장이 성장하는 등 자율주행 시대가 급격히 확산되는 시점에서, 이러한 변화에 선제적으로 대응할 필요가 있었다. 이에 자율차를 활용한 다양한 여객·물류 등 서비스 활성화 및 2027년 Lv.4 자율차 상용화라는 새로운 목표를 위해 자율주행차 규제혁신 로드맵 2.0을 추진하였다.

자율주행차 로드맵 2.0 수립을 위해 국무조정실·국토교통부·경찰청을 중심으로 아주대, 한국교통안전공단, 주요기업 등이 참여하는 산·학·연·관 협업체계를 구성하여 기술발전 시나리오를 도출하였다.

①자율주행 자동차, ②자율주행 서비스, ③자율주행 인프라 등 3대 영역에서 미래 기술

변화상을 도출하였다. ①자율주행 자동차는 2022년 Lv.3 승용차 상용화를 시작으로 2027년에는 Lv.4 승용·상용차의 상용화로 이어질 것으로 예측하였다. ②자율주행 서비스는 규제특례 기반의 시범·실증을 시작으로, 향후 차량공유, 교통약자 이동지원, 순찰 등 Lv.4 서비스를 본격 개시할 것으로 예측하였다. ③자율주행 인프라의 경우 자율차 시범운행지구를 전국으로 확대하고, 정밀도로지도·C-ITS 등 자율운행 인프라가 주요 도로에 구축될 것으로 보았다.

출처: 규제개혁위원회, 2021 규제개혁백서

자율주행차 기술발전 시나리오에 따라 영역별 규제를 발굴하였다. 로드맵은 ①차량, ②기반조성, ③서비스의 3개 영역 총 40개 규제이슈와 개선 계획으로 구성되어 있다.

◆ 차량 → Lv.4 안전기준 마련, 자율차 사이버 보안체계 마련 및 SW 무선업데이트 허용 등
◆ 기반조성 → 운전자 개념 개정 및 의무사항 규제 완화, Lv.4 자율차 보험규정 정비 등
◆ 서비스 → 모빌리티 특화 규제샌드박스 신설, 자율주행 차종분류 규제 완화, 자율차 활용 운수사업 허용 등

3.4 네거티브 규제시스템 전환

(1) 네거티브와 포괄적 네거티브

네거티브(Negative) 규제란 일반적으로 명시적으로 금지하는 행위·대상 등을 제외하고는 모든 것을 허용하는 규제방식을 말한다. 무역규제 분야에서 통용되어 온 '네거티브 리스트

시스템' 개념에서 유래했다. 무역분야에서 네거티브 리스트는 수출입 제한 및 금지 품목만 명시하고 나머지 품목은 허용하는 방식을 의미한다. 실제 규정을 보면 네거티브 규제에 대해서 보다 명확히 알 수 있다.

〈표〉 포지티브·네거티브 규제 예시

- 舊 항공법 시행규칙(제16조의 3) : 포지티브 리스트
  드론 활용사업 범위를 △비료 또는 농약살포 △사진촬영 및 탐사 △산림 또는 공원의 관측 및 탐사 △조종교육 으로 한정 → 드론 택시, 택배, 공연 등 신서비스 불가
- 新 항공법 시행규칙(제16조의 3) : 네거티브 리스트
  드론 활용사업은 △국민의 생명과 재산 등 공공의 안전 위해 △보안·국방 등 국가 이익 위협 △개인 사생활 침해하는 경우만 아니면 모두 가능 → 신서비스 제공 가능

이러한 네거티브 규제는 시장에 대한 신뢰를 전제로 금지범위를 최소화하면서 미래에 출현할 새로운 기술, 사업, 서비스 등이 원칙적으로 허용되게 하는데 그 목적이 있다. 따라서 기업 및 경제단체에서는 네거티브 방식의 규제를 지속적으로 요구하고 있다. 국민의 안전 등을 위한 금지영역 외에는 모든 것을 허용하기 때문에 기업의 활동범위를 넓혀주고 새로운 산업·아이디어를 포용하기 쉽기 때문이다. 반면 네거티브 규제를 적용하는 것이 바람직하지 않은 분야도 있다. 예컨대, 어떤 연구에서는 "국민을 보호하기 위한 국가의 의무 측면에서 볼 때 네거티브 규제방식을 적용하기 어려운 분야도 있다. 국가의 사회질서 유지 그리고 국민의 건강, 생명, 환경 등과 관련된 분야는 네거티브 규제방식을 적용하기 곤란하다."(원소연, 2015)고 지적하고 있다.

이제 다시 경제분야로 눈을 돌려보자. 포지티브 규제방식하에서는 신산업이 성장하는데 어려움이 있다. 새로운 형태가 등장할 때마다 규정을 개정하여 추가해 주어야하기 때문이다. 하지만 네거티브 방식으로 규정이 된 경우 금지사항에만 해당하지 않으면 신산업도 허용된다. 이런 이유로 신산업 분야에서 네거티브 규제는 이상적인 규제로 불리기까지 한다. 하지만 실제 우리나라의 규제형태를 들여다보면 대부분의 규제가 포지티브 형태를 띄고 있다.

정부에서도 네거티브 규제로의 전환을 지속적으로 추진하였으나, 기술적 한계 등으로 인해 성과가 미흡하였다. 2013년에는 기업규제 1,845건을 조사하여 총 597건에 네거티브 규제방식을 적용한다고 발표하였다. 하지만 해당 과제들에 대해 2016년 감사원 감사를 해보니 개선 대책 중 네거티브 방식의 규제가 아닌 것이 다수 있었다는 감사 결과가 있었다. 597건 중 2013년에 실제로 개선 완료한 152건을 살펴보니 네거티브 규제 전환에 해당하는 것은 18건에 불과하고 나머지 88%는 일반적인 규제개선 사례가 대부분이었던 것이다. 그럼에도 불구하고 네거티브를 향한 요구가 지속되자 2016년에는 4천여 개 법령을 조사하고 경제단체의 건의를 받아 네거티브 방식을 적용하고자 하였다. 하지만, 네거티브 방식으로 개선된 과제는 9건에 불과했다. 이러한 정부의 결과물은 네거티브 규제로의 전환이 쉽지 않음을 보여주는 데 그 이유는 크게 세 가지로 볼 수 있다.

첫 번째는 예측의 한계 때문이다. 네거티브 규제를 위해서는 금지영역을 명확하게 설정해야 한다. 금지영역을 설정할 때는 현재 가능한 행위의 형태와 그에 따라 금지가 필요한 행위, 향후 기술적인 변화, 예상되는 부작용 등을 고려해야 하는데 이게 쉽지 않다. 아무리 면밀하게 분석하여 규정을 만들더라도 기술 변화, 편법 행위 등으로 기존의 금지영역 밖에 있지만 국민의 안전 등에 위해가 되는 행위가 등장하기 마련이다. 이런 한계하에서 국민의 안전에 대한 확실한 보장 없이 네거티브 형태로 규제를 설정하는 것은 어려운 일인 것이다.

두 번째는 네거티브로의 전환 시 예상되는 막대한 전환비용 때문이다. 네거티브 규제의 경우 원칙적으로 허용하는 대신 금지사항을 위반하거나 국민 안전에 위해를 가하는 경우 강력한 징벌적 제재를 위해 사후 모니터링, 법적 제재 등이 필요하다. 네거티브 규제로의 전환 시 발생하는 규제공백을 관리할 수 있도록 안전장치로서 사후 관리체계를 마련하는 것이다. 이를 위해서는 관리 및 제재수단, 행정-사법 간, 행정기관 내 역할 재설정 등 규정뿐만 아니라 거버넌스 체계의 전면적인 개편이 수반되어야 한다. 이러한 사후관리 체계를 갖추지 못하고 규정만 네거티브 방식으로 개정한다면, 규제개선이 아닌 규제공백이 발생하는 문제가 있고, 나아가 오랜 기간 운영되어온 법령에는 가치와 이해관계가 복잡하게 얽혀있어 섣부른 전환시 심각한 갈등을 촉발할 수도 있다. 개편 비용 등 사회적 적응 비용, 갈등 비용 등 전환비용이 네거티브 규제방식으로의 전환을 막는 두번째 이유이다.

세번째는 통제·안전지향 및 소극행정의 결과이다. 네거티브 규제하에서 안전사고 등이 발생한 경우 규제 담당 부처는 해당행위를 왜 금지하지 않았는지 소명하는 등 책임을 져야 한다. 안전하게 보편적으로 통용되는 형태만 포지티브 형태로 규정하면 이런 부담을 크게 줄일 수 있다. 또한 네거티브 규제를 위해서는 보다 면밀한 검토가 필요한데, 실제 행정 현장에서는 업무과다, 감사의 두려움, 복잡한 업무를 기피하는 태도 등으로 소극적인 경우가 있다. 이에 따라 네거티브 형태로 규정할 여지가 있더라도 연구용역이나 관계자 의견수렴을 통해 네거티브 형태로 추진하는 것을 검토해보기보다는 포지티브 형태를 유지하는, 편하고 안전한 길이 선호되는 것이다.

위와 같은 예측의 한계, 막대한 전환비용 등에 따라 모든 규정을 네거티브 형태로 규정할 수 없는 상황에서 포괄적 네거티브라는 아이디어가 탄생했다. 겉보기에는 포지티브 규제 형태를 유지하고 있지만 허용하는 대상의 개념을 확대하거나 신유형이 허용될 수 있도록 "기타 위원회가 인정하는 경우" 등과 같이 분류체계를 유연화 하는 등의 방식을 통해 네거티브 규제와 같은 효과를 낼 수 있도록 한 것이다.

이러한 취지하에서 2017년 9월 문재인 정부가 발표한 '새정부의 규제개혁 추진방향'에 포괄적 네거티브 규제체계라는 단어가 처음 등장한다. 여기서 포괄적 네거티브 규제는 우선허용-사후규제 방식으로도 불렸는데, 이는 크게 두 가지로 구성된다. 하나는 규정 자체를 바꾸는 입법방식의 유연화이고, 다른 하나는 기존 규정 하에서 제도를 통해 규제를 탄력적으로 적용하는 규제샌드박스이다.

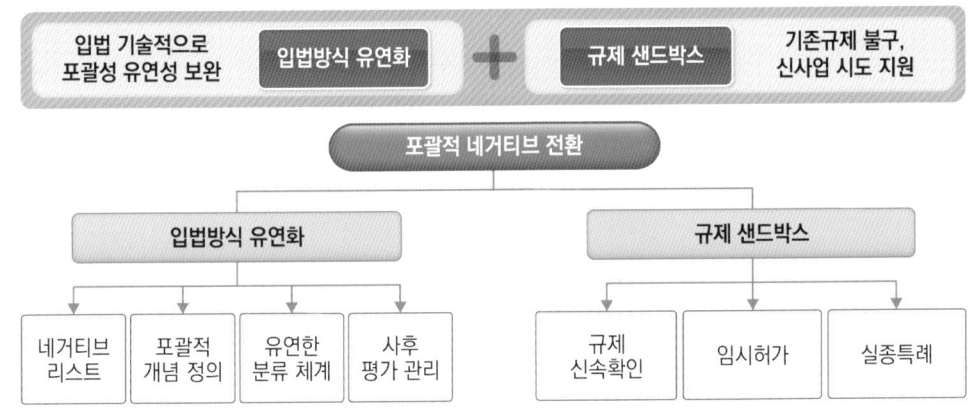

출처: 국무조정실 보도자료 2019

이 중 앞서 3.2에서 서술한 규제샌드박스는 포괄적 네거티브 규제가 아닌 별도의 제도에 가깝다. 규제샌드박스는 규제의 형태를 의미하는 것이 아니라 별도의 제도를 통해 규제를 유예해 주는 것이기 때문이다. 전통적으로 '네거티브 규제'가 법령을 규정하는 방식을 의미했기 때문에 포괄적 네거티브도 입법 방식 유연화로 한정 짓는 것이 바람직하다고 본다. 실제로 정부도 2020년 규제개혁백서에서는 포괄적 네거티브 규제를 설명하면서 입법방식 유연화만을 서술하고 있다. 최근에는 입법형식뿐만 아니라 집행과정 등 전체적인 체계를 고려한 규제 개선이 필요한 점을 감안하여 "포괄적 네거티브 규제 전환" 명칭을 "네거티브 규제 시스템 전환"으로 변경하였다.

(2) 포괄적 네거티브 규제 방식의 종류

포괄적 네거티브 규제방식이란 네거티브리스트, 포괄적 개념정의, 유연한 분류체계, 사후 평가·관리라는 네가지 방식으로 구성된다. '진짜 네거티브 방식'인 네거티브 리스트'에 '네거티브의 효과를 내는 방식'인 세 가지를 더해 포괄적 네거티브라고 명명하였다.

포괄적 네거티브	네거티브 리스트	금지사항만 열거하고 그 외 사항은 원칙 허용
	포괄적 개념정의	인·허가 및 지원대상의 개념을 포괄적으로 규정
	유연한 분류체계	新유형이 허용될 수 있도록 혁신 카테고리 신설
	사후 평가·관리	사전심의 의무 면제 → 자율심의, 사후평가·관리

네거티브 리스트란 금지사항만 열거하고 그 외 사항은 원칙적으로 허용하는 규제 방식이다. 일반적으로 말하는 네거티브 규제가 이에 해당한다.

포괄적 개념정의란 인·허가 및 지원 대상의 개념을 포괄적으로 규정하는 방식을 의미한다. 기존 법령에 요건·기준 등이 과도하게 한정적으로 정의되어 있어 신제품·신서비스의 수용이 곤란한 경우가 있는데, 이에 신제품 등이 법령에 저촉되지 않도록 포괄적으로 정의하는 것을 의미한다. 예를 들어 과거에는 선박에 연료를 공급하는 사업의 종류가 '선박급유업'으로만 규정되어 있었다. 모든 선박이 기름만을 연료로 사용할 때는 문제가 없었지만 LNG, 전기 등 새로운 연료를 사용하는 선박이 등장하자 문제가 되었다. 선박에 연료로 LNG, 전기 등을 공급하는 업체는 허가받을 근거 규정조차 없었기 때문이다. 이런 상황에서 '선박급유업'을 '선박연료공급업'으로 개정하는 '포괄적 개념정의'를 통해 다양한 연료를 선박에 공급할 수 있게 되었다. 이러한 포괄적 개념정의는 전통적인 네거티브 규제는 아니지만 보다 포괄적인 상위 개념을 통해 수단을 제한하는 것을 최소화하여 네거티브 규제와 같은 효과를 보여준다.

【사례】 선박연료공급업의 개념 확대 (해수부, 항만운송사업법 시행령)
기존 선박연료공급업을 선박급유업(船舶給油業)으로 한정
개선 '선박급유업' → '선박연료공급업'으로 포괄적 개념 정의

효과 △LNG, 전기 등 다양한 연료공급사업 가능 △LNG 연료·공급서비스 시장창출(연간 4.5억불) △대기환경 개선효과 (기존 선박연료 대비 미세먼지 약 90% 저감) 기대

유연한 분류체계란 포지티브식 열거 규정은 유지하되 혁신 신제품을 수용할 수 있는 추가 허용 조항을 신설하는 것(혁신 카테고리 신설)이다. 보통 포지티브식 열거 규정의 경우 현재 기술 수준을 전제로 하는 제품·서비스 유형만 규정하고 있어서 신제품·신서비스가 등장하면 규정 자체를 개정해야 한다. 법 형식(법률, 시행령, 시행규칙, 고시 등)에 따라 다르겠지만 개정까지는 적게는 수개월에서 많게는 1년이 넘는 시간이 소요된다. 유연한 분류체계는 "그 밖에 위원회의 심의를 거쳐 허용하는 경우", "관계부처의 장이 인정하는 경우" 등의 '혁신 카테고리'를 신설 법을 개정하지 않고도 신제품·서비스에 신속하게 대응할 수 있도록 한다.

【사례】 이식 가능한 장기 등의 범위 확대 (복지부, 장기이식법)
기존 이식을 허용하는 장기·조직 13종만 열거(신장, 심장, 안구 등)
개선 장기이식윤리위원회에서 인정하는 경우 열거되지 않은 장기도 허용할 수 있도록 혁신카테고리 도입

효과 이식기술의 발전속도를 반영하여 선진의료기술에 대한 탄력적 적용 가능, 새로운 장기이식 기술 개발 촉진 (안면, 족부 등도 이식 가능한 장기 등에 포함 가능)

사후 평가·관리란 기존에는 사전에 심의를 받도록 규정한 것에 대해 사전 심의는 없애고 사후적으로 평가하여 존속 여부 등을 관리하는 방식이다.

【사례】 단순공정 수산물 HACCP(식품안전관리 인증기준) 인증 사후평가 전환
     (식약처, 식품위생법 시행규칙)
기존 식품별(어류, 패류, 연체류 등)로 각각 HACCP 인증 요구
개선 식품유형 및 공정이 동일한 경우 사업자가 자율적으로 HACCP 시스템에 변경품목 추가하고, 지방청이 사후 평가하도록 개선
효과 별도의 추가 인증비용·시간 절감, 업체 및 소비자 수요에 빠르게 대응

2017년부터 추진된 포괄적 네거티브 방식은 2019년에 법제화되었다. 행정규제기본법 개정안('19.4)에서는 규정의 제·개정 시에 포괄적 네거티브 방식을 우선적으로 고려하도록 규정하고 구체적인 4가지 방식을 언급하였다.

제5조의2(우선허용·사후규제 원칙) ① 국가나 지방자치단체가 신기술을 활용한 새로운 서비스 또는 제품(이하 "신기술 서비스·제품"이라 한다)과 관련된 규제를 법령등이나 조례·규칙에 규정할 때에는 다음 각 호의 어느 하나의 규정 방식을 우선적으로 고려하여야 한다.
1. 규제로 인하여 제한되는 권리나 부과되는 의무는 한정적으로 열거하고 그 밖의 사항은 원칙적으로 허용하는 규정 방식
2. 서비스와 제품의 인정 요건·개념 등을 장래의 신기술 발전에 따른 새로운 서비스와 제품도 포섭될 수 있도록 하는 규정 방식
3. 서비스와 제품에 관한 분류기준을 장래의 신기술 발전에 따른 서비스와 제품도 포섭될 수 있도록 유연하게 정하는 규정 방식
4. 그 밖에 신기술 서비스·제품과 관련하여 출시 전에 권리를 제한하거나 의무를 부과하지 아니하고 필요에 따라 출시 후에 권리를 제한하거나 의무를 부과하는 규정 방식
② 국가와 지방자치단체는 신기술 서비스·제품과 관련된 규제를 점검하여 해당 규제를 제1항에 따른 규정 방식으로 개선하는 방안을 강구하여야 한다.

(3) 문재인 정부의 포괄적 네거티브 전환

문재인 정부는 총 5차례에 걸쳐 583건의 규제를 포괄적 네거티브 방식으로 전환하는 대책을 발표했다.

① 1차 전환 (2018년 1월 발표)

정부에서는 문재인정부 규제개혁 추진방향(2017년 9월)에서 포괄적 네거티브의 개념을 제시하고 개정이 필요한 규제사안을 적극 발굴했다. 국무조정실을 중심으로 신산업 네거티브 규제 발굴 가이드라인을 마련하고, 전 중앙부처, 벤처·중기협회단체, 규제 학회, 스타트업, 개별기업 등을 대상으로 총 14회의 의견수렴을 실시하였다. 이를 통해 포괄적 네거티브 방식으로 개선할 과제 38건을 발굴하였고, 2018년 1월 22일 대통령 주재 '규제혁신 토론회'에서 관계부처 합동으로 발표하였다.

【사례】 교통안전표지 소재 다양화 (경찰청, 교통안전표지 표준지침)
기존 발광형 교통안전표지를 '광섬유'를 통해 발현하는 방식으로 한정
개선 광섬유 → 발광체로 개념 확대

효과 OLED 등 다양한 신소자를 활용한 혁신 제품의 시장출시 가능, 가격이 저렴한 신소자 활용으로 제품 원가 절감을 통한 경쟁력 확보 기대
　　* OLED 활용시 광섬유 이용 방식보다 비용 20% 절감

② 2차 전환 (2018년 10월 발표)

전방위적인 네거티브 전환을 위해 중앙부처, 경제단체 뿐만아니라 지방자치단체, 공공기관까지 포함하여 총 34회의 의견수렴을 실시하였다. 그 결과를 정리하여 2018년 10월 31일 국무총리 주재 '국정현안점검조정회의'에서 총 65건의 개선과제를 발표하였다.

【사례】 초경량비행장치 종류 유연화
기존 초경량비행장치를 8종*으로 한정　　* 행글라이더, 패러글라이더, 낙하산류, 기구류 등
개선 새로운 형태의 비행장치 시험비행이 허용되도록 기타 카테고리 신설
　　(새로운 형태의 비행장치 시험비행 허가 요건·절차 기준)
효과 플라잉보드, 유인드론, 퓨전맨 등 새로운 비행장치 관련 연구개발 활성화
　　* 국내 항공우주연구원 등 연구기관과 대기업이 향후 5년내 시험비행을 목표로 개발계획 수립중

③ 3차 전환 (2019년 4월 발표)

2019년 4월 16일 행정규제기본법 개정을 통해 포괄적 네거티브 규제 원칙 및 유형이 명문화되었다. 이를 계기로 2019년 4월 18일 국무총리 주재 '국정현안점검조정회의'에서 총 132개 개선과제를 발표하였다. 3차 포괄적 네거티브 전환 방안은 지난 1,2차와 비교해서 추진방식, 대상, 개선입법 방식에 있어 보다 적극적인 방식을 취하였다.

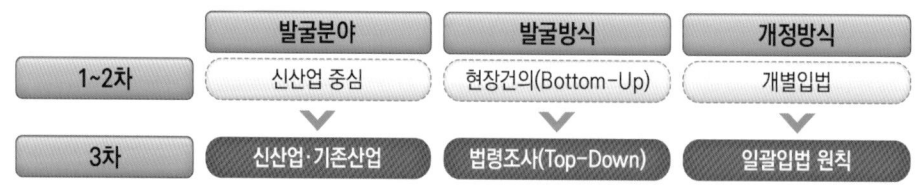

1,2차 전환 시에는 신산업을 대상으로 현장건의를 통해 개선과제를 발굴했다. 3차 전환 시에는 신산업뿐만 아니라 기존산업에서도 네거티브 전환을 추진하고, 기업의 건의가 없더라도 전 중앙부처가 선제적으로 법령을 조사하여 필요한 부분을 개선하였다. 특히 △인허가, △시험·검사인증, △지원·육성 △연구개발 등 관련 법령 1,546건을 전수 조사하여 개선과제를 발굴하고, 국무조정실을 중심으로 30여 차례의 조정회의를 거쳐 과제를 확정하였다.

과제 발표 후 입법방식에 있어서도 1,2차 전환 시에는 발표된 안건을 각 소관부처 개별적으로 개정하였다면, 3차 전환 시에는 법제처에서 일괄 입법하여 규제가 신속히 정비될 수 있도록 하였다.

> 【사례】 고용위기지역 지원대상 산업 네거티브화 (고용위기지역 지정 고시)
>
> [기존] 지역고용촉진지원금 지원대상 산업을 16가지*로 열거
>   * 표준산업분류체계상 농업·임업 및 어업, 제조업, 건설업 등 / 예산 年80억원
>
> [개선] 지원 제외 대상* 외 모두 허용 (고용위기지역 지정 고시)
>   * 청소년 유해업소, 계절적·한시적 사업, 미풍양속에 반하는 사업, 근로자 고용 여부가 불분명한 사업 등
>
> [효과] 신기술기반 사업, 업종간 융복합에 따른 신유형 산업 출현에 대비하여 군산, 울산 등 7개 고용위기지역의 정부지원 확대 근거

④ 4차 전환 (2019년 9월 발표)

1,2,3차 네거티브 규제전환은 중앙부처의 법령 등을 대상으로 진행되었다. 하지만 중앙부처의 법령 외에도 지자체 자치법규의 네거티브 전환을 요청하는 목소리가 있었다.
예를 들어 지자체의 특성에 따라 자치법규에 규정하도록 위임된 사항에 대해 단순히 중앙부처 법령을 그대로 가져와서, 지자체 특성을 반영하지 않는 경우가 있다. 이로 인해 복지서비스 등의 사각지대가 발생하는 등의 문제가 있었다. 다른 예로서 지자체의 지원사업 대상과 관련한 사항이 있는데, 보통 지자체마다 핵심적으로 육성·지원하는 산업에 있어 지원 대상을 규정할 때 기존 사업형태를 기준으로 한정적으로 규정하면, 융복합 산업이나 신규 산업을 포괄하지 못한다. 이러한 포지티브 방식의 자치규정으로 인해 지원받지 못하는 기업 발생하기도 했다.

이에 따라 지방자치단체의 자치법규를 대상으로 4차 네거티브 규제전환이 추진되었다. 지자체가 중심이 되어 지역기업·전문가, 지방공무원 등이 함께 참여하여 총 142개의 개선과제 발굴하였다. 지역산업, 서민경제, 주민생활 등 3대 영역에서 과제를 발굴하였으며, 지역특화산업, 농·어민 관련 사항, 복지서비스 등 민생과 밀접한 과제가 다수 발굴된 것이 특징이다. 주요 과제는 다음과 같다.

> 【사례】 ◆전통 한옥 개념 네거티브 전환 (담양군 한옥 지원 조례)
>
> [기존] 한옥 개념을 구조·자재 등을 중심으로 요건·기준을 엄격하게 규정 →
>   최근 새로운 형태의 개량한옥 건축물 시장 진입 애로
>   * 주요부가 목조구조로써 흙, 황토벽돌(블록), 한식기와 등의 친환경 자재를 사용한 건축물과 그 부속 시설물
>
> [개선] 한옥을 의미하는 기본적인 개념요소*만을 규정하고 이를 갖춘 다양한 형태의 개량 한옥 허용
>   * 기둥·보, 한식 지붕틀로 된 전통양식을 반영한 목구조
>
> [효과] 개량 한옥 산업 육성으로 일자리 창출 및 지역 중소 건축업 활성화

⑤ 5차 전환 (2020년 5월 발표)

5차 포괄적 네거티브 규제전환은 공공기관 규정을 대상으로 이루어졌다. 공공기관 규정은 법령 등은 아니지만 산업 전반에 대한 지원, 공공기관 조달 및 계약, 공공서비스 제공, 취약계층 보호 등의 역할을 규정하는 등 기업 경제활동과 국민 생활에 미치는 영향이 크다. 이에 정부는 36개 공기업과 95개의 준정부기관 등 주요 공공기관의 규정을 대상으로 포괄적 네거티브 규제 전환을 추진하였다. 신산업 발전촉진 과제 60개, 기존산업 활력제고 과제 56개, 주민생활 불편해소 과제 68개, 포용사회 기반 확산 과제 22개 등 총 206개의 과제를 발굴하여 전환하였다. 과제가 신속히 이행될 수 있도록 과제 이행 성과를 2020년 공공기관 평가와 연계하였다. 또한, 발굴된 개별 공공기관의 사례를 전체 공공기관에 배포하고, 다른 기관에도 적용이 가능한 경우 일괄하여 적용하도록 하였다.

> 【사례】 융자지원 대상 광물 범위 유연화 (한국광물자원공사)
> 기존 융자지원 대상을 "광업법상 광물"로 한정
> 개선 "광업법상 광물" 뿐만 아니라 신소재, 융·복합 광물 등도 즉시 포함할 수 있도록 기타 분류 유형을 신설
> 효과 새롭게 등장하는 신소재, 융·복합 광물에 대해 신속하고 탄력적인 지원이 가능

3.5 신산업 현장애로 규제혁신

신산업 현장애로 규제혁신이란 현장방문, 간담회, 면담 등을 통해 신산업 현장의 목소리를 듣고, 규제를 개선하는 전통적인 규제개선 방식이다. 당면한 문제의 규제개선에 있어 효과적으로 작용하며 앞서 살펴본 3가지 규제혁신 플랫폼을 보완해주는 역할을 한다. 실증을 거쳐 규제를 개선하는 샌드박스, 장기적인 계획하에서 진행하는 로드맵, 네거티브 방식에 집중하는 포괄적 네거티브 전환 등 세 가지 플랫폼은 각기 특색이 있어 다루지 못하는 부분이 있다. 현장애로 규제혁신은 이를 전체적으로 아우르면서 현장의 목소리를 바로바로 반영할 수 있다는 보편성과 신속함을 장점으로 한다. 이에 더해 문재인 정부에서는 건의를 검토하고 개선방안을 마련하는 방식에 있어서 보다 수요자에 친화적인 요소를 가미하였다. 먼저 규제수용 여부를 전원 민간 전문가로만 구성된 '신산업규제혁신위원회'에서 심층 토론을 거쳐 결정하도록 했다. 두번째로 '원칙 개선, 예외 소명'의 규제 검토방식을 적용했다. 건의를 원칙적으로 수용하되 예외적으로 수용이 어려운 경우 담당 부처에서 소명하는 적극적인 방식을 활용하였다. 마지막으로 국제수준에서 최소 수준의 규제를 달성한다는 원칙을 적용하였다. 이러한 3가지 원칙하에 총 8차례에 걸쳐 369건의 규제개선 과제를 발표하였다. 발표 후에도 부처의 신속한 법령 정비를 독려하고 이행상황을 수시로 점검하고 있다. 2021년 말 기준, 전체과제 중 81.5%(301건)가 개선 완료되는 등 성과를 거두었다.

제4장 향후 과제

4.1 신산업 규제혁신 제도의 고도화

　신산업 규제혁신의 대표적인 3대 플랫폼으로 볼 수 있는 규제샌드박스, 신산업 규제혁신 로드맵, 네거티브 규제시스템 전환은 체계화·제도화되어 추진된지 3~4년에 불과하기 때문에 그간의 시행경험을 토대로 보완되어야 할 부분이 분명 존재한다. 이 장에서는 각각의 규제혁신 플랫폼이 최종 수요자인 기업과 국민의 입장에서 체감가능한 성과를 도출함으로써 신산업 규제혁신이라는 최종목표를 보다 효과적으로 달성하기 위해 보완되어야 할 사항에 대해서 논하고자 한다.

(1) 규제샌드박스

　규제샌드박스 제도는 3년 여간 운영되면서 상당한 성과가 있었다. 가장 큰 성과는 우선 600여건을 상회하는 승인실적과 함께, 투자·고용·매출 증가라는 가시적이고 체감가능한 성과를 실현했다는 점이다. 이는 신청기업이라는 직접적인 당사자가 있고, 승인사업의 확산이라는 성과가 뚜렷하게 나타날 수 있는 제도설계가 주효했다. 이러한 성과를 보다 확산하고 기업의 체감도를 높이기 위해서는 몇 가지 측면에서 보완이 필요한데, 신청 - 승인 - 사후관리 - 규제개선이라는 규제샌드박스를 구성하는 각 절차를 중심으로 살펴보고자 한다.

　먼저, 일부 과제는 신청 후 승인까지 걸리는 기간이 상당히 소요되면서 제도의 체감도를 떨어뜨리는 요인이 되고 있다. 신산업을 대상으로 하는 규제샌드박스 제도의 특성상 신속한 승인은 해당 신산업의 성패를 좌우한다고 할 수 있을 정도로 중요한 요인이다. 대부분 과제는 신청 후 2개월 내에 승인되지만, 일부 과제는 1년 이상 소요되기도 하는 등 '우선허용-사후규제'라는 기본취지에 맞지 않는 사례가 발생하고 있다. 신청기업에서 사업계획을 구체화하는데 기간이 소요되거나, 안전기준 마련이나 이해관계자 설득에 기간이 소요되는 경우도 많지만, 규제부처에서 협의과정에 소극적이거나 과도한 근거자료를 요구하는 등 소극적인 행태로 인한 경우도 있다. 규제샌드박스 제도를 운영하는 주관부처의 신속한 협의 추진은 물론, 국무조정실의 적극적인 조정도 필요하지만, 근본적으로 심의기한을 설정함으로써 이러한 과정을 보다 신속하게 진행되도록 제도화할 필요가 있다. 즉, 신청 이후 일정기간이 지나면 특례위에 상정하여 논의토록 함으로써 사업자, 규제부처, 주관기관 등이 보다 적극적이고 신속한 협의를 하도록 유도하는 제도적 보완이 필요하다.

　둘째, 승인 이후 시장 출시까지 걸리는 시간이 상당히 소요되거나 일부 과제는 시장 출시가 보류되는 경우도 발생하고 있다. 기본적으로 시장출시는 기업의 책임이지만, 규제샌드박스 승인기업에 정부의 다양한 지원제도를 연계함으로써 승인기업이 본격적인 실증에 나설 수 있도록 환경을 정비해줄 필요가 있다. 또한, 일부 과도한 부가조건으로 인해 시장 출시에 어려움을 겪거나 시장 출시 후 기업 부담이 과도하다면 이를 완화해 줄 수 있는 장치도 필요하다. 즉, 안전성 확보를 위해 설정한 부가조건이 실증과정에서 당초 취지와 달리 불필요하거나 과도한 경우 이를 적극적으로 완화하는 방안도 고민할 필요가 있다. 현재 부가조건 완화 요청제도가 있는데, 이를 보다 적극적으로 활용하기 위한 방안이 필요하다.

셋째, 실증이 어느 정도 진행된 후 실제 규제개선으로 이어지는 절차를 보완할 필요가 있다. 현재는 실증을 통해 안전성을 확인하게 되면 규제개선에 나서게 되는데, 현장에서는 안전성의 기준이 무엇인지, 어떤 기관이 안전성을 검증하게 되는지 등에 대한 불확실성이 문제시되고 있다. 실증이 최종 규제개선으로 이어지기 위해 안전성 검증에 대한 보다 명확한 기준을 제시할 필요가 있다.

넷째, 개별기업 차원에서 실증을 책임지기에 부적합한 과제를 대상으로 정부 주도의 규제샌드박스 과제 운영도 검토할 필요가 있다. 현재는 개별기업 차원에서 신청이 이뤄지고 있으나, 내국인 비대면 진료나 의약품 배송 등의 경우 이해집단간 입장이 첨예하여 개별기업 단위의 승인이 이뤄지지 못하고 있다. 게다가 이러한 과제들은 안전성에 대한 신중한 접근이 필요한 측면도 있기 때문에 규제 개선을 목적으로 추진되는 기존 규제샌드박스로 추진되기 곤란한 측면도 있다. 따라서 정부가 사실상의 신청자로서 실증책임을 지면서 규제개선을 전제하지 않고 실증결과를 토대로 규제개선을 검토하는 Top-down 방식의 규제샌드박스 운영도 검토할 필요가 있다.

(2) 신산업 규제혁신 로드맵

신산업 규제혁신 로드맵은 7개 신산업 분야(자율주행차, 드론, 수소차·전기차, 가상·증강현실, 로봇, 인공지능, 자율운항선박)에서 수립되었고, 자율주행차 분야는 개정작업도 진행되었다. 미래에 발생할 규제이슈를 미리 정비한다는 측면에서 상당한 성과가 기대되지만, 미래에 발생할 규제이슈이기에 체감도 측면에서 한계도 존재한다. 로드맵이 선제적 규제정비라는 당초 목표를 달성하기 위해서 몇 가지 측면에서 보완이 필요하다.

첫째, 해당 신산업의 변화를 반영하기 위해 주기적인 개정을 지속하는 것은 물론, 기존 로드맵의 틀에 구애받지 말고 변화된 신산업에 맞는 개정을 추진해야 한다. 신산업은 빠른 속도로, 융합적으로 발전하는 것이 특징이다. 2~3년이 지나면 어떤 형태로 변화할지 누구도 정확하게 알 수 없다. 따라서 지속적으로 규제이슈를 최신화하기 위해 로드맵을 개정하는 것은 반드시 필요하다. 이 과정에서 과거 로드맵에 있는 규제이슈라도 실제 개정 필요성이 없는 경우 과감히 삭제하고 당시 시점에 맞는 규제이슈로 보완할 필요가 있다. 또한, 신산업은 기술 발전에서 시작하여 결국 서비스 상용화로 발전하며, 그 과정에서 체계 자체가 변화하기도 한다. 예컨대, 가상·증강현실 분야의 경우 당초에는 기술을 중심으로 논의가 되었으나 지금은 메타버스라는 개념이 등장하면서 기술을 넘어 서비스와 사회체계까지 포괄하는 개념으로 발전했다. 로드맵 개정시에는 이러한 변화를 반영하여 보다 포괄적이고 적시성 있는 분야를 대상으로 규제이슈에 대한 해결방안을 마련해 가야 한다.

둘째, 로드맵의 체감도를 보완하기 위해 해당 업계와의 소통을 강화해야 한다. 산·학·연·관 협업체계를 통해 로드맵이 수립되지만, 최종안은 주로 관계부처와의 협의과정을 통해 결정된다. 따라서 해당 업계에서는 로드맵 발표 후 최종안을 언론기사나 보도자료 형태로 확인하게 됨으로써 업계 의견을 최종 반영할 수 있는 통로가 확보되지 않은 상태가 되거나 로드맵의 세부내용을 잘 모르게 되는 경우가 발생한다. 로드맵은 미래 규제이슈를 미리 해결하는 개선방안을 수립하는 것은 물론, 개선시기를 정함으로써 업계의 규제불확실성을 해소하는 효과도 크기 때문에 최종본 단계에서 업계와의 소통절차를 마련함으로써 체감도를 높이고 최종 수요자인 업계의 입장이 다시 한번 반영될 수 있도록 하는 방안을 검토할 필요가 있다.

셋째, 로드맵 상 세부과제는 상황변화에 따라 탄력적으로 이행해 나가야 한다. 세부과제는 수립 당시의 상황을 토대로 마련하였기 때문에 상황변화에 따라 언제든지 추진방향과 일정이 변화할 수 있다. 예컨대, 로봇 규제혁신 로드맵 상 자율주행 로봇의 제도화를 위한 도로교통법 개정은 2025년으로 예정하였으나, 미국은 20개 주에서 이미 제도화되었고 일본은 2022년 중 법령 개정을 추진하는 한편, 규제샌드박스 실증도 활발히 진행되면서 규제개선 시기를 앞당겨야 한다는 요구가 상당히 커졌다. 이러한 상황에서 당초 개정일정을 고집할 이유는 없기 때문에 상황변화에 맞춰 관련 제도를 마련해 가면서 추진일정을 당길 필요가 있다. 실제 이러한 과정을 거쳐 2022년 1월 국무조정실 주관 업계 간담회를 거쳐 해당 과제는 2023년까지 도로교통법령 등을 개정하는 것으로 변경된 바 있다.

(3) 네거티브 규제시스템 전환

네거티브 규제시스템 전환은 그동안 상당한 양적성과에도 불구하고 체감도가 높지 않다는 지적과 함께, 여전히 규제혁신의 핵심과제로 인식되고 있다. 이는 네거티브 규제시스템 전환의 그간 추진방식이 중앙부처/지자체/공공기관 등을 대상으로 하면서 최종 수요자인 기업과 국민의 시각과 괴리가 있었다는 점, 규제개혁 총괄기관이 주도하면서 해당 산업을 책임지는 소관부처의 역할이 제한적이었다는 점 등에 기인한 것으로 보인다. 보다 체감가능한 규제혁신을 위해서는 몇 가지 측면의 보완이 필요하다.

첫째, 대상분야를 보다 명확하게 구체화할 필요가 있다. 모든 규제법령을 네거티브화하는 것은 실제 가능하지 않고, 바람직하지도 않다. 이러한 한계점을 분명히 인식하면서 신산업 분야에 집중적인 네거티브 규제시스템 전환을 추진해야 한다. 이를 위해 신산업 규제혁신 로드맵과 같이 개별 신산업 분야를 대상으로 네거티브 규제시스템 전환을 본격화할 필요가 있다.

둘째, 제기된 규제이슈를 해결하는 방식으로 네거티브 규제시스템 전환을 추진해야 할 필요가 있다. 기업과 국민 입장에서 해결해야 할 규제이슈에 집중하여 네거티브 전환을 추진함으로써 보다 체감도를 높이고 네거티브 전환의 효과를 구체화할 수 있다.

셋째, 해당 규제이슈와 연관된 상하위 법령은 물론 연관법령까지 종합적·체계적 정비가 필요하다. 개별부처의 입장에서는 소관 규제법령을 개선해주는지가 중요하지만, 기업과 국민 입장에서는 결국 여러 부처에 연관된 관련 규제법령이 모두 개선되어 해당 신산업이 실현가능한지가 체감도를 결정하는 것이기 때문에 개별적인 규제법령 개선으로만으로는 충분하지 않다. 즉, 특정 신산업과 관련된 10개의 규제법령이 있다면 이 중 한 개라도 개선되지 않을 경우 해당 신산업 분야 기업의 입장에서는 규제개선의 체감도가 없다. 따라서 규제이슈를 해결하기 위해 상하위 법령과 함께 타부처·타분야의 연관법령도 모두 검토하여 개선방안을 마련해야 한다.

넷째, 해당 신산업 주무부처의 역할을 강화해야 한다. 주무부처는 해당 산업분야의 특성에 대해 이해도가 높고, 해결해야 할 규제이슈를 면밀히 파악하면서 업계와의 소통을 보다 원활하게 이끌 수 있는 역량과 자원을 보유하고 있고, 동시에 이에 대한 책임도 있다. 보다 체감도 높은 과제를 발굴하고 해결방향을 제시하는 과정에서 주무부처의 역할을 보다 확대해야 하고, 규제개혁 총괄기구는 기본방향과 가이드라인, 신산업 주무부처와 규제부처와의 조정 등에 집중함으로써 전체 성과를 극대화할 수 있도록 유기적인 협력관계를 구축해야 한다.

(4) 신산업 규제혁신 제도간 연계 강화

규제샌드박스, 신산업 규제혁신 로드맵, 네거티브 규제시스템 전환은 신산업 분야 규제혁신 플랫폼으로서 신산업 출현과 발전을 지원하기 위한 규제혁신이라는 공통의 목표를 가지고 있다. 개별제도의 체계와 목적은 다르지만 상호보완적인 관계를 가지고 있기 때문에 제도간 연계를 통해 신산업 규제혁신이라는 궁극적인 목표에 도달하기 위해 시너지를 창출할 수 있다.

신산업 규제혁신 로드맵은 미래에 발생가능한 '규제이슈를 발굴'하여 각각의 규제이슈에 대한 해결방안과 일정을 제시하게 된다. 네거티브 규제시스템 전환은 신산업 육성을 가로막는 '규제이슈를 네거티브 방식으로 해결'함으로써 향후 유사한 문제의 재발을 막는다. 이러한 정비를 추진하더라도 모든 미래 규제이슈를 완벽히 예상하여 사전에 정비하는 것은 불가능하기 때문에 '실제 제기되는 규제이슈'는 규제샌드박스를 통해 우선 시도를 허용하고 사후에 규제기준을 만들게 된다.

이는 3개 제도가 '규제이슈'를 매개로 하여 순환체계를 형성하게 되고, 이러한 체계가 상호보완적으로 발전하는 것이 궁극적인 목표인 신산업 규제혁신의 성과를 제고하기 위해 매우 중요하다.

4.2 신산업과 갈등관리

(1) 갈등관리의 중요성

신산업과 기존 산업간의 갈등은 매우 어렵지만 중요한 문제이다. 산업혁명 당시 영국에서 제정된 '적기조례'(red flag act)는 당시로서는 신산업인 자동차 산업의 확산을 막아 영국의 자동차 산업이 주도권을 잃게 되는 결과를 가져온 사례로 회자되면서 불합리한 규제가 산업발전을 저해한 대표적인 사례로 지목되고 있다. 영국은 1826년 세계 최초로 증기자동차를 상용화했고, 1861년에는 The Locomotives on Highways Act라는 세계 최초의 도로교통법을 제정하였는데, 차량의 중량을 최대 12톤으로 제한하고, 최고속도는 시속 10마일(16km/h)로 제한하는 등의 내용을 담고 있었다. 1865년에는 The Locomotive Act를 제정하게 되는데, 이것이 '적기조례'로 불리우는 법으로서 최고속도를 교외 시속 4마일(6km/h), 시내 시속 2마일(3km/h)로 더욱 제한하는 한편, 차량 마다 기수가 붉은색 깃발이나 등을 가지고 55m 앞을 달리면서 자동차를 선도해야 한다고 규제했다. '적기조례'는 당시 증기자동차가 말을 놀라게 하는 경우가 많아 마부들이 강력하게 요구했고, 경쟁관계에 있던 철도업계에서도 증기자동차에 대한 규제를 요구하면서 탄생하게된 것으로 알려져 있다. 1878년에는 Highways and Locomotive Act로 개정되었는데, 기수가 붉은 깃발을 들고 앞서 가야한다는 규정은 삭제되었지만, 말을 놀라게 하는 연기나 증기를 뿜어서는 안된다고 규정하면서 증기자동차가 사실상 상용화되는 것을 막았다고 평가되고 있다.

'적기조례' 사례는 마부와 철도업계라는 기존 산업의 이익을 보호하기 위해 당시로서는 미래 모빌리티 산업이었던 증기자동차의 등장을 사실상 좌절시킨 사례로 상징성이 크다. 하지만, 당시 이러한 규제가 등장할 때 이해관계자인 마부들과 철도업계는 물론, 교통안전을 담당하는 정부기관과 법령 제정을 담당하는 의회의 입장을 각각 살펴보자. 마부들과 철도업계의 입장에서 증기자동차를 규제해달라는 요구는 각 집단의 이익 보호 측면에서 당연하다. 교통안전을 담당하는 정부기관의 입장에서는 당시 증기자동차는 상당히 무겁고 시끄러웠으며 위험한 폭발사고나 충돌사고도 종종 발생(세계 최초의 자동차 사망사고는 시속 6km/h 속도에 불과한 증기자동차 실험과정에서 발생하였다)했고, 무거운 차체로 인해 도로파손 위험도 높았기 때문에 교통안전과 도로보호 측면에서 규제의 정당성과 필요성을 인정하였을 것이다. 의회의 입장에서는 마부와 철도업계라는 상당한 정치적 영향력을 지닌 집단에서 요구하는 사항인데다가 교통안전이라는 공익적 측면도 인정되기 때문에 법령 제정을 추진한 것이었다. 증기자동차 업계를 제외한 '적기조례'를 둘러싼 모든 관련집단의 입장에서는 필요성이 인정되는 규제였고, 공익적 가치도 있었기에 당시 이러한 규제가 도입된 것은 매우 자연스러운 과정이었을 것이다. 증기자동차 업계도 일단 제도화되기 위해서는 이러한 규제를 받아들일 수밖에 없었을 것이다.

문제는 자동차 산업이 발전하려면 새로운 시도를 통해 안전성과 실효성을 테스트해야 하는데 적기조례로 상징되는 과도한 규제가 이를 막았다는 점이다. 적기조례의 등장에 관여한 각 집단 차원에서는 합리적인 선택이었으나 공동체 전체 입장에서는 불합리한 결과를 초래했다. 규제 자체가 도입 당시에는 필요성이 인정되었을지라도 산업 발전에 불합리한 결과를 가져오는 측면이 있다면 신속하게 보완해 나가야 하는데, 이러한 과정이 신속하게 진행되지 못했다. 집단간 갈등의 비용을 최소화하지 못하고 누적되면서 확산되는 결과가 나타나고 있지만 신속히 정비하지 못했다는 측면에서 갈등관리의 실패이자 규제혁신의 실패로 볼 수 있다.

(2) 신산업 분야 갈등의 특성

이렇듯 신산업과 기존 산업의 갈등은 그 문제점이 확대되기 전에 신속한 해결이 필요하다. 하지만, 일반적인 업역간 갈등은 이미 제도화된 영역에서 집단간 갈등이 발생하게 되고 이는 정부의 중립적인 중재를 통해 해결되는 과정을 거치게 되는데, 신산업과 기존산업의 갈등은 기존의 낡은 규제로 인해 제도화되지 못한 신산업이 기존 산업과 갈등을 빚게 된다는 점에서 몇 가지 특성이 있다.

첫째, 신산업은 제도화되지 못했다는 점에서 편법 혹은 불법으로 인식되는 경우가 많아 기존 산업에 비해 법적 지위가 불리한 위치에 있다. 신산업과 기존 산업 간 갈등의 대표사례로 일컬어지는 타다의 경우 당시 여객자동차법령 상 렌터카에 대한 운전자 알선을 원칙적으로 금지하면서 예외적으로 허용(승차정원 11인승 이상 15인승 이하 승합자동차 임차)한 규정을 이용하여 서비스를 개시하였는데 이 규정의 당초 취지는 소규모 관광객의 편의를 위한 것으로서 타다와 같은 대규모 플랫폼 사업을 위한 것이 아니라는 이유로 합법인지 불법인지에 대한 논란이 야기되었다. 비록 1심에서 무죄판결을 받았으나, 이렇듯 기존 규제체계에서 허용여부가 모호한 영역에서 시작되는 신산업이 상당부분 많아 법적 지위에 있어서 불리한 위치에 있는 경우가 많다.

둘째, 신산업은 조직화되고 상당한 인적·물적 자원을 보유한 기존 산업에 비해 정치적 자원 측면에서 불리한 위치에 있다. 앞서 살펴본 영국의 적기조례 사례와 같이 새롭게 시작하는 산업은 대체재 성격을 지닌 기존 산업과 경쟁관계에 놓여있는데, 특히 정치적 자원 동원 능력에 있어서는 절대적인 열세에 있고, 이는 대부분 법령의 형태를 지니고 있는 규제체계의 변화에 있어서 이들이 공정한 대우를 받지 못할 가능성이 높다는 것을 의미한다.

셋째, 신산업은 고도의 불확실성을 특성으로 하고 있기에 유효성과 안전성 입증 등에 있어서 기존 산업에 비해 불리한 위치에 있다. 유효성과 안전성에 있어서는 기준 자체가 없는 경우가 많고, 이를 입증할 역량 역시 부족하고 발전과정에서 초기 형태와 현저히 다르게 변화할 수 있다. 앞서 살펴본 영국의 적기조례 사례에서 규제의 적용대상은 새로이 개발된 증기기관을 이용한 자동차였고, 당시에 어느 정도로 확산될지, 사회적으로 수용가능한 안전기준은 무엇인지 판단할 기준은 없었다. 더욱이, 본격적인 자동차 산업 발전은 내연기관을 이용한 엔진이 확산되면서 시작되는 등 산업이 어떻게 발전될지 예측하기 힘든 특성을 지닌다.

이를 감안한다면, 정부가 일반적인 갈등관리 상황처럼 중립적인 중재를 추진하게 되면 이는 결과적으로 신산업에는 공정하지 못한 결과로 나타날 가능성이 크다. 즉, 법적 지위, 정치적 자원 등이 현저하게 불리해 공적영역에서 충분히 대표되지 못하고 있는 신산업 업계에 기존 산업과 같이 안전성과 유효성에 대한 입증부담을 요구하면서 갈등을 관리하는 것은 불합리하며, 갈등관리에 있어서 정부는 중립적인 중재자라기보다는 적극적인 조정자의 역할이 필요하다. 다만, 이는 스타트업 등과 같이 소규모 혁신기업이 새로운 아이디어와 기술을 바탕으로 신산업을 개척해 가는 과정에 적용할 수 있는 것으로, 기존 대기업이나 거대 플랫폼 기업 등이 새로운 영역으로 확장하는 과정까지 적용하여 일반화하기는 힘들 것이다.

(3) 신산업 분야 갈등관리 방향

신산업 분야 갈등의 특성을 감안할 때, 정부는 중립적인 중재자의 역할보다는 불리한 위치에 놓인 신산업의 입장을 보다 감안하면서 적극적인 조정자의 역할을 수행해야 한다. 이는 기존 산업과의 갈등을 합리적으로 해소하기 위한 방안을 마련하는 과정에 정부가 보다 적극적인 역할을 수행해야 함을 의미한다. 집단간 갈등을 격화시키지 않으면서 신산업 발전을 촉진할 수 있는 갈등관리 방향에 대해 몇 가지 생각을 제시해본다.

첫째, 규제혁신 제도들은 보다 신산업에 친화적인 기관에서 주도해야 한다. 예컨대, 규제기관은 본질적으로 규제 자체의 목적 달성을 위해 신중한 입장을 취할 수밖에 없고 기존 규제로 인해 형성된 집단을 대표하게 된다. 따라서 신산업 육성을 책임진 기관이나 부처에서 규제혁신 과정에 주도적인 역할을 부여해야 한다. 규제부처 보다는 진흥부처에서 규제혁신에 필요한 이슈를 제기하고 이를 해결하기 위한 자원과 제도를 보유해야 한다. 우리나라의 규제샌드박스 제도는 산업 진흥기능을 가진 부처에서 운영하고 있는 것은 이러한 측면을 감안한 것이다. 물론, 최종적인 규제개선은 규제부처에서 담당해야 하지만, 규제개선 필요성을 제기하고 해결방안을 모색하는 과정에서 진흥부처의 보다 적극적인 역할이 필요하다.

둘째, 규제혁신 제도들은 보다 이해관계자의 참여와 소통을 확대하는 방향으로 보완되어야 한다. 신산업 갈등관리는 정해진 답이 있다기보다는 기존 산업과의 끊임없는 소통과 협의를 통해 제도화의 길을 모색하는 과정인데, 그 과정에서 기존 산업에 속한 집단의 강력한 반대에 직면하게 되면 제도화되는 과정은 좌절되거나 지연될 수밖에 없다. 특히, 갈등이 과도하게 정치화되고 이념화 될 경우 관련 집단 간 합리적인 토론과 협의가 힘들어지는 경우가 발생하는데 이러한 단계까지 진행되지 않도록 지속적인 상호협의와 소통이 필요하고, 이를 정부에서 지원해야 한다.

셋째, 보다 합리적인 갈등해결을 위해 실증과 데이터 기반의 해결을 추구해야 한다. 상당한 신산업 분야가 진입조차 해보지 못하고 기존 산업 분야의 반대로 좌절되는 경우가 있는데, 이는 기존 산업 분야에 속한 집단의 입장에서는 궁극적으로 생존권을 위협하는 결과에 대한 우려가 크기 때문이다. 하지만, 신산업 발전과정에서 기존 산업과의 공존과 상생의 방안은 충분히 존재한다. 예컨대, 타다 사태 이후 플랫폼 택시가 제도화되면서 플랫폼 사업자에게 기여금을 부과함으로서 기존 택시업계와의 상생방안을 마련한 사례가 있고, 수많은 신산업 관련 업계에서는 기존 산업과의 적대적 갈등 보다는 상생과 공존을 원하는 경우가 많다. 문제는 그 상생안의 수준과 방법인데, 이를 합리적으로 마련하기 위해서는 실제 사업을 개시한 후 기존 사업자에게 미치는 영향 등을 실제 테스트해보는 것이 필요하다. 규제샌드박스나 시범사업 등을 활용하여 상생방안을 모색하는 방식으로 접근할 필요가 있다.

부 록

행정규제기본법령

행정규제기본법령(3단 비교)

행정규제기본법	행정규제기본법 시행령	규제개혁위원회 운영세칙
법률 제16954호, 2020. 2. 4. 타법개정 법률 제16322호, 2019. 4.16. 일부개정 법률 제15609호, 2018. 4.17. 일부개정 법률 제15037호, 2017.11.28. 일부개정 법률 제14184호, 2016. 5.29. 타법개정 법률 제13329호, 2015. 5.18. 일부개정 법률 제11935호, 2013. 7.16. 일부개정 법률 제11690호, 2013. 3.23. 타법개정 법률 제9965호, 2010. 1.25. 일부개정 법률 제9532호, 2009. 3.25. 타법개정 법률 제8852호, 2008. 2.29. 타법개정 법률 제7797호, 2005.12.29. 일부개정 법률 제5529호, 1998. 2.28. 타법개정 법률 제5368호, 1997. 8.22. 제 정	대통령령 제31380호, 2021. 1. 5., 타법개정 대통령령 제29237호, 2018.10.16. 일부개정 대통령령 제28677호, 2018. 2.20. 일부개정 대통령령 제28211호, 2017. 7.26. 타법개정 대통령령 제28039호, 2017. 5. 8. 일부개정 대통령령 제27498호, 2016. 9.13. 일부개정 대통령령 제25751호, 2014.11.19. 타법개정 대통령령 제24429호, 2013. 3.23. 타법개정 대통령령 제20724호, 2008. 2.29. 타법개정 대통령령 제19513호, 2006. 6.12. 타법개정 대통령령 제19436호, 2006. 3.31. 일부개정 대통령령 제15681호, 1998. 2.24. 제 정	국무조정실훈령 제111호, 2017. 8.23. 일부개정 2017. 6.23. 일부개정 2015. 6.26. 일부개정 2013. 5.24. 일부개정 2012. 7. 6. 일부개정 2008.10. 2. 일부개정 2008. 4. 일부개정 2000. 5. 일부개정 1998.11. 일부개정 1998. 4. 제 정
제1장 총칙 〈개정 2010.1.25.〉 **제1조(목적)** 이 법은 행정규제에 관한 기본적인 사항을 규정하여 불필요한 행정규제를 폐지하고 비효율적인 행정규제의 신설을 억제함으로써 사회·경제활동의 자율과 창의를 촉진하여 국민의 삶의 질을 높이고 국가경쟁력의 지속적으로 향상되도	**제1조(목적)** 이 영은 행정규제기본법(이하 "법"이라 한다)에서 위임된 사항과 그 시행에 관하여 필요한 사항을 규정함을 목적으로 한다.	**제1조(목적)** 이 운영세칙은 행정규제기본법(이하 "법"이라 한다) 제23조에 의한 규제개혁위원회(이하 "위원회"라 한다)의 운영에 관하여 필요한 세부사항을 규정함을 목적으로 한다.

행정규제기본법	행정규제기본법 시행령	규제개혁위원회 운영세칙
적 함을 목적으로 한다. [전문개정 2010.1.25.] 제2조(정의) ① 이 법에서 사용하는 용어의 뜻은 다음과 같다. 1. "행정규제"(이하 "규제"라 한다)란 국가나 지방자치단체가 특정한 행정 목적을 실현하기 위하여 국민(국내법을 적용받는 외국인을 포함한다)의 권리를 제한하거나 의무를 부과하는 것으로서 법령등이나 조례·규칙에 규정되는 사항을 말한다. 2. "법령등"이란 법률·대통령령·총리령·부령과 그 위임을 받는 고시(告示) 등을 말한다. 3. "기존규제"란 이 법 시행 당시 다른 법률에 근거하여 규정된 규제와 이 법 시행 후 이 법에서 정한 절차에 따라 규정된 규제를 말한다. 4. "행정기관"이란 법령등 또는 조례·규칙에 따라 행정 권한을 가지는 기관과 그 권한을 위임받거나 위탁받은 법인·단체 또는 그 기관이나 개인을 말한다.	제2조(행정규제의 범위 등) ① 법 제2조제2항에 따른 행정규제(이하 "규제"라 한다)의 구체적 범위는 다음 각 호의 어느 하나에 해당하는 사항으로서 법령등 또는 조례·규칙에 규정되는 사항으로 한다. 〈개정 2018.2.20〉 1. 허가·인가·특허·면허·승인·지정·인정·시험·검사·검정·확인·증명 등 일정한 요건과 기준을 정하여 놓고 행정기관이 국민으로부터 신청을 받아 처리하는 행정처분 또는 이와 유사한 사항 2. 허가취소·영업정지·등록말소·시정명령·확인·조사·단속 등 행정의무의 이행을 확보하기 위하여 행정기관이 행하는 행정처분 또는 감독에 관한 사항 3. 고용의무·신고의무·등록의무·보고의무·공급의무·출고금지·명의대여금지 그 밖에 영업 등과 관련하여 일정한 작위의무 또는 부작위의무를 부과하는 사항	

250 규제개혁 정책의 이해

행정규제기본법	행정규제기본법 시행령	규제개혁위원회 운영세칙
5. "규제영향분석"이란 규제로 인하여 국민의 일상생활과 사회·경제·행정 등에 미치는 여러 가지 영향을 객관적이고 과학적인 방법을 사용하여 미리 예측·분석함으로써 규제의 타당성을 판단하는 기준을 제시하는 것을 말한다. ② 규제의 구체적 범위는 대통령령으로 정한다. [전문개정 2010.1.25.] 제3조(적용 범위) ① 규제에 관하여 다른 법률에 특별한 규정이 있는 경우를 제외하고는 이 법에서 정하는 바에 따른다. ② 다음 각 호의 어느 하나에 해당하는 사항에 대하여는 이 법을 적용하지 아니한다. 〈개정 2016.5.29., 2017.11.28〉 1. 국회, 법원, 헌법재판소, 선거관리위원회 및 감사원이 하는 사무 2. 형사(刑事), 행형(行刑) 및 보안처분에 관한 사무 2의2. 과징금, 과태료의 부과 및 징수에 관한 사항	4. 그 밖에 국민의 권리를 제한하거나 의무를 부과하는 행정행위(사실행위를 포함한다)에 관한 사항 ② 법 제2조제1항제2호 및 법 제4조제2항 단서에서 "고시 등"이라 함은 훈령·예규·고시 및 공고를 말한다.	

행정규제기본법	행정규제기본법 시행령	규제개혁위원회 운영세칙
3. 「국가정보원법」에 따른 정보·보안 업무에 관한 사항 4. 「병역법」, 「통합방위법」, 「예비군법」, 「민방위기본법」, 「비상대비자원 관리법」 및 「재난 및 안전관리기본법」에 규정된 징집·소집·동원·훈련에 관한 사항 5. 군사시설, 군사기밀 보호 및 방위사업에 관한 사항 6. 조세(租稅)의 종목·세율·부과 및 징수에 관한 사항 ③ 지방자치단체는 이 법에서 정하는 취지에 따라 조례·규칙에 규정된 규제의 등록 및 공표(公表), 규제의 신설이나 강화에 대한 심사, 기존 규제의 정비, 규제심사기구의 설치 등에 필요한 조치를 하여야 한다. [전문개정 2010.1.25] 제4조(규제 법정주의) ① 규제는 법률에 근거하여야	제3조 삭제 〈2006.3.31〉	

행정규제기본법	행정규제기본법 시행령	규제개혁위원회 운영세칙
하며, 그 내용은 알기 쉬운 용어로 구체적이고 명확하게 규정되어야 한다. ② 규제는 법률에 직접 규정하되, 규제의 세부적인 내용은 법률 또는 상위법령(上位法令)에서 구체적으로 범위를 정하여 위임한 바에 따라 대통령령·총리령·부령 또는 조례·규칙으로 정할 수 있다. 다만, 법령에서 전문적·기술적 사항이나 경미한 사항으로서 업무의 성질상 위임이 불가피한 사항에 관하여 구체적으로 범위를 정하여 위임한 경우에는 고시 등으로 정할 수 있다. ③ 행정기관은 법률에 근거하지 아니한 규제로 국민의 권리를 제한하거나 의무를 부과할 수 없다. [전문개정 2010.1.25] 제5조(규제의 원칙) ① 국가나 지방자치단체는 국민의 자유와 창의를 존중하여야 하며, 규제를 정하는 경우에도 그 본질적 내용을 침해하지 아니하도록 하여야 한다. ② 국가나 지방자치단체가 규제를 정할 때에는		

행정규제기본법	행정규제기본법 시행령	규제개혁위원회 운영세칙
국민의 생명·인권·보건 및 환경 등의 보호와 식품·의약품의 안전을 위한 실효성이 있는 규제가 되도록 하여야 한다. ③ 규제의 대상과 수단은 규제의 목적 실현에 필요한 최소한의 범위에서 가장 효과적인 방법으로 객관성·투명성 및 공정성이 확보되도록 설정되어야 한다. [전문개정 2010.1.25] **제5조의2(우선허용·사후규제 원칙)** ① 국가나 지방자치단체가 신기술을 활용한 새로운 서비스 또는 제품(이하 "신기술 서비스·제품"이라 한다)과 관련된 규제를 법령등이나 조례·규칙에 규정할 때에는 다음 각 호의 어느 하나의 규정 방식을 우선적으로 고려하여야 한다. 1. 규제로 인하여 제한되는 권리나 부과되는 의무는 한정적으로 열거하고 그 밖의 사항은 원칙적으로 허용하는 규정 방식 2. 서비스와 제품의 인정 요건·개념 등을 장래의 신기술 발전에 따른 새로운 서비스와 제품도 포		

행정규제기본법	행정규제기본법 시행령	규제개혁위원회 운영세칙
설될 수 있도록 하는 규정 방식 3. 서비스와 제품에 관한 분류기준을 장래의 신기술 발전에 따른 서비스와 제품도 포섭될 수 있도록 유연하게 정하는 규정 방식 4. 그 밖에 신기술 서비스·제품과 관련하여 출시 전에 권리를 제한하거나 의무를 부과하지 아니하고 필요에 따라 출시 후에 권리를 제한하거나 의무를 부과하는 규정 방식 ② 국가와 지방자치단체는 신기술 서비스·제품과 관련된 규제를 점검하여 해당 규제를 제1항에 따른 규정 방식으로 개선하는 방안을 강구하여야 한다. [본조신설 2019. 4. 16.] **제6조(규제의 등록 및 공표)** ① 중앙행정기관의 장은 소관 규제의 명칭·내용·근거·처리기관 등을 제23조에 따른 규제개혁위원회(이하 "위원회"라 한다)에 등록하여야 한다. ② 위원회는 제1항에 따라 등록된 규제사무 목록을 작성하여 공표하고, 매년 6월 말일까지 구체화	**제4조(규제의 등록방법 및 절차)** ① 중앙행정기관의 장은 규제를 신설하거나 등록된 규제를 변경 또는 폐지한 경우에는 해당 규제에 관한 법령등이 공포 또는 발령된 날부터 30일 이내에 별 제6조제1항에 따른 규제개혁위원회(이하 "위원회"라 한다)에 등록하여야 한다. 〈개정 2018.2.20〉	

행정규제기본법	행정규제기본법 시행령	규제개혁위원회 운영세칙
제출하여야 한다. ③ 위원회는 직권으로 조사하여 등록되지 아니한 규제가 있는 경우에는 중앙행정기관의 장에게 지체 없이 위원회에 등록하게 하거나 그 규제를 폐지하는 법령등의 정비계획을 제출하도록 요구하여야 하며, 관계 중앙행정기관의 장은 특별한 사유가 없으면 그 요구에 따라야 한다. ④ 제1항부터 제3항까지의 규정에 따른 규제의 등록·공표의 방법과 절차 등에 관하여 필요한 사항은 대통령령으로 정한다. [전문개정 2010.1.25]	② 중앙행정기관의 장은 제1항에 따라 위원회에 규제를 등록하는 경우에는 다음 각 호의 사항을 명시하여야 한다. 〈개정 2018.2.20〉 1. 규제의 명칭 2. 규제의 법적근거 및 내용 3. 규제의 처리기관 4. 규제의 시행과 관련된 하위법령 등의 내용 5. 규제를 규정한 법령등의 공포일 또는 발령일과 규제의 시행일 6. 규제의 존속기한 7. 그 밖에 위원회가 규제등록에 필요하다고 정하는 사항 ③ 위원회는 제1항 및 제2항에 따른 규제등록에 필요한 등록단위 및 등록서식 등에 관한 구체적인 사항을 정하여 중앙행정기관의 장에게 통보하여야 한다. 이를 변경한 경우에도 또한 같다. 〈개정 2018.2.20〉 ④ 중앙행정기관의 장은 위원회가 법 제6조제3항에 따라 등록되지 아니한 규제를 위원회에 등록하게 하거나 법령등의 정비계획을 제출하도록 요구	

행정규제기본법	행정규제기본법 시행령	규제개혁위원회 운영세칙
	한 경우에는 그 요구를 받은 날부터 30일 이내에 이에 필요한 조치를 하여야 한다. 〈개정 2018.2.20〉	
	제5조(규제사무목록의 공표) 위원회는 법 제6조제2항에 따라 중앙행정기관별 규제사무목록 또는 그 변경된 내용을 관보에 게재하거나 인터넷 홈페이지 등을 이용하여 국민에게 알려야 한다. 〈개정 2006.3.31.〉	
제2장 규제의 신설·강화에 대한 원칙과 심사 〈개정 2010.1.25〉		
제7조(규제영향분석 및 자체심사) ① 중앙행정기관의 장은 규제를 신설하거나 강화(규제의 존속기한 연장을 포함한다. 이하 같다)하려면 다음 각 호의 사항을 종합적으로 고려하여 규제영향분석을 하고 규제영향분석서를 작성하여야 한다. 〈개정 2015.5.18〉 1. 규제의 신설 또는 강화의 필요성	제6조(규제영향분석의 평가요소 등) ①삭제 〈2006.3.31〉 ②중앙행정기관의 장은 규제영향분석을 하는 경우에는 가능한 한 계량화된 자료를 사용하여야 한다. 다만, 자료의 계량화가 불가능한 경우에는 서술적인 방법을 사용할 수 있다. ③중앙행정기관의 장은 법 제7조제1항에 따라 작	

행정규제기본법	행정규제기본법 시행령	규제개혁위원회 운영세칙
2. 규제 목적의 실현 가능성	성한 규제영향분석서를 인터넷 홈페이지에 게재하는 등의 방법으로 입법예고기간 동안 공표하여야 한다. 〈신설 2006.3.31〉	
3. 규제 외의 대체 수단 존재 여부 및 기존규제와의 중복 여부		
4. 규제의 시행에 따라 규제를 받는 집단과 국민이 부담하여야 할 비용과 편익의 비교 분석	④위원회는 법 제7조제1항의 규정에 의한 규제영향분석서의 작성지침을 수립하여 중앙행정기관의 장에게 통보하여야 한다. 이를 변경한 경우에도 또한 같다. 〈개정 2006.3.31〉	
5. 규제의 시행이 「중소기업기본법」 제2조에 따른 중소기업에 미치는 영향	⑤중앙행정기관의 장은 제4항의 규정에 의한 규제영향분석서의 작성지침에 따라 규제영향분석서를 작성하여야 한다. 이 경우 규제영향분석서에는 그 작성에 관여한 국장·과장 또는 이에 상당하는 공무원의 인적사항을 명시하여야 한다. 〈개정 2006.3.31〉	
6. 경쟁 제한적 요소의 포함 여부		
7. 규제 내용의 객관성과 명료성		
8. 규제의 신설 또는 강화에 따른 행정기구·인력 및 예산의 소요		
9. 관련 민원사무의 구비서류 및 처리절차 등의 적정 여부		
②중앙행정기관의 장은 제1항에 따른 규제영향분석서를 입법예고 기간 동안 국민에게 공표하여야 하고, 제출된 의견을 검토하여 규제영향분석서를 보완하며, 제출된 의견의 처리 결과를 알려야 한다.		제7조(자체심사의 기준 및 절차) ①중앙행정기관의 장은 법 제7조제3항에 따라 자체심사를 한 경우
③중앙행정기관의 장은 제1항에 따른 규제영향분석의 결과를 기초로 규제의 대상·범위·방법 등		

행정규제기본법	행정규제기본법 시행령	규제개혁위원회 운영세칙
을 정하고 그 타당성에 대하여 자체심사를 하여야 한다. 이 경우 관계 전문가 등의 의견을 충분히 수렴하여 심사에 반영하여야 한다. ④ 규제영향분석서의 방법·절차와 규제영향분석서의 작성지침 및 공표방법 등에 관하여 필요한 사항은 대통령령으로 정한다. [전문개정 2010.1.25] **제8조(규제의 존속기한 및 재검토기한 명시)** ① 중앙행정기관의 장은 규제를 신설하거나 강화하려는 경우에 존속시켜야 할 명백한 사유가 없는 규제는 존속기한 또는 재검토기한(일정기간마다 그 규제의 시행상황에 관한 점검결과에 따라 폐지 또는 완화 등의 조치를 할 필요성이 인정되는 규제에 한정하여 적용되는 기한을 말한다. 이하 같다)을 설정하여 그 법령등에 규정하여야 한다. 〈개정 2013.7.16〉 ② 규제의 존속기한 또는 재검토기한은 규제의 목적을 달성하기 위하여 필요한 최소한의 기간 내에서 설정되어야 하며, 그 기간은 원칙적으로 5년을	에는 자체심사의견서를 작성하여야 한다. 〈개정 2018.2.20〉 ② 위원회는 법 제7조제3항에 따른 자체심사의 기준 및 절차에 관한 세부지침을 작성하여 중앙행정기관의 장에게 통보하여야 한다. 이를 변경한 경우에도 또한 같다. 〈개정 2018.2.20〉	

행정규제기본법	행정규제기본법 시행령	규제개혁위원회 운영세칙
초과할 수 없다. 〈개정 2013.7.16〉 ③ 중앙행정기관의 장은 규제의 존속기한 또는 재검토기한을 연장할 필요가 있을 때에는 그 규제의 존속기한 또는 재검토기한의 6개월 전까지 제10조에 따라 위원회에 심사를 요청하여야 한다. 〈개정 2013.7.16〉 ④ 위원회는 제12조와 제13조에 따른 심사 시 필요하다고 인정하면 관계 중앙행정기관의 장에게 그 규제의 존속기한 또는 재검토기한을 설정할 것을 권고할 수 있다. 〈개정 2013.7.16〉 ⑤ 중앙행정기관의 장은 법률에 규정된 규제의 존속기한 또는 재검토기한을 연장할 필요가 있을 때에는 그 규제의 존속기한 또는 재검토기한의 3개월 전까지 규제의 존속기한 또는 재검토기한 연장을 내용으로 하는 개정안을 국회에 제출하여야 한다. 〈개정 2013.7.16〉 [전문개정 2010.1.25] [제목개정 2013.7.16] **제8조의2(소상공인 등에 대한 규제 형평)** ① 중앙행		

행정규제기본법	행정규제기본법 시행령	규제개혁위원회 운영세칙
정기관의 장은 규제를 신설하거나 강화하려는 경우 「소상공인기본법」 제2조에 따른 소상공인 및 「중소기업기본법」 제2조제2항에 따른 소기업에 대하여 해당 규제를 적용하는 것이 적절하지 아니하거나 과도한 부담을 줄 우려가 있다고 판단되면 규제의 전부 또는 일부의 적용을 면제하거나 일정기간 유예하는 등의 방안을 검토하여야 한다. 〈개정 2020. 2. 4.〉 ② 중앙행정기관의 장은 제1항을 적용하는 것이 적절하지 아니하다고 판단될 경우에는 제10조제1항에 따라 위원회에 심사를 요청할 때에 그 판단의 근거를 제시하여야 한다. [본조신설 2018. 4. 17.] **제9조(의견 수렴)** 중앙행정기관의 장은 규제를 신설하거나 강화하려면 공청회, 행정상 입법예고 등의 방법으로 행정기관·민간단체·이해관계인·연구기관·전문가 등의 의견을 충분히 수렴하여야 한다. [전문개정 2010.1.25]	**제8조(의견수렴의 절차)** 중앙행정기관의 장이 법 제9조의 규정에 의하여 공청회를 개최하거나 행정상 입법예고를 하는 경우에는 행정절차법이 정하는 절차에 따라야 한다.	

부록 261

행정규제기본법	행정규제기본법 시행령	규제개혁위원회 운영세칙
제10조(심사 요청) ① 중앙행정기관의 장은 규제를 신설하거나 강화하려면 위원회에 심사를 요청하여야 한다. 이 경우 법령안(法令案)에 대하여는 법제처장에게 심사를 요청하기 전에 하여야 한다. ② 중앙행정기관의 장은 제1항에 따라 심사를 요청할 때에는 규제안에 다음 각 호의 사항을 첨부하여 위원회에 제출하여야 한다. 1. 제7조제1항에 따른 규제영향분석서 2. 제7조제3항에 따른 자체심사 의견 3. 제9조에 따른 행정기관·이해관계인 등의 제출 의견 요지 ③ 위원회는 제1항에 따라 규제심사를 요청받은 경우에는 그 법령에 대한 규제정비 계획을 제출하게 할 수 있다. [전문개정 2010.1.25.] 제11조(예비심사) ① 위원회는 제10조에 따라 심사를 요청받은 날부터 10일 이내에 그 규제가 국민의 일상생활과 사회·경제활동에 미치는 파급 효과를 고려하여 제12조에 따른 심사를 받아야 할	제8조의2(중요규제의 판단기준) ①법 제11조제1항에 따른 중요규제는 다음 각 호의 어느 하나에 해당하는 규제로 한다. 1. 규제의 시행에 따라 규제를 받는 집단과 국민	제8조(중요규제등의 결정) ① 법 제11조의 규정에 따른 중요규제 여부는 위원회의 의결로 정한다. 다만, 주요 국정과제의 추진 및 경제사회적 상황의 긴급성 등을 고려하여 필요한 경우에는 위원장

행정규제기본법	행정규제기본법 시행령	규제개혁위원회 운영세칙
규제(이하 "중요규제"라 한다)인지를 결정하여야 한다. ② 제1항에 따라 위원회가 중요규제가 아니라고 결정한 규제는 위원회의 심사를 받은 것으로 본다. ③ 위원회는 제1항에 따라 결정을 하였을 때에는 지체 없이 그 결과를 관계 중앙행정기관의 장에게 통보하여야 한다. [전문개정 2010.1.25]	이 부담하여야 할 비용이 연간 100억원 이상인 규제 2. 규제를 받는 사람의 수가 연간 100만명 이상인 규제 3. 명백하게 진입이나 경쟁이 제한적인 성격의 규제 4. 국제기준에 비추어 규제 정도가 과도하거나 불합리한 규제 5. 다른 행정기관에 의하여 시행되고 있거나 시행 예정인 규제와 심각한 불일치 또는 간섭을 발생시키는 규제 6. 이해관계인 간 이견이 첨예하게 대립하거나 사회·경제적으로 상당한 부작용이 우려되는 규제 7. 중소기업영향평가·경쟁영향평가·기술영향평가의 결과 개선이 필요한 규제 8. 규제 수준 및 정도가 현저히 부당하여 위원회의 심도 있는 논의가 필요한 규제 ② 위원회는 심사를 요청받은 규제가 제1항에 따른 중요규제 판단기준의 어느 하나에 해당하더라	이 정할 수 있다. ② 법 제13조의 규정에 따른 규제의 긴급성 인정 여부는 위원장이 다음 각호의 1에 해당하는지를 판단하여 정한다. 1. 외국과의 협정 등으로 인하여 긴급하게 입법 조치를 마무리해야 할 경우 2. 기타 긴급하게 처리하지 않을 경우 심각한 경제사회적 피해가 예상되는 경우

행정규제기본법	행정규제기본법 시행령	규제개혁위원회 운영세칙
제12조(심사) ① 위원회는 제11조제1항에 따라 중요규제라고 결정한 규제에 대하여는 심사 요청을 받은 날부터 45일 이내에 심사를 끝내야 한다. 다만, 심사기간의 연장이 불가피한 경우에는 위원회의 결정으로 15일을 넘지 아니하는 범위에서 한 차례만 연장할 수 있다. ② 위원회는 관계 중앙행정기관의 자체심사가 신뢰할 수 있는 자료와 근거에 의하여 적절한 절차에 따라 적정하게 이루어졌는지 심사하여야 한다. ③ 위원회는 제10조제2항 각 호의 첨부서류 중 보완이 필요한 사항에 대하여는 관계 중앙행정기관의 장에게 보완할 것을 요구할 수 있다. 이 경우 보완하는 데에 걸린 기간은 제1항에 따른 심사기간에 포함하지 아니한다. ④ 위원회는 제1항에 따라 심사를 마쳤을 때에는	도 이해관계인 간의 이전이 없으면서 다른 규제 안이 없는 경우 등 불가피성이 인정되는 경우에는 중요규제로 보지 아니할 수 있다. [본조신설 2016.9.13] 제9조(첨부서류의 보완) ① 위원회가 법 제12조제3항의 규정에 의하여 첨부서류의 보완을 요구하는 경우에는 보완하여야 할 사항과 기한을 명시하여야 한다. ② 관계 중앙행정기관의 장은 제1항의 규정 의하여 첨부서류의 보완을 요구받은 경우에는 그 기한내에 보완자료를 제출하여야 한다.	

행정규제기본법	행정규제기본법 시행령	규제개혁위원회 운영세칙
지체 없이 그 결과를 관계 중앙행정기관의 장에게 통보하여야 한다. [전문개정 2010.1.25] **제13조(긴급한 규제의 신설·강화 심사)** ① 중앙행정기관의 장은 긴급하게 규제를 신설하거나 강화하여야 할 특별한 사유가 있는 경우에는 제7조, 제8조제3항, 제9조 및 제10조의 절차를 거치지 아니하고 위원회에 심사를 요청할 수 있다. 이 경우 그 사유를 제시하여야 한다. ② 위원회는 제1항에 따라 심사 요청된 규제의 긴급성이 인정된다고 결정하면 심사를 요청받은 날부터 20일 이내에 규제의 신설 또는 강화의 타당성을 심사하고 그 결과를 관계 중앙행정기관의 장에게 통보하여야 한다. 이 경우 관계 중앙행정기관의 장은 위원회의 심사 결과를 통보받은 날부터 60일 이내에 위원회에 규제영향분석서를 제출하여야 한다. ③ 위원회는 제1항에 따라 심사 요청된 규제의 긴급성이 인정되지 아니한다고 결정하면 심사 요		

행정규제기본법	행정규제기본법 시행령	규제개혁위원회 운영세칙
장은 날부터 10일 이내에 관계 중앙행정기관의 장에게 제7조부터 제10조까지의 규정에 따른 점 검을 거치도록 요구할 수 있다. [전문개정 2010.1.25] 제14조(개선 권고) ① 위원회는 제12조와 제13조에 따른 심사 결과 필요하다고 인정하면 중앙행정기관의 장에게 그 규제의 신설 또는 강화를 철회하거나 개선하도록 권고할 수 있다. ② 제1항에 따라 권고를 받은 관계 중앙행정기관의 장은 특별한 사유가 없으면 이에 따라야 하며, 그 처리 결과를 대통령령으로 정하는 바에 따라 위원회에 제출하여야 한다. [전문개정 2010.1.25] 제15조(재심사) ① 중앙행정기관의 장은 위원회의	제10조(개선권고 등) ① 위원회는 법 제14조제1항의 규정에 의하여 규제의 신설 또는 강화를 철회하거나 개선하도록 권고하는 경우에는 다음 각호의 사항을 포함하여 관계 중앙행정기관의 장에게 통지하여야 한다. 1. 규제의 내용 2. 위원회의 심사의견 3. 철회 또는 개선권고사항 4. 철회 또는 개선권고사항에 대한 처리기한 ② 중앙행정기관의 장은 제1항제4호의 규정에 의한 처리기한내에 위원회의 철회 또는 개선권고사항에 대한 조치를 하고, 그 처리결과를 지체없이 위원회에 제출하여야 한다. 제11조(재심사의 요청) 중앙행정기관의 장은 법 제	

266 규제개혁 정책의 이해

행정규제기본법	행정규제기본법 시행령	규제개혁위원회 운영세칙
심사 결과에 이의가 있거나 위원회의 권고대로 조치하기가 곤란하다고 판단되는 특별한 사정이 있는 경우에는 대통령령으로 정하는 바에 따라 위원회에 재심사(再審査)를 요청할 수 있다. ② 위원회는 제1항에 따른 재심사 요청을 받으면 그 요청을 받은 날부터 15일 이내에 재심사를 끝내고 그 결과를 관계 중앙행정기관의 장에게 통보하여야 한다. ③ 제2항에 따른 재심사는 제14조를 준용한다. [전문개정 2010.1.25] **제16조(심사절차의 준수)** ① 중앙행정기관의 장은 위원회의 심사를 받지 아니하고 규제를 신설하거나 강화하여서는 아니 된다. ② 중앙행정기관의 장은 별제처장에게 신설되거나 강화되는 규제를 포함하는 법령안의 심사를 요청할 때에는 그 규제에 대한 위원회의 심사의견을 첨부하여야 한다. 법령안을 국무회의에 상정(上程)하는 경우에도 포함한다. [전문개정 2010.1.25.]	15조제1항의 규정에 의하여 위원회에 재심사를 요청하는 경우에는 제10조제1항제4호의 규정에 의한 처리기한내에 재심사의 대상이 된 규제의 내용과 재심사요청의 사유를 명시하여야 한다.	

행정규제기본법	행정규제기본법 시행령	규제개혁위원회 운영세칙
제3장 기존규제의 정비 〈개정 2010.1.25〉 **제17조(기존규제의 정비)** ① 누구든지 위원회에 그 고시(告示) 등 기존규제의 폐지 또는 개선(이하 "정비"라 한다)을 요청할 수 있다. ② 위원회는 제1항에 따라 정비 요청을 받으면 해당 규제의 소관 행정기관의 장에게 지체 없이 통보하여야 하고, 통보를 받은 행정기관의 장은 특별한 사유가 없으면 이에 따라야 한다. ③ 위원회는 제2항의 답변과 관련하여 필요한 경우 해당 행정기관의 장에게 규제의 존치의 필요성 등에 대하여 소명할 것을 요청할 수 있다. ④ 제3항에 따라 소명을 요청받은 행정기관의 장은 특별한 사유가 없으면 이에 따라야 한다. ⑤ 제1항부터 제4항까지의 규정에 따른 기존규제의 정비 요청, 답변, 소명의 기한 및 절차 등에 필요한 사항은 대통령령으로 정한다. [전문개정 2018. 4. 17.]	**제12조(기존규제 정비의 요청 방법) 등** ① 법 제17조제1항에 따른 기존규제의 폐지 또는 개선(이하 제1항에 따른 기존규제의 폐지 또는 개선(이하 "정비"라 한다)의 요청은 다음 각 호의 사항을 명시하여 서면·팩스·구술·전화·전자우편 또는 인터넷 홈페이지 입력 등의 방법으로 할 수 있다. 〈개정 2006. 3. 31., 2018. 2. 20., 2018. 10. 16., 2021. 1. 5.〉 1. 기존규제의 정비를 요청한 자의 성명(법인인 경우 법인의 명칭)·주소·전화번호 2. 규제의 내용·문제점 및 정비방안 3. 그 밖의 참고사항 ② 위원회는 제1항에 따른 기존규제의 정비 요청(이하 "기존규제 정비요청"이라 한다)의 원활한 접수를 위하여 필요한 경우에는 각급 행정기관·공공단체·민간단체 등을 활용할 수 있다. 〈개정 2018.10.16.〉 [제목개정 2018.10.16.]	

행정규제기본법	행정규제기본법 시행령	규제개혁위원회 운영세칙
	제12조의2(기존규제 정비요청의 처리 절차) ①법 제17조제2항에 따라 위원회로부터 기존규제 정비요청을 통보받은 규제의 소관 행정기관의 장은 기존규제 정비요청 접수된 날(이하 "접수일"이라 한다)부터 14일 이내에 기존규제 정비요청 수용 여부에 대한 답변을 위원회에 제출하여야 한다. 이 경우 규제의 소관 행정기관의 장이 부득이한 사유로 14일 이내에 답변을 제출하기 어려운 때에는 그 기간을 14일의 범위에서 한 차례 연장할 수 있다. ②위원회는 규제의 소관 행정기관의 장이 기존규제 정비요청에 대하여 기존규제를 존치하여야 한다고 답변한 경우 법 제17조제3항에 따라 해당 행정기관의 장에게 접수일부터 3개월 내에 기존규제의 필요성에 대하여 소명할 것을 요청할 수 있다. ③위원회는 규제의 소관 행정기관의 장이 기존규제 정비요청에 대하여 기존규제의 정책적인 검토가 필요하다고 답변한 경우 해당 행정기관의 장에게 접수일부터 6개월 이내에 재답변을 제출하도록 요	

행정규제기본법	행정규제기본법 시행령	규제개혁위원회 운영세칙
제17조의2(다른 행정기관 소관의 규제에 관한 의견 제출) 중앙행정기관의 장은 규제 개선 또는 소관 정책의 목적을 효과적으로 달성하기 위하여 다른	청할 수 있다. 이 경우 규제의 소관 행정기관의 장이 기존규제를 존치하여야 한다고 재답변한 때에는 위원회는 법 제17조제3항에 따라 해당 행정 기관의 장에게 별도로 정하는 기한까지 기존규제 의 존치 필요성에 대하여 소명할 것을 요청할 수 있다. ④위원회는 규제의 소관 행정기관의 장이 제1항 에 따라 제출한 답변 또는 제3항 전단에 따라 제출한 재답변을 정보통신망 또는 우편 등을 이용하여 기존규제 정비 요청을 한 자에게 통지하여야 한다. ⑤위원회는 제2항 및 제3항 후단에 따른 규제의 소관 행정기관의 장이 소명에도 불구하고 기존규 제의 정비가 필요하다고 인정하는 경우에는 기존 규제를 정비하도록 권고할 수 있다. [본조신설 2018.10.16.]	

270 규제개혁 정책의 이해

행정규제기본법	행정규제기본법 시행령	규제개혁위원회 운영세칙
중앙행정기관의 소관 규제를 개선할 필요가 있다고 판단하는 경우에는 그에 관한 의견을 위원회에 제출할 수 있다. [본조신설 2018. 4. 17.] **제18조(기존규제의 심사)** ① 위원회는 다음 각 호의 어느 하나에 해당하는 경우 기존규제의 정비에 관하여 심사할 수 있다. 〈개정 2005. 12. 29., 2010. 1. 25., 2018. 4. 17.〉 1. 제17조에 따른 정비 요청 및 제17조의2에 따라 제출된 의견을 위원회에서 심사할 필요가 있다고 인정한 경우 2. 삭제 〈2009. 3. 25.〉 3. 그 밖에 위원회가 이해관계인·전문가 등의 의견을 수렴한 결과 특정한 기존규제에 대한 심사가 필요하다고 인정한 경우 ② 제1항의 심사는 제14조와 제15조를 준용한다. 〈개정 2010. 1. 25.〉 [제목개정 2010. 1. 25.]		

행정규제기본법	행정규제기본법 시행령	규제개혁위원회 운영세칙
제19조(기존규제의 자체정비) ① 중앙행정기관의 장은 매년 소관 기존규제에 대하여 이해관계인·전문가 등의 의견을 수렴하여 정비가 필요한 규제를 선정하여 정비하여야 한다. ② 중앙행정기관의 장은 제1항에 따른 정비 결과를 대통령령으로 정하는 바에 따라 위원회에 제출하여야 한다. [전문개정 2010.1.25]	**제13조(기존규제의 자체정비결과 통보)** 중앙행정기관의 장은 매년 1월 31일까지 법 제19조제1항의 규정에 의한 기존규제에 대한 전년도의 자체정비 결과를 위원회에 제출하여야 한다. 〈개정 2006.3.31〉	
제19조의2(기존규제의 존속기한 및 재검토기한 명시) ① 중앙행정기관의 장은 기존규제에 대한 점검과 존속시켜야 할 명백한 사유가 없는 규제는 존속기한 또는 재검토기한을 설정하여 그 법령등에 규정하여야 한다. ② 제1항에 따른 기존규제의 존속기한 또는 재검토기한 설정에 관하여는 제8조제2항부터 제5항까지를 준용한다. [본조신설 2013.7.16]		
제19조의3(신기술 서비스·제품 관련 규제의 정비 및		

행정규제기본법	행정규제기본법 시행령	규제개혁위원회 운영세칙
특례) ① 중앙행정기관의 장은 신기술 서비스·제품과 관련된 규제와 관련하여 규제의 적용 또는 존재 여부에 대하여 국민이 확인을 요청하는 경우 신기술 서비스·제품에 대한 규제를 부여하는 관계 법률로 정하는 바에 따라 이를 지체 없이 확인하여 통보하여야 한다. ② 중앙행정기관의 장은 신기술 서비스·제품과 관련된 규제와 관련하여 다음 각 호의 어느 하나에 해당하여 신기술 서비스·제품의 유성을 저해하는 경우에는 해당 규제를 신속하게 정비하여야 한다. 1. 기존 규제를 해당 신기술 서비스·제품에 적용하는 것이 곤란하거나 맞지 아니한 경우 2. 해당 신기술 서비스·제품에 대하여 명확히 규정되어 있지 아니한 경우 ③ 중앙행정기관의 장은 제2항에 따라 규제를 정비하여야 하는 경우로서 필요한 경우에는 해당 규제가 정비되기 전이라도 신기술 서비스·제품과 관련된 규제 특례를 부여하는 관계 법률로 정하는 바에 따라 해당 규제의 적용을 면제하거나 완화할		

행정규제기본법	행정규제기본법 시행령	규제개혁위원회 운영세칙
수 있다. ④ 중앙행정기관의 장은 신기술 서비스·제품과 관련된 규제 특례를 부여하는 관계 법률에 규제의 적용을 면제하거나 완화하는 규정을 두는 경우에는 다음 각 호의 사항을 종합적으로 고려하여야 한다. 1. 국민의 안전·생명·건강에 위해가 되거나 환경 및 지역균형발전을 저해하는지 여부와 개인정보의 안전한 보호 및 처리 여부 2. 해당 신기술 서비스·제품의 혁신성 및 안전성과 그에 따른 이용자의 편익 3. 규제의 적용 면제 또는 완화로 인하여 발생할 수 있는 부작용에 대한 사후 책임 확보 방안 [본조신설 2019. 4. 16.] 제19조의4(신산업 규제정비 기본계획의 수립 및 시행) ① 위원회는 신산업을 육성하고 촉진하기 위하여 신산업 분야의 규제정비에 관한 기본계획을 3년마다 수립·시행하여야 한다. ② 제1항에 따른 기본계획에는 다음 각 호의 사항		

행정규제기본법	행정규제기본법 시행령	규제개혁위원회 운영세칙
이 포함되어야 한다. 1. 신산업 분야의 규제정비의 목표와 기본방향 2. 신산업 분야 육성을 위한 규제정비에 관한 사항 3. 신산업 분야 규제의 우선허용·사후규제 방식으로의 전환에 관한 사항 4. 신산업 분야의 규제정비와 관련하여 관계 중앙행정기관 간 정책 및 업무 협력에 관한 사항 5. 그 밖에 신산업 분야의 규제정비에 필요한 사항 ③ 위원회는 제1항에 따른 기본계획이 수립된 때에는 지체 없이 이를 관계 중앙행정기관의 장에게 통보하여야 한다. ④ 관계 중앙행정기관의 장은 제1항에 따른 기본계획에 따라 연도별 시행계획을 제20조에 따른 규제정비 계획에 반영하여야 한다. [본조신설 2019. 4. 16.] 제20조(규제정비 종합계획의 수립) ① 위원회는 매년 중점적으로 추진할 규제분야나 특정한 기존규		제14조(규제정비종합계획의 수립절차) ①위원회는 법 제20조제1항의 규정에 의하여 매년 12월 31

행정규제기본법	행정규제기본법 시행령	규제개혁위원회 운영세칙
제를 선정하여 기존규제의 정비지침을 작성하고 위원회의 의결을 거쳐 중앙행정기관의 장에게 통보하여야 한다. 이 경우 위원회는 필요하다고 인정하면 정비지침에 특정한 기존규제에 대한 정비의 기한을 정할 수 있다. ② 중앙행정기관의 장은 제1항에 따른 정비지침에 따라 그 기관의 규제정비 계획을 수립하여 위원회에 제출하여야 한다. ③ 위원회는 제2항에 따른 중앙행정기관별 규제정비 계획을 종합하여 정부의 규제정비 종합계획을 수립하고, 국무회의의 심의를 거쳐 대통령에게 보고한 후 그 내용을 공표하여야 한다. ④ 규제정비 종합계획의 수립·공표의 방법 및 절차는 대통령령으로 정한다. [전문개정 2010.1.25]	일까지 다음 연도의 기존규제의 정비지침을 중앙행정기관에 통보하여야 한다. 〈개정 2006.3.31〉 ②제1항의 규정에 의한 정비지침에는 다음 각호의 사항이 포함되어야 한다. 1. 규제정비의 기본방향 2. 기존규제의 정비기준 3. 중점적으로 추진할 규제분야 또는 특정한 기존규제 4. 기타 위원회가 기존규제의 효율적인 정비를 위하여 필요하다고 정하는 사항 ③중앙행정기관의 장은 법 제20조제2항의 규정에 의하여 매년 1월 31일까지 그 연도의 규제정비계획을 수립하여 위원회에 제출하여야 한다. 〈개정 2006.3.31〉 ④제3항의 규정에 의한 규제정비계획에는 다음 각호의 사항이 포함되어야 한다. 1. 당해 기관의 규제정비 기본방향 2. 위원회가 선정한 중점적으로 추진할 규제분야에 대한 조치계획	

행정규제기본법	행정규제기본법 시행령	규제개혁위원회 운영세칙
	3. 위원회가 선정한 특정한 기존규제에 대한 조치계획 4. 기타 위원회가 정하는 사항 **제15조(규제정비종합계획의 공포)** 위원회는 법 제20조제3항의 규정에 의하여 수립된 정부의 규제정비종합계획을 2월말까지 관보에 게재하거나 인터넷 홈페이지 등을 이용하여 국민에게 알려야 한다. 〈개정 2006.3.31〉 **제16조(규제정비종합계획의 추진실적 통보)** 중앙행정기관의 장은 매년 1월 31일까지 제21조제1항의 규정에 의한 전년도 규제정비종합계획의 추진실적을 위원회에 제출하여야 한다. 〈개정 2006.3.31〉	
제21조(규제정비 종합계획의 시행) ① 중앙행정기관의 장은 제20조에 따라 수립·공표된 정부의 규제정비 종합계획에 따라 소관 기존규제를 정비하고 그 결과를 대통령령으로 정하는 바에 따라 위원회에 제출하여야 한다. ② 중앙행정기관의 장은 제20조제1항 후단에 따라 위원회가 정비의 기한을 정하여 통보한 특정한 기존규제에 대하여는 그 기한까지 정비를 끝내고 그 결과를 위원회에 통보하여야 한다. 다만, 위원회가 정한 기한까지 정비를 끝내지 못한 경우에는		

행정규제기본법	행정규제기본법 시행령	규제개혁위원회 운영세칙
지체 없이 그 사유를 구체적으로 밝혀 위원회에 그 기존규제의 정비 계획을 제출하고, 정비를 끝낸 후 그 결과를 통보하여야 한다. [전문개정 2010.1.25] 제22조(조직 정비 등) ① 위원회는 기존규제가 정비된 경우 정부의 조직과 예산을 관장하는 관계 중앙행정기관의 장에게 이를 통보하여야 한다. ② 제1항에 따라 통보를 받은 관계 중앙행정기관의 장은 기존규제의 정비에 따른 정부의 조직 또는 예산의 합리화 방안을 마련하여야 한다. [전문개정 2010.1.25] **제4장 규제개혁위원회** 〈개정 2010.1.25〉 제23조(설치) 정부의 규제정책을 심의·조정하고 규제의 심사·정비 등에 관한 사항을 종합적으로 추진하기 위하여 대통령 소속으로 규제개혁위원회를 둔다. [전문개정 2010.1.25]		

행정규제기본법	행정규제기본법 시행령	규제개혁위원회 운영세칙
제24조(기능) ① 위원회는 다음 각 호의 사항을 심의·조정한다. 〈개정 2019. 4. 16.〉 1. 규제정책의 기본방향과 규제제도의 연구·발전에 관한 사항 2. 규제의 신설·강화 등에 대한 심사에 관한 사항 3. 기존규제의 심사, 신산업 규제정비 기본계획 및 규제정비 종합계획의 수립·시행에 관한 사항 4. 규제의 등록·공표에 관한 사항 5. 규제 개선에 관한 의견 수렴 및 처리에 관한 사항 6. 각급 행정기관의 규제 개선 실태에 대한 점검·평가에 관한 사항 7. 그 밖에 위원장이 위원회의 심의·조정이 필요하다고 인정하는 사항 ② 위원회는 신기술 서비스·제품 관련 규제특례에 관한 사항을 심의하기 위하여 관계 부물에 따라 설치된 위원회에 의견을 제출하거나, 필요한 경우 권고할 수 있다. 이 경우 권고를 받은 위원회는 권고사항에 대한 처리결과를 위원회에 제출하		

부록 279

행정규제기본법	행정규제기본법 시행령	규제개혁위원회 운영세칙
여야 한다. 〈신설 2019. 4. 16.〉 [전문개정 2010. 1. 25.] 제25조(구성 등) ① 위원회는 위원장 2명을 포함한 20명 이상 25명 이하의 위원으로 구성한다. ② 위원장은 국무총리와 학식과 경험이 풍부한 사람 중에서 대통령이 위촉하는 사람이 된다. ③ 위원은 학식과 경험이 풍부한 사람과 중앙행정기관의 장이 아닌 공무원이 아닌 사람 중에서 대통령이 위촉하거나 임명한다. 이 경우 공무원이 아닌 위원이 전체 위원의 과반수가 되어야 한다. ④ 위원회에 간사 1명을 두되, 공무원이 아닌 위원 중에서 국무총리가 지정하는 사람이 된다. ⑤ 위원 중 공무원이 아닌 위원의 임기는 2년으로 하되, 한 차례만 연임할 수 있다. ⑥ 위원장 모두가 부득이한 사유로 직무를 수행할 수 없을 때에는 국무총리가 지명한 위원이 그 직무를 대행한다. [전문개정 2010.1.25]	제17조(위원장의 직무) 위원장은 각자 위원회를 대표하며, 위원회의 업무를 총괄한다. 제18조(위원회의 구성 등) ①법 제25조제3항에 따라 대통령은 다음 각 호의 사람 중에서 위원을 위촉한다. 〈개정 2006.6.12, 2018.2.20〉 1. 대학이나 공인된 연구기관에서 부교수 이상 또는 이에 상당하는 직에 있거나 있었던 사람 2. 변호사·공인회계사의 자격을 가지고 있는 사람 3. 사회·경제관련 단체에 임원 또는 이에 상당하는 직에 있거나 있었던 사람 4. 1급 이상 또는 이에 상당하는 공무원(고위공무원단에 속하는 공무원을 포함한다)의 직에 있었던 사람 5. 그 밖에 규제에 관한 학식과 경험이 풍부한 사람	제2조(위원의 윤리 의무) ① 위원장 및 위원은 법과 양심에 따라 공정하고 성실하게 직무를 수행하여야 하며, 위원으로서의 품위를 손상하는 행위를 하여서는 아니된다. ② 위원장 및 위원은 직무수행과 관련하여 당해 안건의 당사자 및 이해관계인 요구받거나 또는 약속해서는 아니 된다. ③ 위원장 및 위원이 당해 안건의 당사자 및 이해관계인 등으로부터 부당한 직무수행을 강요받거나 금품·향응 등을 매개한 부정청탁을 받은 경우에는 이를 거부하여야 한다. ④ 위원장 및 위원은 안건의 당사자 및 이해관계인 등의 의견을 균형있게 듣고 합리적으로 판단하여야 한다. 제2조의2 삭제

280 규제개혁 정책의 이해

행정규제기본법	행정규제기본법 시행령	규제개혁위원회 운영세칙
	② 법 제25조제3항에서 "대통령령으로 정하는 공무원"이란 기획재정부장관·행정안전부장관·산업통상자원부장관·중소벤처기업부장관·국무조정실장·공정거래위원회위원장 및 별지처장을 말한다. 〈개정 2008.2.29, 2013.3.23, 2014.11.19, 2016.9.13, 2017.7.26〉 ③ 법 제25조제4항에 따라 위원회의 간사로 지명된 위원은 위원장의 직무를 보좌하며, 다음 각 호의 업무를 수행한다. 〈개정 2018.2.20〉 1. 위원회에 상정되는 안건에 대한 사전검토의 총괄 2. 둘 이상의 분과위원회에 관련된 사항의 소관 조정 3. 그 밖에 위원회의 운영에 관하여 위원장이 지시한 사항	제2조의3 삭제 제3조(위촉위원 직무윤리 사전진단 등) ① 위원장 및 위원을 신규 위촉하는 경우에는 후보자에게 별지 제1호 서식의 직무윤리 사전진단서 및 약력사항 등을 사전에 징구하여야 한다. ② 위원장 및 위원을 신규 위촉하는 경우에는 위촉 업무와 관련된 공정한 직무 수행을 위하여 별지 제2호 서식의 직무윤리 서약서를 작성하게 하여야 한다. 제3조의2 삭제 제3조의3 삭제
	제19조(회의) ① 위원장은 위원회의 회의를 소집하고 그 의장이 된다. ② 위원장이 회의를 소집하고자 할 때에는 회의의 일시·장소 및 부의사항을 정하여 회의개최일 7일	제4조(회의) ① 위원회의 회의는 매월 1회 정기회의를 원칙으로 하되, 위원장이 필요하다고 인정할 때, 분과위원회 위원장 또는 3인 이상의 위원으로부터 소집요구가 있을 때에 위원장이 소집한다.
제26조(의결 정족수) 위원회의 회의는 재적위원 과반수의 찬성으로 의결한다. [전문개정 2010.1.25]		

행정규제기본법	행정규제기본법 시행령	규제개혁위원회 운영세칙
	전까지 각 위원에게 서면으로 통지하여야 한다. 다만, 긴급한 경우에는 그러하지 아니하다. ③위원회 회의는 이를 공개한다. 다만, 위원장이 공익보호 기타 사유로 필요하다고 인정하는 때에는 위원회의 의결로써 공개하지 아니할 수 있다. ④위원회 심의안건과 관련이 있는 중앙행정기관의 장은 위원회에 출석하여 발언할 수 있다. 제20조(위원의 제척·회피) ①위원이 다음 각 호의 어느 하나에 해당하는 경우에는 그 안건의 심의·의결에서 제척(除斥)된다. 1. 해당 안건의 위원 본인이나 친족과 직접적인 이해관계가 있는 경우 2. 위원이 해당 안건과 관련하여 증언 또는 감정을 하거나 자문·용역 등을 한 경우 3. 해당 안건 당사자의 대리인이거나 대리인이었던 경우 ②위원은 제1항의 제척사유 또는 심의하는 사유가 있거나 그 밖에 심의의 공정성을 확보하기 어렵다고 판단하는 경우에는 스스로 해당 안건의 심의·의결에서 회피(回避)하여야 한다. [전문개정 2016.9.13]	②위원회 회의시 정부위원의 경우 고위공무원단에 속하는 공무원으로 대리출석시킬 수 있으며, 이 경우 대리출석한 공무원은 의결권한을 가진다. ③제1항의 규정에 불구하고, 대면회의 개최가 불가능하거나 사실상 어려운 경우에는 위원장이 보고위원장과 협의하여 서면 회의를 개최할 수 있다. 제6조(위원의 제척·회피) ①시행령 제20조 각 호에 따라 제척의 사유가 있음에도 불구하고 위원 자신이 제척사유를 인지하지 못하거나 이를 인지했음에도 불구하고 회피하지 않는 경우에는 위원장 직권 또는 위원회의 의결로서 제척의 결정을 할 수 있다. ②시행령 제20조에 따라 제척되거나 회피한 위원은 법 제26조의 의결정족수 산정을 위한 재적위원 수에 산입하지 아니한다.

행정규제기본법	행정규제기본법 시행령	규제개혁위원회 운영세칙
		제7조(이안의 제출) ① 이안은 위원장, 분과위원회 위원장 또는 위원 3인 이상이 동의로 제출한다. ② 중앙행정기관의 장은 규제개혁과 관련한 이안을 위원장의 동의를 얻어 제출할 수 있다. **제10조(회의록)** ① 위원회는 다음 각 호의 사항을 기재한 회의록을 작성·보관하여야 한다. 1. 일시 및 장소, 참석자 명단, 상정안건 등 회의 개요 2. 당해 안건의 심의사항 3. 발언자 성명을 제외한 주요 발언내용 4. 심의결과 5. 기타 위원회에서 필요하다고 인정하는 사항 ② 위원회 회의록은 위원회에 참석한 위원들의 확인을 거쳐 최종 확정한다. ③ 회의록은 지체 없이 이를 공개한다. 다만, 위원장은 비밀을 요하거나 사생활 보호 등 특히 공익을 위하여 필요하다고 인정하는 때에는 위원회의 의결로써 공개하지 아니할 수 있다.
제26조의2(회의록의 작성·공개) ① 위원회는 회의 일시, 장소, 참석자, 안건, 토의 내용 및 의결 사항 등을 기록한 회의록을 작성·보존하여야 한다. ② 회의록은 공개한다. 다만, 위원장이 공익보호나 그 밖의 사유로 필요하다고 인정하는 때에는 위원회의 의결로 공개하지 아니할 수 있다. [본조신설 2018. 4. 17.] **제27조(위원의 신분보장)** 위원은 다음 각 호의 어느 하나에 해당하는 경우를 제외하고는 본인의 의사		

행정규제기본법	행정규제기본법 시행령	규제개혁위원회 운영세칙
와 관계없이 면직되거나 해촉(解囑)되지 아니한다. 1. 금고 이상의 형을 선고받은 경우 2. 장기간의 심신쇠약으로 직무를 수행할 수 없게 된 경우 [전문개정 2010.1.25]		
제28조(분과위원회) ① 위원회의 업무를 효율적으로 수행하기 위하여 위원회에 분야별로 분과위원회를 둘 수 있다. ② 분과위원회가 위원회로부터 위임받은 사항에 관하여 심의·의결한 것은 위원회가 심의·의결한 것으로 본다. [전문개정 2010.1.25]	제21조(분과위원회의 구성 등) ① 법 제28조의 규정에 의하여 위원회에 분야별로 5개 이내의 분과위원회를 둘 수 있다. ② 분과위원회는 다음 각호의 기능을 수행한다. 1. 위원회에 상정할 안건의 사전 검토 2. 위원회 상정할 안건의 전문적인 조사·연구 3. 기타 위원회가 위임한 사항 ③ 위원회는 신산업 등 고도의 전문성을 필요로 하는 분야에 대한 안건의 사전 검토·조정 및 전문적인 조사·연구 등을 지원하기 위하여 법 제29조에 따른 전문위원 또는 민간전문가 등으로 구성되는 자문기구를 둘 수 있다. 〈신설 2017.5.8〉	제5조(분과위원장 등의 직무대행) 분과위원장 또는 간사위원이 부득이한 사유로 직무를 수행할 수 없을 때에는 위원장이 지명하는 자가 분과위원장 또는 간사의 직무를 대행한다. 제9조(분과위원회에 안건위임) 법 제28조의 규정에 따른 분과위원회에 위임하여는 위원장이 다음 각호의 사항을 종합적으로 고려하여 정한다. 1. 안건내용의 특수성, 전문성 정도 2. 경제적, 사회적 파급효과 등 각계의 다양한 시각이 고려될 필요성 제11조(구성) ① 법 제28조의 규정에 의하여 위원회

행정규제기본법	행정규제기본법 시행령	규제개혁위원회 운영세칙
	④제1항에 따른 분과위원회 및 제3항에 따른 자문기구의 구성·운영 등에 필요한 사항은 위원회의 의결을 거쳐 위원장이 정한다. 〈개정 2017.5.8〉	에는 다음과 같은 2개 분과위원회를 둔다. 1. 경제분과위원회 2. 행정사회분과위원회 3. 삭제 ② 분과위원회는 분과위원회 위원장 1인과 약간인의 위원으로 구성하되, 분과위원회 위원장 및 위원은 위원회의 동의를 얻어 위원장이 임명한다. ③ 분과위원회의 효율적인 업무수행을 지원하기 위하여 법 제29조에 의한 전문위원 및 조사요원을 소관 분야별로 분과위원회에 둘 수 있다. 제12조(소관) ① 경제분과위원회는 기획재정부, 과학기술정보통신부, 산업통상자원부, 농림축산식품부, 국토교통부, 해양수산부, 중소벤처기업부, 공정거래위원회, 금융위원회, 방송통신위원회, 국세청, 관세청, 조달청, 통계청, 농촌진흥청, 산림청, 특허청, 행정중심복합도시건설청, 새만금개발청, 해양경찰청 등의 소관사항을 분장한다. ② 행정사회분과위원회는 교육부, 외교부, 통일부, 법무부, 국방부, 행정안전부, 문화체육관광

행정규제기본법	행정규제기본법 시행령	규제개혁위원회 운영세칙
		부, 보건복지부, 환경부, 고용노동부, 여성가족부, 국무조정실, 국가보훈처, 인사혁신처, 법제처, 식품의약품안전처, 국민권익위원회, 원자력안전위원회, 검찰청, 병무청, 방위사업청, 경찰청, 소방청, 문화재청, 기상청 등의 소관사항을 분장한다. ③ 삭제 ④ 삭제 제13조(회의) ① 분과위원회의 회의는 당해 분과위원회 위원장이 소집한다. ② 분과위원회의 회의는 재적위원 과반수의 출석으로 개의하고, 재적위원 과반수의 찬성으로 의결한다. ③ 분과위원회 회의시 정부위원회의 경우 고위공무원단에 속하는 공무원을 대리출석시킬 수 있으며, 이 경우 대리출석한 공무원은 의결권한을 가진다. ④ 분과위원회의 회의는 이를 공개하여야 한다. 다만, 당해 분과위원회 위원장이 공익보호 기타 사유로 필요하다고 인정하는 때에는 분과위원회

행정규제기본법	행정규제기본법 시행령	규제개혁위원회 운영세칙
		의 의결로써 공개하지 아니할 수 있다. ⑤ 심의안건과 관련있는 중앙행정기관의 장 및 소속공무원과 이해관계인 등은 분과위원회에 출석하여 발언할 수 있다. ⑥ 분과위원회 위원장은 위원회로부터 위임받은 사항에 대한 심의결과 및 기타 활동상황을 위원회에 보고하여야 한다. 제14조(회의록) 분과위원회는 기록보존이 필요한 사항에 대해 회의록을 작성·보관하여야 한다. 제18조(자문기구 구성 등) ① 위원회의 전문성 강화를 위하여 다음 각 호와 같이 3개 자문기구를 둔다. 1. 비용분석위원회 2. 신산업규제혁신위원회 3. 기술규제위원회 ② 자문기구는 법 제29조에 따른 전문위원 또는 전문적인 지식과 경험을 갖춘 민간전문가 등으로 구성한다. ③ 자문기구는 신설·강화 규제의 비용분석, 신산

행정규제기본법	행정규제기본법 시행령	규제개혁위원회 운영세칙
제29조(전문위원 등) 위원회에는 업무에 관한 전문적인 조사·연구 업무를 담당할 전문위원과 조사요원을 둘 수 있다. [전문개정 2010.1.25]	제22조(전문위원 등) ①법 제29조에 따른 전문위원 및 조사요원은 관계 공무원 또는 규제에 관한 학식과 경험이 풍부한 사람 중에서 국무총리가 위원장과 협의하여 임명 또는 위촉한다. 〈개정 2018.2.20〉 ②전문위원 및 조사요원은 필요한 경우 위원회 또는 분과위원회의 회의에 출석하여 발언할 수 있다.	업 및 기술규제 등 고도의 전문성을 필요로 하는 분야에 대한 안건의 사전 검토·조정 및 전문적인 조사·연구 등을 지원한다. ④ 자문기구는 논의결과 및 기타 활동상황을 위원회에 보고하여야 한다. ⑤ 자문기구의 구성·운영에 필요한 세부적인 사항은 자문기구의 특성에 따라 따로 정할 수 있다. 제19조(전문위원 조사요원의 구성 등) ① 전문위원은 상근 또는 비상근으로 근무한다. ② 전문위원은 위원회 또는 분과위원회의 업무에 관한 전문적인 조사·연구, 보고서 작성 등의 업무를 수행한다. ③ 조사요원은 전문적인 조사연구, 보고서 작성 등의 업무에 관하여 전문위원을 보좌한다. 제20조(공정위에 조사·연구 의뢰) ① 위원장은 법 규제개혁업무의 효율적 추진을 위하여 공정거래위원회 사무처에 구체적인 범위를 지정하여 전문
제30조(조사 및 의견청취 등) ① 위원회는 제24조에 따른 기능을 수행할 때 필요하다고 인정하면 다음 각 호의 조치를 할 수 있다.	제23조(관계 행정기관의 설명요구 등) 위원회는 법 제30조제1항제1호의 규정에 의하여 관계 행정기관에 필요한 설명 또는 자료·서류 등의 제출을 요	

행정규제기본법	행정규제기본법 시행령	규제개혁위원회 운영세칙
1. 관계 행정기관에 대한 설명 또는 자료·서류 등의 제출 요구 2. 이해관계인·참고인 또는 관계 공무원의 출석 및 의견진술 요구 3. 관계 행정기관 등에 대한 현지조사 ② 관계 행정기관의 장은 규제의 심사 등과 관련하여 소속 공무원이나 관계 전문가를 위원회에 출석하여 의견을 진술하게 하거나 필요한 자료를 제출할 수 있다. [전문개정 2010.1.25]	구하는 경우에는 그 내용과 제출기한을 명시한 서면으로 통지하여야 한다. 다만, 회의, 회의에 대하여는 구두로 할 수 있다. 제24조(이해관계인 등의 출석요구 등) ①위원회는 법 제30조제1항제2호의 규정에 의하여 이해관계인·참고인 또는 관계 공무원의 출석 또는 의견진술을 요구하는 경우에는 회의개최일 7일전까지 서면으로 통지하여야 한다. ② 제1항의 규정에 의하여 통지를 받은 이해관계인·참고인 또는 관계 공무원은 회의에 출석하여 의견을 진술하거나 회의개최일 전일까지 서면으로 의견을 제출할 수 있다. ③ 제1항의 규정에 의하여 통지를 받은 이해관계인·참고인 또는 관계 공무원이 정당한 사유 없이 회의에 출석하지 아니하거나 회의개최일 전일까지 서면으로 의견을 제출하지 아니한 경우에는 의견이 없는 것으로 본다.	적인 조사·연구업무를 의뢰할 수 있다. ② 제1항의 조사·연구업무를 수행하는 공정거래위원회 사무처의 경쟁제한규제개혁작업단은 위원회 사무기구의 일부로 본다. 제21조(관계행정기관등에의 협조요청) 위원회는 업무수행상 필요하다고 인정될 경우 관계행정기관 또는 연구기관·단체 등의 장과 협의하여 전문적 지식과 경험이 있는 공무원이나 직원의 파견 또는 겸임을 요청할 수 있다.

행정규제기본법	행정규제기본법 시행령	규제개혁위원회 운영세칙
	제25조(현지조사) ①위원회는 법 제30조제1항제3호에 따라 관계 행정기관 등에 대한 현지조사를 하는 경우에는 관계 행정기관 등에 대하여 조사목적, 조사일시, 조사장소 및 조사자의 인적사항 등을 미리 통지하여야 한다. 다만, 긴급을 요하거나 조사목적을 해칠 우려가 있는 경우에는 그러하지 아니하다. 〈개정 2018.2.20〉 ②제1항에 따라 관계 행정기관 등에 대한 현지조사를 하는 직원은 그 권한을 표시하는 증표를 관계인에게 내보여야 한다. 〈개정 2018.2.20.〉 [제목개정 2018.2.20] 제26조(관계 공무원 등의 출석통지) 관계 행정기관의 장은 법 제30조제2항의 규정에 의하여 소속 공무원 또는 관계 전문가로 하여금 위원회에 출석하여 의견진술 등을 하게 하고자 하는 경우에는 미리 소속 공무원 또는 관계 전문가의 인적사항을 위원회에 통지하여야 한다.	제15조(조직) 위원회의 업무를 보좌하고 기타 행정사무를 효율적으로 처리하기 위한 위원회의 사무를

제31조(위원회의 사무처리 등) ① 위원회의 사무처리를 위하여 전문성을 갖춘 사무기구를 둔다.

행정규제기본법	행정규제기본법 시행령	규제개혁위원회 운영세칙
② 위원회의 전문적인 심사사항을 지원하기 위하여 전문 연구기관을 지정할 수 있다. [전문개정 2010.1.25]		처리는 국무조정실 규제조정실이 수행한다. 제16조(규제조정실의 직무) 규제조정실은 다음 각 호의 업무를 수행한다. 1. 위원회 또는 분과위원회에서 심의할 안건의 준비·작성·배부 및 심의 결과의 정리 등 회의운영에 관한 사항 2. 위원회 또는 분과위원회에 상정할 안건의 사전검토·조정사항 3. 위원회 운영을 위한 서무·인사·회계 등 제반 행정지원에 관한 사항 4. 기타 위원장이 필요하다고 인정하여 위임하는 사항 5. 삭제 제17조(심의안건 설명) 규제조정실 실장과 소속 공무원은 위원회 및 분과위원회에 참석하여 심의안건에 대하여 설명·발언할 수 있다. 제22조(전문연구기관의 지정 등) ① 위원회는 전문적인 심사사항을 지원하기 위하여 「정부출연연구기관 등의 설립·운영 및 육성에 관한 법률」에 의한 한국개발연구원과 한국행정연구원을 전문연구
	제27조(전문연구기관의 지정 등) ①법 제31조제2항의 규정에 의한 전문연구기관의 지정 및 그 해제에 관하여 필요한 사항은 위원회의 의결을 거쳐 위원장이 정한다.	

행정규제기본법	행정규제기본법 시행령	규제개혁위원회 운영세칙
	②위원회는 제1항의 규정에 의하여 지정된 전문연구기관이 위원회의 전문적인 심사사항을 지원하는 경우에는 예산의 범위안에서 필요한 경비를 지급하여야 한다.	기관으로 지정한다. ② 전문연구기관은 다음 각 호의 업무를 수행한다. 1. 규제의 비용편익분석 적정성 검증 2. 비용편익분석기법 컨설팅 및 교육 지원 3. 규제영향분석 및 규제비용관리제 매뉴얼 제·개정 지원 4. 규제개혁 제도연구 및 국제협력 5. 기타 위원회 심사 지원에 필요한 사항
	제28조(수당 등) ①공무원이 아닌 위원장 및 위원과 전문위원·조사요원·이해관계인·참고인 및 관계공무원 등에 대하여는 예산의 범위안에서 수당·여비 기타 필요한 경비를 지급할 수 있다. 다만, 공무원이 그 소관업무와 직접 관련되어 위원회에 출석하는 경우에는 그러하지 아니하다. ②간사인 위원에 대하여는 제1항의 규정에 의한 수당·여비 기타 경비외에 그 직무를 수행하는데 소요되는 경비를 지급할 수 있다.	제24조(수당 등의 지급기준) 공무원이 아닌 위원장 및 위원과 전문위원·조사요원·이해관계인·참고인 및 관계공무원 등에 대한 수당·여비 등 기타 필요한 경비를 지급할 수 있다.

행정규제기본법	행정규제기본법 시행령	규제개혁위원회 운영세칙
제32조(벌칙 적용 시의 공무원 의제) 위원회의 위원 중 공무원이 아닌 위원·전문위원 및 조사요원은 「형법」이나 그 밖의 법률에 따른 벌칙을 적용할 때에는 공무원으로 본다. [전문개정 2010.1.25] 제33조(조직 및 운영) 이 법에서 정한 것 외에 위원회의 조직·운영 등에 필요한 사항은 대통령령으로 정한다. [전문개정 2010.1.25] **제5장 보칙** 〈개정 2010.1.25〉 제34조(규제 개선 점검·평가) ① 위원회는 효과적인 규제 개선을 위하여 각급 행정기관의 규제제도의	제29조(운영세칙) 이 영에서 규정한 것 외에 위원회의 운영에 관하여 필요한 사항은 위원회의 의결을 거쳐 위원장이 정한다. 제30조(규제개선의 점검·평가 등) ① 위원회는 법 제34조제1항의 규정에 의하여 각급 행정기관의 규	제23조(위임) ① 이 운영세칙에 규정한 것 외에 위원회 및 분과위원회의 운영에 관하여 필요한 사항은 위원회의 의결을 거쳐 위원장이 정한다. ② 제18조제1항제3호의 기술규제위원회를 지원하기 위한 세부운영방안은 기술규제를 담당하는 국가기술표준원에서 정하여, 위원회 보고 후 시행한다.

행정규제기본법	행정규제기본법 시행령	규제개혁위원회 운영세칙
운영 실태와 개선사항을 확인·점검하여야 한다. ② 위원회는 제1항에 따른 확인·점검 결과 평가를 국무회의와 대통령에게 보고하여야 한다. ③ 위원회는 제1항에 따른 확인·점검 및 평가를 객관적으로 하기 위하여 관련 전문기관 등에 여론조사를 의뢰할 수 있다. ④ 위원회는 제1항에 따른 확인·점검 및 평가 결과 규제 개선에 소극적이거나 이행 상태가 불량하다고 판단되는 경우 대통령에게 그 시정에 필요한 조치를 건의할 수 있다. [전문개정 2010.1.25] **제35조(규제개혁 백서)** 위원회는 매년 정부의 주요 규제개혁 추진상황에 관한 백서(白書)를 발간하여 국민에게 공표하여야 한다. [전문개정 2010.1.25]	제운영실태와 개선사항을 확인·점검하고자 하는 경우에는 특별한 사정이 없는 한 미리 다음 각호의 사항을 명시한 서면으로 관계 행정기관에 통지하여야 한다. 1. 확인·점검사항 2. 확인·점검일정 3. 확인·점검자 인적사항 ② 위원회는 법 제34조제3항의 규정에 의하여 규제운영실태와 개선사항을 확인·점검하기 위하여 필요한 경우 위원회 직원과 관계 행정기관소속 공무원으로 합동점검반을 편성·운영할 수 있다. ③ 위원회는 법 제34조제3항의 규정에 의하여 관련 전문기관 등에 여론조사를 의뢰한 경우에는 예산의 범위안에서 이에 필요한 경비를 지급하여야 한다. **제31조(규제개혁백서의 발간 및 공표)** 위원회는 법 제35조의 규정에 의하여 매년 3월 31일까지 다음 각호의 사항이 포함된 규제개혁백서를 발간하여 공표하여야 한다. 1. 전년도말 현재 정부의 규제현황	

행정규제기본법	행정규제기본법 시행령	규제개혁위원회 운영세칙
	2. 전년도 정부의 규제개혁 추진실적 및 그 평가 3. 기타 규제개혁에 관한 사항	
제36조(행정지원 등) 국무조정실장은 규제 관련 제도를 연구하고 위원회의 운영에 필요한 지원을 하여야 한다. 〈개정 2013.3.23〉 [전문개정 2010.1.25] **제37조(공무원의 책임 등)** ① 공무원이 규제 개선 업무를 능동적으로 추진함에 따라 발생한 결과에 대하여 그 공무원의 행위에 고의나 중대한 과실이 없는 경우에는 불리한 처분이나 부당한 대우를 받지 아니한다. ② 중앙행정기관의 장은 규제 개선 업무 추진에 뚜렷한 공로가 있는 공무원을 포상하고, 인사상 우대조치 등을 하여야 한다. [전문개정 2010.1.25]		

규제개혁 정책의 이해
UNDERSTANDING THE REGULATORY REFORM POLICY

인   쇄   2022년 5월
발   행   2022년 5월
저   자   임택진 외 3명
펴 낸 곳   경성문화사
주   소   (07237) 서울 영등포구 국회대로66길 11 퍼스텍빌딩
전   화   02-786-2999

ISBN 979-11-5698-363-7
가격 20,000